AUGUSTO TEIXEIRA DE FREITAS · ANTÔNIO COELHO RODRIGUES · AMARO CAVALCANTI · PEDRO LESSA · CLÓVIS BEVILÁQUA · EDUARDO ESPÍNOLA · ALVINO LIMA · OROZIMBO NONATO · PONTES DE MIRANDA · ARNOLDO MEDEIROS DA FONSECA · AGOSTINHO ALVIM · ALCINO DE PAULA SALAZAR · JOSÉ DE AGUIAR DIAS · ORLANDO GOMES · WASHINGTON DE BARROS MONTEIRO · MIGUEL REALE · WILSON MELO DA SILVA · SAN TIAGO DANTAS · CAIO MÁRIO DA SILVA PEREIRA · LIMONGI FRANÇA · CLÓVIS DO COUTO E SILVA · RENAN LOTUFO · RUY ROSADO · CARLOS ALBERTO BITTAR · ANTÔNIO JUNQUEIRA DE AZEVEDO

2022

COORDENADORES
CARLOS EDISON DO RÊGO MONTEIRO FILHO
MARCO FÁBIO MORSELLO
NELSON ROSENVALD

PROTAGONISTAS
DA RESPONSABILIDADE CIVIL

Dados Internacionais de Catalogação na Publicação (CIP) de acordo com ISBD

P967

Protagonistas da responsabilidade civil / Adalberto Pasqualotto ... [et al.] ; coordenado por Carlos Edison do Rêgo Monteiro Filho, Marco Fábio Morsello, Nelson Rosenvald. - Indaiatuba, SP : Editora Foco, 2022.

336 p. : 17cm x 24cm.

Inclui bibliografia e índice.

ISBN: 978-65-5515-577-8

1. Direito. 2. Direito civil. 3. Responsabilidade civil. I. Pasqualotto, Adalberto. II. Guerra, Alexandre. III. Morato, Antonio Carlos. IV. Correia, Atalá. V. Maluf, Carlos Alberto Dabus. VI. Monteiro Filho, Carlos Edison do Rêgo. VI. Godoy, Claudio Luiz Bueno de. VII. Ustárroz, Daniel. VIII. Nobre Júnior, Edilson Pereira. IX. Tomasevicius Filho, Eduardo. X. Facchini Neto, Eugênio. XI. Mendonça, Fabiano André de Souza. XII. Andrade, Fábio Siebeneichler de. XIII. Netto, Felipe Braga. XIV. Martins, Fernando Rodrigues. XV. Soares, Flaviana Rampazzo. XVI. Hironaka, Giselda Maria Fernandes Novaes. XVII. Martins, Guilherme Magalhães. XVIII. Bdine, Hamid. XIX. Carvalho, Ivan Lira de. XX. Cunha, Leandro Reinaldo da. XXI. Melo, Leonardo de Campos. XXII. Simões, Marcel Edvar. XXIII. Benacchio, Marcelo. XXIV. Milagres, Marcelo de Oliveira. XXV. Morsello, Marco Fábio. XXVI. Silveira, Marilda de Paula. XXVII. Rosenvald, Nelson. XXVIII. Duarte, Nestor. XXIX. Peteffi, Rafael. XXX. Pizzol, Ricardo Dal. XXXI. Costa Filho, Venceslau Tavares. XXXII. Título.

2022-1984

CDD 347   CDU 347

Elaborado por Vagner Rodolfo da Silva - CRB-8/9410

Índices para Catálogo Sistemático:

1. Direito civil 347

2. Direito civil 347

AUGUSTO TEIXEIRA DE FREITAS · ANTÔNIO COELHO RODRIGUES · AMARO CAVALCANTI · PEDRO LESSA · CLÓVIS BEVILÁQUA · EDUARDO ESPÍNOLA · ALVINO LIMA · OROZIMBO NONATO · PONTES DE MIRANDA · ARNOLDO MEDEIROS DA FONSECA · AGOSTINHO ALVIM · ALCINO DE PAULA SALAZAR · JOSÉ DE AGUIAR DIAS · ORLANDO GOMES · WASHINGTON DE BARROS MONTEIRO · MIGUEL REALE · WILSON MELO DA SILVA · SAN TIAGO DANTAS · CAIO MÁRIO DA SILVA PEREIRA · LIMONGI FRANÇA · CLÓVIS DO COUTO E SILVA · RENAN LOTUFO · RUY ROSADO · CARLOS ALBERTO BITTAR · ANTÔNIO JUNQUEIRA DE AZEVEDO

COORDENADORES
CARLOS EDISON DO RÊGO MONTEIRO FILHO
MARCO FÁBIO MORSELLO
NELSON ROSENVALD

PROTAGONISTAS
DA RESPONSABILIDADE CIVIL

2022 © Editora Foco

Coordenadores: Carlos Edison do Rêgo Monteiro Filho, Marco Fábio Morsello e Nelson Rosenvald

Autores: Adalberto Pasqualotto, Alexandre Guerra, Antonio Carlos Morato, Atalá Correia, Carlos Alberto Dabus Maluf, Carlos Edison do Rêgo Monteiro Filho, Claudio Luiz Bueno de Godoy, Daniel Ustárroz, Edilson Pereira Nobre Júnior, Eduardo Tomasevicius Filho, Eugênio Facchini Neto, Fabiano André de Souza Mendonça, Fábio Siebeneichler de Andrade, Felipe Braga Netto, Fernando Rodrigues Martins, Flaviana Rampazzo Soares, Giselda Maria Fernandes Novaes Hironaka, Guilherme Magalhães Martins, Hamid Bdine, Ivan Lira de Carvalho, Leandro Reinaldo da Cunha, Leonardo de Campos Melo, Marcel Edvar Simões, Marcelo Benacchio, Marcelo de Oliveira Milagres, Marco Fábio Morsello, Marilda de Paula Silveira, Nelson Rosenvald, Nestor Duarte, Rafael Peteffi, Ricardo Dal Pizzol e Venceslau Tavares Costa Filho

Diretor Acadêmico: Leonardo Pereira
Editor: Roberta Densa
Assistente Editorial: Paula Morishita
Revisora Sênior: Georgia Renata Dias
Revisora: Simone Dias
Capa Criação: Leonardo Hermano
Diagramação: Ladislau Lima e Aparecida Lima
Impressão miolo e capa: DOCUPRINT

DIREITOS AUTORAIS: É proibida a reprodução parcial ou total desta publicação, por qualquer forma ou meio, sem a prévia autorização da Editora FOCO, com exceção do teor das questões de concursos públicos que, por serem atos oficiais, não são protegidas como Direitos Autorais, na forma do Artigo 8º, IV, da Lei 9.610/1998. Referida vedação se estende às características gráficas da obra e sua editoração. A punição para a violação dos Direitos Autorais é crime previsto no Artigo 184 do Código Penal e as sanções civis às violações dos Direitos Autorais estão previstas nos Artigos 101 a 110 da Lei 9.610/1998. Os comentários das questões são de responsabilidade dos autores.

NOTAS DA EDITORA:

Atualizações e erratas: A presente obra é vendida como está, atualizada até a data do seu fechamento, informação que consta na página II do livro. Havendo a publicação de legislação de suma relevância, a editora, de forma discricionária, se empenhará em disponibilizar atualização futura.

Erratas: A Editora se compromete a disponibilizar no site www.editorafoco.com.br, na seção Atualizações, eventuais erratas por razões de erros técnicos ou de conteúdo. Solicitamos, outrossim, que o leitor faça a gentileza de colaborar com a perfeição da obra, comunicando eventual erro encontrado por meio de mensagem para contato@editorafoco.com.br. O acesso será disponibilizado durante a vigência da edição da obra.

Impresso no Brasil (07.2022) – Data de Fechamento (06.2022)

2022
Todos os direitos reservados à
Editora Foco Jurídico Ltda.
Avenida Itororó, 348 – Sala 05 – Cidade Nova
CEP 13334-050 – Indaiatuba – SP

E-mail: contato@editorafoco.com.br
www.editorafoco.com.br

PREFÁCIO

A publicação da obra coletiva "Protagonistas da responsabilidade civil" pelo IBERC – Instituto Brasileiro de Estudos de Responsabilidade Civil – marca um ajuste de contas nos estudos do direito privado brasileiro. Em lugar do foco em comentários acadêmicos sobre a dogmática e análise de precedentes judiciais ou mesmo a importante demarcação das tendências do direito civil, o livro aposta em um outro direcionamento: explorar as contribuições de 25 juristas fundamentais para a edificação de nosso "estado da arte" da responsabilidade civil.

O trabalho de seleção dos principais estudiosos da temática, desde Teixeira de Freitas (1816-1883) até Junqueira de Azevedo (1939-2009), em estrutura capitular que tomou como critério a cronologia das respectivas datas de nascimento, levou em conta a diferença que fez o trabalho de cada um dos grandes nomes escolhidos, sendo certo que seu legado é abordado por eminentes estudiosos no campo da responsabilidade civil contemporânea. A organização de cada artigo do livro seguiu, assim, linha homogênea e tripartite: (i) pequena biografia, (ii) seguida da produção geral do jurista, (iii) e da configuração de suas principais contribuições à responsabilidade civil. Portanto, o objeto de cada texto reside na natureza do trabalho produzido por cada um dos juristas homenageados, e de que forma sua obra impactou a evolução do pensamento sobre a responsabilidade civil.

O processo de submeter a nova geração de estudiosos da responsabilidade civil a uma breve história de vida de cada doutrinador e suas contribuições, para além de permitir revisitar esse imenso arcabouço teórico, fornece novos *insights* sobre o desenvolvimento intelectual da responsabilidade civil, revelando o progressivo e gradual papel desempenhado por gerações de civilistas na identificação de problemas e edificação de teses.

Não se trata de apenas homenagear os juristas que nos antecederam, mas o de enfatizar a importância do conhecimento jurídico acumulado para o desenvolvimento do Direito. Tal como na ficção colaborativa do "chain novel" de Ronald Dworkin, referenciamos os protagonistas dos capítulos antecedentes na necessária busca por integridade e coerência do ordenamento jurídico vigente.

Entendemos que o conhecimento dos pressupostos culturais e científicos da responsabilidade civil, por meio do interessante estudo da vida e obra de seus expoentes, poderá contribuir não só para o questionamento das bases valorativas e funções da disciplina, como também para o aprimoramento e evolução de suas instituições no presente, à luz da historicidade e relatividade que lhe são constitutivos.

No mais, incorremos em várias dívidas de gratidão em relação a este projeto. Primeiramente, ao valoroso grupo de 31 autores – todos cultores da responsabilidade civil – que conferiu peso e autoridade ao projeto. À Editora Foco, em nome de Roberta Densa e Leonardo Moreira, por gentilmente acolher, desde a concepção, a ideia deste livro, que representa iniciativa inédita no direito brasileiro, e que consolida, ainda mais, a parceria que permitiu lançar a 13ª obra coletiva em associação com o IBERC.

Esperamos, por fim, que este volume represente um impulso para que em outras áreas do Direito novos empreendimentos coletivos repercutam a louvável missão que seus protagonistas desempenharam – e seguem desempenhando – ao longo do tempo.

Belo Horizonte, Rio de Janeiro e São Paulo

21 abr. 2022

Carlos Edison do Rêgo Monteiro Filho
Marco Fábio Morsello
Nelson Rosenvald

SUMÁRIO

PREFÁCIO

Carlos Edison do Rêgo Monteiro Filho, Marco Fábio Morsello e Nelson Rosenvald	VI

(19/8/1816) AUGUSTO TEIXEIRA DE FREITAS

Eduardo Tomasevicius Filho	1

(4/4/1846) ANTÔNIO COELHO RODRIGUES

Venceslau Tavares Costa Filho	19

(15/8/1849) AMARO CAVALCANTI

Edilson Pereira Nobre Júnior, Fabiano André de Souza Mendonça e Ivan Lira de Carvalho	33

(25/9/1859) PEDRO LESSA

Ricardo Dal Pizzol	49

(4/10/1859) CLÓVIS BEVILÁQUA

Giselda Maria Fernandes Novaes Hironaka e Nestor Duarte	67

(6/11/1875) EDUARDO ESPÍNOLA

Marco Fábio Morsello	81

(9/8/1888) ALVINO LIMA

Marcelo Benacchio	89

(27/12/1891) OROZIMBO NONATO

Atalá Correia e Marilda de Paula Silveira	97

(23/4/1892) PONTES DE MIRANDA

Felipe Braga Netto	115

(15/8/1894) ARNOLDO MEDEIROS DA FONSECA
Guilherme Magalhães Martins 149

(21/11/1897) AGOSTINHO ALVIM
Hamid Bdine e Alexandre Guerra... 159

(18/12/1897) ALCINO DE PAULA SALAZAR
Marcel Edvar Simões 171

(23/8/1906) JOSÉ DE AGUIAR DIAS
Rafael Peteffi 181

(7/12/1909) ORLANDO GOMES
Leandro Reinaldo da Cunha 189

(22/4/1910) WASHINGTON DE BARROS MONTEIRO
Carlos Alberto Dabus Maluf 201

(6/11/1910) MIGUEL REALE
Fábio Siebeneichler de Andrade 213

(19/7/1911) WILSON MELO DA SILVA
Marcelo de Oliveira Milagres 227

(30/8/1911) SAN TIAGO DANTAS
Daniel Ustárroz 235

(9/3/1913) CAIO MÁRIO DA SILVA PEREIRA
Carlos Edison do Rêgo Monteiro Filho e Leonardo de Campos Melo 245

(15/10/1927) LIMONGI FRANÇA
Nelson Rosenvald 257

(6/9/1930) CLÓVIS DO COUTO E SILVA
Eugênio Facchini Neto e Flaviana Rampazzo Soares... 267

(4/11/1937) RENAN LOTUFO

Fernando Rodrigues Martins 281

(30/4/1938) RUY ROSADO

Adalberto Pasqualotto... 291

(3/4/1939) CARLOS ALBERTO BITTAR

Antonio Carlos Morato 303

(23/7/1939) ANTÔNIO JUNQUEIRA DE AZEVEDO

Claudio Luiz Bueno de Godoy 313

A CONTRIBUIÇÃO DE AUGUSTO TEIXEIRA DE FREITAS PARA A RESPONSABILIDADE CIVIL

Eduardo Tomasevicius Filho

Bacharel em Direito, Mestre em História Social, Doutor e Livre-docente em Direito Civil pela Universidade de São Paulo. Professor Associado do Departamento de Direito Civil da Faculdade de Direito da Universidade de São Paulo.

Sumário: 1. Introdução – 2. Breve biografia de Augusto Teixeira de Freitas – 3. A disciplina da responsabilidade civil no século XIX – 4. A visão de Augusto Teixeira de Freitas sobre responsabilidade civil – 5. A recepção das ideias de Augusto Teixeira de Freitas – 6. Considerações finais – 7. Referências.

1. INTRODUÇÃO

Augusto Teixeira de Freitas é personagem ímpar ligado ao direito civil brasileiro. Conhecido por ter vivenciado diversas polêmicas que lhe renderam críticas e desentendimentos, entrou para a história do direito brasileiro como o "jurisconsulto do Império", por conta dele ter sido encarregado da elaboração da Consolidação das Leis Civis e do "Esboço" de Código Civil. Devido à aceitação de seu projeto na Argentina, foi ali que obteve maior reconhecimento. Nas últimas décadas, vem sendo devidamente reverenciado no Brasil por conta de seu conhecimento sobre direito e por sua capacidade de ter projetado uma legislação que seria moderna, mesmo para os dias atuais. Por conta de sua importância para a história do direito brasileiro, e também por sua influência na codificação civil brasileira, Teixeira de Freitas merece ser estudado para que se possa investigar qual a sua real contribuição nos diversos ramos do direito privado, inclusive, em termos de direito da responsabilidade civil.

Em vista disso, o objetivo deste texto consiste na investigação da influência de Augusto Teixeira de Freitas para o direito da responsabilidade civil. Para tanto, a estrutura da pesquisa ora apresentada está dividida em quatro partes. A primeira delas consiste na apresentação de breve biografia sobre o jurista, para que se rememore o motivo pelo qual se fazia necessário um Código Civil no Brasil oitocentista, por que este jurista foi escolhido e, ao final, teve seu trabalho rejeitado. Em seguida, apresentou-se o contexto relativo às ideias sobre responsabilidade civil no século XIX, o qual inclui o apreço pela tradição do direito romano e a regulação dessa matéria nos Códigos Civis francês e chileno. A terceira parte refere-se às ideias de Teixeira de Freitas sobre o que, atualmente, se entende por responsabilidade civil e, ao final, fez-se o balanço da influência deste jurista para este ramo do direito.

2. BREVE BIOGRAFIA DE AUGUSTO TEIXEIRA DE FREITAS

Augusto Teixeira de Freitas[1] nasceu em Cachoeira, Bahia, em 19 de agosto de 1816. Ingressou em 1832 na Faculdade de Direito de Olinda, e transferiu-se em 1833 para a Faculdade de Direito de São Paulo. Poderia ele ter obtido o grau de bacharel no Largo de São Francisco, mas um episódio concorreu para que deixasse esta academia antes do término do curso: na ocasião de submeter-se aos exames da 2ª cadeira de direito civil do quarto ano, Teixeira de Freitas impugnou seus professores enquanto avaliadores nos exames por considerá-los suspeitos. Não se sabe o que o motivou para tanto, mas, apesar disso, o diretor da faculdade encaminhou esse pedido mediante ofício dirigido ao Ministro do Império, o qual foi indeferido. Por esse motivo, regressou para a Faculdade de Direito de Olinda, onde concluiu o curso em 1837.

Naquele mesmo ano em que se tornou bacharel em direito, eclodiu na Bahia a revolta conhecida como Sabinada, que fundaria a "República Bahienese" sem ser, todavia, um movimento separatista. Na construção desse novo "Estado", Teixeira de Freitas foi nomeado juiz da vara cível da capital. Encerrada a revolta, ele foi processado por ter aceito esse cargo, mas acabou sendo absolvido em 1838. Exceto por esse breve período de magistratura, a carreira profissional de Teixeira de Freitas foi trilhada na advocacia. Mudou-se, então, para o Rio de Janeiro. Em 1843, com Caetano Alberto Soares e outros advogados, ele participou da fundação do Instituto dos Advogados do Brasil. Em 21 de agosto daquele ano, elegeu-se como membro do conselho diretor da entidade. No ano seguinte, foi nomeado advogado perante o Conselho de Estado, exercendo essa função até 1880, quando tal cargo foi extinto no Brasil.

Teixeira de Freitas era estudioso do direito romano, e orgulhava-se em sê-lo. Foi justamente esse apreço que o fez entrar em nova polêmica. Em questão discutida no Instituto dos Advogados Brasileiros, em 1857, sobre a natureza do filho de mulher escravizada, que, por testamento, havia sido libertada, mas sob a condição de servir a herdeiro ou legatário enquanto esse vivesse, o advogado Caetano Soares concluiu que o filho era livre, mas Teixeira de Freitas concluiu que nasceria escravizado. Pelo fato de que o plenário apoiou a interpretação de Caetano Soares, Teixeira de Freitas retirou-se do Instituto e ofertou 1:000$ para a montagem de uma biblioteca, a qual deveria ter um exemplar do "Corpus Juris", insinuando que os demais membros não sabiam o que defendiam do ponto de vista das fontes romanas.

Mas foi como codificador que Teixeira de Freitas se tornou um dos maiores expoentes do direito brasileiro de todos os tempos, inclusive com projeção regional em sua época, e posteriormente na Europa na segunda metade do século XX. Esse reconhecimento teve por causa o fato de que se fazia necessária a promulgação de um Código Civil no Brasil. Afinal, desde o século XVIII, as transformações provocadas

---

1. A biografia de Augusto Teixeira de Freitas foi elaborada a partir da obra de Silvio Meira. Cf. MEIRA, Silvio. Teixeira de Freitas: o jurisconsulto do Império. Vida e obra. 2. ed. Brasília: Cegraf, 1983. p. 30, 63, 80, 81, 100, 109, 139, 150, 300, 359, 455, 483, 537, 538, 539 e 540.

pelo Iluminismo, assim como pela Revolução Industrial e a aceitação do liberalismo como nova forma de organização econômica, levaram à crise do Antigo Regime e à eclosão de revoluções políticas. Nesse contexto de muito maior liberdade, era imperiosa a elaboração de novas normas jurídicas que regulassem essa nova forma de viver em sociedade. Enquanto o Código Criminal seria importante para a regulação da liberdade humana com a fixação dos delitos e das penas, o Código Civil disciplinaria aspectos da família, da propriedade, das sucessões e dos contratos. Devido ao fato de que a França ocupava uma posição dominante no início do século XIX por conta da ascensão de Napoleão Bonaparte ao poder, sendo o código civil um monumento de seu império – tanto que o Código Civil é denominado "Code Napoléon" – essa técnica legislativa se tornou modelo para os ordenamentos jurídicos modernos em outras nações, em substituição ao uso do Digesto e de Ordenações Reais. A despeito de ter-se instituído na França um Código Criminal e um Código Civil, foi este último que se tornou famoso por conta da hegemonia da cultura francesa à época, e, sobretudo por este código ter sido imitado pelos recém-criados Estados latino-americanos que necessitavam instituir seus próprios ordenamentos jurídicos.

Porém, a história da codificação civil no Brasil foi muito diferente de outros países. A vida da Família Real portuguesa em 1808 e a continuidade da monarquia após a independência em 1822 concorreram para que não se ansiasse uma ruptura brusca com a ordem jurídica vigente no Brasil, ao menos em matéria civil. A Lei de 20 de outubro de 1823 ordenava que permanecessem vigentes no Brasil as leis existentes até 25 de abril de 1821, bem como aquelas promulgadas por D. Pedro I. A principal delas era as Ordenações Filipinas de 1603, que disciplinavam os cargos políticos e a organização judiciária, o processo, o direito civil e o direito penal. A Constituição do Império, de 1824, que substituiu o Livro I das Ordenações Filipinas, estabeleceu no rol das garantias fundamentais previstas no art. 179 o seguinte: "*XVIII. Organizar–se-ha quanto antes um Codigo Civil, e Criminal, fundado nas solidas bases da Justiça, e Equidade.*". Na primeira sessão legislativa brasileira (1826-1830), iniciaram-se os fecundos debates para a elaboração do Código Criminal, promulgado em 1830, e que se tornou uma referência internacional em matéria de codificação criminal pela originalidade de diversos institutos jurídicos nele contidos.[2] Já a codificação civil não teve a mesma sorte: só foi concluída quase noventa anos depois, quase às vésperas do centenário da independência, por meio da Lei 3.071, de 1º de janeiro de 1916.

Assim, em meados do século XIX, o Brasil já tinha o Código Criminal vigente por vinte anos, assim como o Código de Processo Criminal. Já haviam sido organizadas as leis processuais civis na década de 1840. Em 1850, promulgaram-se o Código Comercial e o Decreto 737, que regulava o processo nos tribunais do comércio. Portanto, ainda se descumpria o que a Constituição do Império ordenava: a promulgação de

---

2. POVEDA VELASCO, Ignacio Maria; TOMASEVICIUS FILHO, Eduardo. The 1830 Criminal Code of the Brazilian Empire and its Originality. In: Masferrer, Aniceto. (Org.). *The Western Codification of Criminal Law*: A Revision of the Myth of its Predominant French Influence. Cham: Springer, 2018, p. 341-367.

um Código Civil. O Instituto dos Advogados Brasileiros defendeu em 1854 que o Império deveria providenciar a sua elaboração. Eis que Augusto Teixeira de Freitas se ofereceu para essa tarefa. Em 15 de fevereiro de 1855, o Governo Imperial celebrou com Teixeira de Freitas o contrato para a organização da famosa obra "Consolidação das Leis Civis".

Uma das famosas ideias de Teixeira de Freitas para essa tarefa foi a realização da revisão legislativa em formato de código. Para tanto, ele optou por seguir esta máxima: "é preciso conhecer, depois codificar". Essa medida foi providencial, porque, em vez de fazer-se um "transplante" de normas do Código Civil francês, ou que se copiasse o recém-promulgado Código Civil chileno de 1855, da lavra do jurista Andrés Bello, organizou-se um texto legal com características brasileiras a partir das normas vigentes no Brasil. Com 1333 artigos, a Consolidação das Leis Civis[3] foi publicada em 1857, e aprovada por aviso imperial em 1858, tendo sido usada como se fosse um código civil.

Uma vez concluída a Consolidação das Leis Civis, Teixeira de Freitas iniciou a elaboração do projeto de Código Civil, após celebração de contrato em 1859. O "Esboço" de Código Civil[4] tinha características importantes, que o fazem ser considerado um projeto de destaque internacional. A primeira delas é que o Código Civil seria dividido em parte geral e parte especial. A segunda delas é que, inspirando-se em Leibniz, Teixeira de Freitas adotou uma "summa divisio" entre os direitos: em vez de seguir a ordem estabelecida por Gaio – pessoas, coisas e ações – ou aquela estabelecida no Código Civil francês – pessoas, propriedade e modos de aquisição da propriedade –, ele propôs a divisão do direito civil a matéria entre direitos absolutos e direitos relativos. Dessa forma, a Parte Geral é dividida em "Das pessoas", "Das coisas" e "Dos fatos". A Parte Especial, por seu turno, dividia-se em dois livros. O primeiro deles era "Dos direitos pessoais", dividido em "Dos direitos pessoais em geral" (correspondente ao que se tem no Código Civil brasileiro como "Parte Geral das Obrigações"), "Dos direitos pessoais nas relações de família", "Dos direitos pessoais nas relações civis", abrangendo as obrigações derivadas de contratos, atos lícitos que não são contratos, atos involuntários, fatos que não são atos, e atos ilícitos. Quanto aos direitos absolutos, Teixeira de Freitas apenas concluiu o livro sobre direitos reais, uma vez que ainda não estaria suficientemente clara para ele a natureza do direito das sucessões enquanto direito absoluto ou relativo.

Durante o período em que redigiu o "Esboço" de Código Civil, Teixeira de Freitas fez viagens ao Uruguai e à Argentina, tendo contato com Dalmacio Velez Sarsfield, autor do projeto que se converteu no Código Civil argentino de 1869, cuja quarta parte dos artigos é notoriamente baseada no "Esboço de Código Civil".[5] Todavia, em

---

3. FREITAS, Augusto Teixeira de. *Consolidação das Leis Civis*. Ed. fac-sim. Brasília: Senado Federal, Conselho Editorial, 2003.

4. FREITAS, Augusto Teixeira de. *Esboço do Código Civil*. 2. v. Brasília: Ministério da Justiça, 1983.

5. Conforme apontado por Silvio Meira (*Id.* p. 300), dos 4.908 artigos do Código Civil argentino, 1.227 são reproduções do "Esboço" do Código Civil de Teixeira de Freitas.

1867, Teixeira de Freitas mudou de ideia acerca de seu trabalho: informou ao governo que, em vez de entregar o "Esboço" de Código Civil, elaboraria um Código Geral, com assuntos comuns a todo o direito, e um Código com matérias de direito civil e comercial, unificando, assim, todo o direito privado. Mesmo após uma década de espera pela entrega do "Esboço" de Código Civil, quando o trabalho encomendado já deveria ter sido concluído, esta nova ideia de Teixeira de Freitas ainda foi aceita e formalmente aprovada em janeiro de 1868.

Entretanto, Teixeira de Freitas ainda se envolveu em novas polêmicas com o Visconde de Seabra, autor do projeto que se converteu no Código Civil português, e até mesmo com D. Pedro II, o que o levou a publicar um opúsculo intitulado "Pedro quer ser Augusto". Após treze anos, inclusive por influência de José de Alencar, que se opôs aos projetos apresentados, o contrato de Augusto Teixeira de Freitas com o Governo Imperial foi rescindido, contratando-se Nabuco de Araújo, de quem era amigo, para a elaboração do novo projeto de Código Civil. Com o falecimento deste em 1878, Teixeira de Freitas se prontificou para continuar com a elaboração do Código Civil, mas sua oferta foi recusada por ter-se levado em consideração a sua saúde mental.

Teixeira de Freitas publicou diversas obras, entre as quais o Prontuário das Leis Civis, Legislação do Brasil, Aditamentos à Consolidação das Leis Civis, Aditamento ao Código de Comércio, Primeiras Linhas sobre o Processo Civil (de autoria de José Caetano Pereira de Sousa) acomodadas ao foro do Brasil, Doutrina das Ações acomodadas ao foro do Brasil (de autoria de Correia Teles), Tratado dos Testamentos e Sucessões acomodado ao foro do Brasil (de autoria de Antonio Joaquim de Gouveia Pinto), Formulário dos contratos e testamentos e outros atos do tabelionato, Código Civil e Criminal, e Regras de Direito.

Em 12 de dezembro de 1883, Teixeira de Freitas faleceu em Niterói aos 67 anos. No ano de sua morte, ainda se suscitou mais uma polêmica, que concorreu para prejudicar a sua imagem. Pelo fato de que ele, intencionalmente, não inseriu a questão da escravidão na Consolidação das Leis Civis porque aguardava a elaboração do "Código Negro",[6] Joaquim Nabuco, filho de seu amigo Nabuco de Araújo, criticou-o ferozmente na famosa obra "O Abolicionismo", porque teria perdido a oportunidade de ter ajudado na abolição da escravidão no Brasil.[7]

De fato, Teixeira de Freitas foi mais conhecido na Argentina do que no Brasil, por conta dos juristas daquele país usarem seus escritos para a exegese do Código Civil de 1869. Ademais, por ele ter tentado na prática a unificação das obrigações civis e comerciais em um único código – ideia esta adotada no Código Civil italiano de 1942 -, e também por ele ter sido um romanista nas Américas, houve um resgate de sua vida e obra na Itália. Embora ele tenha recebido tributo logo após sua mor-

---

6. Cf. TEIXEIRA DE FREITAS, Augusto Teixeira de. *Introdução*. In: TEIXEIRA DE FREITAS, Augusto. Id. p. XXXVIII.
7. Cf. NABUCO, Joaquim. *O abolicionismo*. Brasília: Senado Federal, Conselho Editorial, 2003. p. 119.

te, incluindo a encomenda de escultura pelo Instituto dos Advogados do Brasil, e menções honrosas a seu trabalho por Clóvis Beviláqua, Pontes de Miranda, Caio Mario da Silva Pereira, Orlando Gomes, Moreira Alves e Miguel Reale, é certo que, desde a edição da famosa biografia escrita por Silvio Meira em 1983, por conta do centenário do falecimento de Teixeira de Freitas, cresceu o interesse e reverência por ele nos últimos anos. Por exemplo, tanto a Universidade de São Paulo, quanto a Universidade Federal da Bahia, conduzem pesquisas sobre este autor, por meio de congressos e elaboração de dissertações e teses.[8]

Para que se possa compreender a contribuição de Teixeira de Freitas para a responsabilidade civil, é preciso, pois, entender o contexto da época em termos jurídicos e o que era usado como fonte e doutrina sobre essa matéria.

3. A DISCIPLINA DA RESPONSABILIDADE CIVIL NO SÉCULO XIX

Desde logo, é preciso afirmar o seguinte: o legado de Augusto Teixeira de Freitas no âmbito da responsabilidade civil brasileira está diante de nossos olhos até os dias atuais, embora não seja percebido por conta do distanciamento entre dois séculos que dele nos separam. Porém, antes de ingressar propriamente em seu pensamento e contribuições, importa recordar que, até a primeira metade do século XIX, as normas relativas ao que se considera como responsabilidade civil, assentavam-se entre a tradição, que correspondia às referências diretas ao direito romano, e a modernidade, que consistia na transposição dessa tradição para os códigos civis da época, sobretudo o Código Civil francês de 1804 e o Código Civil chileno de 1855.

O direito romano dividia as obrigações em contratos, quase-contratos, delitos e quase-delitos.[9] Regulava os atos ilícitos pelo que se entende atualmente como direito penal, denominados de "crimes", entre os quais o de lesa majestade, e também pelos atos ilícitos "civis", que abrangiam condutas atualmente consideradas como crimes, como o furto (furtum), o roubo (rapina) e o estupro (stuprum), e outras que ainda fazem parte do direito civil, como o dano. Neste último caso, a norma-base adotada pelos romanos era a "Lex Aquilia de Damno", pela qual se substituiu o sistema de multas pelo "maior valor que a coisa tiver alcançado durante o ano"[10] na fixação da indenização pelo dano sofrido. Reconhecia-se a possibilidade de lesão por culpa, como no caso do médico que abandonasse o tratamento do escravo operado, ou

---

8. Cf. POUSADA, Estevan Lo Ré. *Preservação da tradição jurídica luso-brasileira*: Teixeira de Freitas e a introdução à consolidação das leis civis. 2006. Dissertação (Mestrado em Direito Civil) – Faculdade de Direito, Universidade de São Paulo, São Paulo, 2006; *CHRISTOFOLETTI JUNIOR, Valter. A projeção internacional da obra de Augusto Teixeira de Freitas. 2020. Tese (Doutorado em Direito Civil) – Faculdade de Direito, Universidade de São Paulo, São Paulo, 2020; SILVA, Joseane Suzart Lopes da (Coord). SILVA, Ana Clara Suzart Lopes da (Coord). A relevância de Teixeira de Freitas para o direito e a sociedade. Salvador, Editora Paginae, 2018.*

9. JUSTINIANO I (483-565). *Institutas do Imperador Justiniano*: manual didático para uso dos estudantes de direito de Constantinopla, elaborado por ordem do Imperador Justiniano, no ano de 533 d.C. Trad. José Cretella Jr. e Agnes Cretella. 2. ed. ampl. e rev. da tradução. São Paulo: Revista dos Tribunais, 2005. p. 185.

10. JUSTINIANO I (483-565). Id. p. 233.

por tê-lo operado mal ou administrando medicamentos contraindicados. Acerca da natureza da ação, consta nas Institutas de Justiniano o seguinte: "[c]oncluiu-se disso que a ação dessa lei é penal, porque a responsabilidade não é só pelo dano causado, mas algumas vezes por muito mais"[11] e "[d]aqui resulta também que essa ação não se transmite aos herdeiros, como sucederia se a condenação não fosse superior ao dano".[12] Considerava-se injúria o ato contrário ao direito, quando se agride a pessoa, tomam seus bens, publicam-se libelos e versos infamantes, ou se atenta contra o pudor de alguém. Admitia-se, todavia, o que, atualmente, se entende por "culpa exclusiva da vítima", quando esta concorreu para a injúria.[13] Por sua vez, os quase--delitos eram aqueles causados por queda de objeto,[14] ou por fato de terceiro, como no caso de dolo ou furto praticados por quem estivesse prestando serviços a mestre de navio, estalajadeiro ou estabulário, cabendo a estes últimos a responsabilidade pelo dano causado.[15]

O Código Civil francês[16] manteve a classificação das obrigações entre contratos, quase-contratos, delitos e quase-delitos. Estes dois últimos foram reunidos em capítulo próprio – "*Chapitre II – Des délits et des quase-délits*", definidos entre os arts. 1382 a 1386, que, com efeito, sintetizaram o sistema de responsabilidade civil, a começar pelo célebre art. 1382 (atual art. 1240), de acordo com qual "qualquer ato humano, que causa dano a outrem, obriga aquele o praticou, a repará-lo", bem como a responsabilidade por ato culposo no art. 1383 (atual art. 1241): "[c]ada um é responsável pelo dano que causou não apenas por sua ação, mas também por negligência ou imprudência". O art. 1384 (atual art. 1242 com modificações pontuais) estatuiu a responsabilidade por fato de terceiro por conta de pessoas ou coisas em sua guarda, exceto se provarem que não podiam impedir o fato que deu causa à responsabilidade, como no caso do pai, ou da mãe, se aquele fosse falecido, pelos atos dos filhos menores; o patrão e o comitente, pelos danos causados por empregados ou prepostos nas funções em que são empregados; e os professores e artistas, pelos danos causados pelos alunos e aprendizes enquanto estiverem sob sua supervisão. Por fim, os arts. 1.385 e 1396 (atuais arts. 1243 e 1244) definem, respectivamente, a responsabilidade por danos causados por animais, e pela ruína do edifício.

De igual modo, embora mais detalhado, o Código Civil chileno[17] disciplinou essa matéria entre os arts. 2314 a 2334. Seguiu-se a mesma ideia de definir a matéria

---

11. JUSTINIANO I (483-565). Id. p. 234.
12. JUSTINIANO I (483-565). Idbid.
13. JUSTINIANO I (483-565). Id. p. 239.
14. JUSTINIANO I (483-565). Id. p. 240.
15. JUSTINIANO I (483-565). Id. p. 241.
16. FRANÇA. Code Civil des Français. Édition originale et seule oficielle. Paris: Imprimerie de la République, 1804. Disponível em: https://oll-resources.s3.us-east-2.amazonaws.com/oll3/store/titles/2352/CivilCode_1565_Bk.pdf . Acesso em: 15 mar. 2022.
17. CHILE. Codigo Civil de la Republica de Chile. Santiago de Chile: Imprenta Nacional, 1856. Disponível em: https://books.google.cl/books?id=jIYzAQAAMAAJ&printsec=frontcover#v=onepage&q&f=false. Acesso em; 15 mar. 2022.

como "*De los delitos i cuasidelitos*". O art. 2314 estabelece que "[a]quele que cometeu um delito ou quasedelito, causando dano a outrem, é obrigado à indenização; sem prejuízo da pena imposta pelas leis ao delito ou quasedelito", e a responsabilidade por fato de terceiro, reproduzindo-se parcialmente o art. 1384 do Código Civil francês, porém, incluindo a responsabilidade do tutor ou curador pelo pupilo, e a do marido por atos da mulher. Igualmente se previu em mais detalhes a responsabilidade por animais (arts. 2326 e 2327) e pela ruína do edifício (arts. 2323, 2324 e 2328).

Como acréscimos do Código Civil chileno, baseados alguns deles no direito romano, podem-se apontar que a obrigação de indenizar se transmite aos herdeiros (art. 2316), existindo solidariedade entre os coautores do delito (art. 2317). O ébrio responde pelo dano que causou (art. 2318), e menores de sete anos são civilmente incapazes de responder pelo dano, cabendo aos encarregados delas a responsabilidade pelos danos em caso de negligência (art. 2319). Admite-se a redução da indenização quando a vítima foi imprudente (art. 2330) e que imputações injuriosas contra a honra ou crédito de uma pessoa não ensejam indenização, exceto restarem provados os lucros cessantes (art. 2331). Por fim, o prazo prescricional da ação por dano ou dolo é de quatro anos, a contar da data do ato (art. 2332) e previu-se ação popular nos casos em que o dano causado por imprudência ou negligência ameaçou pessoas indeterminadas (art. 2333).

Dessa forma, os Códigos Civis francês e chileno apenas modernizaram o entendimento consolidado do direito romano, em maior ou menor detalhe, mas preservando as regras essenciais, inclusive seguindo a ordem de exposição delas nas fontes romanas, como no caso das Institutas.

4. A VISÃO DE AUGUSTO TEIXEIRA DE FREITAS SOBRE RESPONSABILIDADE CIVIL

Ao contrário dos legisladores francês e chileno, Teixeira de Freitas foi original em suas ideias, tanto na identificação do que era vigente no Brasil oitocentista em matéria de responsabilidade civil, quanto no disposto no "Esboço" de Código Civil, ao ter estruturado o entendimento do direito romano de forma muito mais detalhada do que havia em sua época.

Em primeiro lugar, a dissociação entre direito civil e direito criminal incomodava Teixeira de Freitas. Em nota à Consolidação das Leis Civis a esse respeito, sustentou o seguinte, o que não deixa de ser um ponto de vista curioso, uma vez que, até os dias atuais, prevalece essa distinção radical em matéria de responsabilidade, ante a persistente separação entre direito civil e direito penal nos dias atuais:

> *As disposições aqui consolidadas sobre o damno provão, que não soubemos entender o § 18 Art. 179 da Const. do Império, quando manda organisar quanto antes (note-se bem) – um Código Civil, e Criminal -. Organisar, como organisamos em 1830, um Código Criminal, sem termos ainda um Código Civil, foi um erro, foi uma transgressão do sábio pensamento da Legislação Fundamental; e continuamos á errar, pretendendo agora fazer um Codigo Civil separado, como legislação diversa*

da do Código Criminal. As disposições criminaes são a sancção inseparável das disposições civis, e tal foi o espírito do nosso legislador constitucional, mandando organisar um – Código Civil e Criminal -,. Não será possível corrigir este erro, reunindo em um só Código, e na mais completa harmonia, o que sem idéa de unidade se tem feito, e pretende-se fazer, em dois Códigos diversos? Sem a correcção d'este erro o Código Civil não poderá seguir o methodo indicado em nossa Tabella – de constituendo – onde em sua comprehensão os direitos são absolutos e relativos.[18]

Por isso, na Consolidação das Leis Civis, a matéria que atualmente se entende por responsabilidade civil está no Título III, denominado "Do Damno, e Esbulho", e corresponde aos arts. 798 a 821. Mais especificamente, a parte relativa ao "dano" está contida entre os arts. 798 e 810, e o "esbulho", entre os arts. 811 a 821. Na visão de Teixeira de Freitas, as regras vigentes no Brasil sobre a matéria estavam dispostas entre os arts. 21 a 32 do Código Criminal de 1830, em sua Parte Primeira (Dos crimes e das penas) – Título I (Dos crimes) – Capítulo IV (Da satisfação), acerca dos "efeitos da condenação" do art. 91 do Código Penal de 1940/1984, e "Da ação civil" nos arts. 63 a 68 do Código de Processo Penal de 1941.

Uma vez tendo percebido Teixeira de Freitas que a natureza jurídica destas regras era o direito civil, ele sustentou que "*[e]ste Título corresponde, com o pouco que temos, à parte dos direitos pessoaes, que nascem dos delictos e quasi-delictos*".[19] Em vista desse pressuposto, ele transcreveu diversos artigos do Código Criminal de 1830 na Consolidação das Leis Civis como normas vigentes sobre responsabilidade civil no Brasil, apontando, inclusive, a correlação entre elas por meio de notas de rodapé. Em linhas gerais, o conteúdo normativo recepcionado consistia na obrigação do delinquente de satisfazer o dano causado com o delito que praticou (art. 798 – [art. 21 do Código Criminal]); que a indenização seria sempre a mais completa possível e, em caso de dúvida, em favor do ofendido (art. 800 – [art. 22 do Código Criminal]), cabendo a liquidação da obrigação por meio de árbitros (art. 801 – [art. 22 do Código Criminal]); em caso de coautoria do ato, os delinquentes ficavam solidariamente obrigados (art. 806 – [art. 27 do Código Criminal]); era obrigatória a reparação do dano, ainda que o seu autor fosse criminalmente inimputável (art. 808 – [art. 11 do Código Criminal]); e estatuiu-se a transmissibilidade da satisfação do dano aos herdeiros até o valor dos bens herdados (art. 810 – [art. 29 do Código Criminal]). Além disso, com base no art. 68 da Lei de 3 de dezembro de 1841, que teria revogado o art. 31 do Código Criminal, colocou-se que "[a] indemnisação em todos os casos será pedida por ação civil. Não se poderá mais questoinar sobre a existência do facto, e sobre quem seja seu autor, quando estas questões se achem decididas no crime".

Concluída essa tarefa, Teixeira de Freitas deu sua incrível contribuição para o tema no "Esboço" de Código Civil. Na opinião dele, o tema deveria ser regulado em dois locais do Código Civil projetado: na Parte Geral e na Parte Especial. Logo, Teixeira de Freitas estabeleceu na Parte Geral o título "Atos ilícitos" (arts. 822 a 847)

---

18. FREITAS, Augusto Teixeira de. Id. p. 484-485.
19. FREITAS, Augusto Teixeira de. Id. p. 484.

logo após ter proposto a disciplina dos atos jurídicos; e, na Parte Especial, o título "Das obrigações derivadas de atos ilícitos (arts. 3.624 a 3.702).

Na Parte Geral do "Esboço" de Código Civil, ele conservou a ideia de indissociabilidade entre o direito penal e o direito civil, seguindo, com aperfeiçoamentos, o que foi fixado na Consolidação das Leis Civis. Nesse sentido, merecem destaque os seguintes aspectos:

a) princípio da legalidade dos fatos ilícitos (arts. 822 e 823): nenhum fato voluntário é ilícito, se não for expressamente previsto por lei e nenhuma pena ou sanção do Código se aplica a ato ilícito sem previsão legal;

b) definição de dano (art. 828) como prejuízo suscetível de apreciação pecuniária; diretamente nas coisas do domínio, posse, ou detenção do prejudicado; ou indiretamente pelo mal feito à sua pessoa, ou a seus direitos e faculdades;

c) dano emergente e lucro cessante como conteúdos do conceito de dano (art. 829);

d) definição do conceito de perdas e interesses (art. 830) e que este abrange os danos imediatos e mediatos, caso estes tenham sido previstos pelo seu causador;

e) definição de culpa (art. 831) como gênero das espécies dolo, negligência e imprudência;

f) excludentes de culpabilidade (art. 832): ocorre nas hipóteses de caso fortuito e força maior; ou de fatos involuntários ou voluntários de terceiro, que não podiam ser impedidos; ou por fatos involuntários próprios, necessários ou fortuitos;

g) imputação de culpabilidade ao "alienado" que praticou ato ilícito em intervalos lúcidos ou em embriaguez voluntária (art. 834, 1º).

Além dessas disposições gerais, Teixeira de Freitas instituiu três subcapítulos específicos, por ele denominados de parágrafos, nos quais cuidou pormenorizadamente dos delitos, das ofensas e das faltas, que eram as categorias em que se dividiriam os atos ilícitos.

Teixeira de Freitas, no art. 824, considerava "crime" e "delito" como sinônimos, significando ambos o ato ilícito simultaneamente proibido pelo Código Civil e pelo Código Penal ou leis penais. Assim, no parágrafo 1º, intitulado "Dos Delitos", ele estabeleceu a regra geral de prevalência da apuração do fato delituoso na esfera criminal em detrimento da esfera cível, segundo, em linhas gerais, o que estava vigente no Brasil. Assim, os fatos apurados na esfera criminal e julgados, não poderiam ser novamente discutidos na esfera cível (art. 836) e a "ação de dano" deveria aguardar o trânsito em julgado da ação penal, exceto em caso de falecimento do autor da ação, que continuaria em face dos herdeiros, ou na ausência do autor, devendo ser este citado por edital (art. 835). Entretanto, fatos julgados na esfera cível poderiam ser novamente apreciados em ação criminal sobre o mesmo ponto ou com o qual tenha relação, não ficando o juiz criminal adstrito ao que tivesse sido julgado na esfera cível (art. 840). Estabeleceu que questões prejudiciais na esfera criminal, deveriam aguardar o julgamento do caso na esfera cível, como a validade do casamento e a falência do comerciante (art. 836).

Em seguida, Teixeira de Freitas definiu "ofensa" nos termos do art. 825, como a violação à proibição estabelecida pelo Código. Considerando que ele colocou o esbulho ao lado do dano na Consolidação das Leis Civis, exemplos de ofensas por ele colocados, de acordo com o art. 842, seriam o dano decorrente de atos nulos, esbulho, reivindicações ou outras ações reais, e por dano causado a outrem em sua pessoa, ou nas coisas de seu domínio, posse, ou detenção.

Por fim, Teixeira de Freitas definiu "falta" (art. 826) como violação de obrigação preexistente, ainda que igualmente qualificada como delito. No caso, seria um conjunto de regras que mesclam as disciplinas sobre mora e culpa do devedor. De acordo com o art. 844, haveria "falta" quando o devedor não cumprisse a obrigação, ou que a fizesse de modo irregular, ou fora do lugar ou do tempo. No artigo seguinte (art. 845), definiu que a culpa seria qualificada como grave ou leve, sendo a primeira delas a conduta praticada com intenção dolosa ou com negligência não esperada do comum das pessoas, e a segunda delas, a negligência que não fosse grave (art. 846).

Importa destacar que a regra projetada sobre responsabilidade por fato de terceiro foi notadamente inspirada no art. 2320 do Código Civil chileno, o qual, por sua vez, baseia-se no art. 1384 do Código Civil francês, acrescido de um inciso provavelmente extraído das Institutas de Justiniano. Assim, os cinco primeiros itens do art. 843 do "Esboço" de Código Civil são reproduções do Código Civil chileno, e o 6º item foi provavelmente retirado da referida fonte romana. Assim, tem-se o seguinte:

Art. 843. São pessoas responsáveis (art. 842, n. 4):

1º O pai por seus filhos, menores de sete anos (art. 448), n. 1) legítimos ou ilegítimos, que habitarem sem sua companhia; ou a mãe na falta do pai.

2º Os tutores por seus pupilos também menores de sete anos, que igualmente habitarem em sua companhia.

3º Os curadores pelos alienados, que estiverem sob sua guarda.

4º O marido pela sua mulher, com quem viver.

5º Os mestres, e diretores de colégios ou oficinas, pelos seus discípulos, alunos, ou aprendizes, menores de sete anos, enquanto permanecerem sob sua vigilância.

6º Os donos de estalagens e hospedarias, depositários gerais, trapicheiros e administradores de armazéns de depósito, comissários de transportes, e capitães, mestres ou patrões de embarcações; conforme se regular na Parte Especial deste Código, e no Código do Comércio.

Na Parte Especial do "Esboço" de Código Civil, a estrutura adotada por Teixeira de Freitas está em correspondência com as regras da parte geral em termos de delitos, ofensas e faltas, como se observa no quadro a seguir:

Título V – Das obrigações derivadas de atos ilícitos
[Disposições gerais] – arts. 3.624 a 3.634
Capítulo I – Das obrigações derivadas de delitos – arts. 3.635 a 3.642
§ 1º Do dano causado por delitos contra a pessoa – arts. 3.643 a 3.649
§ 2º Do dano causado por delitos contra a propriedade – arts. 3.650 a 3.658
Capítulo II – Das obrigações derivadas de ofensas que não são delitos
§ 1º – Do dano causado por pessoas – arts. 3.659 a 3.683
§ 2º Do dano causado por coisas
1º – Do dano causado por animais – arts. 3.684 a 3.689
2º – Do dano causado por coisas inanimadas – arts. 3.690 a 3.696
Capítulo III – Das obrigações derivadas de faltas – arts. 3.697 a 3.702

Quadro 1: Distribuição das matérias no Título V – Das obrigações derivadas de atos ilícitos, no "Esboço" de Código Civil

Devido à extensão da disciplina proposta por Teixeira de Freitas, torna-se inviável a análise pormenorizada dos artigos. De qualquer modo, importa destacar, nas disposições gerais, que:

a) a obrigação de indenizar se transmite aos herdeiros do autor do dano em caso de transmissão da herança (art. 3.625), assim como se assegura aos herdeiros do ofendido ou prejudicado ou cônjuge-meeiro o direito de haver a indenização do dano causado pelo ato ilícito (art. 3.626);

b) correrão juros e custas em caso de inadimplemento da obrigação de indenizar (art. 3627);

c) o autor do dano que alegar que o fez no exercício de sua liberdade ou no cumprimento de seus deveres ou obrigações, ou por culpa de quem lhe demandar, deverá fazer a prova desse fato (art. 3.632), sendo vedada a escolha do meio mais prejudicial nesse caso (art. 3.633).

No capítulo sobre obrigações derivadas de delitos:

a) o delinquente indenizará o dano que causou com seu delito (art. 3.635);

b) em caso de coautoria do delito, a obrigação de reparação do dano é solidária entre os coautores (art. 3.636); caso o delito seja doloso, não há direito de regresso entre eles;

c) a indenização do dano somente pode ser intentada por ação civil (art. 3.637), e o pagamento da indenização precederá o pagamento da multa (art. 3.640);

d) delitos cometidos por menores entre sete e quatorze anos, poderiam ensejar o uso de seus bens para satisfação do dano, a critério do juiz (art. 3.639);

e) definiram-se regras sobre a liquidação dos danos em caso de homicídio (art. 3.643); ferimento ou outra ofensa física (art. 3634); perda da liberdade individual; (art. 3.645); estupro ou rapto (art. 3.646); calúnia e injúria (art. 3.647); acusação caluniosa (art. 3.648); furto ou roubo (arts. 3.650 a 3.652); bancarrota, estelionato ou abuso de confiança (art. 3.653); e destruição total da coisa alheia (arts. 3.654 e 3.655).

Quanto às obrigações derivadas de ofensas que não são delitos:

a) exsurgem, qualquer que seja a culpa do ofensor, quando decorrer de ato próprio, sem causa de justificação para praticá-lo, ou se havia obrigação de impedir a ocorrência do ato (art. 3.660);

b) considera-se causa de justificação a defesa de sua pessoa ou de sua propriedade, sem exceder os limites legais e *incontinenti* (art. 3662);

c) os coautores da ofensa respondem solidariamente (art. 3664);

d) amos e patrões, donos de hotéis, estalagens, casas públicas de hospedagens, estabelecimentos públicos de expedição, capitães de navios, mestres ou patrões de embarcações, agentes de transportes terrestres, chefe de família, inquilino de casa e "todos aqueles que, presenciando algum malefício, e podendo evitá-lo de qualquer modo, deixaram de fazê-lo, especialmente as autoridades e os agentes policiais que presenciaram o fato, ou que dele foram prevenidos", não ficariam isentos de responsabilidade, ainda que provem ser impossível impedir o dano (art. 3.665 e 3.670);

e) consideram-se ofensas, entre outros, a evicção, os vícios redibitórios, a aquisição de má-fé de bens esbulhados, e a destruição ou deterioração de coisa de terceiro (art. 3.671);

f) caberia restituição em dobro do que já recebeu, por quem, de má-fé, cobrasse em juízo o que já foi pago (art. 3.675), antes de vencido o prazo ou cumprida a condição a que se subordinou o pagamento (art. 3.677);

g) inspirado nos arts. 2.326 e 2.327 do Código Civil chileno, caberia indenização sem qualquer possibilidade de causa de justificação por danos causados por animal bravio ou animal doméstico ou domesticado feroz (art. 3.684); e também se este dano fosse causado por animal doméstico ou domesticado não feroz, exceto se houve culpa da vítima, ou se o animal se soltou sem culpa do dono ou pessoa encarregada de guardá-lo (art. 3.685);

h) também caberia indenização em caso de desmoronamento total ou parcial de edifícios e de construções, queda de árvores mal arraigadas ou expostas a cair, lançamento de fumo insólito e excessivo de forno, forja ou fornalha para a janela do vizinho, exalação de cheiros infectos de canos, cloacas e depósitos mal construídos para casa vizinhas, umidades em paredes alheias por esterqueiras ou estrumeiras contíguas, compressão do rio com valados e obras novas de qualquer espécie, ainda que em lugar público com licença (art. 3.690).

Por fim, quanto às obrigações derivadas de faltas, a responsabilidade por mora ou inadimplemento de obrigação não contratual dar-se-ia apenas por dolo (art. 3.697), enquanto a responsabilidade contratual seria regida ao longo dos capítulos relativos à disciplina geral dos contratos e dos contratos em espécie (art. 3.698), e a condenação à indenização do dano causado seria requerida por meio da ação do contrato (art. 3.702).

5. A RECEPÇÃO DAS IDEIAS DE AUGUSTO TEIXEIRA DE FREITAS

Pela leitura dos itens anteriores, provavelmente a leitora e o leitor já perceberam quão familiares são as disposições estabelecidas por Teixeira de Freitas no "Esboço" de Código Civil. Em matéria de responsabilidade civil, a influência de Teixeira de Freitas é evidente em dois Códigos Civis: o Código Civil argentino de 1869,[20] e no Código Civil brasileiro de 1916. Por consequência, também chegou ao Código Civil de 2002.

No caso argentino, Dalmacio Velez Sarsfield adotou diversos artigos que Teixeira de Freitas havia projetado no "Esboço" de Código Civil. Em termos de responsabilidade civil, a relação entre o "Esboço" do Código Civil de Augusto Teixeira de Freitas e o Código Civil daquele país é, praticamente, de continência. Em outras palavras, quase todos os artigos sobre responsabilidade civil que estão no Código Civil argentino de 1869, foram projetados por Teixeira de Freitas, tendo sido vertidos em língua castelhana. Por exemplo, o Título VIII – "De los actos ilícitos" é composto por sete artigos e cinco deles são reproduções do "Esboço"; no Capítulo II – "De los delitos contra las personas", com sete artigos, seis são reproduções do "Esboço"; no Capítulo III – "De los delitos contra la propriedad", com cinco artigos, todos são reproduções do "Esboço"; por fim, no Capítulo IV – "Del ejercicio de las acciones para la indemnización de los daños causados por los delitos", com onze artigos, dez são reproduções do "Esboço". Apenas o Capítulo I – "De los delitos" não tem qualquer correspondência no "Esboço", tampouco no Código Civil chileno.

As diferenças específicas são meramente formais: em vez de ter-se seguido a distinção da disciplina na parte geral e parte especial, conforme preconizado por Teixeira de Freitas, Velez Sarsfield reuniu as regras em um único capítulo. No atual Código Civil y Comercial da Argentina de 2014, essa influência de Teixeira de Freitas foi abrandada por conta de ter-se inserido o estado da arte da responsabilidade civil, mas, ainda assim, tendo em vista a longa vigência do Código Civil de 1869, certamente esta ainda se fará presente na doutrina argentina por muitos anos.

---

20. ARGENTINA. Codigo Ley 340, de 29 septiembre 1869. Civil de la Nación. Disponível em: http://servicios. infoleg.gob.ar/infolegInternet/anexos/105000-109999/109481/texact.htm . Acesso em: 15 mar. 2022.

No Brasil, na elaboração do projeto que resultou no Código Civil, Clóvis Bevilaqua não o fez do "zero". Ao contrário, ele, intencionalmente, baseou seu projeto no que já havia sido feito por Teixeira de Freitas, assim como por Joaquim Felício dos Santos e Antonio Coelho Rodrigues. Por isso, a influência de Teixeira de Freitas se fez presente em diversos artigos do Código Civil de 1916.

Em primeiro lugar, é contribuição direta de Teixeira de Freitas a Parte Geral do Código Civil de 1916 conter o Título II – Dos atos ilícitos, e isso se repete estruturalmente na Parte Geral do Código Civil de 2002 no Título III – Dos atos ilícitos. Do mesmo modo, na Parte Especial do Código Civil de 1916, o Livro sobre Obrigações continha o Título VII – Das obrigações por atos ilícitos e o Título VIII – Da liquidação das obrigações, e, por sua vez, o Livro das Obrigações do Código Civil de 2002 contém o Título IX – Da responsabilidade civil, dividido em dois capítulos (Capítulo I – Da obrigação de indenizar e Capítulo II – Da indenização).

Por isso, quando se lia o Código Civil de 1916 e hoje em dia se lê o Código Civil de 2002, encontram-se diversas regras que foram redigidas por Augusto Teixeira de Freitas, conforme ilustrado no quadro a seguir:[21]

	"Esboço" de Código Civil	Código Civil de 1916	Código Civil de 2002
Solidariedade entre os coautores	Art. 3.636. Quando o delito for cometido por mais de um delinquente, autores ou cúmplices, cada um deles responderá solidariamente pela indenização do dano (arts. 480, 498 e 1.010)	Art. 1.518. Os bens do responsável pela ofensa ou violação do direito de outros ficam sujeitos à reparação do dano causado; e, se tiver mais de um autor a ofensa, todos responderão solidariamente pela reparação. Parágrafo único. São solidariamente responsáveis como autores os cúmplices e as pessoas designadas do artigo 1.521.	Art. 942. Os bens do responsável pela ofensa ou violação do direito de outrem ficam sujeitos à reparação do dano causado; e, se a ofensa tiver mais de um autor, todos responderão solidariamente pela reparação. Parágrafo único. São solidariamente responsáveis com os autores os coautores e as pessoas designadas no art. 932.
Transmissibilidade da obrigação de indenizar	Art. 3.625	Art. 1.526 (praticamente idêntica)	Art. 933 (praticamente idêntica)
Relação entre as esferas criminal e cível	Art. 835	Art. 1.525 (praticamente idêntica no caput)	Art. 935 (praticamente idêntica no caput)

Quadro 2: Comparação do "Esboço" de Código Civil com os Códigos Civis de 1916 e 2002 sobre regras gerais sobre responsabilidade civil.

---

21. A título de exemplo, excepcionalmente, será transcrita a regra sobre solidariedade entre os coautores do ato ilícito.

No caso da liquidação dos danos, dá-se o mesmo:[22]

	"Esboço" de Código Civil	Código Civil de 1916	Código Civil de 2002
Homicídio	Art. 3.643. Se o delito for de homicídio, a indenização consistirá: 1º No pagamento de todas as despesas do frustrado curativo do morto, e do seu funeral; 2º No de todos os lucros que o morto poderia adquirir por seu trabalho durante o tempo provável de sua vida.	Art. 1.557. A indenização, no caso de homicídio, consiste: I – No pagamento das despesas com o tratamento da vítima, seu funeral e o luto da família. II – Na prestação de alimentos às pessoas a quem o defunto os devia.	Art. 948. No caso de homicídio, a indenização consiste, sem excluir outras reparações: I – no pagamento das despesas com o tratamento da vítima, seu funeral e o luto da família; II – na prestação de alimentos às pessoas a quem o morto os devia, levando-se em conta a duração provável da vida da vítima.
Lesão ou ofensa à saúde	Art. 3.644	Art. 1.558 e Art. 1.559 (praticamente idêntica)	Art. 949 e Art. 950 (praticamente idêntica)
Liberdade individual	Art. 3.645	Art. 1.550 (similar)	Art. 954 (similar)
Estupro ou rapto	Art. 3.646	Art. 1.548 (redação idêntica no caput)	(não se recepcionou)
Calúnia ou injuria	Art. 3.647	Art. 1.547 (similar quanto ao conteúdo)	Art. 953 (similar quanto ao conteúdo)
Dano por animais	Art. 3.684 (inspirado no Código Civil chileno)	Art. 1.527 (similar quanto ao conteúdo)	Art. 936 (similar quanto à redação e conteúdo)
Ruína de edifício	Art. 3.691	Art. 1.528 (similar na forma, igual no conteúdo)	Art. 937 (similar na forma, igual no conteúdo)

Quadro 3: Comparação do "Esboço" de Código Civil com os Códigos Civis de 1916 e 2002 sobre liquidação dos danos

Outras duas observações merecem destaque. A primeira delas corresponde à possibilidade do reconhecimento da indenização por dano moral. O art. 828 do "Esboço" do Código Civil foi redigido da seguinte maneira:

Art. 828. Haverá dano, sempre que se causar a outrem (arts. 298 e 300) algum prejuízo suscetível de apreciação pecuniária; ou diretamente nas coisas do domínio, posse ou detenção do prejudicado; ou indiretamente pelo mal feito à sua pessoa, ou a seus direitos e faculdades. (grifos nossos)

Ao estruturar essa regra, ainda que não tivesse sido usada a expressão "dano moral", pode-se cogitar que essa foi a intenção de Teixeira de Freitas, posto que seus efeitos seriam similares àqueles que correspondem a essa categoria jurídica. Tal hipótese pode ser amparada pela leitura do art. 1.078 do Código Civil argentino de 1869, cuja redação é a seguinte:

---

22. A título de exemplo, excepcionalmente, será transcrita a regra sobre liquidação dos danos em caso de homicídio.

Art. 1.078. La obligación de resarcir el daño causado por los actos ilícitos comprende, además de la indemnización de pérdidas e intereses, la reparación del <u>agravio moral</u> ocasionado a la víctima. (grifos nossos)

Dessa forma, caso o "Esboço" de Código Civil tivesse sido promulgado no Brasil, possivelmente a doutrina nacional teria afirmado que seria possível a indenização por dano moral décadas antes do que se passou por aqui, tampouco sem a dúvida que havia no direito brasileiro sobre essa possibilidade.

A segunda delas corresponde ao abuso do direito, como se verifica nos arts. 832, 3.632 e 3.633 do "Esboço" de Código Civil:

Art. 832. Não haverá culpa:

1º Se o dano for causado por caso fortuito ou força maior, salvo se para o dano concorreu de algum modo, ou se foi ilícito o ato que o causara.

2º <u>Se for causado no exercício da liberdade ou direitos de cada um, ou no cumprimento de deveres ou obrigações, dentro dos limites legais.</u> (grifos nossos)

3º Se for causado por culpa do próprio ofendido ou prejudicado.

Art. 3.632. Também incumbe a quem for demandado pela indenização a prova de ter causado o dano no exercício de sua liberdade ou de seus direitos ou no cumprimento de seus deveres e obrigações, ou por culpa de quem demandar a indenização (art. 832 n. 2 e 3).

Art. 3.633. Não procede porém o disposto no art. 832, n. 2, se o causador do dano, tendo mais de um meio para exercer sua liberdade ou direitos, ou para cumprir seus deveres ou obrigações, escolheu de propósito o meio mais prejudicial.

Percebe-se que Teixeira de Freitas já cuidara do exercício de direito que excede manifestamente certos limites, ao exigir que se faça prova de ter causado o dano dentro do que se entende por liberdade quanto aos e cumprimento de deveres. Além disso, o art. 3.633 corresponde à hipótese dos atos emulativos, considerados abuso do direito.

Do mesmo modo, caso o "Esboço" de Código Civil tivesse sido promulgado no Brasil, a discussão sobre abuso do direito e sua positivação teriam ocorrido com mais de um século de antecedência no Brasil.

6. CONSIDERAÇÕES FINAIS

Por meio do "Esboço" de Código Civil, Teixeira de Freitas deu contribuição significativa ao direito da responsabilidade civil na Argentina e no Brasil, porque ele elaborou disciplina original e muito detalhada, inclusive para os dias atuais, a qual é muito superior e vasta em comparação com a existente nos Códigos Civis francês e chileno.

Resta evidente por que o Código Civil de 1916, assim como o Código Civil de 2002, trazem regras sobre atos ilícitos na Parte Geral e prosseguem com essa disciplina na Parte Especial. Diversos artigos que se liam naquele código, e se leem atualmente, foram redigidos por Augusto Teixeira de Freitas, tendo sido recepcionados por Clóvis Beviláqua e, por conseguinte, pela comissão presidida por Miguel Reale.

Embora Teixeira de Freitas não tenha conseguido influenciar o direito brasileiro, tampouco o argentino, em termos de divisão entre delitos, ofensas e faltas, é certo que ele já havia indicado a correlação perdida entre responsabilidade penal e responsabilidade civil – por exemplo, em matéria de dano, a qual se concentra no direito civil, fazendo, por exemplo, com que o art. 160 do Código Penal seja raramente invocado, assim como teria concebido as figuras do dano moral e do abuso do direito, de modo que estas foram duas regras que mereciam ter sido incorporadas ao direito brasileiro quando da promulgação do Código Civil de 1916, as quais teriam contribuído enormemente para a consecução da justiça no caso concreto.

Portanto, a alcunha de "jurisconsulto do Império" que se atribui a Augusto Teixeira de Freitas é pertinente, porque seu trabalho enquanto codificador é de suma qualidade técnica, ainda que sua máxima consagração tenha ocorrido na Argentina, em vez de sua terra natal.

7. REFERÊNCIAS

ARGENTINA. Codigo Ley 340, de 29 septiembre 1869. Civil de la Nación. Disponível em: http://servicios.infoleg.gob.ar/infolegInternet/anexos/105000-109999/109481/texact.htm. Acesso em: 15 mar. 2022.

CHILE. Codigo Civil de la Republica de Chile. Santiago de Chile: Imprenta Nacional, 1856. Disponível em: https://books.google.cl/books?id=jIYzAQAAMAAJ&printsec=frontcover#v=onepage&q&f=false. Acesso em; 15 mar. 2022.

CHRISTOFOLETTI JUNIOR, Valter. *A projeção internacional da obra de Augusto Teixeira de Freitas.* 2020. *Tese (Doutorado em Direito Civil) – Faculdade de Direito, Universidade de São Paulo, São Paulo, 2020.*

FRANÇA. Code Civil des Français. Édition originale et seule oficielle. Paris: Imprimerie de la République, 1804. Disponível em: https://oll-resources.s3.us-east-2.amazonaws.com/oll3/store/titles/2352/CivilCode_1565_Bk.pdf. Acesso em: 15 mar. 2022.

FREITAS, Augusto Teixeira de. Consolidação das Leis Civis. Ed. fac-sim. Brasília: Senado Federal, Conselho Editorial, 2003.

FREITAS, Augusto Teixeira de. *Esboço do Código Civil.* 2. v. Brasília: Ministério da Justiça, 1983.

JUSTINIANO I (483-565). *Institutas do Imperador Justiniano*: manual didático para uso dos estudantes de direito de Constantinopla, elaborado por ordem do Imperador Justiniano, no ano de 533 d.C. Tradução: José Cretella Jr. e Agnes Cretella. 2. ed. ampl. e rev. da tradução. São Paulo: Revista dos Tribunais, 2005.

MEIRA, Silvio. Teixeira de Freitas: *o jurisconsulto do Império*. Vida e obra. 2. ed. Brasília: Cegraf, 1983.

NABUCO, Joaquim. *O abolicionismo*. Brasília: Senado Federal, Conselho Editorial, 2003.

POUSADA, Estevan Lo Ré. *Preservação da tradição jurídica luso-brasileira*: Teixeira de Freitas e a introdução à consolidação das leis civis. 2006. Dissertação (Mestrado em Direito Civil) – Faculdade de Direito, Universidade de São Paulo, São Paulo, 2006.

POVEDA VELASCO, Ignacio Maria; TOMASEVICIUS FILHO, Eduardo. The 1830 Criminal Code of the Brazilian Empire and its Originality. In: MASFERRER, Aniceto. (Org.). *The Western Codification of Criminal Law*: A Revision of the Myth of its Predominant French Influence. Cham: Springer, 2018, p. 341-367.

SILVA, Joseane Suzart Lopes da (Coord). SILVA, Ana Clara Suzart Lopes da (Coord). *A relevância de Teixeira de Freitas para o direito e a sociedade*. Salvador: Editora Paginae, 2018.

ANTÔNIO COELHO RODRIGUES E SUA CONTRIBUIÇÃO AO DESENVOLVIMENTO DO DIREITO CIVIL BRASILEIRO, COM ESPECIAL ÊNFASE EM RELAÇÃO A RESPONSABILIDADE CIVIL: RUPTURAS E CONTINUIDADES NA TRADIÇÃO JURÍDICA BRASILEIRA

Venceslau Tavares Costa Filho

Doutor em Direito Civil pela UFPE. Professor permanente dos Cursos de Mestrado e Doutorado em Direito da UFPE e do Curso de Mestrado em Direitos Humanos da UFPE. Professor adjunto da Universidade de Pernambuco e da FAFIRE. Advogado.

E-mail: venceslau.tavares@upe.br

Sumário: 1. O discurso da ruptura e a continuidade na tradição jurídica brasileira – 2. Coelho Rodrigues e a "geração 70" – 3. Um "súdito fiel" ao imperador? – 4. O projeto de Código Civil de Coelho Rodrigues e suas regras sobre responsabilidade civil.

1. O DISCURSO DA RUPTURA E A CONTINUIDADE NA TRADIÇÃO JURÍDICA BRASILEIRA

Nenhuma Constituição, Código, ou Lei é gerada a partir do nada, nem muito menos obtém a sua matéria-prima do vazio. Eles sempre representam uma reflexão e uma forma de enfrentamento dos problemas do mundo, ou seja, apresentam-se como uma filosofia.[1] A Constituição Republicana de 1891, o Código Civil de 1916, o Código de Processo Civil de 1939; sem dúvida, expressam uma visão de mundo particular.

Esta vontade de constituição, ou de codificação, entretanto, não está circunscrita a passagem do século XIX para o Século XX, mas remete justamente à passagem do século XVIII para o século XIX. Trata-se de um fenômeno que se insere em um contexto mais amplo de modernização das instituições, seja em Portugal ou no Brasil, no intuito de estabelecer ligações com o pensamento do resto da Europa.

É neste contexto que o modelo legalista, que se volta ao primado da lei enquanto vetor político e ideológico, comunicava – na virada do século XVIII para o século XIX -, o quão necessária era a adoção de modernos códigos civil e criminal, o que ultrapassa bastante a mera enunciação de preceitos constitucionais em prol da limitação das prerrogativas absolutistas dos monarcas europeus; o que guarda relação

---

1. MARTINS-COSTA, Judith. Culturalismo e experiência no novo código civil. *Revista dos Tribunais*, a. 93, v. 819, São Paulo: RT, jan. 2004. p. 23.

com o processo de secularização em andamento. Daí que, em Portugal e no Brasil, existirão discursos favoráveis à reforma na legislação.[2]

É interessante notar que os reclamos mais específicos em prol da codificação civil, por exemplo, não são produtos de uma revolução política, ou até mesmo de uma grande mudança econômica e social. A proclamação da república no Brasil de 1889 não constituiu uma ruptura com as estruturas arcaicas, mas no máximo um "glissement". A expressão é de Gláucio Veiga, que considerava que a grande burguesia oitocentista não desprezava ou desejava abolir os hábitos da nobreza; na verdade, buscava imitá-la na vida em sociedade. A literatura da época foi bastante eficaz em registrar a preservação do *status quo* estamental, que termina por ceder seus espaços aos novos espaços conquistados pelas classes sociais, "porém, aos poucos. Tão lentamente que o Império Brasileiro encerrou-se definitivamente em outubro de 1930".[3]

Uma evidência disto pode ser extraída da trajetória de Coelho Rodrigues na história da codificação do direito civil brasileiro. Com o insucesso das tentativas empreendidas por Teixeira de Freitas e Nabuco de Araújo, o Senador Joaquim Felício dos Santos apresentou-se ao Ministro da Justiça para a tarefa de redigir um Projeto de Código Civil. Devido a isto, formou-se uma comissão para a avaliação deste projeto, de modo que o Ministro Sousa Dantas (titular da pasta da Justiça) compôs a Comissão com os seguintes nomes: Antonio Joaquim Ribas, Francisco Justino Gonçalves de Andrade, Antonio Coelho Rodrigues, e Antonio Ferreira Viana.[4]

A tentativa de Felício dos Santos não alcançou melhor sorte do que as anteriores, de modo que o Gabinete de 06 de junho de 1889, sob a liderança do Visconde de Ouro Preto, constituiu uma nova comissão encarregada da redação do Código Civil. Desta vez, foram nomeadas as seguintes pessoas para a Comissão: Olegario de Aquino e Castro, José da Silva Costa, Affonso Augusto Moreira Penna, Manuel Pinto de Souza Dantas, Antonio Coelho Rodrigues e José Julio Albuquerque Barros. O próprio Imperador Dom Pedro II presidiu "de fato" a primeira reunião desta comissão, em 12 de julho de 1889, que era presidida "de direito" pelo Ministro da Justiça, o Conselheiro Candido de Oliveira.[5]

Proclamada a República em 15 de novembro daquele ano, também os trabalhos daquela comissão não foram levados a efeito. Mas, o Ministro da Justiça do Governo Provisório, Manuel Ferraz de Campos Salles, resolve encarregar o professor Antonio Coelho Rodrigues desta tarefa, não apenas por haver integrado as comissões

---

2. NEDER, Gizlene; CERQUEIRA FILHO, Gisálio. Os filhos da lei. *Revista Brasileira de Ciências Sociais*, v. 16, n. 45, São Paulo: Associação Nacional de Pós-graduação e Pesquisa em Ciências Sociais-ANPOCS, fev. 2001. p. 114. Acesso em: 05 maio 2010. Disponível em: www.anpocs.org.br

3. VEIGA, Gláucio. Estamentos e espaços. In: *História das idéias da faculdade de direito do Recife* – volume VI. Recife: Artegrafi, 1993, p. 29.

4. VAMPRÉ, Spencer. *O que é o Código Civil* (conferências realizadas na Universidade de São Paulo). São Paulo: Livraria e Officinas Magalhães, 1916, p. 16.

5. VAMPRÉ, Spencer. *O que é o código civil* (conferências realizadas na Universidade de São Paulo). São Paulo: Livraria e Officinas Magalhães, 1916, p. 18.

anteriores, mas também por ser o responsável pela redação da Lei do Casamento Civil. Ele solicitou a concessão do prazo de três anos para a redação do anteprojeto. Contudo, quando finalmente o apresentou, "em 1893, ao Marechal Floriano, não foi bem acolhido pelo Governo, momentaneamente interessado em apoiar o projecto de Felicio dos Santos, sob o patrocínio de Saldanha Marinho".[6]

Assim, verifica-se que a expulsão da família real do Brasil, em virtude da Proclamação da República, parece não haver impactado as estruturas de poder de maneira significativa. Os mesmos homens de "confiança" do Imperador continuavam ocupando posições de destaque na república recém-instalada. Coelho Rodrigues é um excelente exemplo deste espírito conciliador que nós herdamos da metrópole. Apesar da ruptura com a monarquia, permaneciam "a serviço" do Brasil os mesmos homens que outrora eram fiéis súditos do Imperador Dom Pedro II.

2. COELHO RODRIGUES E A "GERAÇÃO 70"

Coelho Rodrigues obteve o título de bacharel pela Faculdade de Direito do Recife em 1866. No ano de 1870, recebeu o título de doutor em direito pela mesma faculdade.[7] Isto poderia servir de argumento para inseri-lo naquilo que se convencionou chamar de "geração 70".

Entretanto, vincula-se a Escola do Recife à chamada "geração 70", ou seja, àqueles juristas que concluíram o curso de bacharelado em Direito ao longo da década de 1870, no ambiente da Faculdade de Direito do Recife. Após subsequentes gerações fortemente influenciadas por ideais românticos, a chamada geração 70 apresentar-se-á como aquele grupo de pessoas que cuidará de matar o velho, de modo a preparar a chegada do novo. O "novo", então, era identificado com o materialismo, o cientificismo, o anticlericalismo etc.; de modo a recepcionar algumas das doutrinas em voga na época, quais sejam: o positivismo, de Comte e de Littrè; o evolucionismo de Haeckel e Spencer etc.[8]

Coelho Rodrigues, contudo, foi um ferrenho defensor da manutenção da escravidão durante a monarquia, e só se manifesta claramente e publicamente em prol da república após a sua proclamação e a expulsão da família real do Brasil. Isto não significa, todavia, que Coelho Rodrigues pode ser simplesmente rotulado como conservador e que os membros da Escola do Recife devem ser considerados a vanguarda daquele tempo.

---

6. VAMPRÉ, Spencer. *O que é o código civil* (conferências realizadas na Universidade de São Paulo). São Paulo: Livraria e Officinas Magalhães, 1916, p. 19.

7. Clóvis Beviláqua registrou que, no ano de 1870: "Receberam as insígnias doutorais: Antônio Coelho Rodrigues, Francisco Filgueiras e Francisco Odilon Tavares Lima" (*História da Faculdade de Direito do Recife.* Recife: Editora Universitária da UFPE, 2012, p. 190). Francisco Odilon Tavares Lima foi promotor público, advogado e deputado estadual em Pernambuco; e era 'primo de nosso bisavô Wenceslau Ferreira Tavares Lima.

8. AGUIAR, Cláudio. *Franklin Távora e seu tempo.* São Caetano do Sul-SP: Ateliê Editorial, 1997, p. 244.

Clóvis Beviláqua, por exemplo, é constantemente referido como um dos mais notáveis componentes da Escola do Recife; mas também pode ser apontado como agente da manutenção das velhas estruturas jurídicas e sociais. Como se pode notar em relação ao seu projeto de Código Civil, levando-se em consideração os projetos anteriores de Teixeira de Freitas e Coelho Rodrigues.

Se muitos dos egressos da Faculdade de Direito do Recife presentes aos debates no Congresso Nacional eram favoráveis à inserção do divórcio a vínculo no Código Civil, em vista da influência das concepções materialistas hauridas no ambiente da Faculdade pernambucana; a atitude de Clóvis Beviláqua foi a de se integrar ao coro dos católicos e dos positivistas comteanos. Apesar de sua posição comteana moderada, Clóvis Beviláqua é relacionado por Pontes de Miranda no grupo dos positivistas comteanos que se uniram aos católicos a fim combater "renhidamente" a proposta favorável ao divórcio.[9]

Termina por ser mais conservador do que o Imperador em relação a quem fez uma acirrada oposição. Pois, a última Comissão incumbida da tarefa de elaborar o Código Civil ao tempo do Império – que era presidida de fato pelo Imperador Dom Pedro II – chegou a deliberar pela aprovação da proposta de admissão entre nós do divórcio, mas somente em caso de adultério.[10] Mas, por outro lado, para Clóvis Beviláqua: "Sobre esta tormentosa questão do divórcio, não pareceu licito ao auctor do Projecto avançar uma linha".[11]

A atitude de Clóvis Beviláqua em relação ao divórcio também termina por ser mais conservadora que a legislação vigente à época. O Decreto 181, de Janeiro de 1890 (Lei do Casamento Civil), admitia a possibilidade do divórcio. O divórcio, contudo, não tinha o condão de dissolver o vínculo conjugal; prestando-se apenas para permitir a "separação indefinida dos corpos" e a cessação do regime de bens (art. 88).

Trata-se da alteração mais significativa no direito civil brasileiro em muito tempo. O autor do projeto da Lei do Casamento Civil foi justamente Coelho Rodrigues, que na época também manifestou ser favorável ao reconhecimento de direitos às uniões de fato: "Pelo meu voto o concubinato monogamico, entre pessoas desimpedidas, vivendo em communhão effectiva, durante um ou dous anos, poderia ser registrado como casamento e legitimar os filhos anteriormente havidos".[12] Esta proposta de Coelho Rodrigues, entretanto, não foi o incorporada a Lei do Casamento Civil.

Por outro lado, o art. 82 da Lei do Casamento Civil estabelecia que o pedido de divórcio só poderia ter por causa a prática do adultério (§ 1º), sevícia ou injúria grave

---

9. MIRANDA, Pontes de. *Fontes e evolução do direito civil brasileiro*. Rio de Janeiro: Pimenta de Mello & C., 1928, p. 24-25.
10. LOBO, Abelardo Saraiva da Cunha. *Curso de direito romano*. Brasília: Senado Federal, 2006, p. 609.
11. BEVILÁQUA, Clóvis. *Em defeza do projecto de código civil brazileiro*. Rio de Janeiro: Livraria Francisco Alves, 1906, p. 96.
12. RODRIGUES, Antonio Coelho. Qual é o objecto próprio do Direito Civil, e a melhor distribuição das suas matérias, quer para o ensino, quer para sua codificação?. *O Direito*: Revista Mensal de Legislação, Doutrina e Jurisprudência, a. XXXVI, v. 107 (set.-dez./1908). Rio de Janeiro: M. Orosco & C., p. 391.

(§ 2º), abandono voluntário do lar conjugal e prolongado por dois anos contínuos (§ 3º), ou em virtude do mútuo consentimento dos cônjuges, se forem casados há mais de dois anos (§ 4º). Tal possibilidade deferida pela Lei do Casamento Civil (de 1890) restará obstada com o advento do Código Civil de 1916, projetado por Clóvis Beviláqua.

Não há que se falar, portanto, em um sentido cabalmente inovador no Projeto de Código Civil de Clóvis Beviláqua. Isto porque as contribuições mais significativas e numerosas são de Teixeira de Freitas e Coelho Rodrigues: "Breve estatística poderia dizer-nos que foi, ainda em 1900-1915, Teixeira de Freitas, o codificador de 1860, quem mais criou no Codigo; depois, Coelho Rodrigues, Bevilaqua, a Commissão revisora e o Senado".[13]

Ainda de acordo com Pontes de Miranda, isto talvez se deva ao fato de Clóvis Beviláqua ser pouco afeito à práxis jurídica à época, por exercer exclusivamente a docência, diversamente de advogados experientes como Teixeira de Freitas e Coelho Rodrigues, de modo que: "O Codigo Civil brasileiro, pelo que deve a Clóvis Bevilaqua, é uma codificação para as Faculdades de Direito, mais do que para a vida. O que nelle vae morder (digamos) a realidade vém de Teixeira de Freitas, ou de Coelho Rodrigues".[14]

Sem dúvida, o simples fato de Coelho Rodrigues haver sido incumbido da tarefa de formular a Lei do Casamento Civil já o coloca em uma posição de destaque entre os reformadores do direito civil brasileiro. Esta é a alteração mais substancial que se operou em relação à legislação anterior, causando impactos sociais e políticos que não foram calculados pelo Governo e pelo projetista da Lei. Tome-se, por exemplo, o fato de que a Revolta de Canudos – liderada por Antônio Conselheiro – se propunha a manifestar o extremo descontentamento da população com a introdução do casamento civil, entre outros motivos.

José Gomes Bezerra Câmara assinala que a década iniciada com a Proclamação da República não trouxe alterações significativas em matéria de direito privado, mas faz questão de ressaltar a relevante alteração ocorrida no direito de família (a Lei do Casamento Civil), como exceção dentro daquele quadro geral.[15]

Pode-se afirmar, contudo, que a inserção de Clóvis Beviláqua na "geração 70" se dá em virtude de sua adesão às ideias de Tobias Barreto, e não à sua atitude conservadora, ou vanguardista. Coelho Rodrigues, por outro lado, não se alinhava ideologicamente com os seguidores de Tobias Barreto. Combateu-os vigorosamente e chegou a protagonizar o conhecido episódio da reprovação de Sílvio Romero. Tal

---

13. MIRANDA, Pontes de. *Fontes e evolução do direito civil brasileiro*. Rio de Janeiro: Pimenta de Mello & C., 1928, p. 118.
14. MIRANDA, Pontes de. *Fontes e evolução do direito civil brasileiro*. Rio de Janeiro: Pimenta de Mello & C., 1928, p. 112.
15. CÂMARA, José Gomes Bezerra. *Subsídios para a história do direito pátrio – tomo IV [1889-1930]*. Rio de Janeiro: Livraria Brasiliana, 1967, p. 74.

reprovação, inclusive, ensejou a publicação por Tobias Barreto (em 1875) de um ensaio denominado "A metafísica deve ser considerada morta?"; no intuito de se contrapor à atitude de Coelho Rodrigues como examinador.

3. UM "SÚDITO FIEL" AO IMPERADOR?

A artificialidade da implantação do regime republicano entre nós pode ser evidenciada não apenas na manutenção das estruturas econômicas, jurídicas e sociais; mas também no amplo aproveitamento de pessoas de "confiança" do Imperador no preenchimento de cargos na fase republicana.

Exemplo disto é o do Professor Antonio Coelho Rodrigues, que fez parte das duas últimas comissões formadas ao tempo da monarquia em prol da feitura de um Código Civil, quais sejam a Comissão de 1881 (para revisar o Projeto de Felício dos Santos) e a Comissão de 1889 (que foi presidida "de fato" pelo Imperador Dom Pedro II, e dissolvida logo após a Proclamação da República).

Com a República, foi Senador e Prefeito do Distrito Federal, além de ser o responsável pela elaboração da Lei do Casamento Civil (Decreto 181, de 24 de Janeiro de 1890); cabendo-lhe também "um *Projeto de Código Civil*, encomendado pelo Governo, o qual saiu a lume em 1893 e, depois reeditado com introdução histórica, exposição de motivos e discussão em 1897". Destacam-se na sua produção bibliográfica – além do Projeto de Código Civil – as seguintes obras: "*Da República na América do Sul*, Einsielden, Suíça, 1906, 2. ed., *Manual do súdito fiel* e outros escritos menores" (BEVILÁQUA, 1912, p. p. 497).

Atente-se, pois, para a sequência dos acontecimentos: I) em 01 de Junho de 1889, Coelho Rodrigues é nomeado pelo Imperador Dom Pedro II membro da Comissão incumbida da redação do Código Civil brasileiro; II) em 21 de Novembro de 1889, a Comissão outrora nomeada pelo Imperador é dissolvida pelo Ministério da Justiça do Governo Provisório da República; III) em 24 de Janeiro de 1890, o Decreto n. 181-redigido por Coelho Rodrigues - institui o Casamento Civil; IV) em 02 de Julho de 1890, Coelho Rodrigues é contratado para a elaboração do Projeto de Código Civil.

O fato de Coelho Rodrigues haver sido incumbido da tarefa de elaborar o projeto da Lei do Casamento Civil, contudo, não deixa de ser uma grande ironia. Em 1884, Coelho Rodrigues publica sob pseudônimo o seu *Manual do súdito fiel*, no qual vai expressar sua insatisfação em relação às políticas desenvolvidas pelo Gabinete liberal à época. Coelho Rodrigues era um destacado membro do Partido Conservador, e irá tecer uma série de críticas às políticas levadas a efeito pelo Governo, especialmente no que tocava ao chamado "elemento servil". Mas, entre diversas críticas dirigidas ao Governo ainda monárquico, cria uma situação hipotética e coloca a seguinte frase na boca de um Padre que irá representar a ala da Igreja Católica Apostólica Romana insatisfeita com os rumos da monarquia: "Depois, a influência soberana também tocou-me por casa, no projecto do casamento civil e na questão dos frades, cuja propriedade está esbulhando sem reservar, sequer, o usufructo, que a lei havia respeitado".[16]

Ora, se o casamento civil serviu de mote para a crítica ao Governo nos tempos da Monarquia, imputou-se a ele a responsabilidade de redigir a Lei do Casamento Civil com o advento da República. Veja-se, pois, que a transição da crítica à aceitação dá-se sem maiores problemas para Coelho Rodrigues. O que era abominável no projeto dos liberais no poder à época do Imperador Pedro II, ganhará concretude com a colaboração do outrora "súdito fiel" e líder do Partido Conservador: Coelho Rodrigues. Ele mesmo confessa sua visão relativista em relação a tais diferenças ideológicas[17]:

> "Apezar, porém, das doutrinas do meu autor predilecto, cedo verifiquei que isso de conservadores e liberaes no Brazil eram modos de dizer, ou methodo de opposição ao governo, e, como os meus parentes já andavam mettidos com os primeiros reuni-me a elles e fiz-me conservador, mesmo porque tinha alguma cousa que perder e a gente só póde ser liberal sem restricções, quando tem o pão certo, sem trabalho, como os altos funccionarios, ou chega á condição de proletário".

Fazendo uso de uma fina ironia, afirma que os brasileiros geralmente desejam um título científico e um emprego público. Com a conquista do emprego público, passam a desejar uma cadeira na Câmara dos Deputados, após isto uma cama no Senado, em seguida uma poltrona no Conselho de Estado e, por fim, uma rede de dormir no Conselho de Estado.[18] Ademais, critica a possibilidade de abolição da pena de morte, que – apesar de ser do desejo da maioria dos filósofos – deve ficar fora das cogitações do Imperador. Isto porque, enquanto o filósofo "deve ser o apóstolo da igualdade", considera o Rei enquanto "a incarnação suprema da desigualdade política".[19]

A questão central desta obra é a escravidão, que é considerada por Coelho Rodrigues como a "irmã gêmea" Monarquia no continente americano. Assim, insinua que a abolição da escravidão entre nós levaria à supressão da monarquia.[20] O que, de fato, terminou por ocorrer. De qualquer forma, ainda no intuito de persuadir o Imperador a não ceder aos abolicionistas, invoca o argumento da tradição ou dos costumes, bem ao gosto dos historicistas[21]:

> "Eu não creio que instituições seculares possam ser reformadas e transformadas de improviso a golpes de decretos; pelo contrario, attribúo a esse preconceito os resultados negativos das grandes aspirações da revolução de 1789, e receio muito que a escravidão, supprimida por esse

---

16. RODRIGUES, Antonio Coelho. *Manual do súdito fiel, ou Cartas de um lavrador a sua Magestade o Imperador sobre a questão do elemento servil*. Rio de Janeiro: Typ. e Lith. de Moreira, Maximino & C., 1884, p. 39.
17. RODRIGUES, Antonio Coelho. *Manual do súdito fiel, ou Cartas de um lavrador a sua Magestade o Imperador sobre a questão do elemento servil*. Rio de Janeiro: Typ. e Lith. de Moreira, Maximino & C., 1884, p. 11-12.
18. RODRIGUES, Antonio Coelho. *Manual do súdito fiel, ou Cartas de um lavrador a sua Magestade o Imperador sobre a questão do elemento servil*. Rio de Janeiro: Typ. e Lith. de Moreira, Maximino & C., 1884, p. 32.
19. RODRIGUES, Antonio Coelho. *Manual do súdito fiel, ou Cartas de um lavrador a sua Magestade o Imperador sobre a questão do elemento servil*. Rio de Janeiro: Typ. e Lith. de Moreira, Maximino & C., 1884, p. 78.
20. RODRIGUES, Antonio Coelho. *Manual do súdito fiel, ou Cartas de um lavrador a sua Magestade o Imperador sobre a questão do elemento servil*. Rio de Janeiro: Typ. e Lith. de Moreira, Maximino & C., 1884, p. 108.
21. RODRIGUES, Antonio Coelho. *Manual do súdito fiel, ou Cartas de um lavrador a sua Magestade o Imperador sobre a questão do elemento servil*. Rio de Janeiro: Typ. e Lith. de Moreira, Maximino & C., 1884, p. 127.

processo de sobre a nossa raça africana, resurja no dia seguinte por sobre a branca e a mestiça, que constituem a maioria do paiz".

Realizada a abolição da escravatura em virtude da Lei subscrita pela Princesa Isabel em 13 de maio de 1888, Coelho Rodrigues logo apresenta o Projeto de Lei 10, em 24 de maio do mesmo ano, propondo pagamento de indenização aos ex-senhores de escravos. A lei proposta por ele "autorizava a emissão de títulos da dívida pública para pagar aos proprietários de escravos, ressarcir o valor do capital em seres humanos".[22]

Parece-nos, contudo, que Coelho Rodrigues não era um opositor radical da abolição da escravidão, mas a condicionava ao pagamento de indenização aos antigos proprietários de escravos. Dez anos antes da abolição da escravatura, é notável a sua manifestação no Congresso Agrícola do Recife em 1878[23]:

"Considero como causas primárias da crise medonha, que imos atravessando e cujas consequências mal se pode ainda prever, dous vícios radicados no paiz e ia quasi accrescentando verdadeira-mente brasileiras – 'a preguiça e o luxo'. (...). Considero como origens simultâneas do luxo e da preguiça a herança necessária e a escravidão".

Mais adiante, afirma que "a escravidão não nos deve incommodar para o fu-turo, porque está morta em sua fonte, e a iniciativa particular vai fazendo pela sua abolição tanto quanto o fundo de emancipação, e talvez mais do que ella".[24] O Con-gresso Agrícola do Recife de 1878 marcou a insatisfação dos proprietários de terras e escravos do Nordeste com o Governo Imperial, e contou a participação de diversos representantes desta classe, destacando-se entre eles Miguel Alexandrino da Fonseca Galvão (nosso trisavô).[25]

Tal proposta de Coelho Rodrigues no sentido de obter indenização aos antigos senhores de escravos ao argumento do direito adquirido terminou por ser frustrada pela decisão do Governo Republicano em 14 de Dezembro de 1890, que determinou "a incineração de todos os 'livros e papéis referentes ao elemento servil'. O documento está assinado por T. de Alencar Araripe, e não por Rui Barbosa, que parece ter sido o autor da decisão".[26]

Registre-se, ainda, que Coelho Rodrigues faz uma crítica pontual à ausência de Código Civil ainda ao tempo da Monarquia, ao afirmar que "o governo conserva a

---

22. BUARQUE, Cristovam. *Dez dias de Maio em 1988*. Brasília: Senado Federal, 2016, p. 109.
23. RODRIGUES, Antonio Coelho. Discurso do Sr. Dr. Antonio Coelho Rodrigues. In: *Trabalhos do Congresso Agrícola do Recife em Outubro de 1878*. Recife: Typ. De Manoel Figueiroa de Faria & filhos, 1879, p. 81.
24. RODRIGUES, Antonio Coelho. Discurso do Sr. Dr. Antonio Coelho Rodrigues. In: *Trabalhos do Congresso Agrícola do Recife em Outubro de 1878*. Recife: Typ. De Manoel Figueiroa de Faria & filhos, 1879, p. 87.
25. *Trabalhos do Congresso Agrícola do Recife em Outubro de 1878*. Recife: Typ. De Manoel Figueiroa de Faria & filhos, 1879, p. 108. Miguel Alexandrino da Fonseca Galvão foi proprietário de Engenho de Cana de Açúcar na Zona Cavieira de Pernambuco e Coronel da Guarda Nacional. A história da família Fonseca Galvão confunde-se com a história do Exército Brasileiro, destacando-se entre eles os Marechais Pedro Paulo da Fonseca Galvão (sobrinho do nosso trisavô) e Manuel Deodoro da Fonseca (primo do nosso trisavô) que tiveram participação direta no movimento militar que resultou no golpe que instalou o primeiro governo republicano em 15 de novembro de 1889.
26. BUARQUE, Cristovam. *Dez dias de Maio em 1988*. Brasília: Senado Federal, 2016, p. 109.

linguagem das Ordenações, ou fala um dialecto mixto, que não é bem o francez, nem o portuguez, e que só elle entende, se é que o entende".[27]

4. O PROJETO DE CÓDIGO CIVIL DE COELHO RODRIGUES E SUAS REGRAS SOBRE RESPONSABILIDADE CIVIL

O Código Civil serviria justamente para pôr fim a esta confusão, pois seria dotado de um texto claro e conciso, capaz de ser compreendido com mais facilidade. A tarefa de traduzir aquele "dialecto mixto"; de tornar o direito civil inteligível; caberá inicialmente a Coelho Rodrigues a partir da República.

A fim de se afastar da agitação da atividade política e da advocacia, Coelho Rodrigues resolveu realizar este trabalho de formulação do Projeto na Suíça, e o entregou ao Governo em 1893.[28] O projeto de Coelho Rodrigues segue a divisão já consagrada por Teixeira de Freitas em Parte Geral e Parte Especial, que depois seria positivada no Código Civil alemão (BGB) apenas em 1896.

Em matéria de Responsabilidade Civil, o Projeto Coelho Rodrigues[29] previa amplo dever de reparação de todos os danos causados por atos ilícitos, em seu art. 268, que também prevê a legítima defesa e o estado de necessidade como hipóteses de exclusão da ilicitude:

> Art. 268. Todo aquelle que, por acção ou omissão, viola o direito de outrem fica obrigado a indemnizal-o por todas as perdas e damnos resultantes da lesão.
>
> § 1.º O acto illicito deixa de sel-o, quando o agente o pratica pela necessidade de defender-se a si próprio, ou a outrem, de uma agressão presente e illegal.
>
> § 2º. É licito damnificar ou destruir a cousa alheia para salvar-se a si próprio ou a outrem, de um perigo presente e independente da vontade daquelle, que a damnifica ou destróe; salvo o direito do dono á reparação, si não for o culpado do mesmo perigo.
>
> § 3º. Si o perigo ocorrer por culpa de um terceiro, o autor do damno ou da destruição terá acção regressiva contra elle, para haver o valor da indemnização que pagar ao dono da cousa.
>
> § 4º. A mesma acção terá logar contra o terceiro, em cuja defesa tiver sido damnificada ou destruída a cousa.

O Projeto Coelho Rodrigues também distinguia a responsabilidade civil em relação a responsabilidade criminal, prescrevendo que o juízo civil é independente do juízo criminal, nos arts. 269 e 270:

---

27. RODRIGUES, Antonio Coelho. *Manual do súbdito fiel, ou Cartas de um lavrador a sua Magestade o Imperador sobre a questão do elemento servil.* Rio de Janeiro: Typ. e Lith. de Moreira, Maximino & C., 1884, p. 35.
28. BEVILÁQUA, Clóvis. *História da Faculdade de Direito do Recife.* Recife: Editora Universitária da UFPE, 2012, p. 497.
29. Todas as referências feitas neste texto a artigos do referido Projeto de Código Civil se baseiam no seguinte texto: *Projecto do Código Civil redigido pelo Dr. A. Coêlho Rodrigues em virtude do Decreto de 15 de julho de 1890.* Rio de Janeiro: Imprensa Nacional, 1893. Trata-se de edição digitalizada pelo Projeto Memória da Faculdade de Direito do Recife, da UFPE; que é liderado brilhantemente pelo Prof. Dr. Humberto João Carneiro Filho, e está disponível em: https://drive.google.com/file/d/1uTockkaSUSVeO-rg7WgxG4UG2YVEwuqh/view Acesso em: 21 jan. 2022.

Art. 269. A responsabilidade civil, por crime, delicto ou contravenção, é independente da criminal e, ainda quando sejam connexas, não poderão ser pedidas conjunctamente.

Art. 270. A satisfação da obrigação civil, resultante de crime ou delicto, contravenção ou quasi delicto, não obsta a applicação da pena criminal que no caso couber, si a respectiva acção for pública, ou si, ainda sendo particular, o offendido não houver renunciado á ella expressamente.

O Projeto Coelho Rodrigues, atualizado com a dogmática jurídica alemã da época, já contemplava hipótese de Responsabilidade Civil pré-contratual em seu art. 303, que ousadamente tutela o chamado interesse (contratual) negativo:

Art. 303. Quando a lei ou o teôr do contrato exigir forma especial para a sua prova ou validade, póde qualquer das partes arrepender-se antes de concluido o respectivo instrumento, salvo á outra a indemnização pelas perdas e damnos que do arrependimento lhe resultarem.

A denominação "interesse negativo" é atribuída a Rudolf von Ihering, mas corresponde a ideia que já havia sido divulgada por Friedrich Von Savigny em seu *Sistema de Direito Romano Atual* (1840).[30] Na síntese feliz de Renata Steiner, pode-se dizer que o dever de indenização pela violação do interesse (contratual) negativo "volta-se à situação em que o lesado estaria se não houvesse iniciado as tratativas ou confiado na conclusão adequada do negócio jurídico".[31]

O Projeto Coelho Rodrigues também sujeitava o patrimônio do causador do dano a compensação da vítima, que poderia requerer em juízo a prenotação dos bens imóveis do ofensor que iram servir de garantia da futura indenização, conforme redação do art. 1.195: "Os bens do responsavel por uma lesão de direito ficam sujeitos á reparação do damno e, si este resultar de crime ou delicto, o offendido poderá pedir a prenotação dos immoveis do autor no registro hypothecario, logo que der a sua queixa em juízo".

Também prevê hipóteses de responsabilidade por fato de outrem (ou responsabilidade transpessoal), no art. 1.198 (a exemplo dos pais por atos dos filhos que estiverem sob sua autoridade) e exclui tal responsabilidade ante a comprovação da ausência de culpa *in vigilando*, nos termos do art. 1.199: "A responsabilidade das pessoas mencionadas no artigo antecedente cessa, provando-se que empregaram toda a diligência de um bom pai de família para evitar o damno, ou que este ocorreu de modo a não poder ser evitado por ellas".

O Projeto Coelho Rodrigues prescreve hipóteses típicas de imposição do dever de indenizar que atualmente correspondem a hipóteses de indenização por danos morais; compreendendo-se o dano moral como o resultado danoso da violação a certo direito da personalidade. É o caso, por exemplo, da indenização em virtude

---

30. MEDICUS, Dieter. *Id quod interest*: Studien zum römischen Recht des Schadensersatzes. Köln: Böhlau Verlag, 1962, p. 313.

31. STEINER, Renata Carlos. Interesse positivo e interesse negativo: *a reparação de danos no direito privado brasileiro*. São Paulo: Universidade de São Paulo [Tese de Doutorado], 2016, p. 324.

de homicídio, prevista no art. 1.220 do Projeto. O art. 948 do Código Civil de 2002 praticamente repete a redação do art. 1.220 do Projeto Coelho Rodrigues.

O Projeto Coelho Rodrigues também prevê a imposição do dever de pagar compensação pecuniária por ofensas físicas nos arts. 1.221 e 1.222. Além de ressarcir as despesas com o tratamento da vítima, o Projeto também prevê reparação específica por danos estéticos causados "a mulher solteira ou viúva que ainda pudesse casar", em valor equivalente a um "dote proporcional as posses do autor, as circunstâncias da offendida e a gravidade do defeito" (art. 1.221, § 2º). Se a ofensa física resultar em perda da capacidade laborativa da vítima, o ofensor também deverá pagar pensão correspondente aos proventos do ofendido (art. 1.222).

A Lei Civil projetada pelo Professor Coelho Rodrigues também traz hipóteses de responsabilização civil de profissionais de saúde (médicos, cirurgiões, parteiras, dentistas e farmacêuticos) nos arts. 1.225 e 1.226; que responderão apenas se comprovada a culpa na administração do tratamento ou medicação. Também prescreve indenização em virtude de calúnia ou injúria (art. 1.227), tarifando a indenização em até duas vezes o valor da multa prevista para a pena criminal para os casos em que não seja possível estimar o prejuízo material (art. 1.227, § 1º), bem como o dever de publicar a sentença condenatória no mesmo jornal onde tenha publicado as ofensas, ou em três periódicos indicados pela vítima (art. 1.227, § 2º). O Código Projeto por Coelho Rodrigues também prevê hipóteses específicas de indenização por ofensas contra a honra e a virgindade (arts. 1.228 e 1.229) e a liberdade pessoal (art. 1.230), entre outras hipóteses de indenização.

Não se imagine que o jurista piauiense não estivesse a cogitar de indenização por danos morais quando propôs tais dispositivos, posto que a questão da indenizabilidade dos danos morais já fosse tema amplamente debatido na época; especialmente entre penalistas. Verbi gratia, João Vieira de Araújo (1844-1922)[32], professor de Direito Criminal da Faculdade de Direito do Recife, consignou que certos danos causados pelos ilícitos criminais:

> "não podem todavia ser minorados por meio de uma reparação pecuniaria na qual deve-se levar em conta, todos os elementos representados pela dor, pelas agonias e males equivalentes ou maiores acarretados contra o offendido pelo crime, isto é, o que se pode chamar de damno moral".

Já Manoel Mendes da Cunha Azevedo, que também foi professor da Faculdade de Direito do Recife, reputa que o dano "ou consiste nos prejuizos materiaes, ou na injuria moral, que affecta as relações, e affeições naturaes do offendido; *causam agit doloris*, e que em odio ao delicto sempre se resolve em reparações pecuniarias".[33]

---

32. ARAUJO, João Vieira de. *Código Criminal Brasileiro*: commentario philosophico-scientifico em relação a jurisprudencia e a legislação comparada. Recife: José Nogueira de Souza, 1889, p. 425.
33. AZEVEDO, Manoel Mendes da Cunha. *Código Penal do Império do Brasil*: com observações sobre alguns de seus artigos. Recife: Typographia Commercial de Meira Henriques, 1851, p. 240.

O Código Civil de 1916, projetado por Clóvis Beviláqua, incorporou tais propostas de Coelho Rodrigues. A jurisprudência do Supremo Tribunal Federal terminou por consagrar que tais hipóteses tipificadas no Código Beviláqua e previstas no Projeto Coelho Rodrigues correspondem a hipóteses de indenização por danos morais. Neste sentido, destaque-se Acórdão proferido pelo Supremo Tribunal Federal em 1942, sob a relatoria do Ministro Orozimbo Nonato, a reconhecer a indenizabilidade do dano moral ao tempo da vigência do Código Civil de 1916: "Pelo sistema do nosso Código Civil, como para o do B.G.B., (art. 293) a reparação pecuniária do dano moral só é possível nos casos previstos em lei" (ACi 7526, julgado em 03/11/1942).

Geraldo Neves assinala que o contrato firmado entre Coelho Rodrigues e o Governo à época concedia apenas três anos para a conclusão do Projeto. Entregue o Projeto em 1893, ele foi pomposamente rechaçado à época do Governo de Floriano Peixoto.[34]

De acordo com Spencer Vampré, a rejeição do projeto pelo Governo de Floriano Peixoto tem um componente político: o Governo estava temporariamente interessado em apoiar o Projeto de Felício dos Santos, que havia obtido o patrocínio de Saldanha Marinho.[35]

A rejeição do Projeto pelo Poder Executivo levou Coelho Rodrigues a apresentá-lo diretamente ao Poder Legislativo. Clóvis Beviláqua[36] assinalou à época que:

> "O senado já deu parecer favorável a respeito do *projecto* Coelho Rodrigues, porém mandando-o submetter á revisão de uma commissão de juristas- Si a procrastinação trouxer maior perfeição que seja bem acolhida, mas si fôr para desfazer, ainda uma vez, esperanças, já arraigadas de obtermos, afinal, um código civil digno de nós, devemos lastimal-a".

Abelardo Saraiva da Cunha Lobo, outra testemunha dos fatos à época, assinala que esta provocação do Senador Coelho Rodrigues para que o Senado pressionasse o Governo não produziu bons frutos; o que fez com que ele chegasse "até às portas dos tribunais, em memorável ação que propôs contra a União, sem resultado, aliás".[37]

O registro feito por Clóvis Beviláqua ocorreu em um momento que antecede a sua contratação para a realização do Projeto de Código Civil. Mais adiante, já na posição de projetista do Código Civil, assinala o seu elogio ao Projeto apresentado por Coelho Rodrigues, após tecer críticas aos Projetos de Nabuco de Araújo e de Felício dos Santos. Segundo Clóvis Beviláqua, Coelho Rodrigues teria sido mais feliz na escolha de seus referenciais teóricos, pois estaria mais atualizado em relação

---

34. NEVES, Geraldo. Uma bibliografia comentada de fontes diretas e indiretas para o estudo do Esboço, Apontamento, Anteprojetos, Projetos e Código Civil Brasileiro, de 1855 a 2001. *Anuário dos cursos de pós-graduação em direito*, n. 11 (2000). Recife: Universidade Federal de Pernambuco, p. 373.
35. VAMPRÉ, Spencer. *O que é o Código Civil* (conferências realizadas na Universidade de São Paulo). São Paulo: Livraria e Officinas Magalhães, 1916, p. 19.
36. BEVILÁQUA, Clóvis. *Resumo das lições de legislação comparada sobre direito privado*. 2 ed. Bahia: Livraria Magalhães, 1897, p. 114.
37. LOBO, Abelardo Saraiva da Cunha. *Curso de direito romano*. Brasília: Senado Federal, 2006, p. 613.

ao panorama legislativo e doutrinário; mas que, apesar disto, o projeto não obteve a aprovação das autoridades competentes.[38]

Coelho Rodrigues, assim como Teixeira de Freitas, também era um romanista e foi influenciado pela Pandectística alemã. O seu Projeto de Código Civil também era estruturado em uma Parte Geral e em uma Parte Especial, o que evidencia a sua concepção sistemática de direito civil. Chegou a traduzir as Institutas de Justiniano para o português, obra publicada em dois volumes (o primeiro em 1879, e o segundo em 1881) sob o título: *Institutas do Imperador Justiniano vertidas do latim para o português com perto de cincoenta notas extraídas do 'Corpus Juris' e um appendice contendo a integra do texto e da tradução das Novellas 118 e 127.*

A precisão conceitual e o caráter sistemático do seu Projeto de Código Civil, frutos da influência da civilística alemã, renderam a Coelho Rodrigues referências elogiosas de Spencer Vampré e Clóvis Beviláqua. O primeiro, professor da Faculdade de Direito de São Paulo, afirma que Coelho Rodrigues era detentor das mais "promissoras credenciaes" para a realização da tarefa da redação do Código Civil.[39] Já Clóvis Beviláqua confessa que desejava vincular o seu trabalho ao *Esboço* de Teixeira de Freitas e ao *Projecto* do "Dr. Coelho Rodrigues". Afirma também que retirou mais contribuições do *Projecto* de Coelho Rodrigues do que do *Esboço* de Teixeira de Freitas para a elaboração de seu próprio Projeto de Código Civil.[40]

A escolha de Coelho Rodrigues para a função de projetista do Código Civil também foi uma dura traição aos republicanos convictos. Escravagista e Monarquista, o "súdito fiel" Coelho Rodrigues não parecia ser a pessoa mais alinhada com os ideais de um regime que pretendia ser a antítese de tudo isto.

Por fim, não obstante sua abordagem contemporânea sobre temas de direito de família e de responsabilidade civil, Coelho Rodrigues também representou o compromisso das elites nacionais com a manutenção de uma instituição arcaica da escravidão. Enfim, Coelho Rodrigues parece sintetizar em sua trajetória as contradições do discurso modernizador da elite jurídica nacional.

---

38. BEVILÁQUA, Clóvis. *Em defeza do projecto de código civil brazileiro.* Rio de Janeiro: Livraria Francisco Alves, 1906, p. 25.
39. VAMPRÉ, Spencer. *O que é o Código Civil* (conferências realizadas na Universidade de São Paulo). São Paulo: Livraria e Officinas Magalhães, 1916, p. 19.
40. BEVILÁQUA, Clóvis. *Em defeza do projecto de código civil brazileiro.* Rio de Janeiro: Livraria Francisco Alves, 1906, p. 26.

AMARO CAVALCANTI – VIDA E OBRA

Edilson Pereira Nobre Júnior

Professor Titular da Faculdade de Direito do Recife – Universidade Federal de Pernambuco. Pós-Doutoramento pelo Instituto Jurídico da Faculdade de Direito da Universidade de Coimbra. Desembargador do Tribunal Regional Federal da Quinta Região. Membro do Instituto Internacional de Derecho Administrativo – IIDA e da Academia Norte-Rio-Grandense de Letras.

Fabiano André de Souza Mendonça

Professor Titular de Direito Constitucional da Universidade Federal do Rio Grande do Norte. Procurador Federal. Coordenador do Grupo de Pesquisa Felicidade e Cidadania (UFRN/CNPq). Membro do Instituto Brasileiro de Estudos de Responsabilidade Civil – IBERC.

Ivan Lira de Carvalho

Professor da UFRN, membro da Academia Norte-Rio-Grandense de Letras, do Instituto Histórico e Geográfico do RN, do Conselho Estadual de Cultura e da Academia de Letras Jurídicas do RN. Juiz Federal.

Sumário: 1. Nota biográfica de Amaro Cavalcanti – 2. O mais atual de nossos juristas – 3. Amaro Cavalcanti: responsabilidade civil do estado – 4. Referências.

1. NOTA BIOGRÁFICA DE AMARO CAVALCANTI

Até o século dezenove, o chão do Seridó era delimitado como pertencente à Freguesia da Senhora Sant'Anna, que foi perdendo partes com o desmembramento da Freguesia de Nossa Senhora da Guia (de Patos, Paraíba) em 1788 e da de Nossa Senhora das Mercês (de Cuité, Paraíba) em 1801[1]. Mesmo assim, ainda permanecia com papel relevante na interiorização e na economia primárias do Rio Grande do Norte, inicialmente calcada no "ciclo do couro", é dizer, na pecuária bovina, caprina e muar, agora admitindo a variação das matrizes produtivas, com o plantio de algodão e de culturas de subsistência alimentar (mandioca, café, feijão e milho). Pois foi nesse cenário de rudimentar ambiente agropastoril, que se estabeleceu Amaro Cavalcanti Soares de Brito, um doublé de agricultor e mestre-escola, sediado na Fazenda Logradouro, edificada nas proximidades do vilarejo que o tempo consagrou como Jardim

---

1. MEDEIROS NETA, Olívia Morais. Por uma pedagogia da cidade ou sociabilidades e educabilidades no príncipe, Rio Grande do Norte (Século XIX). In: MACEDO, Helder Alexandre Medeiros de et all. *Seridó potiguar*: sujeitos, espaços e práticas. Natal: IFRN; Caicó: Biblioteca Seridoense, 2016. pp. 165-194.

de Piranhas, pertencente à Vila do Príncipe (atual Caicó). Ali fez família por casar-se com Ana de Barros Cavalcanti, advindo os filhos João Maria, Amaro, Militana, Ana e Josefina. Desse núcleo familiar alçaram destaque os varões, certamente pelo desenho patriarcal da sociedade de então, onde às mulheres eram reservados papéis ocultos ou de coadjuvantes. O primeiro dos homens – João Maria – seguiu caminho clerical, coberto de virtudes que o levaram ao patamar do apostolado, sendo pela história consagrado como santo popular de Natal. O segundo – Amaro – terá a sua biografia resumida nas presentes linhas.

Na ambiência doméstica obteve os primeiros ensinamentos, sob os rigores do próprio pai-professor. Queria mais. Como disse Tavares de Lyra[2], ele tinha "sede de saber e a falta de recursos paternos não lhe permitira que, ultimado seu curso de primeiras letras, fizesse estudos regulares e sistematizados de humanidades. Apenas teve o auxílio de um ou outro professor particular. (...) Ainda adolescente, viu-se obrigado a ganhar a vida e começou a mourejar no comércio, especialmente de gado, viajando pelo interior da sua e das províncias vizinhas". Foi assim que chegou a tomar lições com o Professor Joaquim Apolinar, em Caicó, não permanecendo muito tempo naquela "aula" por se ter apaixonado por uma filha do lente, "que proibiu o namoro em razão da sua condição social, mesmo sendo um estudioso em Latim, aspecto muito importante para a época", conforme consigna Fabiana Sena[3].

A agilidade com negócios agrícolas, somada ao que amealhara como autodidata, animaram o jovem Amaro a seguir para outras praças, em busca de melhores condições de vida. Assim foi que deixou a região natal no rumo do Recife, cruzando parte do território paraibano, onde fez pouso na cidade de Itabaiana, para trabalhar como caixeiro por alguns meses. Retomou o destino à capital pernambucana, ali trabalhando no comércio e cada vez mais estudando por conta própria. Tentou ingresso no Seminário de Olinda, onde estudara o irmão João Maria. À míngua de vaga, foi orientado pelo próprio Bispo a seguir para estabelecimento congênere em São Luis, Maranhão, conselho que foi seguido[4]. Mas o ambiente seminarial não lhe valia mais do que para aprendizado, pois a vocação sacerdotal não lhe ocorria. Ao tempo em que estudava, ensinava retórica e outras cadeiras, com ganhos que garantiam a sua mantença, conforme lembra Carlos Adel Teixeira de Sousa[5].

---

2. LYRA, Tavares de. *Amaro Cavalcanti*. Rio de Janeiro: Departamento de Imprensa Nacional, 1951, p. 335.

3. SENA, Fabiana. O professor Amaro Cavalcanti e a imprensa do Ceará: uma leitura do intelectual no império brasileiro. *Revista História da Educação* (Online), 2019, v. 23: e82321. Disponível na Internet em https://www.scielo.br/j/heduc/a/Dyr8CtS5X3PN4jwY5LqNtgQ/?format=pdf&lang=pt. Acesso em: 03 mar. 2022.

4. Conquanto seja essa a versão mais difundida acerca da saída de Amaro Cavalcanti do Seridó potiguar para Recife e de lá para São Luis, Juvenal Lamartine de Faria defende que ao ver obstado o seu romance com a moça caicoense, o biografado seguiu para a capital da sua província, Natal: "para esquecer uma paixão, Amaro abandonou o Caicó e, depois de trabalhar como empregado no comércio, profissão que se não coadunava com o seu temperamento e aspirações, veio, em 1871, ensinar em um colégio desta capital". (FARIA, Juvenal Lamartine de. Amaro Cavalcanti – Homem de pensamento e de ação. *Revista da Academia Norte-rio-grandense de Letras*, Natal, v. 1, p. 16-29, 1951).

5. SOUZA, Carlos Adel Teixeira de. *Amaro Cavalcanti*. Natal: Sebo Vermelho, 2009. p. 21.

Ao final do ano de 1871 Amaro vai a Fortaleza para assistir à sagração clerical do seu irmão mais velho, Padre João Maria, no Seminário da Prainha. Ali ele toma entrosamento com pessoas que faziam o clima cultural e político do Ceará, ocasião em que foi aconselhado a se submeter a uma seleção para professor de latim em uma escola que havia sido fundada por jesuítas em Baturité e que estava desativada há um século, ainda em decorrência do desmonte daquela ordem religiosa por instâncias do Marquês de Pombal. Assumindo a docência, dedicou-se paralelamente ao aperfeiçoamento da ciência jurídica e à produção de escritos para jornais, com definido color político, bem como ao delineamento de bases científicas para a educação. Na área do Direito obteve provisionamento para advogar em toda a província; no campo do ensino, despertou no então presidente provincial Pedro Leão Veloso a ideia de lhe conceder uma comissão (uma espécie de bolsa de estudos) para uma temporada de pesquisas nos Estados Unidos, levada a efeito de 1889 a 1891, para conferir "os melhores métodos de instrução elementar adaptáveis ao nosso meio"[6], o que lhe permitiu matrícula na Albany Law School, em New York[7]. Na renomada instituição americana Amaro Cavalcanti fez bonito, logrando a primeira colocação em uma turma de cinquenta e oito formandos e sendo escolhido orador da ocasião. Defendeu a tese "É a educação uma obrigação legal?", que lhe valeu o grau de Doutor e a apresentação, pelo Diretor da Escola, à Corte Suprema dos EUA, da qual recebeu o título de "Counseltor at law[8]". Esse bonançoso episódio está nas palavras de José Augusto Bezerra de Medeiros: "... embora estrangeiro, consegue conquistar o título de Doutor em Direito. É levado à Suprema Corte de Justiça pelo próprio Reitor da Universidade, que lhe fez o elogio e ali se inclui entre os que podiam advogar, diplomado que era, no Estado de Nova Iorque"[9].

De volta ao Brasil, e mais precisamente ao Ceará, dedicou-se à advocacia e assumiu o elevado cargo de Diretor Geral da Instrução Pública da província, além de

---

6. LYRA, Tavares de. Op. cit., p. 335-336.
7. A propósito do pagamento dessa viagem ao estrangeiro, há divergência entre os biógrafos. Enquanto Tavares de Lyra assevera que houve um comissionamento pelo governo provincial, Juvenal Lamartine de Faria detalha custeio do próprio Amaro: "Com pequenas economias pacientemente feitas, empreendeu, em 1877, uma viagem à Europa, a fim de se pôr em contacto com sus admirável civilização, e de lá atravessou o Atlântico Norte, para os Estados Unidos, matriculando-se na Union University, de Albany, capital do Estado de New York, onde se formou em direito..." (FARIA, Juvenal Lamartine de. Amaro Cavalcanti – Homem de pensamento e de ação. *Revista da Academia Norte-rio-grandense de Letras*, Natal, v. 1, p. 16-29, 1951). Também sem registrar o uso de verba oficial, Veríssimo de Melo relata o período de Amaro em Baturité e a viagem internacional que se lhe segue: "Passa então quatro anos naquela cidade, lecionando, fazendo advocacia, como provisionado, e economizando dez mil réis mensais dos seus vencimentos de sessenta mil réis, a fim de realizar o grande sonho da sua vida, que era uma viagem ao estrangeiro. (...) Em 1877 empreende a sua viagem à Europa. De lá se dirige aos Estados Unidos, onde se matricula na Albany Law School, em New York, formando-se, anos depois, em direito..." (MELO, Veríssimo de. Amaro Cavalcanti e Juvenal Lamartine. *Revista da Academia Norte-rio-grandense de Letras*, Natal, ano XVII, n. 7, p. 85-105, 1967). Apesar de aparentemente díspares, é possível a conciliação das duas versões: a parte europeia da viagem teria sido custeada por Amaro e a pare estadunidense esteve às expensas do erário cearense.
8. SOUZA, Carlos Adel Teixeira de. Op. cit., p. 40.
9. MEDEIROS, José Augusto Bezerra de. *O Rio Grande do Norte no Senado da República*. Brasília: Senado Federal – Centro Gráfico, 1980. p. 29.

dirigir o renomado Lyceu[10], sendo que ao cabo de dois anos foi ao Rio de Janeiro participar de um congresso pedagógico. Na Capital do Império teve notícia da abertura de uma vaga para ensinar latim no Colégio Pedro II, à qual concorreu, com sucesso. Transferiu-se com a família para o Rio, dedicando-se à docência e "entregando-se à advocacia e aos trabalhos na Companhia Navegação do Rio das Velhas, de que foi presidente", como leciona o seu primeiro biógrafo, Pelino Guedes[11].

Apesar de distante, os vínculos que teceu com a Terra de Iracema permaneciam pulsantes. A divulgação das suas ideias pela modernização do ensino básico, assim como os seus escritos e pronunciamentos em favor da libertação dos escravos, publicados e noticiados em órgãos respeitáveis como o jornal Cearense, lhe rendiam permanentes encômios e frutos políticos, conforme estudado por Fabiana Sena[12]. Tanto é assim que em 1884 foi eleito deputado geral pelo Ceará, embora tenha sido "depurado pela Câmara no chamado terceiro escrutínio – o do reconhecimento dos poderes", em episódio que lhe trouxe profundo desgosto para com o desenho das práticas monárquicas, guinando-o para o radicalismo liberal, como registrou Tavares de Lyra[13].

Em 1891, de bodas com o republicanismo recém-instalado, Amaro foi escolhido Senador Constituinte pelo Rio Grande do Norte, destacando-se com esmero nos temas de ordem econômica e financeira na elaboração da Carta, tendo integrado "a comissão redatora do projeto definitivo", pelo que diz Almir Pazzianotto Pinto[14].

Permaneceu na alta casa legislativa até 1893, quando passou a atuar no campo da diplomacia, na qualidade de Ministro Plenipotenciário na República do Paraguai, com missão expressa pelo Presidente da República, Floriano Peixoto para atuar no sentido de minimizar a influência do Governo da Argentina no ambiente paraguaio, inclusive com o uso de força militar se necessário fosse, tendo habilmente trabalhado na deposição do Presidente Gonzáles e, segundo Francisco Doradioto[15], "teve parte ativa nos acontecimentos, apresentando-se, nos seus ofícios à Chancelaria brasileira, como mentor intelectual e financiador do golpe".

Retornando ao Brasil em 1894, não conseguiu renovar o mandato de Senador. Na terceira legislatura conquistou um mandato de Deputado Federal, no qual não chegou a ter exercício, já que aceitou ser Ministro da Justiça de Prudente de Moraes, de 19 de janeiro de 1897 a 15 de novembro de 1898. Voltou à advocacia e somente tornou a exercer cargo público de 1905 a 1906, ano em que foi nomeado Ministro do

---

10. FERNANDES, Suzana Cristina. O pensamento industrialista de Amaro Cavalcanti. *Leituras de Economia Política*, Campinas, (10): 25-51, jun. 2002/jun. 2003.
11. GUEDES, Pelino. *Biographia de Amaro Cavalcanti*. Rio de Janeiro, Leuzinger, 1897. p. 19.
12. SENA, Fabiana, op. cit.
13. LYRA, Tavares, op. cit., p. 336.
14. PINTO, Almir Pazzianotto. Amaro Cavalcanti. *Direito e Justiça*. Correio Brasiliense, Brasília, 1º de março de 1999. p. 6.
15. DORADIOTO, Francisco. *Relações Brasil-Paraguai*: Afastamento, tensões e reaproximação (1889-1954). Brasília, Fundação Alexandre de Gusmão, 2012. p. 50.

Supremo Tribunal Federal, ocupando a vaga deixada pelo constitucionalista pernambucano João Barbalho Uchôa Cavalcanti. Na Suprema Corte teve atuação de brilho, a exemplo da relatoria do habeas corpus impetrado por intendentes municipais que estavam impedidos de entrar no prédio do Conselho por ato do Governo da União, isso em 1909, emprestando ao remédio heroico a dimensão que transcendia a mera devolução do ir e vir dos cidadãos. Aposentou-se do STF em dezembro de 1914.

A administração pública, com viés político, foi buscar Amaro no regaço do jubilamento, para a ele confiar a Prefeitura do Distrito Federal, por ato do Presidente Wenceslau Braz, de 15 de janeiro de 1917. Em cúmulo, assumiu o cargo de representante do Brasil na Corte Permanente de Arbitragem, na Haia.

Com a chegada de Delfim Moreira à Presidência da República, Amaro Cavalcanti deixou a Prefeitura do Rio de Janeiro e tomou posse a 15 de novembro de 1918 como Ministro da Fazenda, cargo no qual permaneceu até 17 de janeiro de 1919, quando encerrou a sua vida pública.

Importante ressaltar o legado de Amaro às letras jurídica, educacionais e econômicas do Brasil, através de conferências, artigos e livros, a exemplo dos seguintes títulos, além de outros adiante listados: A Religião (1874), New York (1881), Educação elementar nos Estados Unidos da América do Norte (1883), Ensino moral e religioso nas escolas públicas (1883), *The Brazilian language and its agglutination* (1884), Notícia cronológica da educação popular no Brasil (1888), O meio circulante no Brasil (1888), *Finances du Brésil* (1890), Resenha financeira do ex-Império do Brasil em 1889 (1890), Projeto de Constituição de um estado, com várias notas e conceitos políticos (1890), Tributação constitucional, polêmica na imprensa (1896), Regime federativo e a República brasileira (1900), Breve relatório sobre direito das obrigações (1901), Responsabilidade civil do Estado (1905), Revisão das sentenças dos tribunais estaduais pela Suprema Corte dos Estados Unidos (1910), O caso do Conselho Municipal perante o Supremo Tribunal Federal (1911), A Sociedade das Nações (1920).

No trato da vida privada, Amaro Cavalcanti constituiu família em duas etapas. Primeiramente casou-se com Henriqueta Catão Cavalcanti, conforme comentado por Fabiana Sena[16], transcrevendo nota do jornal "Pedro II", de Fortaleza, *verbis*: "O nosso presado amigo e colega Dr. Amaro Cavalcanti casou-se na cidade de Baturité com Exmª Srª D. Henriqueta Catão Cavalcanti[17], filha do falecido, juiz de direito d'aquella comarca, Dr. Catão"[18]. Uma vez viúvo, contraiu núpcias com Eponina de Sousa Ferreira (1868-1952), filha do Conselheiro João Carlos de Sousa Ferreira, redator do Jornal do Commercio[19]. Do primeiro consórcio adveio a filha Luiza Ca-

---

16. Op. cit.
17. Em solteira, Henriqueta Ferreira Catão, nascida por volta de 1853 e falecida no Rio de Janeiro, aproximadamente em 1888.
18. Umbelino Ferreira Catão.
19. FAMILY SEARCH, plataforma de genealogia, Eponina de Souza Ferreira, www.familysearch.org, LY16-9G5, acesso em: 14 mar. 2022.

valcanti (1887-1969), adiante casada com o Ministro do Supremo Tribunal Federal José Linhares, que assumiu a Presidência da República de 29 de outubro de 1945 a 31 de janeiro de 1946, pais do Embaixador José Carlos Cavalcanti Linhares[20], do Promotor Público do DF Amaro Cavalcanti Linhares (1917-1995), de Lea Cavalcanti Linhares Vilela (1914-?), esposa do Dr. Fernando Vilela[21] [22]. Na segunda união, nasceram as filhas Ormina de Souza Ferreira Cavalcanti (1891-1919)[23], que viveu na Espanha, foi esposa do Diplomata Carlos Croix Taylor (1889-1947)[24] e mãe de Carlos Frederico Taylor (1919-1979)[25]. Outra filha de Amaro e Eponina foi Vera de Souza Ferreira Cavalcanti Caracas (1893-?), que foi casada com o Engenheiro Raul de Caracas (1891-1955)[26].

Amaro Cavalcanti, que foi membro do Instituto Histórico e Geográfico Brasileiro, é patrono da Cadeira 9 da Academia Norte-rio-grandense de Letras, como consignado por Leide Câmara[27]. É também nome da instituição gregária dos estudantes de Direito da Universidade Federal do Rio Grande do Norte: Centro Acadêmico Amaro Cavalcanti.

Morreu no Rio de Janeiro, a 22 de janeiro de 1922, onde está sepultado no Cemitério de São João Batista.

2.   O MAIS ATUAL DE NOSSOS JURISTAS

> "Amaro Cavalcanti permanece, apesar da circunstância de tempo, tão corrosiva, em geral, para as obras de direito – notadamente após as transformações operadas pelos conflitos mundiais – como o nosso mais jovem, mais atual e mais completo especialista da matéria"
>
> (José de Aguiar Dias, prefácio à Responsabilidade civil do Estado).

Ainda que já no transcurso do centenário daquela data em que foi alcançado pela finitude humana, o brilhantismo e a extensão da obra de Amaro Cavalcanti impedem que se diga que ele "escreveu" uma vasta literatura, com o verbo no passado. A atua-

---

20. FERNANDES, Suzana Cristina; SILVA, Lígia Osório. Amaro Cavalcanti e os caminhos da industrialização brasileira. *História econômica & história de empresas*, Campinas, VI.1 (2003), p. 35-63.
21. FAMILY SEARCH, plataforma de genealogia, *Lea Cavalcanti Linhares*, www.familysearch.org, GS4F-YH2, acesso em: 14 mar. 2022.
22. A MORTE do Ministro Linhares. *Correio da Manhã*. Rio de Janeiro, p. 2, 27 jan. 1957. Disponível na Internet em http://memoria.bn.br/DocReader/Hotpage/HotpageBN.aspx?bib=089842_06&pagfis=72126&url=http://memoria.bn.br/docreader#. Acesso em: 12 mar. 2022.
23. FAMILY SEARCH, plataforma de genealogia, *Ormina de Souza Ferreira Cavalcanti*, www.familysearch.org, L6YK-DRC, acesso em: 14 mar. 2022.
24. FAMILY SEARCH, plataforma de genealogia, *Carlos Croix Taylor*, www.familysearch.org, L6YK-7SX, acesso em: 14 mar. 2022.
25. FAMILY SEARCH, plataforma de genealogia, *Carlos Frederico Taylor*, www.familysearch.org, L6YK-7SX, acesso em: 14 mar. 2022.
26. FAMILY SEARCH, plataforma de genealogia, *Raul de Caracas*, LB9G-4Z7, www.familysearch.org, GS4F-YH2, acesso em: 14 mar. 2022.
27. CÂMARA, Leide. *Memória Acadêmica*. Natal, Editora IFRN, 2017. p. 202 a 204.

lidade dos temas tratados e a necessidade de revisitá-los faz com que seja difícil não se referir a textos que ele "tem", com um sentimento de espera por novos escritos.

Sua produção é particularmente marcada pela própria carreira numa reciprocidade instigante. Pois, ao mesmo tempo em que era naturalmente o reflexo das suas etapas profissionais, foi também um meio pelo qual ele diretamente as consolidava e sedimentava as condições para novas missões. Anota-se que seu prestígio e notoriedade principia pela repercussão dada pela imprensa a suas atividades, projetos e estudos[28].

Como visto acima, o jovem autodidata do Seridó potiguar veio a ser professor de latim no interior do Ceará e ali estreou na imprensa. Esse é o primeiro momento, dedicado à educação. Posteriormente, a advocacia assume papel fundamental e reside no Rio de Janeiro, então capital federal. Inicia então a atuação política, como deputado geral (CE) e depois senador (RN), com dedicação a questões financeiras e de Administração Pública. Foi Ministro da Justiça na Primeira República. É após esse momento que escreve sua emblemática "Responsabilidade Civil do Estado", adiante detalhada. Na mesma época, seu irmão, Padre João Maria, falece na incansável tarefa de assistir os mais necessitados de Natal na epidemia de varíola, que também o vitima; ora está em curso seu processo de beatificação. Em seguida, Amaro Cavalcanti dedica-se às relações internacionais. Aposenta-se como ministro do Supremo Tribunal Federal. Ainda, foi Prefeito do Distrito Federal (Rio de Janeiro) e Ministro da Fazenda. Por fim, exerce função na Corte de Haia. Sobre ele, afirma Tavares de Lyra, ter sido "uma das mais culminantes expressões da intelectualidade brasileira"[29].

Deixou no caminho, desde o sertão ("dois fatores [...] decisivos, em sua formação: o meio físico e o ambiente moral dos sertões"[30]) até os altos postos ocupados, rastros em formas de letras que derivaram de sua atuação na educação, advocacia, política, gestão pública, diplomacia e magistratura. É digno de nota o trato de temas até hoje de debate necessário na vida pública interna e externa, como a educação popular, os deveres do Estado, as finanças públicas e o impacto de conflitos internacionais. Destacam-se (artigos de revista indicados em itálico)[31]:

---

28. SENA, Fabiana. O professor Amaro Cavalcanti e a imprensa do Ceará: uma leitura do intelectual no Império brasileiro. *Revista História da Educação* (Online), 2019, v. 23: e82321.
29. LYRA, Tavares de. *Amaro Cavalcanti. Revista do Instituto Histórico e Geográfico brasileiro*, Rio de Janeiro, v. 204, pjul./set. 1949. p. 341.
30. Ibidem, p. 340.
31. Listagem coligida de: referências editoriais da obra Responsabilidade Civil do Estado; MACIEL, Olímpio. *Amaro Bezerra Cavalcanti*. 2011. Disponível em: http://www.institutojosejorgemaciel.org.br/index. php?option=com_content&view=article&id=204:amaro-bezerra-cavalcanti&catid=55:personalidades&Itemid=107. Acesso em: 15 mar. 2022.; BRASIL. Senado Federal. Biblioteca do Senado Federal. *Rede Virtual de Bibliotecas – RVBI*. Disponível em: https://www12.senado.leg.br/institucional/biblioteca/rvbi. Acesso em: 15 mar. 2022.; FERNANDES, Suzana Cristina. *Amaro Cavalcanti e a luta pela industrialização brasileira*. 2001. 142 f. Dissertação (Mestrado) – Curso de Mestrado em História Econômica, Instituto de Economia, Universidade Estadual de Campinas – Unicamp, Campinas, 2001.; BRASIL. SENADO FEDERAL. *Senadores*. Amaro Cavalcanti. Disponível em: https://www25.senado.leg.br/web/senadores/senador/-/perfil/1400. Acesso em: 15 mar. 2022.; FALLECIMENTOS: Dr. Amaro Cavalcanti. *O Paiz*. Rio de Janeiro, 29 jan. 1922. Vida Social, p. 4. Disponível em: http://memoria.bn.br/DocReader/docreader.aspx?bib=178691_05&pasta=ano%20192&pesq=amaro%20cavalcanti&pagfis=8610. Acesso em: 14 fev. 2022.

- A religião, 1874
- A meus discípulos (polêmica religiosa), 1875
- Livro popular, 1879
- Educação elementar nos Estados Unidos, 1881
- Notícia cronológica da educação popular no Brasil, 1883
- Ensino moral e religioso nas escolas públicas, 1883
- Meios de desenvolver a instrucção primária nos municípios rurais, 1884
- The brasilian language and its agglutinations, 1884
- Finances du Brésil, 1889
- Resenha financeira do ex-Império do Brasil, 1890
- Projecto de Constituição de um Estado (com o pseudônimo de Agonates), 1890
- Reforma monetária e bancária, 1891
- Política e finanças, 1892
- O meio circulante nacional: resenha e compilação chronológica de legislação e de factos, 1893
- Elementos de finanças: estudo theorico-prático, 1896
- *Tributação constitucional*, 1896
- A situação política ou a intervenção do Governo Federal nos Estados da União, 1898
- Regime federativo e a República brazileira, 1900
- Sobre a unidade de direito processual, 1901
- Direito das obrigações, 1901
- O arbitramento no Direito Internacional, 1901
- Breve relatório sobre direito das obrigações, 1901
- A justiça internacional, 1902
- 'Taxas protectoras nas tarifas aduaneiras, 1903
- *Indemnisação aos injustamente presos*, 1904
- *Tributação internacional*, 1904
- Responsabilidade Civil do Estado, 1905
- Trabalhos na Terceira Conferência Internacional Americana, 1906
- *Revisão das sentenças dos tribunais estaduais pela Suprema Corte dos Estados Unidos da América*, 1910
- The federal judiciary in Brasil and the United States of America, 1911
- O caso do Conselho Municipal perante o Supremo Tribunal Federal, 1911
- Pan-American Questions: mean looking to the mutual development of american republics, 1913
- La codification du Droit International Americain, 1914
- The restrictive clauses in international arbitration treaties, 1914
- *A vida econômica e financeira do Brasil*, 1914
- A neutralidade e as restrições do comércio internacional na guerra europeia, 1916
- Natureza e forças econômicas do Rio Grande do Norte, 1916

- Sociedade brasileira de direito internacional, 1916
- A Sociedade das Nações, 1920
- *A renovação do Direito Internacional*, 1921

É digna de nota a sua erudição linguística que transporta para o Brasil em sua nascente República uma vasta – e de difícil acesso – bibliografia estrangeira, bem como, seu conhecimento direto da realidade internacional. Ao mesmo tempo, representa as nossas preocupações no exterior. Uma legítima simbiose entre identidade e abertura ao universal.

A seguir, é dada especial atenção à sua contribuição singular para a responsabilidade civil do Estado. Nela, avulta a sua preocupação em inserir o Estado no domínio da sujeição legal de seus atos.

3. AMARO CAVALCANTI: RESPONSABILIDADE CIVIL DO ESTADO

Amaro Cavalcanti concluiu o livro Responsabilidade Civil do Estado em 15 de agosto de 1904, conforme se observa, à feição prefácio, da informação "Ao leitor". A edição veio sob o timbre da Laemmert & Cia. Editores no superveniente ano de 1905, cujo texto servirá de base para o desenvolvimento, em caráter principal, da nossa investigação, não obstante as transcrições, para uma melhor compreensão do leitor, observarão a ortografia atual. Uma segunda edição veio a lume em 1956 pelo Editor Borsoi, tendo sido prefaciada e atualizada por José de Aguiar Dias.

Decisivo, para que se possa perceber a originalidade do pensamento do autor, fazer-se uma retrospectiva sobre a sedimentação do sistema jurídico brasileiro até então. Proclamada a independência, sobreveio, tanto no plano constitucional quanto no das instituições administrativas, o influxo francês.

Prova disso está inicialmente na Constituição Imperial, de 25 de março de 1824, a qual, inserta na fase das constituições outorgadas ou pactuadas, inspirou-se na Carta Constitucional francesa de 04 de julho de 1814[32], embora o francesismo constitucional não teria sido iniciado por aqui, sendo inclusive anterior[33].

Isso não somente pelo vício de origem – pois D. Pedro I, ao desprezar os trabalhos da assembleia constituinte, almejando um documento que estivesse à altura de seu merecimento, parece ter repetido Luís XVIII que, ao recusar o texto elaborado pelo Senado Conservador, preferiu um do seu agrado, mas, principalmente, por estabelecer um regime no qual prevaleceu o princípio monárquico ao estilo do Congresso de Viena. Basta notar a singularidade do Poder Moderador que, estruturado sob as

---

32. NOBRE JÚNIOR, Edilson Pereira. A função normativa na Constituição de Cádiz: uma análise comparativa frente à Constituição Imperial de 1824. *Revista Latino-Americana de Estudos Constitucionais*, ano 11, n. 13, p. 319, set. 2012.

33. Ver Otacílio Alecrim (*Ideias e instituições no Império*: influências francesas. Jornal do Comércio: Rio de Janeiro, 1953, p. 26), para quem vários artigos da Constituição de 1824 não são senão uma simples tradução ou perífrase da parte institucional da Constituição francesa de 03 de setembro de 1791.

bases do *pouvoir royal*, era exercido pelo monarca juntamente com o Poder Executivo, assegurando-lhe, assim, uma preeminência no jogo político frente ao Parlamento.

Assaz intenso o reflexo do sistema francês na organização do nosso direito administrativo. Assim, Vicente Pereira do Rego no seu precursor "Direito administrativo brasileiro comparado com o direito administrativo francês segundo o método de P. Pradier-Foderé"[34]. Já o mesmo se pode ver com o Visconde de Uruguai, a partir do conteúdo do seu "Ensaio sobre o Direito Administrativo"[35], sem embargo de não ter sido desprezada a análise do modelo inglês. Em reforço, tem-se que a Constituição Imperial, no seu art. 151, circunscrevia a atuação do Judiciário ao julgamento de questões civis e criminais, de maneira a permitir, ainda que insatisfatoriamente, que se pudesse falar na organização legal de um contencioso-administrativo para a resolução dos litígios entre os cidadãos e a Administração Pública.

Contudo, é de se dizer que, aproximadamente quatorze anos antes da conclusão do livro sob enfoque, pelos menos sob o plano constitucional, com a promulgação da Constituição de 24 de fevereiro de 1891, o nosso ordenamento, a exemplo do que fez a Argentina em 1853, veio a se inclinar para o modelo norte-americano de federação, república e revisão judicial da legislatura, muito embora a base da doutrina jus-administrativa ainda tivesse permanecido com sua marcante predileção pelo contributo francês.

Feitas essas considerações, é de se notar que, por razões metodológicas, Amaro Cavalcanti se lançou, primeiramente, à exposição de um panorama geral, mediante o traçado da imprescindível questão da personalidade jurídica, haja vista a existência puramente ideal do Estado, complementada, logo em seguida, por uma abordagem geral acerca do tratamento até então conferido ao tema da responsabilidade civil estatal, adotando como ponto de partida as discussões que tiveram lugar nos Congressos Jurídicos de 1867 e 1871, realizados na Alemanha[36].

Daí que, na sistematização traçada pelo autor, diante dos modelos de então, ter-se-iam três sistemas principais, a saber: a) o Estado, ente abstrato, e, como tal, incapaz de fazer o mal, mas, ao contrário, sendo instituído com uma natureza superior, em razão do interesse público, não deve ser alvo de obrigações extracontratuais; b) numa posição radicalmente diversa, há aqueles que sustentam que a responsabilidade jurídica do Estado deve ser idêntica àquelas a que estão sujeitas as pessoas jurídicas de direito privado; c) um sistema misto, consoante o qual os atos dos poderes públi-

---

34. Recife: Typografia Universal, 1857.
35. Compulsar o conteúdo do seu sumário a partir de uma reimpressão fac-similar da edição de 1862 pelo Ministério da Justiça no ano de 1997.
36. *Responsabilidade civil do Estado*. Rio de Janeiro: Laemmert & Cia., 1905, p. 91 a 96. Observe-se que, apesar da unificação alemã somente haver ocorrido em 1871, após o encerramento da Guerra Franco-Prussiana, o autor (ibidem, p. 91), referindo-se ao evento de 1867, alude à Alemanha e não à Prússia ou a outro Estado da Confederação Germânica. Se no primeiro prevalecera o entendimento da admissibilidade da responsabilidade em comento, mas apenas em circunstâncias especiais, no segundo sobressaiu-se o entendimento favorável a que o legislador, relativamente aos danos provocados pelos funcionários, estabelecesse o princípio da responsabilidade direta do Estado (ibidem, pp. 92 e 96).

cos ou dos representantes do Estado devem acarretar ou não a sua responsabilidade, conforme uma classificação especial à qual os atos danosos devem ser submetidos.

Em seguida, rapidamente adveio uma parcela do olhar crítico. Este se direciona contra os numerosos argumentos então expostos favoravelmente à irresponsabilidade do Estado, conforme se observa na doutrina germânica (Richelmann e Bluntschi) e italiana (Gabba, Mantellini e Saredo)[37]. A sua conclusão é inequivocamente diversa, à consideração de que: a) por mais elevado que se queira atribuir à soberania (*summum imperium, summa potestas*), o conceito não poderá ultrapassar o ponto de excluir a ideia de justiça, porquanto o Estado é, antes de tudo, a pessoa de direito por excelência; b) os próprios partidários da teoria da irresponsabilidade, na sua quase maioria, não deixam de admitir, na prática, a existência de casos diferentes, nos quais seria impossível negar a responsabilidade estatal[38].

No prefácio, porém, o autor sustenta a ideia de uma forma mais incisiva, sintetizando que poder soberano quer dizer apenas aquele que não está sob as ordens ou fiscalização de um outro, mas não um poder juridicamente irresponsável[39].

Em seguida, no Capítulos III, Amaro Cavalcanti, a despeito de verificar se há um ponto de convergência doutrinário, qual seja o de se admitir, em regra, uma responsabilidade do Estado pelos atos lesivos dos seus representantes, aponta discordâncias quanto à compreensão dessa responsabilidade (se direta, primária e solidária ou indireta ou subsidiária) e seus fundamentos (se regida pelo direito público ou privado). Por isso, passa a descrever os principais fundamentos elencados pelos autores.

No Capítulo IV, o qual nomina de teoria ou sistema misto, prossegue numa atividade preponderante de descrição, cujo escopo agora é o de resumir as opiniões dos vários autores que, admitindo a responsabilidade estatal pelos atos dos seus

---

37. Ibidem, p. 106-120. Penso que, nos limites dos objetivos deste escrito, faz-se dispensável a enumeração e análise de todas as razões a que se apegam os defensores da teoria da irresponsabilidade. Contudo, uma delas, por sua singularidade, é digna de referência, consistente na invocação da autoridade do direito romano, uma vez neste não se encontrar texto expresso reconhecendo a obrigação de indenizar do Estado. A isso Amaro Cavalcanti (ibidem, p. 118-120) contrapôs que da inexistência de textos romanos não seria de se inferir que o Estado ou a cidade não devesse responder por fatos ou culpas alheias, sendo numerosos os textos nos quais se achava consagrada a responsabilidade por fatos de outrem. De mais a mais, quando este era o direito privado vigente, Zachariae afirmava que não se negava que as suas disposições podiam, por analogia, servir de fundamento racional à responsabilidade do Estado em casos semelhantes. Eis, à guisa de remate, as palavras do autor: "Além disto, se encontram ainda no próprio direito romano certos textos que, em casos particulares, chegaram mesmo a reconhecer a obrigação de indenizar aos indivíduos por parte do Estado, como por exemplo, nos casos de desapropriação por utilidade pública, e de prejuízos ocasionados na execução de obras públicas". – Não fora, pois, pelo desconhecimento dos bons princípios da justiça, que o Estado Romano deixara, porventura, de reparar os danos causados pelos representantes. A explicação tinha outra causa conhecida: não se compreendia, *no Estado antigo*, que o indivíduo pudesse ter um direito definido contra o Estado; sendo este, por assim dizer, considerado como credor dos próprios direitos individuais (ibidem, p. 119-120). A afirmação encontra, na atualidade, correspondência em Antonio Fernández de Buján (*Derecho público romano y recepción del derecho romano en Europa*. 5. ed. Madri: Civitas, 2000, p. 217-220).

38. Ibidem, p. 120.

39. Ibidem, p. XI.

representantes, na prática, entretanto, restringem-na aos comportamentos que se encontram sob uma determinada categoria, havendo, dentre várias referências, aquelas que envolvem os atos de impérios e os atos de gestão[40]. Encerra-se, assim, o Título Primeiro.

No Título Segundo advém novamente o viés questionador. Tanto assim é que, ingressando no seu Capítulo I, a pretexto de analisar os modelos defendidos no curso do tempo, emerge um lado formulador de Amaro Cavalcanti. Mesmo se ocupando do exame da teoria da irresponsabilidade, aquele investe contra a concepção que condiciona a incidência da responsabilização como uma resultante intransponível da culpa do agente.

Rebatendo o argumento de Jhering, aponta Amaro que a responsabilidade pelo dano pressupõe um agente, um ato lesivo, imputável a este, direta ou reflexamente, e um sujeito atingido ou afetado. Se o autor do ato, ao praticá-lo, apartou-se da razão ou do dever que lhe incumbia, há a presença da culpa ou dolo. Porém, objeta que esta responsabilidade não depende imprescindivelmente da presença de culpa, pois, da mesma maneira

> "ela pode resultar, como aliás se verifica frequentemente, de atos escoimados de toda culpa, tal por exemplo, quando o Estado ordena *desapropriações* por *utilidade pública*, ou quando faz executar outras medidas legais, (da saúde pública, da segurança geral, etc.) que, embora *lesivas* do alheio direito, não envolvem, todavia, culpa alguma da parte dos respectivos agentes. Logo não é lícito dizer, que só se dá a responsabilidade do dano civil, havendo culpa no agente..."[41].

Portanto, é correto assinalar – como o fez Maurício Zockun[42] – haver Amaro Cavalcanti fundamentado a responsabilidade civil do Estado na relação de causalidade entre o comportamento do agente público (e não a culpabilidade deste) e a lesão ou dano à esfera de outrem.

De fato, ao sustentar que o fundamento da responsabilidade, primeiramente, reside na causalidade, ao invés do traço culposo, diz Amaro Cavalcanti que aquela "tem a sua explicação natural e fácil no princípio da representação, segundo a qual, o Estado é a *causa eficiente* do ato lesivo, por tê-lo *querido* e *praticado* pelo seu funcionário ou representante"[43].

---

40. Sobre essa hoje ultrapassada bipartição, entre atos de gestão e de império, Amaro Cavalcanti (ibidem, pp. 323-324), mesmo não lhe retirando a razão de ser da diversidade de regime jurídico, exclui que se possa dizer que não há que se cogitar de responsabilidade pelos segundos, sustentando: "Ora, assim entendida, repetimos, – nada há que objetar contra a distinção dos atos de *gestão* e atos de *império* ou poder público; contanto que daqui não se conclua a responsabilidade pelos primeiros e a irresponsabilidade pelos segundos. Isto repugna à ideia de justiça, segundo a qual, toda lesão de um direito exige reparação, para restabelecer o *equilíbrio* da ordem jurídica, isto é, para manter a situação lógica e natural do "Estado de direito" (ibidem, p. 324).
41. Ibidem, p. 217.
42. *Responsabilidade patrimonial do Estado*. São Paulo: Malheiros, 2010, p. 52.
43. *Responsabilidade civil do Estado*. Rio de Janeiro: Laemmert & Cia., 1905, p. 284. É certo que o autor (ibidem, p. 282-284), num ponto imediatamente anterior, admite que, nalgumas situações, a culpa pode ser considerada como elemento indispensável para que se possa falar da responsabilidade civil, embora em regra não

Quanto ao direito lesado, alude que se deve indagar se, nas circunstâncias de fato, o mesmo direito pudesse ser desatendido ou violado, de modo justificado, pelo representante do Estado. Por isso, diz que a responsabilidade cessa quando: a) se tratar de ato declarado isento de responsabilidade por força de lei[44]; b) o lesionado der causa, direta ou ocasionalmente, para que suceda o dano; c) o evento dano decorrer de um caso de força maior; d) decorrentes de atos reconhecidos como essenciais à vida da coletividade e for de efeitos relativamente pequenos, bem assim ainda não provenha de culpa ou excesso de poder do respectivo agente; e) o ato for praticado pelo agente fora de sua condição de representante do Estado.

E assim ensinou Amaro Cavalcanti antes que a teoria do risco administrativo se consolidasse na jurisprudência do Conselho de Estado da França, o que veio a ocorrer com o aresto *Regnault-Desroziers* (Rec. 329, 28 de março de 1919)[45]. A própria sistematização dos precedentes que estruturou o autor[46] evidencia que, não somente quanto ao plano dos atos legislativos, judicial ou de governo, mas quanto aos próprios atos de autoridade em geral, e outros emanados do Administração Pública, mostrava-se até então como excepcional o reconhecimento da responsabilidade sem culpa. Assim ocorre quanto aos atos de polícia e segurança pública, inclusive de ordem sanitária. A aceitação numa maior amplitude da responsabilidade se verificou quanto às desapropriações e ocupação temporária, não obstante a existência de lei favorecer tal compreensão, e ainda quanto às obras públicas[47].

Ingressando-se no Título Terceiro, vê-se que Amaro Cavalcanti faz um exame minucioso da experiência jurisprudencial vivenciada por vários sistemas jurídicos, então filiados à família romano-germânica, dentre os quais o francês, o belga, o ale-

---

seja uma condição necessária. Trata-se da responsabilidade decorrente de omissão, pois, não havendo uma violação positiva por meio de ato ou fato, haverá necessidade de se adotar um critério diferente, o qual não poderia ser outro a não ser "a prova de negligência ou de culpa na omissão do ato, que devia ser praticado, isto é, o Estado só deve responder pelo dano alegado em caso de omissão, quando se houver verificado que a omissão do seu representante fora proposital, culposa ou dolosa" (ibidem, p. 284). Avive-se que o autor não visualizava ainda uma culpa do próprio serviço público em sua inteireza, o que, pouco anos após, implicou na elaboração da teoria da culpa administrativa pelo Conselho de Estado francês no aresto *Anguet* (Rec. 146, de 03 de fevereiro de 1911), mas sim cogitava da culpa ou dolo do agente público individualmente considerada.

44. Não sendo, nas últimas décadas do século XIX e no princípio do século XX, comum a consagração da regra da responsabilidade civil do Estado em sede constitucional, tal como se tem entre nós desde a Constituição de 1946 (art. 194), não se afigurava indevido que o legislador, de maneira razoável, pudesse excluí-la nalgumas situações. Na atualidade, a Constituição da República Portuguesa é um exemplo ao se ocupar da disciplina em seu texto da responsabilidade civil do Estado (artigo 22).

45. É sabido que, antes, no aresto *Cames* (rec. 509, de 21 de junho de 1895), o Conselho de Estado reconheceu, com base no risco profissional, o dever de indenizar em favor de operário do arsenal de Tarbes que foi atingido em sua mão esquerda por um pedaço de metal projetado pelo impacto de um martelo de força, mas, ao que tudo indica, tal julgado não veio desaguar numa orientação geral, malgrado haver influenciado a promulgação da Lei de 09 de abril de 1898, relativa a acidentes do trabalho.

46. *Responsabilidade civil do Estado*. Rio de Janeiro: Laemmert & Cia., 1905, p. 349-371.

47. Expõe Amaro (ibidem, p. 366) que a jurisprudência francesa já vislumbrava que, em se traduzindo num benefício para a coletividade, afigura-se justo que os seus encargos fossem igualmente repartidos para todos, ainda que os fatos decorressem de força maior. Na nota de rodapé 47 há referência a decisões de 03 de setembro de 1844, de 09 de janeiro de 1849, de 25 de abril e 19 de agosto de 1855, e de 28 de janeiro de 1886.

mão e o italiano, e, igualmente, à *common law*, como o inglês e o dos Estados Unidos da América.

É sabido que, dentro do âmbito e da finalidade deste escrito, não há condições para o desenvolvimento de uma análise completa, impecável, de toda a linha argumentativa tecida por Amaro Cavalcanti sobre o assunto, mas não se poderá, à derradeira, deixar de apontar duas singularidades que aquele apontara quanto ao direito positivo brasileiro da época.

A primeira delas é a de que, mesmo sem positivar uma regra geral sobre a matéria, era de se notar que a responsabilidade estatal estava consignada em inúmeras disposições legais esparsas[48], além do reconhecimento pelo Conselho de Estado e jurisprudência dos tribunais judiciários[49]. Dessa maneira, era possível discernir o reconhecimento da responsabilidade estatal, ao menos em princípio, bastando que tais preceitos fossem aplicados aos casos análogos.

A outra, decorrente da competência que a Constituição de 1891 assegurou aos juízes, notadamente à Justiça Federal, no sentido de controlar a constitucionalidade das leis, permitiu que se pudesse cogitar – como incisivamente afirmou Amaro Cavalcanti – da responsabilidade civil em face de atos legislativos[50]. A nossa então recente aproximação ao modelo jurídico norte-americano possibilitou que assim se fosse pensado, antes mesmo da jurisprudência francesa que tanto, àquele instante, inspirava nosso direito administrativo[51].

De tudo isso é de se rematar, tal qual fez Aguiar Dias, que "a atualidade do pensamento de Amaro Cavalcanti, mais do que isso, a perenidade da sua obra e a integração da jurisprudência, apesar da resistência dos juízes à audácia e à livre inspiração, na sua doutrina"[52].

---

48. Ibidem, p. 502-506.
49. Ibidem, p. 509-537.
50. Ao depois de enfatizar que, ao contrário do vivenciado no Império, na República se conferiu ao Judiciário o atributo de julgar da validade das leis, Amaro Cavalcanti (ibidem, p. 510) diz ser possível o indivíduo ser indenizado pela lesão emanada da aplicação de uma lei inválida. São suas palavras: "De certo, declarada uma lei inválida ou inconstitucional por decisão judiciária, um dos efeitos da decisão deve ser logicamente o de obrigar a União, Estado ou Município, a reparar o dano causado ao indivíduo, cujo direito fora lesado, – quer restituindo-se-lhe aquilo que indevidamente foi exigido do mesmo, como sucede nos casos de impostos, taxas ou multas inconstitucionais, – quer satisfazendo-se os prejuízos, *provadamente* sofridos pelo indivíduo com a execução da lei suposta" (ibidem, p. 511).
51. A repulsa pela fiscalização judicial sucessiva de constitucionalidade por parte do sistema jurídico francês, amenizada a partir da reforma constitucional de 2009, porventura contribuiu para que fosse retardado o reconhecimento da responsabilidade estatal por ato legislativo, orientação inicialmente afastada nos arestos *Duchâtelet* (Rec. 7, de 11 de janeiro de 1838) e *Moroge* (Rec. 89, de 05 de fevereiro de 1875), somente vindo a admitir tal responsabilidade com o aresto *Societé Anonyme des Produits Laitiers <<La Fleurette>>* (Rec. 25, de 14 de janeiro de 1944).
52. Prefácio. In: Amaro Cavalcanti. *Responsabilidade civil do Estado*. Nova edição atualizada. Rio de Janeiro: Borsoi, 1956, p. VIII.

4. REFERÊNCIAS

A MORTE do Ministro Linhares. *Correio da Manhã*. Rio de Janeiro, p. 2, 27 jan. 1957. Disponível na Internet em http://memoria.bn.br/DocReader/Hotpage/HotpageBN.aspx?bib=089842_06&pagfis=72126&url=http://memoria.bn.br/docreader#. Acesso em: 12 mar. 2022.

ALECRIM, Otacílio. *Ideias e instituições no Império*: influências francesas. Rio de Janeiro: Jornal do Comércio, 1953.

BRASIL. Senado Federal. Biblioteca do Senado Federal. *Rede Virtual de Bibliotecas – RVBI*. Disponível em: https://www12.senado.leg.br/institucional/biblioteca/rvbi. Acesso em: 15 mar. 2022.

BRASIL. SENADO FEDERAL. *Senadores*. Amaro Cavalcanti. Disponível em: https://www25.senado.leg.br/web/senadores/senador/-/perfil/1400. Acesso em: 15 mar. 2022.

BUJÁN, Antonio Fernández de. *Derecho público romano y recepción del derecho romano en Europa*. 5. ed. Madri: Civitas, 2000.

CÂMARA, Leide. *Memória Acadêmica*. Natal, Editora IFRN, 2017.

CAVALCANTI, Amaro. *Responsabilidade civil do Estado*. Rio de Janeiro: Laemmert & Cia., 1905.

DORADIOTO, Francisco. *Relações Brasil-Paraguai*: Afastamento, tensões e reaproximação (1889-1954). Brasília, Fundação Alexandre de Gusmão, 2012.

FALLECIMENTOS: Dr. Amaro Cavalcanti. *O Paiz*. Rio de Janeiro, 29 jan. 1922. Vida Social, p. 4. Disponível em: http://memoria.bn.br/DocReader/docreader.aspx?bib=178691_05&pasta=ano%20192&pesq=amaro%20cavalcanti&pagfis=8610. Acesso em: 14 fev. 2022.

FAMILY SEARCH, plataforma de genealogia, *Carlos Croix Taylor*, www.familysearch.org, L6YK-7SX, acesso em: 14 mar. 2022.

FAMILY SEARCH, plataforma de genealogia, *Carlos Frederico Taylor*, www.familysearch.org, L6YK-7SX, acesso em: 14 mar. 2022.

FAMILY SEARCH, plataforma de genealogia, *Eponina de Souza Ferreira*, www.familysearch.org, LY16-9G5, acesso em: 14 mar. 2022.

FAMILY SEARCH, plataforma de genealogia, *Lea Cavalcanti Linhares*, www.familysearch.org, GS4F-YH2, acesso em: 14 mar. 2022.

FAMILY SEARCH, plataforma de genealogia, *Ormina de Souza Ferreira Cavalcanti*, www.familysearch.org, L6YK-DRC, acesso em: 14 mar. 2022.

FAMILY SEARCH, plataforma de genealogia, *Raul de Caracas*, LB9G-4Z7, www.familysearch.org, GS-4F-YH2, acesso em: 14 mar. 2022.

FARIA, Juvenal Lamartine de. Amaro Cavalcanti – Homem de pensamento e de ação. *Revista da Academia Norte-rio-grandense de Letras*, Natal, v. 1, p. 16-29, 1951.

FERNANDES, Suzana Cristina. O pensamento industrialista de Amaro Cavalcanti. *Leituras de Economia Política*, Campinas, (10): 25-51, jun. 2002/jun. 2003.

FERNANDES, Suzana Cristina. *Amaro Cavalcanti e a luta pela industrialização brasileira*. 2001. 142 f. Dissertação (Mestrado) – Curso de Mestrado em História Econômica, Instituto de Economia, Universidade Estadual de Campinas – Unicamp, Campinas, 2001.

FERNANDES, Suzana Cristina; SILVA, Lígia Osório. Amaro Cavalcanti e os caminhos da industrialização brasileira. *História econômica & história de empresas*, Campinas, VI.1, p. 35-63, 2003.

GUEDES, Pelino. *Biographia de Amaro Cavalcanti*. Rio de Janeiro, Leuzinger, 1897. p. 19.

LYRA, Tavares de. *Amaro Cavalcanti. Revista do Instituto Histórico e Geográfico brasileiro*, Rio de Janeiro, v. 204, p. 335-342, jul./set. 1949.

MACIEL, Olímpio. *Amaro Bezerra Cavalcanti*. 2011. Disponível em: http://www.institutojosejorgemaciel. org.br/index.php?option=com_content&view=article&id=204:amaro=-bezerra-cavalcanti&catid-55:personalidades&Itemid=107. Acesso em: 15 mar. 2022.

MEDEIROS NETA, Olívia Morais. Por uma pedagogia da cidade ou sociabilidades e educabilidades no príncipe, Rio Grande do Norte (Século XIX). In MACEDO, Helder Alexandre Medeiros de et all. *Seridó potiguar*: sujeitos, espaços e práticas. Natal: IFRN; Caicó: Biblioteca Seridoense, 2016.

MEDEIROS, José Augusto Bezerra de. *O Rio Grande do Norte no Senado da República*. Brasília: Senado Federal – Centro Gráfico, 1980.

MELO, Veríssimo de. Amaro Cavalcanti e Juvenal Lamartine. *Revista da Academia Norte-rio-grandense de Letras*, Natal, ano XVII, n. 7, p. 85-105, 1967

NOBRE JÚNIOR, Edilson Pereira. *A função normativa na Constituição de Cádiz: uma análise comparativa frente à Constituição Imperial de 1824. Revista Latino-Americana de Estudos Constitucionais*, v. 11, nº 13, p. 319, set. 2012.

PINTO, Almir Pazzianotto. Amaro Cavalcanti. *Direito e Justiça*. Correio Brasiliense, Brasília, 1º de março de 1999.

REGO, Vicente Pereira do. *Direito administrativo brasileiro comparado com o direito administrativo francês segundo o método de P. Pradier-Foderé*. Recife: Typografia Universal, 1857.

SENA, Fabiana. *O professor Amaro Cavalcanti e a imprensa do Ceará: uma leitura do intelectual no Império brasileiro. Revista História da Educação* (Online), 2019, v. 23: e82321. Disponível na Internet em: https://www.scielo.br/j/heduc/a/Dyr8CtS5X3PN4jwY5LqNtgQ/?format=pdf&lang=pt. Acesso em: 03 mar. 2022.

SOUZA, Carlos Adel Teixeira de. *Amaro Cavalcanti*. Natal: Sebo Vermelho, 2009.

VISCONDE de Uruguai. *Ensaio sobre o Direito Administrativo*. Brasília: Ministério da Justiça, 1997. [fac-símile da edição de 1862].

ZOCKUN, Maurício. *Responsabilidade patrimonial do Estado*. São Paulo: Malheiros, 2010.

PEDRO LESSA: ENTRE LIÇÕES DO PROFESSOR, ARRAZOADOS DO ADVOGADO E VOTOS DISSIDENTES NA SUPREMA CORTE, UMA LARGA CONTRIBUIÇÃO À RESPONSABILIDADE CIVIL NO BRASIL

Ricardo Dal Pizzol

Juiz de Direito em São Paulo. Mestre e Doutor em Direito Civil pela USP. Mestre em Direito Comparado pela Samford University. Professor dos Cursos de Pós-Graduação em Direito Civil e do Consumidor na Escola Paulista da Magistratura. Professor do LLM em Direito Civil da Faculdade de Direito do Largo de São Francisco (USP)

Sumário: 1. Vida e obra: o professor, o advogado e o juiz – 2. O advogado Pedro Lessa: responsabilidade do transportador por danos causados a passageiros – 3. O juiz Pedro Lessa: os requisitos da responsabilidade Civil do Estado; 3.1 Casos do bombardeio de Manaus: danos causados por atos dolosos de agentes públicos; 3.2 O nexo de causalidade na responsabilidade do Estado – 3.3 Pedro Lessa: um pioneiro da responsabilidade objetiva do Estado? – 4. Ainda o juiz: ressarcibilidade do dano moral – 5. Conclusão – 6. Bibliografia.

1. VIDA E OBRA: O PROFESSOR, O ADVOGADO E O JUIZ

Todos os egressos da Academia de Direito do Largo de São Francisco mantêm relação de carinho com Pedro Lessa, pois, em algum momento de sua formação, passaram pelos bancos da espaçosa sala que, de forma muito justa, leva seu nome no terceiro pavimento do prédio histórico. Ali, sob a vigilância constante do mestre, representado em uma imponente pintura de corpo inteiro, tiveram aulas regulares, seminários ou palestras – a maioria sem sequer suspeitar a importância que aquele homem mestiço, corpulento e dono de um vistoso bigode, teve em seu tempo.

Pedro Augusto Carneiro Lessa nasceu em 1859 na cidade do Serro (antiga Vila do Príncipe), localizada na Serra do Espinhaço, região central de Minas Gerais. O Serro, que teve seu apogeu no século XVIII com a exploração de ouro e diamante, forneceu ao país impressionante linhagem de juristas, especialmente no fim do Império e primeiros anos da República. Além do próprio Pedro Lessa, podem ser lembrados Felício dos Santos (autor de um dos Projetos de Código Civil), João Evangelista de Negreiros Sayão Lobato (o Visconde de Sabará) e Edmundo Pereira Lins (os dois últimos também ministros do Supremo Tribunal Federal), todos formados pela Faculdade de Direito de São Paulo.[1]

---

1. ROSAS, Roberto. *Pedro Lessa*: O Marshall Brasileiro. Brasília: Horizonte Editora, 1985, p. 25.

Em nossa personagem fundir-se-iam de forma rara, como se verá, o brilho acadêmico do professor catedrático de Filosofia do Direito, o sucesso na banca privada de advocacia e, por fim, a participação altiva e destacada como ministro do Supremo Tribunal Federal.

Pedro Lessa matriculou-se no primeiro ano da Faculdade de Direito de São Paulo em 1879, recebendo grau de bacharel em 30/10/1883. Em 1887, apresentou as teses para o concurso a uma vaga de lente substituto na mesma instituição. Foi derrotado no primeiro concurso, mas venceu o segundo. Em 1891, conquistou a cátedra de Filosofia do Direito.[2]

Em que pese suas aulas se realizassem logo após o horário de almoço, ao calor do meio-dia, eram muito procuradas pelos estudantes, ficando as salas abarrotadas, conforme testemunho de Waldemar Ferreira, seu aluno nos primeiros anos do século XX e futuro professor de Direito Comercial.[3]

Pedro Lessa levou para a cátedra de Filosofia o estado de espírito de toda uma geração: o Positivismo. Sustentava que o estudo dos fenômenos sociais em geral, do que não escaparia o Direito, deveria "ter como base a observação dos fatos, que é o alicerce comum para as induções de todas as ciências".[4] Por meio da aplicação do método positivo, seria apagada, nos seus dizeres, a "antítese profunda que havia entre a moral, o direito e todas as disciplinas que se ocupam com os fatos do orga-

---

2. PINTO, Paulo Brossard de Souza. Pedro Lessa. *Revista Jurídica*, ano 7, v. 41, set/out 1959, p. 26.
3. FERREIRA, Waldemar. A Congregação da Faculdade de Direito de São Paulo na Centúria de 1827 a 1927. Parte II – Os Lentes e os Professores catedráticos. *Revista da Faculdade de Direito de São Paulo*, v. 24, 1928, p. 89-90. No mesmo sentido, reforçando sua popularidade entre os estudantes: NOGUEIRA, Rubem. Pedro Lessa e sua Influência na Evolução Constitucional do Brasil. *Revista da Faculdade de Direito de São Paulo*, v. 54, n. 2, 1959, p. 70.
   Como, todavia, ninguém consegue alcançar a unanimidade, ficou famoso o soneto atribuído ao aluno Agenor Silveira:
   "Bate o quarto, depois do meio-dia:
   A grita infrene dos calouros cessa.
   Pesado e gordo, surge Doutor Lessa,
   o nosso lente de Filosofia.
   Esbaforido e suado, entrou. Sombria,
   no grave rosto traz a raiva impressa.
   Sentou-se. E agora a preleção começa
   E começa também nossa agonia...
   Um silêncio tristíssimo enche a sala:
   E fala o Mestre – coisas graves fala
   Num discurso pesado, extenso, informe.
   Agora, as próprias moscas adormecem...
   E dorme a classe - e os gestos se amortecem.
   E a sintaxe do mestre também dorme." (ROSAS, Roberto. Op. cit., p. 39).
4. LESSA, Pedro. O Direito no Século XIX. *Revista da Faculdade de Direito de São Paulo*, v. 8, 1900, p. 199-200.

nismo social, e as ciências cujo objeto é o estudo dos fenômenos do mundo físico, inorgânico ou orgânico."[5-6]

Academicamente, seus principais trabalhos foram os "Estudos de Filosofia do Direito" (1912) – reunião de vários artigos publicados em revistas jurídicas – e "Do Poder Judiciário" (1915) – obra mista de Direito Constitucional e Direito Processual.

A segunda faceta de Pedro Lessa foi a de advogado. Sua banca prosperou, sendo uma das maiores de seu tempo, mercê do volume de causas importantes, especialmente nas searas cível e comercial.[7] Dessa época (1900) é o arrazoado, examinado adiante, que defende a responsabilidade das estradas de ferro por danos nelas ocorridos, isso em data muito anterior ao decreto que instituiria de forma expressa o dever de indenizar nessas circunstâncias (1912).

Tamanho era seu sucesso na advocacia privada que recusou inicialmente o convite formulado pelo presidente Afonso Pena – seu antigo companheiro na mítica sociedade estudantil *Burschenschaft* (a Bucha) – para integrar a Suprema Corte do país.[8] Afonso Pena, conta-se, respondeu deste modo: "A Constituição da República outorga ao presidente o poder de nomear os ministros do Supremo Tribunal Federal entre os brasileiros de notável saber jurídico e reputação ilibada. Lembrando-me do seu nome, escolhendo a sua pessoa, penso que cumpri o meu dever de presidente para com a nação. Se V. Exa., como brasileiro, quiser cumprir o seu, é um problema que não está ao meu alcance."[9] Diante dessas duras palavras, Pedro Lessa finalmente aceitou o convite.

Aos 48 anos de idade, Pedro Lessa chegou ao Supremo Tribunal Federal como jurista feito, renomado, tanto na academia, como na prática do fórum. Entre 1907 e

---

5. LESSA, Pedro. O Direito no Século XIX. *Revista da Faculdade de Direito de São Paulo*, v. 8, 1900, p. 199-200. Fiel a essa linha de pensamento, Pedro Lessa recusava categoria científica ao Direito tal como ele vinha sendo estudado até ali – vale dizer, como um conjunto de processos interpretativos de textos legais e de ordenação sistemática de institutos. A esse proceder, que ele denominava *Jurisprudência* ou *Dogmática Jurídica*, recusava a categoria de ciência, reduzindo-o a uma mera forma de "arte". A verdadeira Ciência do Direito, ao contrário, sustentava o jurisfilósofo, não se desenvolveria na prática jurídica, nem seria dedutível dos preceitos vigentes, só podendo ser indutiva, partindo da observação dos fenômenos do mundo físico, na busca das leis gerais que ordenam a sociedade. (REALE, Miguel. Pedro Lessa e a Filosofia Positiva em São Paulo. *Revista da Faculdade de Direito de São Paulo*, v. 54, n. 2, 1959, p. 53)

6. Passou longe, contudo, de ser um positivista ortodoxo, como explica Miguel Reale, que décadas depois o sucederia na mesma cadeira. Em seus estudos, por exemplo, Pedro Lessa assume posição crítica perante Augusto Comte, repelindo a "lei dos três estados", postulado central do *Cours de Philosophie Positive*. No seu entender, as ideias teológicas, metafísicas e científicas (os três estados) não assinalariam períodos sucessivos do pensamento humano, como a formar uma linha evolutiva, mas modalidades sincrônicas, reconhecendo, assim, a inevitabilidade da metafísica e a convivência da religião com a ciência. (REALE, Miguel. Op. cit., p. 43).

7. ROSAS, Roberto. Op. cit., p. 51.

8. HORBACH, Carlos Bastide. *Memória Jurisprudencial*. Ministro Pedro Lessa. Brasília: Supremo Tribunal Federal, 2007, p. 5.

9. PINTO, Paulo Brossard de Souza. Op. cit., p. 28.

1921, ano de sua morte, desempenhou com brilho seu último papel – o de magistrado da Suprema Corte –, recebendo de Rui Barbosa o epíteto de Marshall brasileiro.[10]

A composição do Supremo Tribunal Federal ao tempo de Pedro Lessa era bastante homogênea. Dos trinta ministros que integraram a Corte nesse período, 15 eram oriundos do Largo de São Francisco, 14 haviam colado grau em Recife e apenas um, o Ministro Amaro Cavalcanti, havia estudado no exterior (Estados Unidos). Para além disso, dos 30 ministros, 28 provinham de cargos públicos (seja das magistraturas locais, seja de cargos políticos). A fugir desse padrão apenas o próprio Pedro Lessa, anteriormente professor e advogado, e João Mendes Jr., que havia se dedicado quase exclusivamente à carreira acadêmica na mesma Faculdade de Direito de São Paulo.[11]

Essa origem diversa mostra-se importante para compreensão de sua produção jurisprudencial, com entendimentos peculiares manifestados muitas vezes de forma isolada dentro do Tribunal. Por vezes quem falava era o professor, em votos metódicos, recheados de citações do que havia de mais moderno na doutrina estrangeira. Em outras, era o ex-advogado, que se envolvia de forma quase passional nas disputas travadas com outros ministros. Em suma: suas posições eram peculiares, porque peculiar tinha sido sua trajetória até ali.

Aliomar Baleeiro destacou exatamente a importância dos votos vencidos de Pedro Lessa, pelo caráter de inovação que frequentemente encerravam, o que será especialmente evidente, como se verá, no campo da responsabilidade civil: "Veio ao encontro dele Pedro Lessa, em muitos pontos um inovador e que também, à maneira de Holmes, foi o nosso grande dissidente pelos votos vencidos em controvérsias célebres, que ainda permanecem em aberto até hoje, como a indenização do dano moral."[12]

Ainda que fora do objeto deste artigo, não se pode tratar da passagem de Pedro Lessa pelo Supremo Tribunal Federal sem mencionar seu papel fundamental na defesa dos direitos fundamentais por meio da aplicação extensiva do *habeas corpus* a violações não diretamente relacionadas à liberdade de locomoção – a chamada "doutrina brasileira do *habeas corpus*" –, doutrina esta que, embora temporariamente vencida pela reforma constitucional empreendida pelo Governo Artur Bernardes em 1926, está na gênese de outro remédio constitucional, o mandado de segurança, posteriormente inserido no sistema brasileiro (1934), voltado à proteção contra potenciais abusos cometidos pelas autoridades públicas em outras frentes, diversas da restrição à liberdade de locomoção.[13]

A contribuição de Pedro Lessa no campo da responsabilidade civil pouco se deu na arena acadêmica, por meio de livros ou artigos científicos, até porque, como visto,

---

10. ROSAS, Roberto. Op. cit., p. 59.
11. HORBACH, Carlos Bastide. Op. cit., p. 70-74.
12. BALEEIRO, Aliomar. *O Supremo Tribunal Federal, esse outro desconhecido*. Rio de Janeiro: Forense. 1968, p. 63.
13. GIL, Otto. Comemoração do Centenário de Nascimento de Pedro Lessa. *Revista da Faculdade de Direito de São Paulo*, v. 54, n. 2, 1959, p. 68; NOGUEIRA, Rubem. Op. cit., p. 76 e 84.

seus estudos estavam voltados preponderantemente à área da Filosofia do Direito. Ela ocorreu sobretudo na prática forense, como advogado e juiz, no desenvolvimento daquela "arte" que ele denominava Dogmática Jurídica.[14] A fim de melhor expor essa contribuição, dividiremos o texto em três tópicos, que, sem qualquer pretensão de esgotamento, consubstanciam assuntos nos quais Pedro Lessa foi verdadeiramente inovador ao seu tempo. O primeiro traz reflexões do jurista, ainda no exercício da advocacia, acerca da responsabilidade das empresas de transporte por danos causados aos passageiros. O segundo examina votos de Pedro Lessa, já como ministro do Supremo Tribunal Federal, no tema responsabilidade civil do Estado. Por fim, o terceiro trata de sua defesa pioneira, na mesma Corte, da reparabilidade do dano moral.

2. O ADVOGADO PEDRO LESSA: RESPONSABILIDADE DO TRANSPORTADOR POR DANOS CAUSADOS A PASSAGEIROS

Da atuação de Pedro Lessa como advogado, merecem destaque seus arrazoados em dois processos referentes a um mesmo acidente: o descarrilamento de um trem entre as estações de Taipas e de Perus, na cidade de São Paulo, em 19 de abril de 1898, decorrente do ingresso de dois bois na linha férrea, provenientes de uma porteira particular em mal estado de conservação. As peças processuais de sua lavra nesses dois casos denotavam pesquisa tão apurada e rigor técnico tão acentuado que foram publicadas na íntegra em revistas científicas da época.[15]

Dentre os dois casos, tomemos por base a Apelação Civil 2.622, dirigida ao então denominado Superior Tribunal de Justiça de São Paulo, porque mais abrangente, aí, a argumentação lançada por Pedro Lessa.

Nesse processo, o juiz de primeiro grau julgara improcedente a ação movida pela viúva e filhos menores de uma das vítimas do descarrilamento, patrocinados por Pedro Lessa, sob os argumentos de que: (i) era ônus dos autores demonstrar a culpa da empresa ré no acidente, ônus do qual não teriam se desincumbido; (ii) de qualquer forma, a legislação então em vigor – o Decreto 1930, de 26 de abril de 1857 – só autorizaria a responsabilidade das companhias de estrada de ferro por atos de seus prepostos em relação a danos causados às coisas transportadas, não às pessoas, de modo que, quanto aos últimos, só caberia a responsabilidade dos próprios empregados, com seus patrimônios pessoais.

Em suas razões de apelação, Pedro Lessa expôs o desacerto da sentença de primeiro grau.

E, considerando que os fatos se deram em data anterior ao Código Civil Brasileiro de 1916, Pedro Lessa recorreu especialmente ao Direito Comparado e ao Direito Romano

---

14. Vide nota "5", retro.
15. LESSA, Pedro. Culpa Contratual: Razões Apresentadas em Ação Ordinária perante o Juiz de Direito da 2ª Vara Cível da Capital de São Paulo. *Revista Forense*, v. II, jul./dez. 1904, p. 157-177; Apelação Cível 2622. O Direito. v. 87, ano 30, jan./abr. 1902, p. 319-382.

para construir sua argumentação, mercê das lacunas das Ordenações Filipinas na matéria. Vale lembrar que, após a Lei da Boa Razão (1769), as principais fontes subsidiárias das Ordenações passaram a ser justamente o "direito das nações cristãs civilizadas", em matérias de conteúdo político, econômico, mercantil ou marítimo, e o Direito Romano, naquilo em que estivesse "conforme com a boa razão" (isto é, despido dos costumes e interesses peculiares ao povo romano e tal como interpretado e aplicado modernamente).

Note-se: um problema que hoje seria facilmente solucionado com recurso ao Código de Defesa do Consumidor, por se tratar de típico acidente de consumo havido em contrato de transporte, demandava revisitar o Direito Romano e os ordenamentos das "nações cristãs civilizadas", o que também não deixava de configurar oportunidade de ouro para um advogado do gênio de Pedro Lessa expor sua erudição e influenciar no deslinde da causa.

Seu primeiro passo, nas razões de apelação, consistiu justamente em demonstrar que, desde o Direito Romano, as corporações são civilmente responsáveis pelos danos causados por seus representantes e empregados, notadamente em matéria de transportes. Afirmou nesse sentido, após citar inúmeras fontes romanas:

> Não era possível que à penetração jurídica dos romanos escapasse a necessidade de estatuir a responsabilidade civil dos empresários de transportes. A segurança dos passageiros exigia uma disposição que lhes garantisse as pessoas e os bens contra quaisquer danos causados pelos exploradores da indústria de transporte.[16]

E, na sequência, lança outro pilar de sua tese: a responsabilidade do empresário de transporte por danos causados aos passageiros ostenta natureza contratual, de forma que é dele (e não das vítimas do acidente) o ônus de demonstrar alguma causa excludente do dever de indenizar:

> O pretor romano não se satisfez com decretar a responsabilidade civil de tais pessoas; adotou uma regra que ainda hoje vemos dominante na legislação dos povos mais cultos – verificado o dano, é ao empresário de transporte que incumbe provar que o fato foi devido à culpa do passageiro ou a força maior. Se não prova uma ou outra coisa, é obrigado a indenizar.[17]

Em outro trecho, define de forma absolutamente moderna, como se estivéssemos a ler manual escrito no século XXI, a obrigação principal do empresário em contrato de transporte de pessoas:

> Entre o passageiro e a companhia se forma um contrato, que se chama especialmente contrato de transporte [...]. É elemento essencial deste contrato a incolumidade pessoal de modo que, pela entrega do bilhete de passagem, a companhia é obrigada a conduzir o passageiro são e salvo do lugar de partida ao do destino, salvo culpa do próprio passageiro, culpa unicamente de terceiro, caso fortuito ou força maior.[18]

---

16. Apelação Cível 2622. O Direito. v. 87, ano 30, jan./abr. 1902, p. 336.
17. Apelação Cível 2622. O Direito. v. 87, ano 30, jan./abr. 1902, p. 336.
18. LESSA, Pedro. *Culpa Contratual: Razões Apresentadas em Ação Ordinária perante o Juiz de Direito da 2ª Vara Cível da Capital de São Paulo*. Revista Forense, v. II, jul./dez. 1904, p. 160.

Suas palavras, em verdade, apontam já para uma objetivação da responsabilidade do transportador – ao invés de uma simples presunção de culpa – como fica evidente, aliás, no ponto seguinte, quando, também de forma bastante moderna, define caso fortuito e força maior, relacionando tais conceitos às ideias de imprevisibilidade e irresistibilidade:

> As expressões caso fortuito e força maior ora são empregadas como sinônimas, ora com os sentidos diversos. Como expressões sinônimas, caso fortuito e força maior [...] designam todo aconteci-mento que se não poderia prever ou ao qual ainda quando se previsse, não se poderia resistir. [...] Outras vezes o legislador e o jurisconsulto usam das duas expressões, adjetivando-lhes acepções distintas. Então, caso fortuito é o acontecimento superior à previsão humana e força maior o fato a que se não pode resistir. [...] Assim que, aceita qualquer das duas teorias, temos sempre um acontecimento imprevisível ou irresistível. Provar que se deu um acontecimento imprevisível, ou pelo menos irresistível, é o único meio que tem o empresário de transportes de se libertar da obrigação de indenizar.[19]

E, aplicando tal raciocínio ao caso concreto, conclui que o ingresso dos bois na linha férrea, derivado da circunstância de uma porteira ao lado da estrada encontrar-se em péssimo estado de conservação, nenhuma resistência oferecendo aos animais, não era fato que se pudesse reputar "imprevisível ou que não se pudesse evitar com um pouco de cuidado, de atenção, de zelo pelo serviço de fiscalização."[20]

E, com isso, destruiu também a hermenêutica acanhada, esposada na sentença de primeiro grau, de que o Decreto 1930, de 26 de abril de 1857, só permitiria ex-pressamente a responsabilidade da companhia de estrada de ferro por atos de seus prepostos em relação a danos causados a coisas transportadas, não a pessoas:

> Na jurisprudência dos povos mais cultos, antes de haver um conjunto de preceitos especiais sobre a hipótese que debatemos, já estava geralmente admitido que o princípio de direito, observado desde o direito Romano, sobre a responsabilidade civil dos empresários de transporte pelos danos causados por culpa contratual, era suficiente para a solução de litígios da natureza deste. [...]
>
> Parece incrível que se discutam questões como esta, que haja quem sustente a responsabilidade civil por danos causados a mercadorias e a negue quando se trata de danos à pessoa, ao homem. Pois a sentença apelada encerra esse conceito bárbaro, que equivale à negação da ideia de direito. [...]
>
> Cuidado para que não se perca uma saca de café, para que não se quebre um caixote de louças, para que se não estrague mais uma velha mala, quase imprestável. Mas, tratando-se de um homem, de uma pessoa, podem contundir, podem ferir, podem quebrar os braços e as pernas, podem matar, podem reduzir-lhe o corpo a uma matéria informe!!! Francamente, isso não é sério.[21]

E completará seu raciocínio em verdadeiro prenúncio da moderna teoria do risco-proveito:

> Deve-se, porém, convir na responsabilidade das pessoas jurídicas pelo não cumprimento das obrigações contraídas pelos seus representantes, ou pelos quase-delitos destes, cometidos no

---

19. Apelação Cível 2622. O Direito. v. 87, ano 30, jan./abr. 1902, p. 361-363.
20. Apelação Cível 2622. O Direito. v. 87, ano 30, jan./abr. 1902, p. 362.
21. Apelação Cível 2622. O Direito. v. 87, ano 30, jan./abr. 1902, p. 336-348.

exercício de suas funções, muito mais se dali lhes proveio algum lucro; porquanto, sendo em seu proveito criadas estas funções e feitos estes serviços, assim como têm direito aos benefícios, devem-se sujeitar ao ônus que daí lhes possam provir.[22]

Diante de tão sólida argumentação, ao fim e ao cabo, o Superior Tribunal de Justiça de São Paulo deu provimento à Apelação Civil nº 2.622, para condenar a São Paulo Railway Company a pagar à viúva e filhos menores a quantia de duzentos contos de réis, como indenização pelo dano causado. A linha de raciocínio traçada no v. acórdão foi a mesma defendida por Pedro Lessa: (i) que a ré, como pessoa jurídica, responde civilmente pelos danos causados por seus prepostos; (ii) que, tratando-se de responsabilidade contratual, o ônus da prova quanto à ocorrência de excludente competiria à empresa de transporte; (iii) que, a despeito de o Decreto de 26 de abril de 1857 cuidar apenas da responsabilidade das estradas de ferro por danos causados a coisas, "de fato seria um intolerável absurdo, inaceitável pelo direito e pelo simples bom senso, que a lei estabelecesse medidas especiais, a fim de proteger o público contra possíveis abusos em relação às coisas, e o deixasse à mercê das empresas de transporte quando os abusos ocasionassem dano a pessoa, produzindo lesões corporais ou a morte."[23]

Em verdade, as teses de Pedro Lessa, expostas nestes dois casos, erigidas como visto a partir do estudo do Direito Romano e do Direito estrangeiro, adiantaram-se ao que viria a ser posteriormente no Brasil norma expressa com o advento do Decreto 2.681, de 7 de dezembro de 1912, que regulou a responsabilidade civil das estradas de ferro por danos causados a coisas e pessoas. Esse decreto dispunha expressamente haver nesses casos sempre uma "culpa presumida" do transportador, que poderia ser elidida apenas pela prova, de ônus da empresa, da ocorrência de caso fortuito, força maior ou culpa exclusiva da vítima (art. 17).[24] Já o artigo 18 do mesmo Decreto também encerrava a discussão acerca da responsabilidade da companhia, prescrevendo serem "solidários entre si e com as estradas de ferro os agentes por cuja culpa se der o acidente", tendo as companhias, em relação a estes, direito reversivo.

3.   O JUIZ PEDRO LESSA: OS REQUISITOS DA RESPONSABILIDADE CIVIL DO ESTADO

O art. 60, alínea "c", da Constituição Federal de 1891, atribuía à Justiça Federal competência para apreciar "causas provenientes de compensações, reivindicações de

---

22. Apelação Cível 2622. O Direito. v. 87, ano 30, jan./abr. 1902, p. 359.
23. Apelação Cível 2622. O Direito. v. 87, ano 30, jan./abr. 1902, p. 367-369.
24. Como bem afirma Caio Mário da Silva Pereira, a "culpa presumida" foi um artifício técnico intermediário, que já denotava uma marcha no sentido da objetivação da responsabilidade, numa época, porém, em que ainda não se conseguia prescindir da culpa como requisito da responsabilidade civil. Confira-se: "Trata-se de uma espécie de solução transacional ou escala intermédia, em que se considera não perder a culpa a condição de suporte da responsabilidade civil, embora aí já se deparem indícios de sua degradação como elemento etiológico fundamental da reparação, e aflorem fatores de consideração da vítima como centro da estrutura ressarcitória, para atentar diretamente para as condições do lesado e a necessidade de ser indenizado." (PEREIRA, Caio Mário da Silva. *Responsabilidade Civil*. 9ª edição. Rio de Janeiro: Forense, 2002, p. 263)

indenização de prejuízos ou quaisquer outras propostas pelo governo da União contra particulares ou vice-versa". Por essa norma, como se percebe, o texto constitucional garantia indiretamente, ao discriminar o foro competente para tais demandas, o dever do Estado de indenizar particulares por danos que causasse aos últimos.

O Código Civil de 1916 trouxe disposição expressa a regulamentar a matéria em seu artigo 15.[25] Todavia, os julgados de que trataremos adiante referem-se a fatos ocorridos antes da entrada em vigor desse diploma. Neles, Pedro Lessa, já nomeado Ministro da Suprema Corte, mostrar-se-ia julgador à frente de seu tempo no cenário nacional, com entendimentos sempre em linha com o que de mais moderno havia na doutrina e na jurisprudência europeias. No entanto, ante o conservadorismo de seus pares, restará vencido em todos os casos aqui abordados. Mas se foi derrotado processualmente, venceu a batalha da História, pois em todas as matérias o tempo cuidou, invariavelmente, de tornar obsoletas as opiniões por ele combatidas.

Dividiremos esta análise em três subitens: (i) danos causados por atos dolosos dos agentes públicos; (ii) configuração do nexo causal na responsabilidade civil do Estado; (iii) indagação se Pedro Lessa poderia ser considerado um pioneiro, no Brasil, da responsabilidade objetiva do Estado.

3.1 Casos do bombardeio de Manaus: danos causados por atos dolosos de agentes públicos

Em 8/10/1910, forças do Exército e da Marinha, alegando cumprir ordem reservada do governo federal, bombardearam durante dez horas a cidade de Manaus, até obterem a deposição do governador Antônio Bittencourt. Entretanto, demonstrou-se posteriormente que, em verdade, as forças federais haviam atuado sem qualquer ordem do presidente da República, interferindo indevidamente na autonomia de um Estado-membro.[26]

Na Apelação Cível 2403, julgada em 28/12/1918, na Apelação Cível 2081, julgada em 13/12/1919, e na Apelação Cível 2708, julgada em 18/09/1920, o Supremo

---

25. Art. 15. As pessoas jurídicas de direito publico são civilmente responsáveis por atos dos seus representantes que nessa qualidade causem danos a terceiros, procedendo de modo contrário ao direito ou faltando a dever prescrito por lei, salvo o direito regressivo contra os causadores do dano.

26. A questão política em si viria a ser rapidamente resolvida pelo mesmo Supremo Tribunal Federal no *Habeas Corpus* 2950, de relatoria do próprio ministro Pedro Lessa, julgado em 15/10/1910 (apenas uma semana após o fato, portanto). Seguindo a doutrina brasileira do *habeas corpus*, já aqui referida, Pedro Lessa entendeu que, tendo sido o paciente obrigado a abandonar o palácio do governo, estava-se diante de caso em que a questão da posse do cargo público se atrelava ao direito de locomoção, o que tornava cabível, em tese, o remédio. Após, "considerando, finalmente, que a asserção de ter sido o governador do Estado do Amazonas destituído de seu cargo pelo Poder Legislativo do Estado não justifica de modo algum a coação que sofreu (e ainda não cessou) o dito governador, porquanto, sem apreciar a legalidade da destituição, matéria estranha ao *habeas corpus*, em caso nenhum podem forças federais, destacadas em um Estado, sem ordem do presidente da República e com violação dos preceitos constitucionais, que garantem a autonomia dos Estados, coagir um governador ou presidente a retirar-se da sede do governo" (palavras de Pedro Lessa em seu voto), foi concedida a ordem impetrada, a fim de que cessasse o constrangimento ilegal, com restituição do paciente ao posto de governador do Estado. (HORBACH, Carlos Bastide. Op. cit., p. 110)

Tribunal Federal discutiu a matéria relativa à responsabilidade da União pelos danos causados durante o bombardeio de Manaus.[27]

Segundo o tradicional posicionamento da época – cuja lógica, hoje, chega a ser de difícil compreensão – a responsabilidade do Estado somente se verificaria nos casos em que os agentes públicos atuassem com culpa (imprudência, imperícia, negligência). Se os atos danosos fossem praticados com dolo do agente público, o Tribunal Excelso negava a responsabilidade do ente público.

A lógica subjacente a este estranho posicionamento, então dominante, era a de que servidores públicos "só obram como tais enquanto se conservam na esfera que a lei tem traçado à missão que desempenham; fora daí, obram sob sua responsabilidade pessoal" (trecho extraído do voto do ministro Hermenegildo de Barros nos Embargos na Apelação Cível 2081).[28] Ou, dito de outra forma, "quando o delito é imputável ao funcionário e não à função, isto é, quando este age fora do espírito de sua função, só ele é pessoalmente responsável pelo prejuízo causado" (trecho extraído do voto do ministro Godofredo Cunha na Apelação Cível 2081).[29]

No julgamento da primeira apelação acima referida (2403), de relatoria do ministro Pedro Lessa, o tribunal se distanciaria pela primeira vez – embora de forma apenas momentânea, como se verá – desse entendimento.

Tratava-se de apelação interposta pela União contra sentença proferida por juiz federal do Amazonas que concedera à empresa "Jorge Dan & Sobrinhos" indenização pelos danos patrimoniais causados ao seu estabelecimento, no valor aproximado de 42 contos de réis, por bombas lançadas pelas tropas federais.

Consoante o entendimento tradicional, seria o caso de dar provimento à apelação da União, na medida em que o próprio Supremo Tribunal Federal, no *Habeas Corpus* 2950 (vide nota 26, acima), havia considerado irregular a intervenção militar perpetrada no Estado do Amazonas, por terem agido as forças federais sem ordem superior (vale dizer, fora do escopo de suas funções).

Em seu voto, no entanto, Pedro Lessa distanciou-se desta visão tradicional, sendo acompanhado nesse primeiro momento pela maioria dos ministros (6 votos a 5), para compreender que a responsabilidade do Estado não pode ser afastada nos casos em que o servidor público atua com dolo, porque, mesmo nestas situações, age em nome do ente estatal e valendo-se de sua posição. Lê-se da ementa: "A União é responsável pelos danos causados por funcionários ou empregados seus, civis ou

---

27. Aqui, não se pode perder de vista que o Supremo Tribunal Federal da época, conforme a Constituição de 1891, atuava como segunda instância da Justiça Federal, examinando apelações cíveis e criminais, bem como agravos de decisões proferidas por juízes de primeira instância. Ao mesmo tempo, com o propósito de garantir a unidade de interpretação da legislação federal e da Constituição, a Suprema Corte atuava, também, como tribunal de análise de recursos extraordinários provenientes das Justiças dos Estados. (HORBACH, Carlos Bastide. Op. cit., p. 44-51).

28. Embargos na Apelação Cível 2081, Revista do Supremo Tribunal Federal, v. XXVI, janeiro de 1921, p. 68.

29. Apelação Cível 2081, Revista do Supremo Tribunal Federal, v. VII, abril/junho de 1916, p. 16.

militares, que, abusando das funções que lhes foram confiadas, cometem quaisquer delitos."

Da fundamentação de seu voto, extrai-se, por sua vez:

Neste caso, os militares de terra e mar, que bombardearam a capital do Estado do Amazonas, incontestavelmente o fizeram utilizando-se de sua posição de comandante da flotilha do Rio Negro e de inspetor da região militar. Fora do exercício das suas funções de comandante e inspetor, não podiam eles praticar o ato que cometeram. Se se utilizaram ilegal e criminosamente das funções a eles confiadas pela União, constitui esse fato uma condição necessária para que se verifique a hipótese prevista no artigo citado da Constituição federal (art. 60, alínea 'c'). Pois, no exercício legal das suas funções, nenhuma autoridade ou funcionário público poderá praticar atos por cujas consequências seja responsável a União e obrigada a indenizar.[30]

Esse resultado, todavia, não se consolidaria na jurisprudência da Corte, sendo que, já no julgamento dos embargos de declaração, o acórdão seria reformado, para dar provimento à apelação da União. Agora, em voto vencido, acompanhado por apenas outros três ministros, Pedro Lessa destacou:

Distinguir entre atos praticados pelo funcionário culposamente, por negligência ou ignorância, e atos praticados de má-fé, criminosamente, é exceder os limites do erro. [...] Supor que o Estado responde pelo prejuízo causado ao particular, quando o causador é um funcionário culposo, e não responde, quando o funcionário é delinquente; que é nenhuma a responsabilidade do Estado quando nomeia um funcionário criminoso, e completa, quando nomeia um funcionário culposo, é um verdadeiro contrassenso.[31]

A mesma interpretação seria conferida por Pedro Lessa em outros dois casos referentes ao mesmo bombardeio (Apelações Cíveis 2708 e 2081), sempre vencido. Neste último, acrescentou:

É necessário um dano causado pela administração pública, produzido por uma força que emane da mesma administração. [...] Pouco importa a qualificação moral merecida pelo agente que produziu o dano; [...] pouco importa que o funcionário tenha agido diretamente contra a lei, cometendo um fato ilícito mais ou menos flagrante. Para que cesse a responsabilidade do Estado, é preciso que os atos ilícitos do funcionário público sejam praticados fora de suas funções, na vida privada, nada tendo de comum com a administração.[32]

3.2   O nexo de causalidade na responsabilidade do Estado

Neste ponto, serão analisados dois julgados nos quais Pedro Lessa mais uma vez restou vencido: Apelação Cível 1709, julgada em 12/12/1917; Apelação Cível 1858, julgada em 30/04/1913.

---

30. HORBACH, Carlos Bastide. Op. cit., p. 252.
31. HORBACH, Carlos Bastide. Op. cit., p. 254.
32. Apelação Cível 2081, Revista do Supremo Tribunal Federal, v. VII, abril/junho de 1916, p. 18-20.

Aqui, a inovação trazida por nosso jurista diz respeito à amplitude do nexo de causalidade, colocando ao abrigo da Constituição Federal situações que, ordinariamente, pela jurisprudência da época, não ensejavam reparação.

Essa concepção mais ampla do nexo causal, a abranger inclusive hipóteses de condutas omissivas, já podia ser verificada em sua obra "Do Poder Judiciário", na qual sustentava:

> Por exemplo, um delito de furto, ou de roubo, perpetrado nas condições em que geralmente tais crimes se cometem, não dá à vítima o direito de ser indenizada pelos cofres públicos; pois evidentemente não há um vínculo direto, que prenda o dano causado a um ato do poder público. Laço direto só se descobre entre o mal sofrido e o ato dos autores do crime. Mas, se uma agressão contra a pessoa, ou contra a propriedade, se for conhecida e anunciada com tal antecedência e visos de certeza, que a polícia administrativa deva e possa evitá-la, e não obstante, graças à inércia injustificável das autoridades, o atentado se realizar, animado ou auxiliado pela indiferença dos agentes de segurança pública, ao Estado incumbe indenizar o dano causado; porquanto a sua inação concorreu tanto para a prática do ato criminoso que, se não na linguagem rigorosa da lógica, pelo menos na linguagem comum se pode dizer com propriedade que esse procedimento do poder público foi a causa do dano sofrido.[33]

Na Apelação Cível 1709, o tribunal discutiu a reparação de danos causados por forças rebeldes que haviam combatido na Revolução Federalista de 1893, ocorrida no Rio Grande do Sul. Após o armistício celebrado com as tropas legalistas e o encerramento da guerra civil, foi determinado a um grupo de rebeldes[34] que permanecesse acampado na Fazenda Cabana, no município de Lavras do Sul, até seu desarmamento e total desmobilização, atividades a serem coordenadas pelas forças governamentais. Sem mantimentos e provisões, mas impedidos de sair da área, os soldados acampados passaram a consumir os animais criados na fazenda, causando os danos reclamados pelo proprietário.[35]

A Corte, no julgamento da apelação, entendeu não haver relação de causalidade entre os danos causados e qualquer ato da União. Para a maioria dos ministros, o simples fato de ter havido um armistício não tornava o governo federal responsável por ressarcir eventuais danos causados pelos rebeldes. Foi nesse sentido o voto do ministro Pires e Albuquerque, relator para o acórdão.[36]

Pedro Lessa, no entanto, acompanhado apenas pelo ministro André Cavalcanti, reconheceu a existência do dever de indenizar, pois configurado, em seu entender, o nexo de causalidade entre a omissão governamental (em fornecer meios de subsistência aos revoltosos acampados) e o dano sofrido pelo proprietário:

---

33. LESSA, Pedro. *Do Poder Judiciário*. Rio de Janeiro: Forense, 1915, p. 170-171.
34. Os rebeldes eram conhecidos como "maragatos" e se identificavam pelo lenço vermelho. Os que integravam as tropas legalistas, por sua vez, eram conhecidos como "ximangos" ou "pica-paus", identificando-se pelo lenço branco.
35. HORBACH, Carlos Bastide. Op. cit., p. 133.
36. HORBACH, Carlos Bastide. Op. cit., p. 232-234.

Mas, obrigando os revolucionários a permanecerem por alguns dias, cerca de um mês, no imóvel do apelante, sem lhes fornecer víveres, o governo foi causa do que se passou fatalmente, isto é, de que os federalistas se utilizassem das reses do apelante para se alimentar. O delito que praticaram os revoltosos, apoderando-se violentamente e sem indenização do gado do apelante, tem por causa a ordem do governo federal para que não se afastassem da estância do apelante durante o número de dias necessários para o desarmamento e dispersão dos revoltosos. Pouco importa que antes do armistício os mesmos revoltosos tenham cometido depredações e estragado bens de particulares. Por esses fatos não pode responder a Nação. Mas, pelos que se deram em consequência da proibição de se dispersarem, de deixarem a estância do apelante, durante alguns dias, a responsabilidade do governo federal me parece inegável. [...] Vedar pela força, pelas armas, que um grande número de homens se retire de um determinado recinto sem lhes ministrar a necessária alimentação quando esses homens só têm um meio de obter o indispensável para satisfazer a fome, que é apoderar-se do alheio sem pagar o respectivo preço, é bem ser a causa do fato que o apelante expôs para justificar o seu pedido de indenização.[37]

No outro caso, a Apelação Cível 1858, o assunto em pauta foi a demora na prestação jurisdicional. O apelante ajuizara ação criminal por crime de injúria, feito este que, conforme o procedimento da época, deveria ser apreciado por uma junta formada por jurados convocados pelo poder público. Ocorre, no entanto, que a citada junta somente veio a se reunir quando o crime de injúria já estava prescrito, situação declarada na sentença.[38]

A maioria formada entendeu que o julgamento da ação criminal não se deu tempestivamente por força da ausência injustificada dos jurados convocados. Novamente, em voto vencido, Pedro Lessa sustentou o dever de indenizar do Estado, no valor correspondente às custas do processo crime e do processo cível no qual se buscava indenização, mercê da omissão dos servidores públicos envolvidos:

> Não se trata da responsabilidade do Estado por sentenças do Poder Judiciário, mas por atos dos funcionários administrativos, daqueles a quem a lei impôs uma obrigação, não cumprida, de praticar os atos necessários para se reunir a junta correcional que devia julgar a ação intentada pelo apelante. Os requisitos indispensáveis para que se verifique a responsabilidade do Estado, obrigação deste de indenizar o dano causado, reuniram-se provadamente nesta espécie: temos um *dano certo*, atual ou já averiguado, e não futuro, e, o que muito importa, *direto*, sendo manifesta a *relação de causalidade* entre o ato (neste caso, propriamente, a omissão do poder público) e o prejuízo sofrido pelo particular.[39]

Note-se que em ambos os casos os votos vencedores tomam como causa do dano o elemento mais próximo ou mais direto – a ação dos rebeldes, no primeiro, e o não comparecimento dos jurados, no segundo – esquecendo da causa mais remota ou indireta, mas absolutamente decisiva (o armistício determinado pelo governo e o dever de agir dos funcionários da justiça, respectivamente).

---

37. HORBACH, Carlos Bastide. Op. cit., p. 233/234.
38. HORBACH, Carlos Bastide. Op. cit., p. 135.
39. HORBACH, Carlos Bastide. Op. cit., p. 136.

3.3 Pedro Lessa: um pioneiro da responsabilidade objetiva do Estado?

A resposta a esta pergunta, pensamos, só pode ser positiva.

Uma pista neste sentido consiste justamente no último trecho acima transcrito, referente à Apelação Cível 1858. Note-se como o jurista lista como requisitos da responsabilidade civil do Estado apenas a existência de um dano e a relação de causalidade entre este e o ato ou omissão estatal. Não menciona culpa, mesmo em forma presumida.

Em sua obra "Do Poder Judiciário", mais uma afirmação categórica nesse sentido:

> O que importa muito ter sempre em mente é que, para haver condenação, é necessário que o autor prove que de fato se deu a lesão de um direito; que essa lesão acarretou um dano certo, e não apenas eventual, presente e não futuro; finalmente, que entre a prestação ou desempenho do serviço público, o ato ou omissão do serviço público, que ocasionou o dano, e este, se verifique uma relação *direta* de causalidade, um laço *direto* de causa e efeito.[40]

Em outro ponto da mesma obra, o jurista diferencia os fundamentos da responsabilidade civil no Direito Privado e no Direito Público. Enquanto no Direito Privado a base da responsabilidade seria a ideia de culpa, no âmbito do Direito Público o fundamento seria outro: a necessidade de repartir igualitariamente os encargos sociais, na medida em que os serviços públicos naturalmente ensejam riscos, não sendo justo que sejam arcados apenas pelo lesado, haja ou não culpa do preposto estatal. Confira-se:

> A razão jurídica de ser o Estado obrigado a indenizar as ofensas feitas aos direitos individuais está no princípio da igualdade dos ônus e encargos, princípio consagrado em várias leis dos povos cultos. Os serviços públicos acarretam necessariamente certos males, e estes devem ser sofridos por todos, contribuindo cada um para a indenização do dano que incidiu numa só pessoa.[41]

Agora, compete ingressar no último ponto deste trabalho, dedicado à contribuição de Pedro Lessa para o reconhecimento do dano moral no Direito brasileiro.

4. AINDA O JUIZ: RESSARCIBILIDADE DO DANO MORAL

Não se poderia encerrar este trabalho sem registrar a defesa heroica, e por muito tempo isolada, da ressarcibilidade do dano moral, empreendida por Pedro Lessa na Suprema Corte.

A compreensão que Pedro Lessa tinha do instituto era inclusive das mais atuais, a mesclar uma função compensatória (destinada a resguardar o direito ofendido) e outra punitiva (a fim de não deixar sem sanção a violação perpetrada). Nesse sentido, confira-se a definição lançada em seu voto na Apelação Cível 2457:

---

40. LESSA, Pedro. *Do Poder Judiciário*. Rio de Janeiro: Forense, 1915, p. 170.
41. LESSA, Pedro. *Do Poder Judiciário*. Rio de Janeiro: Forense, 1915, p.163-164.

A indenização do dano moral, admitida por várias legislações e muitos jurisconsultos, tem por fim exclusivamente ministrar uma sanção, a única possível, muitas vezes, para a violação de um direito, que não tem denominador econômico. O dano moral não é suscetível de avaliação em moeda; não há equivalência entre o prejuízo e o ressarcimento; condena-se o violador do direito a indenizá-lo apenas para resguardar o direito ofendido por esse meio imperfeito, mas o único muitas vezes realizável.[42]

A entrada em vigor do Código Civil de 1916 trouxe paradoxalmente reveses nesse campo, mercê deste diploma não consagrar, em termos gerais, a ressarcibilidade do dano moral, mas fazê-lo em hipóteses muito específicas,[43] a ensejar a interpretação de que apenas nestas seu arbitramento seria legítimo.

Em caso, por exemplo, anterior ao Código Civil de 1916, o Supremo Tribunal Federal confirmou sentença, proferida por juiz federal de primeiro grau, que condenara a União ao pagamento de danos materiais e morais em favor de uma viúva, estes em virtude da "privação da felicidade doméstica resultante da morte do marido", vitimado por acidente ocorrido na Estrada de Ferro Central do Brasil. Diante da decisão que promoveu a liquidação dos danos em primeiro grau, foi interposto o Agravo de Instrumento 1723, de relatoria do ministro Manoel Murtinho, no qual mais uma vez a Corte posicionou-se favoravelmente à reparação do dano moral, merecendo transcrição trecho do voto de Pedro Lessa:

> Certamente com dinheiro não se recuperam a vida de um extinto, nem a saúde perdida, nem os prazeres da amizade mutilados, nem as gratas recordações desfeitas; [...] uma soma de dinheiro, por maior que seja, nunca pode ser compensação adequada a um dano moral, mas segue-se disso que o dano moral não deva ser calculado na liquidação? Quem assim conclui emite um raciocínio muito semelhante ao daquele mutuário que, devendo restituir 1000 liras e possuindo apenas 100, se recusasse a restituir até essas mesmas 100, por serem insuficientes para a extinção do débito. Se o dano moral não se pode compensar completamente, por não haver preço suficiente que o pague, indenizem-no ao menos nos limites do possível, dando-se uma soma que, se não é um perfeito ressarcimento, representa, todavia, aquela compensação que comportam as forças humanas. [...] Reconhecidos os direitos do homem sobre atributos físicos e morais da sua pessoa, e sendo manifesto que tais direitos muitas vezes não são apreciáveis economicamente, não é possível deixar desamparados, sem uma sanção eficaz, esses direitos. Quando não há crime, como no presente caso, mas apenas culpa, a única sanção possível consiste em condenar o causador do dano a uma reparação pecuniária, seja embora dificílimo avaliar essa reparação, haja embora um inegável arbítrio no fixar a soma devida. Muito mais contrário à defesa jurídica da sociedade e de seus membros fora consentir na ofensa de tais direitos sem sanção de espécie alguma.[44]

Ocorre, porém, que, opostos embargos a este último acórdão, em julgamento levado a efeito em 25 de junho de 1915, relatado por Viveiros de Castro, a condenação em dano moral foi revertida, apontando-se a inexistência de substrato legislativo a

---

42. Apelação Cível 2457, Revista do Supremo Tribunal Federal, v. 22, janeiro de 1920, p. 40.
43. Como se dava, por exemplo, nos casos de ofensas à honra sem prejuízos materiais (artigo 1547, parágrafo único) e de ofensas à liberdade também sem prejuízos econômicos (artigo 1550).
44. Agravo de Instrumento 1723, Revista do Direito, v. 34, 1913, p. 321.

fundar tal pretensão ressarcitória, bem assim ressaltando-se que o Projeto de Código Civil, à esta altura em tramitação avançada no Congresso Nacional, consagrava, de forma geral, apenas a reparação dos danos materiais.[45]

O tema voltaria à tona no julgamento da Apelação Cível 2831, relator ministro Guimarães Natal, julgada em 16/10/1920, que envolvia a morte de um rapaz, derivada de erros em exercício de artilharia da Marinha do Brasil. Em fevereiro de 1914, uma divisão de navios da esquadra brasileira fazia exercícios de tiros em Florianópolis, quando projéteis foram erroneamente direcionados à costa, atingindo o rapaz de 16 anos, filho do apelado. A Justiça Federal de primeira instância de Santa Catarina havia condenado a União a pagar danos materiais e morais.

A apelação da União foi provida pela maioria, forte especialmente nos argumentos de que o dano moral seria insuscetível de avaliação em dinheiro, bem como de que o art. 1537 do Código Civil de 1916 estabeleceria, para a hipótese de morte, apenas o dever de reparar as despesas de funeral e os alimentos devidos aos dependentes do falecido.[46] Pedro Lessa restaria solitariamente vencido, mantendo na íntegra a sentença recorrida, no sucinto, mas contundente voto a seguir transcrito:

> Confirmava integralmente a jurídica, a justíssima sentença apelada. A culpa dos atiradores navais é inquestionável! A mais leve cautela, a menor previdência, a mais curta perícia na arte de atirar bastavam para evitar a desgraça ocorrida. Parece incrível tanto desprezo pela vida humana! Mandava pagar todo o dano, inclusive o dano moral, pois nem sequer se pode invocar para o caso o Código Civil, visto se ter dado o fato em 1914, muito antes, por conseguinte, da sua promulgação. Naquela época, o nosso direito em matéria de ressarcimento de dano moral era o das nações mais adiantadas, isto é, mandava-se indenizar o dano moral, consagrado por todas as nações que se distinguem na cultura jurídica.[47]

Com a morte de Pedro Lessa no ano seguinte (1921), calou-se a única voz que defendia na Corte a reparabilidade ampla do dano moral, não restrita às hipóteses expressamente previstas em lei.[48] Apenas em 1941, o ministro Castro Nunes voltaria a sustentar a mesma tese, mas também para sair vencido.[49]

A resistência do Supremo Tribunal Federal à ressarcibilidade do dano moral puro, como se sabe, só seria integralmente superada com a Constituição Federal de 1988, ante as previsões expressas dos incisos V e X do art. 5º.[50]

---

45. Embargos no Agravo de Instrumento 1723, Revista do Direito, v. 39, 1915, p. 538.
46. HORBACH, Carlos Bastide. Op. cit., p. 261-262.
47. HORBACH, Carlos Bastide. Op. cit., p. 262.
48. Com efeito, o STF só fazia exceção nas hipóteses em que o dano moral contasse com previsão legal expressa, como se dava nos casos de ofensas à honra sem prejuízos materiais (art. 1547, parágrafo único, do CC/16) e de ofensas à liberdade também sem prejuízos econômicos (art. 1550 do CC/16). (SANSEVERINO, Paulo de Tarso Vieira. *Princípio da Reparação Integral*: Indenização no Código Civil. São Paulo: Saraiva, 2011, p. 259/260).
49. ROSAS, Roberto. Op. cit., p. 65.
50. SANSEVERINO, Paulo de Tarso Vieira. Op. cit., p. 260.

5. CONCLUSÃO

Mais não precisa ser dito para atestar a importância deste homem que conjugou como poucos, na experiência de professor universitário, advogado e juiz da Suprema Corte, uma inteligência fulgurante, um senso elevado de equidade, uma erudição rara, tudo associado à elegância e simplicidade no escrever, atributo incomum nos juristas da época. Seus contributos à responsabilidade civil, como visto, estão expressos especialmente em votos dissidentes, portadores de entendimentos que, décadas depois, viriam a ser consagrados na doutrina e na jurisprudência pátrias. Se, de um lado, sua coragem na defesa nas liberdades individuais rendeu-lhe o epíteto de Marshall brasileiro, atribuído por Rui Barbosa, de outro, seus famosos votos dissidentes, inclusive na seara da responsabilidade civil, renderiam aproximação com outro brilhante juiz da Suprema Corte Americana, Oliver Wendel Holmes.[51]

À guisa de conclusão, e para render homenagem também a outro gigante do Supremo Tribunal Federal, João Mendes de Almeida Júnior, contemporâneo de Pedro Lessa na Corte e no Magistério das Arcadas, passo a transcrever trecho do discurso de Spencer Vampré, proferido por ocasião da cerimônia de entrega dos bustos de bronze de ambos ao velho edifício da Faculdade de Direito de São Paulo (19 de dezembro de 1923):

> Na cátedra luzem ambos pelos dotes incomparáveis do espírito: em Pedro Lessa, o ardor das convicções, a largueza das teses, os voos de condor de uma mentalidade regurgitante de força; em João Mendes Júnior, a dialética sutil, a análise profunda das fontes, unida à sagacidade escolástica, na sua máxima agudeza. Em Pedro Lessa, o *doctor magnificus,* em João Mendes Júnior, o *doctor subtilis.*
>
> Em Pedro Lessa, a paixão doutrinária levava-o a considerar quase como questões pessoais pontos de vista doutrinários; Pedro Lessa personalizava o espírito novo, influenciado por Comte, Stuart Mill, Sumner Maine e Ihering; João Mendes Júnior refletia o gênio dos glosadores e dos praxistas, revolvendo, desembaraçado e infatigável, textos e opiniões, contendas históricas há muito esquecidas, e expressões legais ininteligíveis para muitos.
>
> Aquele, com voo de águia, pairava sobranceiro numa atmosfera banhada do clarão do sol. Este, garimpeiro indefesso, extrai ao veio aurífero, com tenacidade de bandeirante.[52]

Em suma: duas mentes privilegiadas, cada uma à sua maneira.

6. BIBLIOGRAFIA

BALEEIRO, Aliomar. *O Supremo Tribunal Federal, esse outro desconhecido.* Rio de Janeiro: Forense, 1968.

FERREIRA, Waldemar. A Congregação da Faculdade de Direito de São Paulo na Centúria de 1827 a 1927. Parte II – Os Lentes e os Professores catedráticos. *Revista da Faculdade de Direito de São Paulo,* v. 24, 1928, p. 39-143.

---

51. Esta última equiparação foi obra, vale lembrar, de Aliomar Baleeiro (*O Supremo Tribunal Federal, esse outro desconhecido.* Rio de Janeiro: Forense. 1968, p. 63).

52. VAMPRÉ, Spencer. Pedro Lessa e João Mendes Junior. *Revista da Faculdade de Direito de São Paulo,* v. 38, 1942, p. 203-205.

GIL, Otto. Comemoração do Centenário de Nascimento de Pedro Lessa. *Revista da Faculdade de Direito de São Paulo*, v. 54, n. 2, 1959, p. 62-68.

HORBACH, Carlos Bastide. *Memória Jurisprudencial*: Ministro Pedro Lessa. Brasília: Supremo Tribunal Federal, 2007.

LESSA, Pedro. Culpa Contratual: Razões Apresentadas em Ação Ordinária perante o Juiz de Direito da 2ª Vara Cível da Capital de São Paulo. *Revista Forense*, v. II, jul./dez. 1904, p. 157-177.

LESSA, Pedro. *Do Poder Judiciário*. Rio de Janeiro: Forense, 1915.

LESSA, Pedro. O Direito no Século XIX. *Revista da Faculdade de Direito de São Paulo*, v. 8, 1900, p. 161-207.

NOGUEIRA, Rubem. Pedro Lessa e sua Influência na Evolução Constitucional do Brasil. *Revista da Faculdade de Direito de São Paulo*, v. 54, n. 2, 1959, p. 69-85.

PEREIRA, Caio Mário da Silva. *Responsabilidade Civil*. 9. ed. Rio de Janeiro: Forense, 2002.

PINTO, Paulo Brossard de Souza. Pedro Lessa. *Revista Jurídica*, ano 7, v. 41, set./out. 1959, p. 25-33.

REALE, Miguel. Pedro Lessa e a Filosofia Positiva em São Paulo. *Revista da Faculdade de Direito de São Paulo*, v. 54, n. 2, 1959, p. 12-61.

ROSAS, Roberto. *Pedro Lessa*: O Marshall Brasileiro. Brasília: Horizonte Editora, 1985.

SANSEVERINO, Paulo de Tarso Vieira. *Princípio da Reparação Integral*: Indenização no Código Civil. São Paulo: Saraiva, 2011.

VAMPRÉ, Spencer. Pedro Lessa e João Mendes Junior. *Revista da Faculdade de Direito de São Paulo*, v. 38, 1942, p. 189-205.

JURISPRUDÊNCIA

Agravo de Instrumento 1723, *Revista do Direito*, v. 34, 1913, p. 320-322.

Apelação Cível 2081, Revista do Supremo Tribunal Federal, v. VII, abril/junho de 1916, p. 15-20.

Apelação Cível 2457, Revista do Supremo Tribunal Federal, v. 22, janeiro de 1920, p. 39-40.

Apelação Cível 2622, O Direito. v. 87, ano 30, jan./abr. 1902, p. 319-382.

Embargos na Apelação Cível 2081, Revista do Supremo Tribunal Federal, v. XXVI, janeiro de 1921, p. 67-72.

Embargos no Agravo de Instrumento 1723, Revista do Direito, v. 39, 1915, p. 537-539.

CLÓVIS BEVILÁQUA
E A RESPONSABILIDADE CIVIL

Giselda Maria Fernandes Novaes Hironaka

Professora Titular do Departamento de Direito Civil da Faculdade de Direito da USP.
Doutora e Livre-Docente pela mesma Faculdade de Direito da USP. Ex-Procuradora
Federal. Advogada, consultora e parecerista jurídica. Fundadora e Diretora Nacional
(região Sudeste) do Instituto Brasileiro de Direito de Família e Sucessões – IBDFAM.
Diretora Nacional (região Sudeste) do Instituto Brasileiro de Direito Civil. Membro do
Instituto Brasileiro de Estudos da Responsabilidade Civil – IBERC.

Nestor Duarte

Professor Titular da Faculdade de Direito da USP. Advogado. Desembargador apo-
sentado do Tribunal de Justiça de São Paulo. Ex-Procurador do Estado de São Paulo.
Membro do Instituto dos Advogados de São Paulo, da Academia Brasileira de Direito
Civil, do Instituto Brasileiro de Estudos da Responsabilidade Civil – IBERC e do Instituto
Brasileiro de Direito Contratual – IBDCONT.

Sumário: 1. Biografia de Clóvis Beviláqua – 2. Produção geral do autor – 3. Contribuição de Clóvis
Beviláqua para a responsabilidade civil – 4. Referências.

1. BIOGRAFIA DE CLÓVIS BEVILÁQUA

Clóvis Beviláqua veio de origem humilde, e sua fecunda existência, de quase
85 anos, perpassou por alguns dos maiores acontecimentos da História Moderna.
Nasceu em 1859 na, hoje, Viçosa do Ceará, filho do Padre José Beviláqua, vigário
da Paróquia, em pleno exercício das funções sacerdotais, e de Martiniana Maria
de Jesus, durante o Segundo Império. Por conta da vida escolar, ainda teve oportunidade de residir em Sobral, Fortaleza e Rio de Janeiro, onde se preparou para
os estudos superiores.

De volta ao Nordeste, bacharelou-se pela Faculdade de Direito do Recife, tornando-se homem público e ocupando cargos em diversos governos, seja no âmbito
estadual, seja no federal. Não tinha, porém, vaidades ou ambições. Declinou de vários convites, inclusive nos governos de Hermes da Fonseca e de Washington Luís,
para integrar o Supremo Tribunal Federal. Morreu em sua biblioteca, com a pena na
mão, elaborando um parecer, em 1944, mas pobre, contando apenas com o trabalho
cotidiano para seu sustento, o que, de alguma forma, ainda hoje alimenta a tendência
hagiográfica de suas biografias.

A despeito disso, ao homenageá-lo, João Gualberto de Oliveira mencionou, como
complementos descritivos de sua multifacetária capacidade intelectual, os adjetivos

jornalista, literato, filósofo, civilista, internacionalista, economista, criminalista e penalista[1]. Clóvis foi um humanista completo.

A atividade jornalística, juntamente com a produção literária[2], proporcionou--lhe uma visão privilegiada de uma sociedade que, de certa forma, sentia a pressão de contrabalancear forças economicamente antagônicas, tendências jurídicas e morais conservadoras e subversivas[3]. A serenidade de filósofo ainda lhe permitiu o comedimento para ouvir e ponderar os diferentes pontos de vista, apesar de sua autoridade teórica[4].

Clóvis foi um pontífice de nosso Direito, como sua vasta produção demonstra, mas foi no campo do Direito Civil que seu nome ganhou maior notoriedade, talvez por ter sido o autor do Anteprojeto que culminou no Código Civil de 1916[5], após sucessivas tentativas malfadadas, ainda que realizadas por juristas notáveis[6]. No

---

1. OLIVEIRA, João Gualberto de. *Clóvis centenário*. São Paulo: Bentivegna, 1961.
2. Costuma-se dizer que o literato é muito mais sensível à realidade humana que o jurista. A construção proporcionada por tal sensibilidade é fruto de tantos fatores sociais que Antonio Candido, em seu clássico *Literatura e sociedade*, chama a atenção para a impossibilidade de realizar uma análise literária sem os considerar ao lado dos fatores psíquicos. "[...] [P]retender definir sem uns e outros a integridade estática da obra é querer, como só o barão de Münchhausen conseguiu, arrancar-se de um atoleiro puxando para cima os próprios cabelos" (CANDIDO, Antonio. *Literatura e sociedade*. 9. ed. Rio de Janeiro: Ouro Sobre Azul, 2006. p. 21). A Literatura se comunica de várias formas com o Direito, dentre as quais destacamos a ideia de "Direito na Literatura" e a de "Direito como Literatura" para entender por que a formação de Clóvis como literato e jornalista cooperou para afinar sua visão de mundo. A corrente do "Direito na Literatura" propõe a análise do Direito sob um viés literário, porque certos temas seriam melhor formulados em obras literárias do que em compêndios jurídicos. Já na corrente do "Direito como Literatura", esta emprestaria conceitos de natureza linguística, hermenêutica e artística para um aperfeiçoamento da perspectiva jurídica (TRINDADE, André Karam; GUBERT, Roberta Magalhães. Direito e literatura: aproximações e perspectivas para se repensar o direito. In: TRINDADE, André Karam; GUBERT, Roberta Magalhães; COPETTI NETO, Alfredo (org.). *Direito & literatura*: reflexões teóricas. Porto Alegre: Livraria do Advogado, 2008). Como literato, Clóvis tinha uma especial sensibilidade para temas precípuos do cotidiano dos membros da sociedade, ao mesmo tempo que empregava a língua com maestria. Inclusive, o estilo de escrita fluente e direto de Clóvis, a despeito de críticas pontuais, como as de Rui Barbosa frequentemente referidas, bem demonstram essa sua formação.
3. "Elaborou uma codificação e não uma compilação de institutos existentes desde as ordenações, pois teve a sensibilidade de captar os desejos sociais e ao mesmo tempo equilibrar as forças economicamente antagônicas do início da República" (HOLANDA, Ana Paula Araújo de. Clóvis Beviláqua: um contexto, uma história. *Pensar – Revista de Ciências Jurídicas*, Fortaleza, v. 6, n. 6, p. 23-31, fev. 2001. p. 25).
4. "Ponderado, sensato, modesto, grave, meditativo, CLÓVIS louvava e divergia com a serenidade e a frieza de quem cumprisse um dever, e o que sobretudo se lhe destacava, em tudo, era o senso do equilíbrio, da justa medida, a ditar-lhe, sempre, as soluções justas e adequadas. Eis o que lhe permitiu, mais tarde, a clareza e a concisão do estilo, o aspecto apaziguador e conciliador das teorias, o triunfo essencialmente metodológico do Código Civil, a projeção, enfim, da sua obra" (BARROSO, Magdaleno Girão. Interpretação da vida e obra de Clóvis Beviláqua. *Revista da Faculdade de Direito*, Fortaleza, v. 1, 2ª fase, p. 221-239, 1946. p. 228).
5. "Muito se tem dito de sua obra imperecível – pondera o orador [Oto de Andrade Gil] –, e até críticas, sem dúvida extemporâneas, se fizeram com alarde e sob a denominação enfática de 'Erros do Código Civil', com total esquecimento de que Clóvis é autor apenas do Anteprojeto. A redação do Projeto de Lei, tal como foi apresentado à Câmara dos Deputados, em 17 de novembro de 1900, é do Prof. Lacerda de Almeida, e a aprovada em 1916 pelo Congresso é de Rui Barbosa, com os 'erros' que Epitácio Pessoa se apressou em mandar corrigir" (OLIVEIRA, João Gualberto de. *Clóvis centenário*, cit., p. 74).
6. Por ocasião da comemoração do centenário de Clóvis Beviláqua, Oto de Andrade Gil, presidente do Instituto dos Advogados do Brasil, disse que o homenageado foi o "realizador de empresa magnífica que, antes, fora confiada a outros notáveis juristas, como Teixeira de Freitas, autor do 'Esboço do Código Civil', que ficou

monumento jurídico de Clóvis, vê-se, com limpidez, o respeito à tradição jurídica nacional unido ao inconformismo com o engessamento da dogmática[7].

Com a entrada em vigor do Código Civil de 1916, as antiquadas Ordenações do Reino foram suplantadas por um novo diploma mais claro, preciso e sistematizado, ainda que não isento de críticas[8], que renovou a ordem jurídica nacional dentro de uma filosofia marcada pelo liberalismo político e econômico, com todas as dificuldades que essa designação pode trazer[9]. Na esteira da Escola do Recife, que forjou nossa autonomia intelectual e cooperou para o desenvolvimento cultural e civilizacional da nação, Clóvis conseguiu produzir uma obra legislativa inovadora, na medida em que associava noções de vanguarda trazidas da Europa com ideias de autores brasileiros e com a orientação jurisprudencial de nossos Tribunais[10]. Em verdade, o trabalho de Clóvis não foi original e revolucionário como o "Projeto de Código Civil", de Teixeira de Freitas; antes buscou conciliar o Direito vigente com as novas demandas sociais, pois a norma jurídica não seria produto do cientista do Direito, mas da realidade social[11].

O autor do Anteprojeto, contudo, pretendia ir além. Defendia a equiparação da mulher quanto à sua capacidade jurídica, inclusive após o matrimônio, a igualdade de direitos e deveres entre os gêneros, mas sua proposta foi rejeitada pela mentali-

---

incompleto; Nabuco de Araújo, que rascunhou apenas cento e oitenta e dois artigos do Código; Felício dos Santos, cujos 'Apontamentos' foram recusados pela Comissão Especial nomeada pela governo imperial para lhe dar parecer, e Coelho Rodrigues, acusado de sacrificar as tradições jurídicas do País para assimilar o direito estrangeiro. Somente o projeto de Clóvis Beviláqua, elaborado em apenas oito meses, teve andamento e êxito" (OLIVEIRA, João Gualberto de. *Clóvis centenário*, cit., p. 74).

7. Nas comemorações ao centenário de Clóvis, Orozimbo Nonato, então Presidente do Supremo Tribunal Federal, disse que o homenageado tinha deixado, no Código Civil, a marca de sua personalidade e que, embora tal Código não fosse isento de defeitos, "apresent[ava-se] como das codificações mais sábias, pelo fino espírito de transação com o passado e por ser reflexo da cultura jurídica de seu tempo" (OLIVEIRA, João Gualberto de. *Clóvis centenário*, cit., p. 72). Clóvis foi "[u]m homem além do tempo, com a paciência dos sábios soube ouvir as críticas baseadas no tradicionalismo, deixando ao tempo as respostas sobre suas propostas, pois não basta apenas o homem possuir idéias revolucionárias, a sociedade tem que estar preparada para entendê-las e absorvê-las" (HOLANDA, Ana Paula Araújo de. Clóvis Beviláqua: um contexto, uma história, cit., p. 29).

8. SCHUBSKY, Cássio. Clovis Bevilaqua, um senhor brasileiro (1). *Conjur*, 4 set. 2009. Disponível em: https://www.conjur.com.br/2009-set-04/justica-historia-clovis-bevilaqua-senhor-brasileiro. Acesso em: 23 dez. 2021.

9. RODRIGUES JÚNIOR, Otavio Luiz. Clóvis Beviláqua e o Código Civil de 1916 na visão de um estrangeiro: contradições com a imagem preponderante na historiografia nacional. *Revista de Direito Civil Contemporâneo*, São Paulo, v. 12, n. 4, p. 35-61, jul./set. 2017. p. 58.

10. Colacionando impressões de diversos autores estrangeiros sobre o Código Civil de 1916, Otavio Luiz Rodrigues Júnior cita que os alemães viram o Código como uma mescla entre noções tiradas de Códigos europeus e ideias de autores brasileiros e do direito consuetudinário. Os próprios portugueses teriam reconhecido o Código de 1916 como a mais independente das codificações americanas (RODRIGUES JÚNIOR, Otavio Luiz. Clóvis Beviláqua e o Código Civil de 1916 na visão de um estrangeiro, cit., p. 48 e 57).

11. "Codificar, para ele, seria unificar os princípios e as leis vigentes, no que estivesse compatível com a sociedade, e promover alterações e inovações no que a moderna doutrina indicava, sem no entanto fugir à sua proposta epistemológica, qual seja: a de progredir cientificamente sem perder de vista o que a história reserva como 'verdade'" (HOLANDA, Ana Paula Araújo de. *Influências de Clóvis Beviláqua na codificação civilista brasileira*. Fortaleza: Edições UFC, 2021. p. 207).

dade patriarcal arraigada na sociedade de então, não sem veemente objeção sua[12]. A ideia de "pureza familiar" e a influência religiosa levaram-no, por outro lado, a não disciplinar a possibilidade de divórcio em nossa legislação[13].

A despeito de alguns questionamentos suscitados sem qualquer embasamento ou rigor científico, que tentaram macular sua reputação[14], a grande contribuição de Clóvis para o Direito brasileiro não pode ser esquecida ou apequenada, nem se pode desdenhar do fato de que ele foi *o maior jurista de todos os tempos*, como sentenciou Ruy Barbosa por ocasião da comemoração ao centenário de Teixeira de Freitas[15] e com o que estamos de pleno acordo.

2. PRODUÇÃO GERAL DO AUTOR

A produção de Clóvis foi muito vasta e diversificada, como qualquer pesquisa rápida sobre o autor demonstra. As obras, incluindo livros, artigos acadêmicos, pareceres públicos e privados e projetos de lei, versam de assuntos jurídicos a filosofia e literatura. A propósito, a Academia Brasileira de Letras, da qual foi um dos fundadores e onde ocupou a cadeira nº 14, lista obras como Vigília literária (1879), coletânea de poesias escrita com a colaboração de José Isidoro Martins Júnior, e Frases e fantasias (1894), livro composto de dez contos, com algum teor reflexivo, traduzido na apresentação inicial que faz ao leitor[16]:

> São tambem palavras o que ainda hoje enfeixo neste opusculo. Nellas procurei insufflar um pouco de meu ser, mas vejo-as frias, sem vida. Com ellas pretendi tecer meu pensamento no tear dourado da arte, mas os fios se enredaram, e nada consegui.

---

12. HOLANDA, Ana Paula Araújo de. *Clóvis Beviláqua*: um contexto, uma história cit., p. 29-30.
13. HOLANDA, Ana Paula Araújo de. *Influências de Clóvis Beviláqua na codificação civilista brasileira*, cit., p. 223, 249-250.
14. "Apesar de sua enorme contribuição para o Direito Internacional estudado e praticado no Brasil, o jurista de Viçosa do Ceará ficou estigmatizado por episódio narrado pelo jornalista Fernando Morais em seu livro *Olga*. É que, em 1936, ano da deportação da mulher do líder comunista Luís Carlos Prestes, Clovis, que já havia se aposentado como consultor do Itamaraty, teria dado declarações (bastante ambíguas, por sinal) a jornais brasileiros (não identificados claramente por Morais), a favor da extradição de Olga Benário (ou Maria Prestes) para a Alemanha, já sob o comando de Hitler. O fato é que Olga estava grávida e acabou morta em um campo de concentração – a filha do casal Prestes nasceu antes e, por pressão internacional, acabou retornando ao Brasil. A história mereceria maior esclarecimento, sobre o real teor das declarações (ou até de um suposto parecer de Clovis sobre o assunto). [...] O resultado do alarde em torno das alegadas declarações, repetidas vezes ecoado pela imprensa pátria após a publicação do livro de Fernando Morais, é que a obtusa participação de Clovis Bevilaqua no episódio conseguiu, assustadoramente, encarquilhar sua biografia e apagar, ainda mais, seus enormes feitos, ao longo de décadas, como consultor jurídico e especialista em Direito Internacional. Uma nódoa que tem o dom de ofuscar o brilho do jurista como internacionalista. E inclusive sua postura de democrata, que não se curvou ao Estado Novo" (SCHUBSKY, Cássio. Clóvis Beviláqua, um senhor brasileiro (2). *Conjur*, 11 set. 2009. Disponível em: https://www.conjur.com.br/2009-set-11/justica-historia-clovis-bevilaqua-senhor-brasileiro. Acesso em: 23 dez. 2021).
15. OLIVEIRA, João Gualberto de. *Clóvis centenário* cit., p. 32.
16. BEVILÁQUA, Clóvis. *Phrases e phantasias*. Recife: Hugo & Ca. Editores, 1894. Disponível em: https://digital.bbm.usp.br/bitstream/bbm/5321/1/019827_COMPLETO.pdf. Acesso em: 08 jan. 2022.

Há também produções no campo da filosofia (*A Filosofia Positiva no Brasil* – 1883), da sociologia (*A concepção de sociologia de Gumplowicz* – 1895), além das obras jurídicas. Clóvis navegou nas águas da Economia Política (*Estudos de Direito e Economia Política* – 1886), da Filosofia do Direito (*Juristas philosophos* – 1897), do Direito Penal (*Esboço do Código Penal da Armada* – 1911), da Criminologia (*Criminologia e Direito* – 1896), do Direito Internacional (*Princípios elementares de Direito Internacional Privado* – 1944, e *Projet d'organisation d'une cour permanente de justice internationale* – 1921) e do Direito Comparado (*Lições de legislação comparada sobre o Direito Privado* – 1893).

Destacou-se, porém, no Direito Civil, sendo reconhecido como um dos nossos maiores civilistas. Produziu obras como *Anteprojeto de Código Civil* (1899); *Código Civil comentado*, em seis volumes (1916); *Teoria Geral do Direito Civil* (1908); *Em defeza do Projeto de Código Civil Brasileiro* (1906); *Direito da Família* (1896); *Direito das Obrigações* (1896); *Direito das Coisas* (1941); *Direito das Sucessões* (1899), além de outros textos de grande importância, como "L'evolution du Droit Civil au Brésil de 1869 à 1919" (1923), publicado no *Livre du Cinquantenaire de la Société de Législation Comparée*.

3. CONTRIBUIÇÃO DE CLÓVIS BEVILÁQUA PARA A RESPONSABILIDADE CIVIL

Para a responsabilidade civil, é imensa e significativa a contribuição de Clóvis Beviláqua, notadamente pela precisão da abordagem, clara e objetiva, sem deixar de ser profunda. Tome-se, de início, a seguinte colocação:

> O acto causou damno a alguem? É um acto illicito, se o agente o praticou sem direito, ou no exercício irregular de um direito, e sendo acto illicito, dá logar a satisfação do damno causado. Esta é a verdadeira doutrina que, felizmente, encontra excelente apoio na lei patria[17].

Isto se harmoniza com os artigos 159, primeira parte, e 160, I, do Código Civil de 1916, cujo anteprojeto é de sua lavra, e aquela obra de doutrina, de onde extraído o texto acima reproduzido, embora anterior à codificação, pois aparecida em 1908, foi posta em dia, consoante o prefácio de nova edição, em 1928.

É o que dispusera o Código Civil anterior:

> Art. 159 – Aquelle que, por acção ou omissão vuluntaria, negligencia, ou imprudencia, violar o direito, ou causar prejuízo a outrem, fica obrigado a reparar o damno.
>
> [...]
>
> Art. 160 – Não constituem actos illicitos:
>
> I – Os praticados em legitima defesa ou em exercício regular de um direito reconhecido.

---

17. BEVILÁQUA, Clóvis. *Theoria geral do direito civil*. 6. ed. Actualizada por Achilles Beviláqua. Rio de Janeiro: Livraria Francisco Alves, 1953. p. 350.

Um exame desatento do texto não permite encontrar-lhe o alcance e o sentido das palavras, sendo necessário o adminículo de velha parêmia: "scire leges non hoc est verba earum tenere, sed vim, ac potestatem"[18].

Não se exigiria do Código absoluta originalidade, até porque, conforme a afirmação de José de Alencar, no Relatório do Ministério da Justiça de 1869, "um Código Civil não é obra da sciencia e do talento unicamente; é, sobretudo, a obra dos costumes, das tradições, em uma palavra, da civilização, brilhante ou modesta de um povo". Por isso, consoante Pontes de Miranda[19], "os dispositivos do projeto de Clóvis Bevilaqua, que constituem elaboração própria, caracterizam-se mais pela função de ordenação das matérias do que pela criação de regras novas", bem como pela "adaptação à estrutura jurídico política do Brasil e também definições, conceitos e princípios teóricos de Direito, a par de outras de valor como regras jurídicas".

Foi, contudo, um autêntico Código, não uma Consolidação e menos ainda uma simples compilação do Direito antes existente.

Especificamente em relação às disposições acima, transcritas do Código Civil, cuidou Clóvis Beviláqua de fazer as respectivas vinculações aos projetos anteriores e ao seu, a saber: Artigo 159 – Projectos – *Esboço*, arts. 822-827; *Felicio dos Santos*, 605 e 606; *Coelho Rodrigues*, 268; *Beviláqua*, 1.639; *Revisto*, 180. Artigo 160 – Projectos – *Esboço*, art. 832; *Coelho Rodrigues*, 268, §§ 1º e 2º; *Beviláqua*, 172 e 173; *Revisto*, 181 e 182.

Chamam a atenção as referências ao Direito anterior, no comentário do artigo 159: "o conceito do acto illicito não se encontra, claramente, definido em lei, mas construído pela doutrina baseada em prescripções legaes. V. CARLOS DE CARVALHO, Direito Civil, art. 1.014", e no do artigo 160: "princípios aceitos, mas não expressos na lei civil". Ademais, reconhece Beviláqua[20]: "Principalmente o esboço de Teixeira de Freitas e o Projeto do Dr. Coelho Rodrigues, mais seguidamente este que aquelle, forneceram-me copiosos elementos para a construcção, que me havia sido confiada". Depois, acrescenta: "além desses materiaes, aos quaes eu intencionalmente queria ligar o meu trabalho, é natural que pedisse á jurisprudência pátria as peculiaridades aproveitáveis de sua função, a doutrina e a legislação comparada, os seus inestimáveis ensinamentos".

O mérito, porém, não ficou na colheita, mas no aproveitamento do acervo, o que também rendeu uma copiosa obra doutrinária, notadamente, embora não exclusivamente, em seu *Código Civil comentado*, que veio a lume em 1916, antes da sua entrada em vigor, no dia 1º de janeiro de 1917 (art. 1.806). Nesse cabedal

---

18. TEIXEIRA DE FREITAS, Augusto. *Regras de direito*. Rio de Janeiro: B. L. Garnier – Livreiro editor, 1882. p. 604 (saber as leis não é conhecer as palavras delas, mas conhecer sua força, e seu poder).

19. PONTES DE MIRANDA, Francisco Cavalcanti. *Fontes e evolução do direito civil brasileiro*. 2. ed. Rio de Janeiro: Forense, 1981. p. 453.

20. BEVILÁQUA, Clóvis. *Em defeza do Projecto de Código Civil Brasileiro*. Rio de Janeiro: Livraria Francisco Alves, 1906. p. 26.

entrou primorosamente a responsabilidade civil, lançando luzes sobre temas cujas importâncias permanecem, e isso foi realçado por Eduardo Tomasevicius Filho[21]:

> Para obrigações extracontratuais, importa destacar a cláusula geral de responsabilidade civil do art. 159, do Código Civil de 1916, cuja amplitude permitia, com sucesso, a solução dos mais variados problemas relativos a danos, ainda que somente com a Constituição Federal de 1988 é que se reconheceu com tranquilidade a indenização de dano moral.

A menção ao disposto no artigo 159 não dispensa a referência sobre sua localização. No projeto primitivo, encontrava-se no artigo 1.639 (Título VII – Das Obrigações Resultantes dos Actos Illicitos – do Livro Terceiro – Direito das Obrigações). O Projeto revisto remeteu-o para a Parte Geral (art. 180), e disto queixou-se Beviláqua[22]:

> No Projecto primitivo, o acto illicito aparecia somente como causa geradora de obrigações no livro respectivo. A Commissão revisora destacou-o, porém, na parte geral, sem atender a que lhe faltava para isso a necessária amplitude conceitual, e alterando, assim, o systema do Projecto. Alteração mais profunda proveio da emenda do Senado, que introduziu no conceito do acto illicito a noção da culpa, estranha ao Projecto Primitivo e que a Camara não julgara necessário acrescentar ao dispositivo.

Não era infundada a lamúria, pois outra voz se levantou no mesmo sentido, a de Andrade Figueira[23], contrário à remessa dos dispositivos do Direito das Obrigações para a Parte Geral: "E então fez-se uma distribuição de alguns dos artigos, que foram daqui tirados para aquella Parte Geral. Essa distribuição foi muito arbitrariamente feita".

É, entretanto, o alcance do contido no artigo 159 que evidencia a largueza e a profundidade de sua compreensão, ao pôr-se Beviláqua ao lado dos que entendiam que a indenizabilidade abarca os danos não patrimoniais, e tão claro isso lhe parecia que redarguiu[24]: "... deixei de explicar-me com o Dr. Manoel Ignácio Carvalho de Mendonça, que em notável artigo sobre a reparação dos damnos não econômicos, apontou deficiências que, apesar de suas eruditas alegações, não me parecem que existem no Projecto". Noutra assentada ficou, efetivamente, clara a compreensão de que a indenizabilidade abarca os danos morais, ou seja, nos comentários ao artigo 76, que dispunha[25]: "Para propor, ou contestar uma acção, é necessário ter legitimo interesse econômico ou moral". Comentando-o, afirmou[26]:

---

21. TOMASEVICIUS FILHO, Eduardo. O legado do Código Civil de 1916. *Revista da Faculdade de Direito da Universidade de São Paulo*, São Paulo, v. 111, 2016. p. 85.
22. BEVILAQUA, Clóvis. *Código Civil dos Estados Unidos do Brazil commentado*. Rio de Janeiro: Livraria Francisco Alves, 1916. v. I. p. 466.
23. BRASIL. *Projecto do Código Civil Brasileiro*. Comissão Especial da Câmara dos Deputados. Rio de Janeiro: Imprensa Nacional, 1902. v. VI. p. 156.
24. BEVILÁQUA, Clóvis. *Em defeza do Projecto do Código Civil Brasileiro*, cit., p. XI.
25. BEVILÁQUA, Clóvis. *Código Civil dos Estados Unidos do Brazil commentado*, cit., v. I, p. 335.
26. BEVILÁQUA, Clóvis. *Código Civil dos Estados Unidos do Brazil commentado*, cit., v. I, p. 336.

Se o interesse moral justifica a acção para defendel-o ou restaural-o, é claro que tal interesse é indemnizável, ainda que o bem moral se não exprima em dinheiro. É por uma necessidade dos nossos meios humanos, sempre insuficientes, e não raro, grosseiros, que o direito se vê forçado a aceitar que se computem em dinheiro o interesse de afeição e os outros interesses moraes. Este artigo, portanto, solveu a controvérsia existente na doutrina e que, mais de uma vez, repercutiu em nossos julgados.

Mais incisivo foi nos comentários ao artigo 1.537 em edições subsequentes[27]: "A reparação é a regra para o dano, seja moral, seja material. A irresponsabilidade é exceção". Sua dianteira, apontou-a Wilson Melo da Silva: "O autor do Projeto do nosso atual Código Civil é, declaradamente, um dos paladinos da reparação dos danos morais"[28].

A parcimônia das normas legais sobre responsabilidade civil há não muito tempo foi enfatizada por Sergio Cavalieri Filho[29], eis que "tudo estava concentrado na cláusula geral do art. 159, que consagrava a responsabilidade subjetiva e com culpa provada". Soube, porém, Beviláqua compreender o alcance da norma ao dela não afastar o dano moral, hoje expressamente referido no Código Civil (artigo 186). Mesmo o primado da culpa, que perdeu espaço nos últimos tempos, já era visto com reserva por Beviláqua, ao mencionar que a introdução da noção de culpa "no conceito de acto illicito" se deu no Senado, pois inexistia no Projeto Primitivo (art. 1.369).

Outra matéria tratada no Código Civil de 1916, a respeito da qual Pontes de Miranda[30] afirmara que, "no direito brasileiro adoptou-se fórmula que, a despeito de um tanto mysteriosa, na apparencia, sem que, na essência, o seja", concerne ao abuso do direito, que, segundo R. Limongi França[31], "consiste em um ato jurídico de objeto lícito, mas cujo exercício, levado a efeito sem a devida regularidade, acarreta um resultado que se considera ilícito".

Sem embargo da discussão sobre a posição do abuso do direito, enquadrando-o na teoria da responsabilidade ou considerando-o dela excedente[32], o certo é que, no Código vigente, foi inserido no rol dos atos ilícitos:

Art. 187. Também comete ato ilícito o titular de um direito que, ao exercê-lo, excede manifestamente os limites impostos pelo seu fim econômico ou social, pela boa-fé ou pelos bons costumes.

---

27. BEVILÁQUA, Clóvis. *Código Civil dos Estados Unidos do Brasil comentado*. 9. ed. Rio de Janeiro: Livraria Francisco Alves, 1954. v. V. p. 247.
28. MELO DA SILVA, Wilson. *O dano moral e sua reparação*. Rio de Janeiro: Forense, 1955. p. 381.
29. CAVALIERI FILHO, Sergio. *Programa de responsabilidade civil*. 11. ed. São Paulo: Atlas, 2014. p. 2.
30. PONTES DE MIRANDA, Francisco Cavalcanti. *Manual do Código Civil Brasileiro*: do direito das obrigações (*Manual Paulo Lacerda*). Rio de Janeiro: Jacinto Ribeiro dos Santos, editor, 1929. v. XVI – parte III – tomo I. p. 164.
31. LIMONGI FRANÇA, Rubens. *Instituições de direito civil*. 4. ed. São Paulo: Saraiva, 1996. p. 891.
32. SERPA LOPES, Miguel Maria de. *Curso de direito civil*. 3. ed. Rio de Janeiro: Livraria Freitas Bastos, 1960. v. I. p. 534.

Essa regra já podia ser extraída do Código anterior, pela interpretação *a contrario sensu* do artigo 160, I, não reputando ilícitos os atos praticados no exercício regular de um direito reconhecido, sendo de todo proveitosa a reflexão de Beviláqua[33]:

> 6. – *Abuso de direito.* Estatue o art. 160, I, que não constitue acto illicito o praticado no *exercício regular de um direito reconhecido.* A *contrario sensu,* o praticado em exercício não regular de um direito, é illicito. Eis ahi a condenação do abuso do direito, como bem notou o deputado MELLO FRANCO (*Diario do Congresso,* de 21 de Novembro de 1915).
>
> Desde muito cedo, as melhores consciências sentiram que o direito deve ser exercido dentro de certos limites ethicos. No direito romano esse sentimento é vacilante ainda, e os preceitos se contradizem. PAULO ensina: *Nemo damnum facit, nisi qui id fecit, quod facere jus non habet* (D. 50, 17, fr. 151). Mas os costumes temperaram o absoluto dessa concepção, e a philosophia dá expressão a tendencias mais benignas. No *De officis,* I, 10, CICERO afirma, positivamente, que o direito deve ter um limite: *summum jus summa injuria.* O fundamento do seu pensar está na idéa moral da solidariedade humana, digamos, se é licito exprimir por uma palavra moderna um sentimento antigo, *homines hominum causa esse generatos, ut ipse inter se, aliis alii prodesse possint.*
>
> Mas não somente os philosophos, os jurisconsultos reconheciam e proclamavam a necessidade de sobrepôr ao interesse particular o interesse publico. *Nam propter publicam utilitatem, strictam rationem insuper habemus:... nam summam esse rationem quae pro religione facit,* diz PAPINIANO (D. 11, 7, 43). E o imperador Leão declarou que nossos direitos devem ser exercidos sem proposito de prejudicar os dos outros: *unusquisque suis fruatur el non inhiet alienis* (Cd. 10, 15, lei unica, *in fine*).

Ao cabo, após dar uma visão da doutrina e legislação estrangeiras, conclui[34]: "O brasileiro, art. 160, I, refere-se ao exercício irregular do direito. É a doutrina de SALEILLES. O exercício anormal do direito é abusivo. A consciência publica reprova o exercício do direito do indivíduo, quando contrário ao destino econômico e social do direito, em geral".

Essas incursões de Clóvis Beviláqua não apenas contribuíram, decisivamente, para aclarar as regras do Código Civil de 1916, mas, também, prepararam o advento de disposições hoje vigentes, no campo da responsabilidade civil.

Põe-se reparo no fato de, antes da entrada em vigor do Código Civil de 1916, a responsabilidade objetiva já haver sido introduzida na legislação brasileira, pelo Decreto Legislativo nº 2.681, de 07/12/1912, contudo ele é posterior à confecção do anteprojeto de Beviláqua, findada em outubro de 1899. A aceitação pura e simples dessa teoria brigaria com o que ele assentara a respeito das novidades[35]: "um Codigo não é um trabalho de construcção doutrinária. Diante das formas novas de relações jurídicas cumpre dar-lhes entrada franca, si já se acham postas em relevo e acentuadas, reclamando apenas o reconhecimento legal". Se, entretanto, ainda "se acham indecisos os contornos dessas creações, a acção do codigo deve limitar-se a deixar-lhes o campo aberto para que se desenvolvam sob sua protecção". Assim ocorreu,

---

33. BEVILÁQUA, Clóvis. *Código Civil dos Estados Unidos do Brazil commentado,* cit., v. I, p. 471-472.
34. BEVILÁQUA, Clóvis. *Código Civil dos Estados Unidos do Brazil commentado,* cit., v. I, p. 473.
35. BRASIL. *Projecto do Código Civil Brasileiro.* Comissão Especial da Câmara dos Deputados. Rio de Janeiro: Imprensa Nacional, 1902. v. I. p. 8.

pois, nas hipóteses em que a responsabilidade civil objetiva já estava enraizada, ela foi atendida, como nos casos de ruína de edifício ou construção (art. 1.528) e pelo dano proveniente das coisas caídas ou lançadas de uma casa (art. 1.529).

Interessante matéria, hoje pela doutrina e pela jurisprudência inserida no âmbito da responsabilidade civil, fora incluída no anteprojeto ou projeto primitivo de Clóvis Beviláqua no campo do Direito de Família, isto é, a indenização "das despesas feitas em attenção ao casamento ajustado", no caso "de rompimento do compromisso esponsalício" (arts. 209 e 210). No projeto revisto o assunto foi para o artigo 218, já não mais se referindo ao compromisso esponsalício, porém acrescentada a obrigação de restituir "as prendas recebidas", além da indenização a cargo do promitente arrependido. Após intenso debate parlamentar, a previsão não vingou. Essa matéria é objeto de cuidadoso exame por Ignácio M. Poveda Velasco[36] e dela também tratou Georgette Nacarato Nazo[37], pugnando pela indenizabilidade do dano material e moral.

Conquanto tenha ligado o tema da indenização, neste caso, aos esponsais, reconhecera Beviláqua que[38], "lançando os olhos para os códigos vigentes, melhor se convence o jurista de que se acha em frente a um instituto em decomposição".

Sobre essa matéria, nada obstante aduz Yussef Said Cahali[39]: "Daí conclui-se que o silêncio do Código Civil (tanto do anterior quanto do atual) não obsta, em tese, a que os esponsais possam dar causa a uma indenização de danos, se verificados os pressupostos do ato ilícito ou abusivo, sem embargo de isoladas manifestações em sentido contrário". Também aqui, então, o alcance das regras incluídas e interpretadas por Beviláqua, nos artigos 159 e 160, I, do Código Civil de 1916.

Não podem passar sem registro as cercanias do Direito Público, no estabelecimento da responsabilidade civil do Estado, no Código Civil de 1916 e a evolução que isto representou.

Ao ápice da responsabilidade civil do Estado chegou-se com a adoção da modalidade objetiva na Constituição de 1946 (art. 194), e encontra-se no artigo 37, § 6º, da atual. Outro era o cenário, quando da entrada em vigor do Código Civil de 1916.

A Constituição do Império (art. 179, § 29) atribuía responsabilidade aos empregados públicos, "pelos abusos e omissões praticadas no exercício de suas funcções e por não fazerem effectivamente responsáveis os seus subalternos", com um viés de combate à corrupção, conforme Pimenta Bueno[40], não havendo menção à responsabilidade do próprio Estado. Na mesma senda, a Constituição Republicana de 1891

---

36. POVEDA VELASCO, Ignácio M. *Os esponsais no direito civil brasileiro*. São Paulo: Quartier Latin do Brasil, 2007. p. 139 e ss.
37. NAZO, Georgette Nacarato. *Da responsabilidade civil no pré-contrato de casamento*. São Paulo: José Bushatsky editor, 1976. p. 160.
38. BEVILÁQUA, Clóvis. *Direito da família*. 5. ed. Rio de Janeiro: Livraria Editora Freitas Bastos, 1933. p. 30.
39. CAHALI, Youssef Said. *Dano moral*. 3. ed. São Paulo: Revista dos Tribunais, 2005. p. 741.
40. PIMENTA BUENO, José Antônio. *Direito público brazileiro e analyse da Constituição do Império*: 2ª parte. Rio de Janeiro: Typ. Imp. e Const. de J. Villeneuve e C., 1857. p. 437.

dispôs sobre a responsabilidade dos "funcionários públicos" (art. 82), contudo, na jurisprudência vieram a encontrar-se decisões dando pela responsabilidade do Estado, a despeito do texto constitucional[41], e Ruy Barbosa fora enfático[42]: "E, todavia, ninguém dahi deprehendeu jamais a irresponsabilidade civil do Estado", sustentando, com base na jurisprudência, inclusive do Supremo Tribunal Federal, "par a par com a responsabilidade do funcionário, a responsabilidade civil da administração". Noutra vertente, Maria Sylvia Zanella Di Pietro[43] assevera que, naquele período, "havia leis ordinárias, prevendo a responsabilidade do Estado, como sendo solidária com a dos funcionários, era o caso dos danos causados por estradas de ferro, por colocação de linhas telegráficas, pelos serviços de correio".

O Código Beviláqua dispôs sobre a matéria no artigo 15: "As pessôas jurídicas de direito público são, civilmente, responsáveis por actos de seus representantes, que, nessa qualidade, causem damnos a terceiros, procedendo de modo contrário ao direito ou faltando a dever prescripto por lei, salvo o direito regressivo contra os causadores do damno". Arrostou, porém, a objeção de não ser "cabível num código de direito civil legislar a respeito", redarguindo que não se pretendeu regular as ações dos funcionários públicos, mas apenas "os effectos dessas acções quando estes affectam o patrimônio dos individuos"[44]. Não poucos foram os percalços na discussão do Projeto, entre os quais a tentativa de reduzir "a responsabilidade das pessoas jurídicas de direito público aos actos de direito privado", argumentando-se ser "indispensável acautelar o Estado contra os abusos das indemnizações, que poderiam oneral-o de modo incompatível".

As críticas não prevaleceram, e o argumento decisivo foi o de Beviláqua[45]: "toda lesão de direito deve ser reparada, todo damno ressarcido, e que o Estado, tendo por função principal realizar o direito, não pode chamar a si o privilégio de contrariar, no seu interesse, esse princípio de justiça".

Não há dúvida sobre a importância de a lei promanada do Projeto Beviláqua haver expressamente fixado a responsabilidade civil das pessoas jurídicas de direito público, eliminando as incertezas então reinantes.

Por fim, não descurou Beviláqua[46] de enfatizar e justificar, no campo do Direito Internacional Privado, a opção da *lex loci actus*, aduzindo que "aqui muito claro e preciso se revela o intuito protector da lei no interesse da ordem e da segurança da sociedade" e "consequentemente as obrigações, que nascem dos delictos e quase-delictos, devem ser regidas pela lei territorial do Estado, onde se realizaram os factos prejudiciaes".

---

41. BARBALHO, João. *Constituição Federal Brasileira*: comentários. 2. ed. Rio de Janeiro: F. Briguet e Cia., editores, 1924. p. 485.
42. BARBOSA, Ruy. *Comentários à Constituição Federal Brasileira*. São Paulo: Saraiva & Cia., 1934. v. 6. p. 399.
43. DI PIETRO, Maria Sylvia Zanella. *Direito administrativo*. 33. ed. Rio de Janeiro: Gen Forense, 2020. p. 846.
44. BEVILÁQUA, Clovis. *Em defeza do Projecto de Código Civil Brazileiro*, cit., p. 77.
45. BEVILÁQUA, Clovis. *Codigo Civil dos Estados Unidos do Brazil commentado*, cit., v. I, p. 210.
46. BEVILÁQUA, Clovis. *Direito internacional privado*. 2. ed. Rio de Janeiro: Livraria Editora Freitas Bastos, 1934. p. 361.

4. REFERÊNCIAS

BARBALHO, João. *Constituição Federal Brasileira*: comentários. 2. ed. Rio de Janeiro: F. Briguet e Cia., editores, 1924.

BARBOSA, Ruy. *Comentários à Constituição Federal Brasileira*. São Paulo: Saraiva & Cia., 1934. v. 6.

BARROSO, Magdaleno Girão. Interpretação da vida e obra de Clóvis Beviláqua. *Revista da Faculdade de Direito*, Fortaleza, v. 1, 2ª fase, p. 221-239, 1946.

BEVILÁQUA, Clóvis. *Código Civil dos Estados Unidos do Brazil commentado*. Rio de Janeiro: Livraria Francisco Alves, 1916. v. I.

BEVILÁQUA, Clóvis. *Código Civil dos Estados Unidos do Brasil comentado*. 9. ed. Rio de Janeiro: Livraria Francisco Alves, 1954. v. V.

BEVILÁQUA, Clóvis. *Direito da família*. 5. ed. Rio de Janeiro: Livraria Editora Freitas Bastos, 1933.

BEVILÁQUA, Clóvis. *Direito internacional privado*. 2. ed. Rio de Janeiro: Livraria Editora Freitas Bastos, 1934.

BEVILÁQUA, Clóvis. *Em defeza do Projecto de Código Civil Brasileiro*. Rio de Janeiro: Livraria Francisco Alves, 1906.

BEVILÁQUA, Clovis. *Phrases e phantasias*. Recife: Hugo & Ca. Editores, 1894. Disponível em: https://digital.bbm.usp.br/bitstream/bbm/5321/1/019827_COMPLETO.pdf. Acesso em: 8 jan. 2022.

BEVILÁQUA, Clóvis. *Theoria geral do direito civil*. 6. ed. Actualizada por Achilles Bevilaqua. Rio de Janeiro: Livraria Francisco Alves, 1953.

BRASIL. *Projecto do Código Civil Brasileiro*. Comissão Especial da Câmara dos Deputados. Rio de Janeiro: Imprensa Nacional, 1902. v. I e VI.

CAHALI, Youssef Said. *Dano moral*. 3. ed. São Paulo: Revista dos Tribunais, 2005.

CANDIDO, Antonio. *Literatura e sociedade*. 9. ed. Rio de Janeiro: Ouro Sobre Azul, 2006.

CAVALIERI FILHO, Sergio. *Programa de responsabilidade civil*. 11. ed. São Paulo: Atlas, 2014.

DI PIETRO, Maria Sylvia Zanella. *Direito administrativo*. 33. ed. Rio de Janeiro: Gen Forense, 2020.

HOLANDA, Ana Paula Araújo de. Clóvis Beviláqua: um contexto, uma história. *Pensar – Revista de Ciências Jurídicas*, Fortaleza, v. 6, n. 6, p. 23-31, fev. 2001.

HOLANDA, Ana Paula Araújo de. *Influências de Clóvis Beviláqua na codificação civilista brasileira*. Fortaleza: Edições UFC, 2021.

LIMONGI FRANÇA, Rubens. *Instituições de direito civil*. 4. ed. São Paulo: Saraiva, 1996.

MELO DA SILVA, Wilson. *O dano moral e sua reparação*. Rio de Janeiro: Forense, 1955.

NAZO, Georgette Nacarato. *Da responsabilidade civil no pré-contrato de casamento*. São Paulo: José Bushatsky editor, 1976.

OLIVEIRA, João Gualberto de. *Clóvis centenário*. São Paulo: Bentivegna, 1961.

PIMENTA BUENO, José Antônio. *Direito público brasileiro e analyse da Constituição do Império*: 2ª parte. Rio de Janeiro: Typ. Imp. e Const. de J. Villeneuve e C., 1857.

PONTES DE MIRANDA, Francisco Cavalcanti. *Fontes e evolução do direito civil brasileiro*. 2. ed. Rio de Janeiro: Forense, 1981.

PONTES DE MIRANDA, Francisco Cavalcanti. *Manual do Código Civil Brasileiro*: do direito das obrigações (*Manual Paulo Lacerda*). Rio de Janeiro: Jacinto Ribeiro dos Santos, editor, 1929. v. XVI – parte III – tomo I.

POVEDA VELASCO, Ignácio M. *Os esponsais no direito civil brasileiro*. São Paulo: Quartier Latin do Brasil, 2007.

RODRIGUES JÚNIOR, Otavio Luiz. Clóvis Beviláqua e o Código Civil de 1916 na visão de um estrangeiro: contradições com a imagem preponderante na historiografia nacional. *Revista de Direito Civil Contemporâneo*, São Paulo, v. 12, n. 4, p. 35-61, jul./set. 2017.

SCHUBSKY, Cássio. Clovis Bevilaqua, um senhor brasileiro (1). *Conjur*, 4 set. 2009. Disponível em: https://www.conjur.com.br/2009-set-04/justica-historia-clovis-bevilaqua-senhor-brasileiro. Acesso em: 23 dez. 2021.

SCHUBSKY, Cássio. Clovis Bevilaqua, um senhor brasileiro (2). *Conjur*, 11 set. 2009. Disponível em: https://www.conjur.com.br/2009-set-11/justica-historia-clovis-bevilaqua-senhor-brasileiro. Acesso em: 23 dez. 2021.

SERPA LOPES, Miguel Maria de. *Curso de direito civil*. 3. ed. Rio de Janeiro: Livraria Freitas Bastos, 1960. v. I.

TEIXEIRA DE FREITAS, Augusto. *Regras de Direito*. Rio de Janeiro: B. L. Garnier – Livreiro editor, 1882.

TOMASEVICIUS FILHO, Eduardo. O legado do Código Civil de 1916. *Revista da Faculdade de Direito da Universidade de São Paulo*, São Paulo, v. 111, p. 85-100, 2016.

TRINDADE, André Karam; GUBERT, Roberta Magalhães. Direito e literatura: aproximações e perspectivas para se repensar o direito. In: TRINDADE, André Karam; GUBERT, Roberta Magalhães; COPETTI NETO, Alfredo (Org.). *Direito & literatura*: reflexões teóricas. Porto Alegre: Livraria do Advogado, 2008.

A CONTRIBUIÇÃO DE EDUARDO ESPÍNOLA PARA A RESPONSABILIDADE CIVIL NOS CONTRATOS DE TRANSPORTE: DA OBJETIVAÇÃO E DA OBRIGAÇÃO DE PROTEÇÃO ÀS VÍTIMAS

Marco Fábio Morsello

Livre-Docente e Doutor em Direito Civil pela Faculdade de Direito da Universidade de São Paulo (USP). Professor Associado de Direito Civil da Universidade de São Paulo e Juiz de Direito Substituto em Segundo Grau no Tribunal de Justiça de São Paulo.

Sumário: 1. Biografia – 2. Produção geral do autor – 3. Contribuições de Eduardo Espínola à responsabilidade civil – 4. Bibliografia.

1. BIOGRAFIA

Por proêmio, cumpre tecer algumas considerações sobre a vida do jurista em apreço. Nascido no final do século XIX (6 de novembro de 1875) e finado em 1º de maio de 1968[1], Eduardo Espínola concluiu o curso primário e os preparatórios no colégio Sete de Setembro, apelidado de "colégio França", e cursou Direito na Faculdade de Recife, onde recebeu a influência de Tobias Barreto, "marco inicial do germanofilismo que caracterizou os juristas vinculados àquela Escola"[2]. O autor tornou-se Bacharel em Ciências Sociais em 1895 e Bacharel em Ciências Jurídicas em 1895 na Faculdade de Direito da Bahia, fundada em 1891.

Posteriormente, exerceu os cargos de promotor público e juiz municipal na Bahia; em 1904, passou a dedicar-se à advocacia. Paralelamente, em 1902, foi nomeado Professor Substituto na Faculdade de Direito da Bahia, cargo que exerceu até 1919. Neste ano, com 43 anos, mudou-se para o Rio de Janeiro com sua família, experimentando *"fase de intenso labor profissional"*, com a elaboração de célebres pareceres[3]. Em 1931, tornou-se Ministro do Supremo Tribunal Federal, cargo que exerceu até 1945, quando se aposentou.

Eduardo Espínola influenciou, de maneira inconcussa, os juristas brasileiros, compondo a denominada "famosa trindade", integrada também por Clóvis Beviláqua

---

1. RODRIGUES, Lêda Boechat. *História do Supremo Tribunal Federal (1930-1963)*. v. 4. Tomo 1. Rio de Janeiro: Civilização Brasileira, 2002, p. 281-282.
2. ALVES, José Carlos Moreira. Discurso em homenagem ao centenário de Eduardo Espínola no Supremo Tribunal Federal (1975). In: SILVA, Joseane Suzart Lopes da (Coord.); FREITAS, Júlia Suzart de (Org.). *Eduardo Espínola e o direito civil contemporâneo*: a relevância histórica do jurista baiano para a compreensão de importantes institutos atuais. Salvador: Editora Paginae, 2021. p. 16.
3. Idem, p. 20.

e Lacerda de Almeida, conforme referido por Hahnemann Guimarães e José Carlos Moreira Alves[4]. Professor de Orlando Gomes, teve seu legado analisado por Clóvis Beviláqua, que anotou:

> "ESPÍNOLA é uma das nossas mais justamente acatadas autoridades em direito civil. A sua obra é vasta, tem largueza de vistas, extensa erudição e seguro critério. Lê-lo é ter conhecimento exato do estado das questões, que examina, na literatura jurídica do país e das mais cultas nações, porque ele examina e critica as opiniões dos melhores autores, para oferecer a sua doutrina, concordando com os que, antes dele, se ocuparam do mesmo assunto, ou deles dissentindo, com a mesma independência. Possuindo, integralmente, a ciência do direito do nosso tempo, os seus estudos são lições, que esclarecem os menos doutos. Dotado de espírito analítico as suas soluções resultam de uma paciente operação mental, em que o espírito procura descobrir não somente o princípio jurídico fundamental que domina a matéria examinada, como, ainda, as repercussões dela na vida social. Mentalidade forte e independente, não hesita em afirmar a verdade, quando a possua, vá, ou não, de encontro a opiniões consagradas."[5]

Com efeito, Eduardo Espínola teve profícua produção acadêmica, conforme se exporá no item a seguir.

2. PRODUÇÃO GERAL DO AUTOR

Nas palavras de Joseane Suzart Lopes da Silva, os escritos de Eduardo Espínola são deveras "fundamentais para a compreensão dos institutos civis hodiernos"[6].

Em 1898, três anos após tornar-se Bacharel em Ciências Sociais e em Ciências Jurídicas, o autor traduziu a obra *Filosofia do Direito Privado*, de Pietro Cogliolo.

Dez anos depois, em 1908, já Professor Substituto na Faculdade de Direito da Bahia, redigiu, forte na pandectística germânica, o primeiro volume do célebre *Sistema de Direito Civil*, obra em que se ocupou das noções de direito objetivo e direito subjetivo. A obra tratou, "com erudição e objetividade, dos mais complexos temas relativos à norma jurídica e à parte geral do direito civil"[7].

Em 1912, foi publicado o segundo volume do *Sistema de Direito Civil*, em que o autor se debruçou sobre o estudo da teoria geral das relações jurídicas obrigacionais, das obrigações *propter rem*, da distinção entre *Schuld* e *Haftung*, dos elementos da relação jurídica obrigacional, das obrigações naturais, e das diferentes modalidades das obrigações, seu conteúdo e seus efeitos.

Com a promulgação do Código Civil, em 1º de janeiro de 1916, que entraria em vigor no ano seguinte, Espínola dedicou-se a anotar a obra. Em 1918, editou o

---

4. Idem, p. 29.
5. BEVILÁQUA, Clóvis. *História da Faculdade de Direito do Recife*. 2. ed. Brasília: Instituto Nacional do Livro, 1977, p. 235-236.
6. SILVA, Joseane Suzart Lopes da. Apresentação. In: SILVA, Joseane Suzart Lopes da (Coord.); FREITAS, Júlia Suzart de (Org.). *Eduardo Espínola e o direito civil contemporâneo*: a relevância histórica do jurista baiano para a compreensão de importantes institutos atuais. Salvador: Editora Paginae, 2021. p. 10.
7. ALVES, José Carlos Moreira. Op. cit., p. 17.

primeiro volume das "Breves Annotações ao Código Civil Brasileiro" (título posteriormente adaptado para "Annotações ao Código Civil Brasileiro"), que compreendeu a Lei de Introdução e a Parte Geral. Em 1922, Eduardo Espínola já havia produzido comentários aos artigos 180 a 228, relativos ao Direito de Família. Posteriormente, foi publicado volume relativo aos artigos 228 a 255.

Em 1923, Eduardo Espínola iniciou série de quatro tomos dedicados aos artigos 74 a 145 do Código Civil de 1916, com destaque para a análise da teoria da inexistência do negócio jurídico.

Enquanto Ministro do Supremo Tribunal Federal, reconhecidamente, o ritmo da produção do autor arrefeceu. O autor publicou a quarta parte do tomo III do *Manual do Código Civil Brasileiro* dirigido por Paulo de Lacerda. Após, publicou o *Tratado de Direito Civil Brasileiro*, em onze volumes, com a colaboração de Eduardo Espínola Filho; e *A Lei de Introdução ao Código Civil Brasileiro Comentada*, em três volumes.

Após sua aposentadoria do cargo de Ministro, em 1945, com a colaboração de Oswaldo de Azevedo Espínola, um de seus filhos, o autor editou comentários à Constituição de 1946. Em 1951, publicou o livro *Garantia e Extinção das Obrigações – Obrigações Solidárias e Indivisíveis*. Posteriormente, vieram os livros *A Família no Direito Civil Brasileiro; Dos Contratos Nominados no Direito Civil Brasileiro; Posse- -Propriedade, Compropriedade ou Condomínio, Direitos Autorais; Dos Direitos Reais Limitados ou Direitos sobre a Coisa Alheia e os Direitos Reais de Garantia no Direito Civil Brasileiro*.

Igualmente a todo seu legado para o direito brasileiro, o pensamento jurídico do jurista é inovador e transcendente à sua época, ao estabelecer, em pareceres e acórdãos elucidativos, premissas que reverberam na realidade diuturna no que concerne às funções desempenhadas pela responsabilidade civil do ponto de vista individual e socioeconômico. É o que se verá a seguir.

3. CONTRIBUIÇÕES DE EDUARDO ESPÍNOLA À RESPONSABILIDADE CIVIL

Na década de 1920, já residindo no Rio de Janeiro, Eduardo Espínola, em consulta acerca de situação na qual um passageiro sofreu danos em acidente durante um trajeto de bonde da empresa "Light and Power Cy. Lmt.", emitiu parecer que se mostrava em plena consonância com as diretrizes que hoje regem a responsabilidade civil na seara dos transportes, destacando-se as obrigações de proteção e de reparação integral do dano.

Em breve síntese, naquele caso, o passageiro teria feito sinal para parada do bonde em ponto próximo à sua residência, mas, devido à alta velocidade em que o veículo trafegava, houve diminuição da marcha apenas em local próximo ao ponto subsequente. Nesse momento, o passageiro desceu ao estribo para saltar e, repentinamente, houve choque brusco devido à ação do condutor do bonde sobre o motor. Devido à queda, o passageiro sofreu lesão física insanável.

Em resposta à consulta, Eduardo Espínola revelou visão pioneira acerca do caráter objetivo da responsabilidade civil da companhia transportadora, isto é, cuja configuração independe de "culpa própria" ou culpa de seus prepostos, máxime porque o transporte implica obrigação de garantir a segurança do passageiro até o ponto de destino, de modo a afastar a possibilidade de exclusão da responsabilidade por fato de terceiro.[8]

Com efeito, o instituto da responsabilidade civil desenvolveu-se no sentido de conferir primazia à reparação integral do dano, mormente na seara dos transportes, em que a necessidade de proteção às vítimas exsurge com proeminência, ocorrendo, dessa forma, a migração do foco do aspecto subjetivo da responsabilidade para a análise do risco da atividade.

A doutrina do risco, seja sob a forma de risco criado, de risco profissional ou de risco proveito, facilitou sobremaneira a situação das vítimas de acidentes do trabalho e de transportes, na medida em que, verificados o dano e o nexo causal com o transporte ou atividade laboral, emergia o direito ao ressarcimento, cabendo ao transportador a prova de eventual culpa exclusiva da vítima ou de fatos extraordinários, escudados em caso fortuito ou força maior externos. Referida doutrina, por óbvio, gerou repercussões econômicas nas searas contratual e da responsabilidade civil, robustecendo a denominada função preventiva, ínsita ao sistema contemporâneo desta última[9].

Assim, abandonou-se a culpa como fundamento exclusivo da configuração do dever de ressarcir, de modo a incentivar os empreendedores a agir com maior cautela, evidenciando-se o surgimento da função preventiva da responsabilidade civil, paralelamente à ampla reparação do dano.

Enquanto, na França, dado o prestígio do *Code Civil*, destacou-se a rica elaboração doutrinária e jurisprudencial em prol da responsabilidade objetiva – ao menos no século XIX, como aduz André Tunc[10] –, no Brasil, a responsabilidade objetiva foi adotada paulatinamente em leis extravagantes, com destaque para o artigo 17 do Decreto nº 2.681/12[11], para o âmbito do transporte ferroviário, aplicado por analogia ao transporte rodoviário e urbano[12], que, tendo previsto que a culpa da empresa de

---

8. ESPÍNOLA, Eduardo. A Culpa nos Accidentes de Bonde. In: Revista do Supremo Tribunal Federal, vol. LXXXIII, Rio de Janeiro, Março – 1925, p. 365-367. Nesse aspecto, perfilhando entendimento de Espínola acerca da obrigação de segurança nos transportes, embora inserindo a ausência de culpa como elemento da excludente do caso fortuito, *vide*: VAMPRÉ, Spencer. *O caso fortuito (nos acidentes pessoaes de transportes)*. São Paulo: Typographia Amendola & Ferraz, 1914 (ensaio escrito especialmente para habilitação ao concurso da Secção de Direito Romano e Civil, na qualidade de lente da Universidade de São Paulo). p. 13-45.
9. Nesse sentido: ALPA, Guido, PULITINI, Francesco, RODOTÀ, Stefano e ROMANI, Franco. *Interpretazione giuridica e analisi economica*. Milano: Giuffrè, 1982. Capítulos 3 e 4, p. 275-429 e 455-517.
10. TUNC, André. *La responsabilité civile*. Paris: Economica, 1981, p. 71, parágrafo 86.
11. "Art. 17 – As estradas de ferro responderão pelos desastres que nas suas linhas sucederem aos viajantes e de que resulte a morte, ferimento ou lesão corpórea. A culpa será sempre presumida, só se admitindo em contrário alguma das seguintes provas: 1ª – Caso fortuito ou força maior; 2ª – Culpa do viajante, não concorrendo culpa da estrada."
12. Nesse sentido, PEREIRA, Caio Mário da Silva. *Responsabilidade civil*. 2. ed. Rio de Janeiro: Forense, 1991, p. 224.

transportes será "sempre presumida", experimentou releitura rumo à objetivação de responsabilidade.

No tocante à presunção de culpa, impende registrar acórdão de relatoria de Eduardo Espínola, no qual se vislumbra essa tendência, em ementa redigida nos seguintes termos: "As empTezas de transporte respondem pelos danos e perdas que sofram as mercadorias transportadas, desde que não provem a ausência de culpa" (sic).[13]

Em harmonia com a conjuntura antevista por Eduardo Espínola ainda no início do século XX, o instituto da responsabilidade civil não se encaminha para a extinção, como já se preconizou, podendo-se afirmar, na seara atual, a coexistência das responsabilidades objetiva, subjetiva e da socialização dos riscos[14], que desempenham, além da função reparatória, função preventiva, de modo a evitar a ocorrência e a repetição de eventos danosos.

Sob outro vértice, impende consignar as valiosas contribuições de Eduardo Espínola para a diferenciação de fortuito interno e fortuito externo, ainda que implicitamente.[15] No mesmo parecer descrito no início deste item, o jurista de escol esclareceu ser a empresa transportadora responsável pela incolumidade dos passageiros até o ponto de destino, sem incursão na análise do elemento subjetivo, seja "culpa própria" – "máo estado da linha, defeituoso funcionamento do carro motor, etc." (sic) –, seja culpa de seus prepostos – "partidas do carro enquanto os passageiros procuram subir ou descer".[16]

Vislumbra-se, portanto, em seu trabalho, grande passo no que concerne à manutenção da responsabilidade na seara dos transportes diante de fato de terceiro, elemento que hoje se consolidou como fortuito interno no âmbito da responsabilidade objetiva do fornecedor de produtos e serviços.

Os acórdãos de sua relatoria, enquanto Ministro do Supremo Tribunal Federal, cargo que ocupou de 1931 a 1945, também são fontes ricas para o estudo do tema.

Em junho do ano de 1938, em decisão notável, Eduardo Espínola expôs visão precursora acerca do dever de precaução das companhias. Pela importância e extraordinário espírito inovador do acórdão, por oportuno, acrescenta-se adiante um breve relato.

No caso, submetido à sua relatoria, ocorrera um incêndio na Repartição Geral dos Telégrafos, em Recife, que destruiu alguns aparelhos telegráficos, em decorrência

---

13. STF, Apel. Cível 6.983, 2ª Turma, Rel. Min. Eduardo Espínola, j. 30 jan. 1940.
14. MORSELLO, Marco Fábio. *Responsabilidade Civil no Transporte Aéreo*. 2ª Ed. São Paulo: Atlas, 2006, p. 22-23.
15. Nesse aspecto apenas cumpre observar que preferimos adotar a terminologia força maior intrínseca e força maior extrínseca, à luz da evolução do estado da técnica e não inserção da imprevisibilidade como requisito nodal da excludente. Para maiores detalhes, vide MORSELLO, Marco Fábio, *Contratos de Transporte: novos paradigmas do caso fortuito e força maior*. São Paulo: Thomson Reuters- Revista dos Tribunais, 2021, p. 387-409.
16. ESPÍNOLA, Eduardo. Op. cit., p. 365-367.

de curto-circuito produzido pela ruptura de um fio do telégrafo, quando em contato com o cabo de alimentação de 2.200 volts, da Pernambuco Tramways, em trecho da ponte Maurício de Nassau. Diante disso, a União propôs ação indenizatória contra a empresa, alegando que, no lugar em que caiu o fio não havia rede protetora, cuja implantação era obrigação prevista no contrato celebrado com o Governo do Estado.

Analisando o conjunto probatório, concluiu o Ministro Eduardo Espínola que, se houvesse, no ponto de cruzamento, a rede protetora, o curto-circuito não teria ocorrido, nem tampouco o incêndio. Ainda, o Ministro reconheceu que a empresa Pernambuco Tramways seria responsável por tomar medidas de precaução nos locais em que linhas de terceiros cruzassem com as suas. Em suas palavras: "ficando a empresa incumbida do serviço responsável pelas consequências de sua culpa em não tomar as cautelas que sabia necessárias para que o serviço de que se encarregou não corresse um risco, que estava na obrigação de prevêr" (sic)[17].

O entendimento é louvável, por antever as linhas do princípio da prevenção que hoje tem suma relevância, especialmente para circunscrever os eventos que se encontram na esfera de responsabilidade das empresas, dentro do risco do empreendimento e do estado da técnica.

Forte em tais premissas, o estudo dos aspectos evolutivos do instituto da responsabilidade civil – desde a proeminência da culpa como elemento substancial até o reconhecimento do risco da atividade envolvida como requisito objetivo, notando-se, ainda, o desenvolvimento da função preventiva do instituto, ao lado da função reparatória – comprova o brilhantismo e o caráter precursor dos ensinamentos do jurista, Professor e Ministro Eduardo Espínola em seus ensinamentos proferidos ainda no início do século XX.

Em síntese, em seus pareceres e acórdãos, o jurista externou preocupação e excelente raciocínio dogmático para que se garantisse o cumprimento do dever de proteção às vítimas de acidentes de transporte e o efetivo desempenho do papel preventivo da responsabilidade civil.

Referidas considerações coadunam-se plenamente com as marchas regentes da responsabilidade civil na realidade diuturna. Destacam-se, nessa perspectiva, ante a complexidade dos eventos danosos na pós-modernidade e a intensificação do dever de proteção às vítimas, o desenvolvimento das modernas teorias da causalidade, o imprescindível estudo da probabilidade e do estado da técnica, e, ainda, a divisão entre os eventos que consubstanciam fortuito interno e externo.

Diante de tais considerações, conclui-se ser inviável a adoção de solução unitária e simples, uma vez que os problemas intrincados gerados pela causalidade impõem a adoção pelo julgador do preceito da razoabilidade, que se escuda em juízo de adequação, razão pela qual, em conflitos de interesse que concernem à responsabilidade civil, não há que se falar em adoção rígida e imutável de teorias.

---

17. STF, Apel. Cível 5.644, 2ª Turma, Rel. Min. Eduardo Espínola, j. 14 jun. 1938.

4 BIBLIOGRAFIA

ALPA, Guido, PULITINI, Francesco, RODOTÀ, Stefano e ROMANI, Franco. *Interpretazione giuridica e analisi economica*. Milano: Giuffrè, 1982.

BEVILÁQUA, Clóvis. *História da Faculdade de Direito do Recife*. 2. ed. Brasília: Instituto Nacional do Livro, 1977.

ESPÍNOLA, Eduardo. A Culpa nos Accidentes de Bonde. In: Revista do Supremo Tribunal Federal, Rio de Janeiro, v. LXXXIII, p. 365-367, mar. 1925.

MOREIRA ALVES, José Carlos. Discurso em homenagem ao centenário de Eduardo Espínola no Supremo Tribunal Federal (1975). In: SILVA, Joseane Suzart Lopes da (Coord.); FREITAS, Júlia Suzart de (Org.). *Eduardo Espínola e o direito civil contemporâneo*: a relevância histórica do jurista baiano para a compreensão de importantes institutos atuais. Salvador: Editora Paginae, 2021, p. 15-29.

MORSELLO, Marco Fábio. *Responsabilidade Civil no Transporte Aéreo*. 2. ed. São Paulo: Atlas, 2006.

MORSELLO, Marco Fábio. *Contratos de Transporte: novos paradigmas do caso fortuito e força maior*. São Paulo: Thomson Reuters- Revista dos Tribunais, 2021.

PEREIRA, Caio Mário da Silva. *Responsabilidade Civil*. 2. ed. Rio de Janeiro: Forense, 1991.

RODRIGUES, Lêda Boechat. *História do Supremo Tribunal Federal (1930-1963)*. v. 4. Tomo 1. Rio de Janeiro: Civilização Brasileira, 2002.

SILVA, Joseane Suzart Lopes da. Apresentação. In: SILVA, Joseane Suzart Lopes da (Coord.); FREITAS, Júlia Suzart de (Org.). *Eduardo Espínola e o direito civil contemporâneo*: a relevância histórica do jurista baiano para a compreensão de importantes institutos atuais. Salvador: Editora Paginae, 2021.

TUNC, André. *La responsabilité civile*. Paris: Economica, 1981.

VAMPRÉ, Spencer. *O caso fortuito (nos acidentes pessoaes de transportes)*. São Paulo: Typographia Amendola & Ferraz, 1914.

ALVINO LIMA

Marcelo Benacchio

Mestre e Doutor pela PUC-SP. Professor do Mestrado e Doutorado em Direito da Universidade Nove de Julho. Professor Titular de Direito Civil da Faculdade de Direito de São Bernardo do Campo. Juiz de Direito Titular da 2ª Vara de Registros Públicos da Comarca de São Paulo.

Sumário: 1. Breve biografia – 2. Produção intelectual – 3. Contribuições à responsabilidade civil – 4. Bibliografia.

1. BREVE BIOGRAFIA

Alvino Ferreira Lima nasceu em Rosário do Catete, Estado de Sergipe, no dia 9 de agosto de 1888, em uma família humilde, seu pai, Eustáquio Ferreira Lima, exercia o ofício de pedreiro.

Quando possuía pouco mais de cinco anos, sua família veio morar no Estado de São Paulo, na cidade de Vargem Grande, atual Vargem Grande do Sul.

Iniciou seus estudos no Colégio Azevedo Soares, em São Paulo, concluindo-os no Colégio Rosas, na cidade de Poços de Caldas. Depois, volta para São Paulo e termina a educação secundária.

Em 1904 ingressa na Faculdade de Direito do Largo São Francisco e forma-se, com dificuldade econômica demandando a necessidade de até copiar livros por falta de recursos financeiros, na turma de 1908, aos vinte anos de idade.

Retorna à cidade de Vargem Grande e inicia a vida profissional na advocacia na vizinha comarca de Casa Branca, cujo magistrado à época era Manoel da Costa Manso.

O reconhecimento de sua dedicação, conhecimento jurídico, cidadania e retidão moral resultam em seu prestígio e respeito na região.

Foi nomeado Professor de Matemática no Instituto de Educação Dr. Francisco Tomás de Carvalho, em Casa Branca, tendo lecionado por doze anos e, em várias oportunidades, escolhido paraninfo de seus alunos.

Atuou ainda como jornalista nos jornais O Tempo (1908) e O Comércio (1913), em Casa Branca, e A Imprensa (1913), em Vargem Grande.

Ingressou na vida política, exercendo os cargos de Presidente da Câmara Municipal e de Prefeito Municipal de Casa Branca em 1922.

No ano de 1925 passa a residir em São Paulo, atuando na advocacia.

Em 1936 é aprovado no concurso de Direito Civil na Faculdade de Direito de São Paulo, com o tema – O Direito de Retenção e o Possuidor de Má-fé. No mesmo ano, em 31 de outubro, obteve a livre docência. Em 24 de julho de 1937, foi designado para reger a cadeira de direito civil.

No ano de 1938 prestou concurso para a Cátedra de Direito Civil em banca composta por Francisco Morato, Jorge Americano, Lino Leme, Hahnemann Guimarães e Filadelfo Azevedo, com a tese Culpa e Risco, sendo aprovado, em primeiro lugar, e nomeado Professor Catedrático a 3 de janeiro de 1939.

Por vários anos foi Vice-Diretor da Faculdade de Direito da Universidade de São Paulo e desempenhou as funções de membro do Conselho Técnico – Administrativo.

Permanecendo no exercício da advocacia e da docência; retornou à atividade política concorrendo às eleições, obtendo a condição de suplente de Senador da República.

Aos 3 de setembro de 1956, aprovado pela congregação, iniciou o exercício do cargo de Diretor da Faculdade de Direito da Universidade de São Paulo até sua aposentadoria compulsória, em agosto de 1958.

Foi escolhido paraninfo da última turma que lecionara, de 1957, saudando seus afilhados nos seguintes termos[1]:

> Há um destino semelhante, neste momento, nas nossas vidas: – Saimos desta casa, deixamos êste templo secular, onde as vozes do passado ressoam em cada canto.

> Há, entretanto, urna diferença profunda em nossas partidas: – Ides para a Esperança, para o porvir, para o caminho da ascensão e das realizações nobres. O vosso mestre, encanecido, ao entardecer da vida, caminha para a Saudade, para a contemplação retrospectiva da estrada percorrida.

Em agosto de 1966, a Congregação da Faculdade de Direito da Universidade de São Paulo concedeu-lhe título de Professor Emérito.

Alvino Lima faleceu em 03 de agosto de 1975.

2. PRODUÇÃO INTELECTUAL

Washington de Barros Monteiro[2] ao proferir o Elogio Fúnebre na Sessão Solene da Congregação da Faculdade de Direito da Universidade de São Paulo, realizada no Salão Nobre aos 3 de agosto de 1975, em homenagem póstuma, referiu a produção acadêmica de Alvino Lima da seguinte forma:

> Sua produção intelectual foi enorme. Além das obras já citadas, escreveu também Estudos de Direito Civil e m que se deparam trabalhos desta envergadura: Abuso do Direito de voto nas Assembléias,

---

1. LIMA, A. Aspectos da crise do direito. *Revista da Faculdade de Direito, Universidade de São Paulo*, [S. l.], v. 53, 1958. p. 138.
2. Professor Alvino Ferreira Lima. *Revista da Faculdade de Direito, Universidade de São Paulo*, [S. l.], v. 70, 1975, p. 34.

Caso Sui Generis de Locação de Serviço, o Testamento Zerrener, Caso Julgado nas Ações Demar-catórias, Direito de Retenção, Jurisprudência Fonte de Direito, Nulidade da Doação à Concubina.

Publicou ainda A Fraude no Direito Civil Brasileiro (1965), bem como artigos de doutrina: Aspectos da crise do direito (Revista da Faculdade de Direito, 53/121), Influência no Direito Civil do Mo-vimento Socializante do Direito" (Revista Forense, 80/19), além de inúmeros trabalhos avulsos: Abuso de direito (Revista Forense, 166/25), Da responsabilidade do depositário no caso fortuito ou de força maior (Revista Forense, 103/447 ou Revista dos Tribunais, 154/3), A responsabilidade civil do dano no ante-projeto de Código de Obrigações (Revista Forense, 97/13), Situação atua, no Direito Civil moderno, das teorias da culpa e do risco (Revista Forense, 83/385).

Diversos pareceres enriquecem ainda os repertórios jurídicos: Pátrio Poder e Adoção (Revista dos Tribunais, 141/477 ou Revista Forense, 96/281), Divisão de Terras e Usucapião (Revista dos Tribunais, 315/14), Responsabilidade Civil do Estado por ato do escrivão (Revista dos Tribunais, 241/50) Direitos e Deveres do Locatário (Revista Forense, 144/67), Interferência de Terceiros na Violação do Contrato etc., inclusive mesmo razões de recursos, acolhidas pela Superior Instância (Revista dos Tribunais, 147/690).

A Revista da Faculdade de Direito da Universidade de São Paulo em seu v. 88, em 1993[3], destaca as publicações de Alvino Lima, como segue:

O direito de retenção e o possuidor de má-fé. São Paulo: Revista dos Tribunais, 1936.

Da culpa ao risco. São Paulo: Revista dos Tribunais, 1938.

A reparação civil do dano no anteprojeto do código das obrigações. Revista Forense, Rio de Janeiro, v. 97, p. 13,1944.

Culpa e risco. São Paulo: Revista dos Tribunais, 1960.

A fraude no direito civil. São Paulo: Saraiva, 1965

Alvino Lima por seu vasto conhecimento, estudos e contínua pesquisa tem ímpar domínio em todos os campos do Direito Civil, e da Teoria Geral do Direito com significativa produção científica.

Na responsabilidade civil, objeto do interesse deste estudo, há dois livros fundamentais produzidos por Alvino Lima, *Culpa e Risco* e *A Responsabilidade Civil pelo Fato de Outrem*.

Culpa e Risco é publicada em 1938 e *A Responsabilidade Civil pelo Fato de Outrem* em 1973, marcando os pontos inicial e final da trajetória intelectual de Alvino Lima.

As últimas edições *Culpa e Risco* e *A Responsabilidade Civil pelo Fato de Outrem*, revisadas e atualizadas por Ovídio Rocha Barros Sandoval e Nelson Nery Junior, respectivamente, são publicadas nos anos de 1998 e 2000.

Essas obras são passagem obrigatória no estudo e pesquisa da responsabilidade civil no direito brasileiro e permitem um liame em sua temática, a última editada dois anos antes da morte de seu autor.

---

3. EDITOR, O. Alvino Ferreira Lima (1956-1958). *Revista da Faculdade de Direito, Universidade de São Paulo*, [S. l.], v. 88, 1993, p. 113/114.

3. CONTRIBUIÇÕES À RESPONSABILIDADE CIVIL

Quando da publicação da obra *Culpa e Risco* era difuso na doutrina a fundamentação da responsabilidade civil na teoria da culpa, sendo difundida a máxima *nenhuma responsabilidade sem culpa* estabelecida por Jhering, em 1879.

O pensamento iluminista alicerçado nos princípios do direito natural tratou de estabelecer o princípio da culpa como fundamento único da responsabilidade civil, a qual ingressara no Código Civil Francês de 1804, o Código de Napoleão, cujo artigo art. 1.382 estabelecia de forma peremptória – *Tout fait quelconque de l'homme, qui cause à autrui un dommage, oblige celui par la faute duquel il est arrivé à le réparer.*

A introdução da culpa como único fundamento da responsabilidade civil tratou de uma evolução quanto ao sistema anterior (método casuístico ou princípio da enumeração) atendendo os anseios sociais da época, fins do século XVIII, portanto, o sistema de responsabilidade subjetiva era cabível àquele momento ante a individualidade dos fatos causadores de danos e sua conformação ao ideário político vigente, o iluminismo e liberalismo, onde o homem, senhor do próprio destino, deveria encarar suas responsabilidades perante os outros somente por força de seu comportamento sem ser governado pelo Estado ou pela Religião.

A circunscrição da responsabilidade à culpa ocasiona a expansão da esfera de atividade lícita do indivíduo o que é conforme ao liberalismo reinante à época também no campo do direito, justificando a expansão da atividade industrial com a diminuição da limitação do campo da atividade individual, limitando a atuação do Estado (*laissez faire, laissez passer*).

Não obstante, as modificações em curso na sociedade e a insuficiência do sistema da culpa para regulação do corpo social no aspecto jurídico, havia muita dificuldade no Brasil em um estudo que tratasse dessa questão perante o Código Civil de 1916 no primeiro quarto do século XX.

Alvino Lima com profundidade e com alicerce nos autores da maior relevância à época, em conformidade movimentos doutrinários de outros países, sobretudo europeus, introduz no Brasil os questionamentos acerca da insuficiência da culpa como nexo único de imputação da responsabilidade civil.

Ressalta a necessidade e mesmo a realidade social se impondo ao Código Civil quanto a insuficiência do pensamento existente no Brasil naquele momento para as novas questões que demonstravam a necessidade da consolidação de um pensamento jurídico apto ao presente e voltado para o futuro.

Àquela época não havia uma obra com igual sistematização, especificidade e cientificidade como seria a *Culpa e Risco*.

A elaboração da *Culpa e Risco* é realizada antes da eclosão da 2ª Guerra Mundial e das correntes de pensamento de maior consideração da sociedade e do ser humanos que seriam inauguradas com a possibilidade concreta da aniquilação da raça humana.

Seu ineditismo e originalidade no Brasil é inegável ao tempo que defendida a tese da ampliação dos fundamentos da responsabilidade civil, sem o abandono da teoria da culpa na responsabilidade civil, estabelecendo e comprovando a existência de nexo imputação diverso da culpa com aplicação à época, o risco.

Atualmente, mesmo diante das modificações impostas na realidade econômica, social e jurídica, ainda vemos dificuldades de alguns profissionais do direito na exata compreensão do risco na responsabilidade civil perante a "natural" justificação da responsabilidade civil perante a culpa, compete destacar a originalidade do pensamento de Alvino Lima naquele trabalho científico.

Na obra *Culpa e Risco* Alvino Lima trata da problemática da responsabilidade civil desde sua teorização original, passando pela compreensão da responsabilidade extracontratual sob o fundamento da culpa, como estabelecido pela doutrina nacional e, especialmente, francesa.

Segue examinando a responsabilidade extracontratual sem culpa, o abuso de direito, passa pelo exame da responsabilidade sem culpa na legislação especial e, então analisa várias situações de responsabilidade objetiva no direito civil brasileiro em conformidade a entendimentos doutrinários e julgados.

Suas considerações são amplas e enfrentam todas as questões postas no particular e no sistema jurídico a partir de sua formação e ímpar inteligência.

Além disso, a escrita é levada a perfeição técnica e a habilidade com as palavras e explicações torna o texto de fácil leitura e compreensão.

A construção é feita com requinte intelectual e habilidade para não excluir a culpa de seu "pedestal" e sim incluir outro fundamento para o estabelecimento da responsabilidade civil.

Nesta conformidade, destaca Alvino Lima[4]:

> *Pretende-se, à força de argumentos hábeis, não afastar a culpa do seu pedestal, sobre o qual se construiu a teoria da responsabilidade subjetiva extracontratual. Fala-se desta onda de socialismo que invade o direito, como dizem Pirson e Villé, a fim de se evitar a invasão do materialismo e conter a teoria do risco dentro de uma certa categoria dos fatos predeterminados.*
>
> *No entanto, os diques se rompem, as ondas invasoras destroem vários preceitos, mas não levam de roldão o pedestal, que aí está, sem dúvida na sabedoria dos antigos Códigos das nações cultas. É preciso, porém, convir que, no embate travado, a teoria da culpa não saiu incólume; a verdade dos preceitos legislativos e dos julgados dos tribunais, mais do que as lições dos doutrinadores, comprova a verdade da afirmação.*

Esse pensamento é também explicitado por Alvino Lima durante a solenidade da abertura dos cursos jurídicos da Faculdade de Direito da Universidade de São Paulo, em 27 de março de 1939[5], conforme segue:

---

4. LIMA, Alvino. *Culpa e Risco*. São Paulo: Revista dos Tribunais, 1998, p. 110.
5. LIMA, A. Da influência, no direito civil, do movimento socializador do direito. *Revista da Faculdade de Direito, Universidade de São Paulo*, [S. l.], v. 35, n. 1, 1939, p. 207/208.

"A idéia de culpa subjetiva repousa sobre uma base individualista de segurança estática", ensina-nos DEMOGUE.

Mas a multiplicidade de causas determinantes dos danos, ante a febril atividade do mundo moderno, desmonstrou que a culpa por si só não bastaria para manter o equilíbrio dos direitos, a segurança pessoal de cada um. As grandes empresas, criando para o operário uma fonte assustadora de lesões de direitos e redundando para o patrão em uma fonte de riqueza, fazem surgir a idéia de que o risco, como elemento na organização econômica, deve ser suportado pelo seu criador.

O movimento de aceitação da teoria objetiva da responsabilidade se inicia pelas leis de acidentes de trabalho e tem ganho, pouco e pouco, os favores das novas legislações.

A obra de Alvino Lima é um marco acadêmico de passagem obrigatória a todos estudiosos com pesquisas voltadas à responsabilidade civil objetiva, pois, estabeleceu um paradigma resultando em diversos estudos posteriores que ampliariam e aprofundariam as particularidades dos cânones bem fixados e explicados em *Culpa e Risco*.

Alvino Lima anteviu e apontou a ficção da presunção absoluta de culpa para manutenção da culpa como fundamento geral da responsabilidade civil, pois, na verdade havia o estabelecimento da responsabilidade objetiva nessa situação.

O erudito Professor ao referir "a máscara da teoria da culpa" explicitou a existência da responsabilidade civil sem culpa, como se tem do seguinte extrato[6]:

O processo técnico das presunções júris et de jure consagrado nos dispositivos de todos os Códigos Civis, é a mascara da teoria da culpa.

A objetivação do conceito de culpa, pondo à margem a pesquisa da conduta moral, na teoria da culpa da guarda, assim como a responsabilidade dos alienados, pela aceitação de uma culpa anterior, sem relação alguma com o ato lesivo do direito; a aceitação da responsabilidade objetiva nos acidentes de aeronaves, em minas, em estradas de ferro e em outros casos especiais, demonstram, sobejamente, que não podem residir somente na deliberação da vontade, na sua autonomia, no seu poder, os fundamentos da norma jurídica, todas as vezes que se sacrificam os interesses sociais ou aquele direito de igualdade, na comunhão social.

Comentando a teria da culpa e do risco nas conclusões de sua tese, Alvino Lima deixa claro o mote de seu pensamento que inspiraria várias gerações futuras, como segue:

Não é esta, na verdade, a situação jurídica do direito civil moderno. Consagram todos os Códigos Civis o princípio da culpa como basilar da responsabilidade extracontratual. Abrem-se exceções ao princípio, não por amor a sistemas ou a doutrinas, cujo raciocínios ou silogismos não resistem à realidade complexa da vida, mas por amor a equidade, à justa reparação do dano, às necessidades práticas que devemos satisfazer, pela coação imperiosa da lógica dos fatos.

O que assistimos é a imposição da vida abrindo brecha no princípio secular que nos legaram juristas romanos com a sua profunda sabedoria, criando-se um sistema misto da responsabilidade aquiliana, ora decorrendo da culpa, ora se fundamentando exclusivamente no fato danoso, ou pela aceitação legal das presunções juris et jure da culpa, ou por outros artifícios doutrinários, quando não seja pela proclamação do princípio da teoria do risco criado.

---

6. LIMA, A. Da influência, no direito civil, do movimento socializador do direito. *Revista da Faculdade de Direito, Universidade de São Paulo, [S. l.]*, v. 35, n. 1, 1939, p. 208.

Na obra *A Responsabilidade Civil pelo Fato de Outrem* Alvino Lima desenvolve com profundidade e perspicácia um dos itens de *Culpa e Risco* atualizando e mantendo suas referências bibliográficas seguindo com sua pesquisa nesse aspecto traçando os limites da responsabilidade civil na hipótese tratada e esgotando suas possibilidades nas quase quatrocentas páginas que compõe o livro.

Além disso, trata das previsões de reponsabilidade civil constantes do Anteprojeto de Código Civil que se tornaria o Código Civil de 2002; o que demonstra o seu infindável interesse de Alvino Lima no estudo da responsabilidade civil.

A coesão e o fundamento científico do pensamento de Alvino Lima, ao lado da originalidade de sua obra ao tempo que publicada consagra sua importância no estudo e desenvolvimento da responsabilidade civil no Brasil, sendo passagem obrigatória a todos que investigam esse ramo científico.

4. BIBLIOGRAFIA

EDITOR, O. Alvino Ferreira Lima (1956-1958). *Revista da Faculdade de Direito, Universidade de São Paulo*, [S. l.], v. 88, p. 111-114, 1993. Disponível em: https://www.revistas.usp.br/rfdusp/article/view/67207. Acesso em: 16 abr. 2022.

LIMA, Alvino. *A responsabilidade civil pelo fato de outrem*. São Paulo: Revista dos Tribunais, 2000.

LIMA, Alvino. Aspectos da crise do direito. *Revista da Faculdade de Direito, Universidade de São Paulo*, [S. l.], v. 53, p. 121-138, 1958. Disponível em: https://www.revistas.usp.br/rfdusp/article/view/66286. Acesso em: 16 abr. 2022.

LIMA, Alvino. Da influência, no direito civil, do movimento socializador do direito. *Revista da Faculdade de Direito, Universidade de São Paulo*, [S. l.], v. 35, n. 1, p. 199-213, 1939. Disponível em: https://www.revistas.usp.br/rfdusp/article/view/65899. Acesso em: 16 abr. 2022.

LIMA, Alvino. *Culpa e risco*. São Paulo: Revista dos Tribunais, 1998.

MONTEIRO, W. de B. Professor Alvino Ferreira Lima. *Revista da Faculdade de Direito, Universidade de São Paulo*, [S. l.], v. 70, p. 27-35, 1975. Disponível em: https://www.revistas.usp.br/rfdusp/article/view/66752. Acesso em: 16 abr. 2022.

OROZIMBO NONATO

Atalá Correia

Doutor e Mestre em Direito Civil pela Faculdade de Direito do Largo São Francisco da Universidade de São Paulo. É professor do Instituto Brasileiro de Ensino, Desenvolvimento e Pesquisa (IDP). É Juiz de Direito no Tribunal de Justiça do Distrito Federal e Territórios.

Marilda de Paula Silveira

Doutora e Mestre em Direito pela Universidade Federal de Minas Gerais. É professora do Instituto Brasileiro de Ensino, Desenvolvimento e Pesquisa (IDP). Sócia da Silveira e Unes Advogados Associados.

Sumário: 1. Breve biografia – 2. Produção de Orozimbo Nonato – 3. Contribuições à responsabilidade civil: a responsabilidade do Estado – 4. Conclusão – 5. Referências.

1. BREVE BIOGRAFIA

Nascido em Sabará, em 27 de dezembro de 1891, Orozimbo Nonato[1] da Silva gozou "uma vida exclusiva a serviço do Direito"[2]. Não por outro motivo, o jurista trilhou brilhante carreira que culminou com a nomeação a Ministro do Supremo Tribunal Federal, por decreto do Presidente Getúlio Vargas, aos seus 50 anos de idade. Na ocasião, passou a ocupar a vaga deixada pelo Ministro Armando de Alencar que havia se aposentado. Assumiu a vice-presidência daquela corte em 9.5.1951, e a presidência em 30.1.1956. Sendo contrário à mudança da Corte para Brasília[3], aposentou-se em 27.1.1960, quando foi substituído pelo Min. Barros Barreto[4]. A partir de então, voltou a exercer a advocacia até seu falecimento, na cidade do Rio de Janeiro, em 6 de novembro de 1974.

Sobre o período em que passou em nossa Suprema Corte, Orozimbo destacou que se tratava de trabalho "tão intenso, tão brutalmente intenso e sem perspectivas de normal remate, que impossível é fugir, para caracterizá-lo, à imagem vulgarizada

---

1. O prenome do biografado ora encontra-se grafado com "s" ora com "z". Utilizamos preferencialmente a última grafia considerando ser esta a utilizada pelo Supremo Tribunal Federal atualmente. Não obstante, mantivemos a grafia com "s" sempre que assim constante da referência bibliográfica consultada.
2. Assim resumiu seu colega de docência, Alberto Deodato Maia Barreto, em *Cinco Crônicas:* Orozimbo Nonato. *Revista da Faculdade de Direito da Universidade Federal de Minas Gerais*. Belo Horizonte, v. 26, n. 19/20, p. 488-489, maio/out/1978. No entanto, a pesquisa histórica revela que Orozimbo engajou-se ao menos na campanha de Mello Vianna a Governador do Estado de Minas Gerais (Estado de São Paulo, 16.9.1924, Geral, p. 4).
3. O Estado de São Paulo, 7.1.1960, Geral, p. 48.
4. O Estado de São Paulo, Edição Nacional, 301.1960, p. 12.

de Sísifo, condenado a um labor sem indúcias pelos deuses, apesar de ser o pruden-tíssimo dos mortais, por amar demasiadamente a vida". O ritmo das decisões, por outro lado, o impedia de imprimir "aos votos o cunho primoroso que só o vagar e a meditação pausada permitem aos trabalhos do espírito"[5].

Antes de ser alçado à tão importante função pública, já havia exercido diversas outras. Orozimbo Nonato da Silva bacharelou-se em Ciências Jurídicas e Sociais pela Faculdade de Direito de Minas Gerais, em 1911. A partir de 1912, atuou como Delegado de Polícia, Promotor de Justiça, Juiz Municipal e Secretário na Câmara Municipal. Foi nomeado Advogado-Geral do Estado de Minas Gerais em 20.12.1933. Tornou-se Desembargador do Tribunal de Apelação de Minas Gerais em 2.10.1934, onde permaneceu até 19.6.1940. Atuou como Consultor-Geral da República entre 10.6.1940 e 8.5.1941[6].

Foi Livre-Docente e, posteriormente, Professor Catedrático de Direito Civil da Faculdade de Direito de Minas Gerais, entre 1925 e 1940. Sem dúvida, a docência muito lhe marcou. Em certa ocasião, asseverou que "poucas recordações em minha vida apresentam-se tão gratas ao meu espírito como as dos tempos - e não foram êles escassos nem breves - em que procurei transmitir aos estudantes as lições funda-mentais do Direito Civil"[7].

Em 1941, a convite de Francisco Campos, juntamente com Philadelpho Azevedo e Hahnemann Guimarães, integrou a Comissão incumbida de elaborar o anteprojeto do Código de Obrigações[8]. Os juristas assumiram a missão de unificar o direito priva-do[9]. Na época, o Código Comercial tinha 90 anos de vigência e premia a necessidade

---

5. NONATO, Orosimbo. Prêmio Teixeira de Freitas. *Revista forense*, v. 54, n. 174, p. 7-16, nov./dez. 1957.
6. STIEFELMANN LEAL, Roger. *Memória Jurisprudencial:* Ministro Orozimbo Nonato. Brasília: STF, 2007.
7. NONATO, Orosimbo. A Crise do direito e o dever dos juristas. *Revista forense*, v. 55, n. 180, p. 8, nov./dez. 1958.
8. NONATO, Orosimbo. A Reforma do código civil: justificação do ante-projeto do código de obrigações. *Revista forense*, v. 38, n. 85, p. 567-580, jan./mar. 1941. Francisco Campos, em entrevista, assim indicou seus propósitos: "acabo de tomar providências para, em cumprimento de ordem que recebi do Presidente, iniciar a revisão do Código Civil e do Código Comercial. Estão feitas as primeiras indicações dos especialistas que colaborarão nessa grande obra legislativa, cuja necessidade o Presidente Getúlio Vargas encareceu desde quando, em 1931, constituiu as comissões legislativas, cujo trabalho se interrompeu infelizmente, em parte pela dispersão do método adotado, em parte pela superveniência da Constituição de 1934, mas que, no entanto, recorreremos como fonte subsidiaria. Confiei o Código Civil ao desembargador Orozimbo Nonato, professor da Universidade de Minas Gerais e emérito conhecedor da matéria, e aos meus jovens, cultos e dedicados colegas da Universidade do Brasil, professores Hahnemann Guimarães e Filadelfo Azevedo" e, dentre os avanços propostos, incluía o de superar o individualismo do Código Civil de 1916. No seu enten-der, "na ordem econômica, a liberdade contratual precisa harmonizar-se com o princípio da solidariedade social, com a proteção devida ao trabalhador, com os interesses da economia popular, com a preocupação de reprimir a usura" ("Notas e Informações: Revisão dos Códigos Civil e Comercial", publicado na *Revista Forense*, 79 (434), p. 359, ago. 1939).
9. Conforme opinião de João Baptista Villela, a premissa de unificação partiu do Ministro da Justiça ao formar a comissão (vide NONATO, Orosimbo; GUIMARÃES, Hahnemann; e AZEVEDO, Philadelpho. Anteprojeto de código de obrigações: introdução, organização e notas de João Baptista Villela. *Arquivos do Ministério da Justiça*, v. 41, n. 174, p. 16, out./dez. 1988). De fato, Francisco Campos, em entrevista, declarou que "far-se-á depois a revisão do direito das obrigações, que será estendida ao Código Comercial, para se estabelecer um novo direito comum do crédito. Talvez se possa combater a unificação do direito privado, mas não há

de "seguir as modernas tendências do direito, mitigar os excessos de individualismo, incompatíveis com a ordem jurídica dos tempos que correm, e reduzir a dualidade de princípios aplicáveis aos negócios civís e mercantis"[10]. A Comissão partiu das ideias de reforma já discutidas 10 anos antes por Clóvis Bevilacqua, Eduardo Espínola e Alfredo Bernardes, que visavam corrigir falhas advindas do processo legislativo do Código Civil de 1916[11]. Os integrantes da comissão consideraram, ainda, que a legislação civil poderia valer-se de codificações separadas, para propriedade, família e obrigações, sendo prescindível uma parte geral[12].

O anteprojeto de Código de Obrigações trazia uma parte geral, dividida em cinco títulos: constituição, classificação, transmissão, extinção normal e inexecução das obrigações (incluindo prescrição e decadência). A constituição das obrigações compreendia a declaração de vontade, a promessa de recompensa, o contrato, a gestão de negócios, o enriquecimento indébito e, por fim, a reparação civil[13], esgotando-se,

---

argumentos que demonstrem a necessidade de regular em dois Códigos as mesmas relações creditórias. É, hoje, injustificável a diversidade de disciplinas em matéria de modalidades das obrigações, do pagamento, da novação, da compra e venda, da troca, da locação, do mandato, etc. As inovações trazidas ás relações obrigacionais pelo direito comercial foram assimiladas pelo civil. Houve a chamada comercialização do direito civil, e, por isso, os negócios mercantis não exigem mais regras especiais, diferentes das que vigoram para a atividade comum" ("Notas e Informações: Revisão dos Códigos Civil e Comercial", publicado na *Revista Forense*, 79 (434), p. 359, ago. 1939). A ideia de unificação remonta, entretanto, a Teixeira de Freitas (nesse sentido, vide AZEVEDO, Philadelpho. A unidade do direito obrigacional. *Revista forense*, v. 41, n. 97, p. 5-12, jan./mar. 1944; KLEE, Antonia Espíndola Longoni. A unificação do direito privado e as relações entre o Código de Defesa do Consumidor e o Código Civil. *Revista Jurídica* (Porto Alegre. 1953), v. 361, p. 89-112, 2007). Sobre a comercialização do direito civil, vide ASCARELLI, Tullio. O Desenvolvimento histórico do direito comercial e o significado da unificação do direito privado. *Revista de direito mercantil, industrial, econômico e financeiro*, São Paulo, Revista dos Tribunais v. 37, n. 114, p. 237–252, abr./jun., 1999.

10. NONATO, Orosimbo. A Reforma do código civil: justificação do ante-projeto do código de obrigações. *Revista forense*, v. 38, n. 85, p. 567, jan./mar. 1941.

11. As declarações que Hahnemann Guimarães prestou à imprensa da época explicam essa dubiedade entre resgate do passado e olhos para o futuro que o anteprojeto visava. De um lado, na sua visão, "o jurista não teve, na elaboração, da nossa lei civil, a preocupação que nos assalta agora das leis trabalhistas, da previdência social, da propriedade comercial e outras mais. É preciso que se note, abrindo um parêntesis, o primitivo projeto de Clovis Bevilaqua tratava de assuntos dessa natureza. Nesse ponto, porém, ele foi amputado. Si o Congresso, ao contrário do que fez, tivesse aprovado a parte de Direito do Trabalho de autoria do velho mestre, a nossa legislação atual não ficaria a dever, nessa matéria, as mais perfeitas do mundo" ("Notas e Informações: Revisão dos Códigos Civil e Comercial", publicado na Revista Forense, 79 (434), p. 360, ago. 1939).

12. "A existência da Parte Geral no Código Civil resulta de um processo excessivo de técnica, que dificulta o ensino e a apreensão imediata do sentido das normas jurídicas; na própria Alemanha, que criou o método, encontra-se êle hoje em certo desfavor. Assim, a redução da Parte Geral, ou, até, sua abolição, constitue obra de realismo, sem grandes inconvenientes, dado que os preceitos inscritos nas várias partes dos Códigos ou no conjunto geral da legislação hão de concatenar-se necessariamente em um sistema geral, sempre que possam ter aplicação comum aos diversos ramos do Direito" (idem, p. 568). Em sentido contrário, a demonstrar a importância da parte geral na tradição brasileira, vide, por todos, QUEIROZ DE MORAES, Bernardo B. *Parte Geral*: Código Civil. São Paulo: YK, 2018, obra que enfatiza como a ideia de defendida por Orozimbo Nonato foi deixada de lado nos anos subsequentes (notadamente, p. 118 e seguintes).

13. "Quanto à reparação civil, foram reunidos preceitos sôbre atos ilícitos, que se achavam no Código Civil, na sua parte geral e na especial do livro de obrigações" (NONATO, Orosimbo. A Reforma do código civil: justificação do ante-projeto do código de obrigações. *Revista forense*, v. 38, n. 85, p. 570, jan./mar. 1941).

assim, as fontes obrigacionais. Por sua vez, a parte especial compreendia os contratos em espécie e os títulos de crédito.

Sabe-se que a discussão do referido anteprojeto não avançou naquele tempo[14], mas a influência da ideia de unificação do direito privado, então semeada, certamente influenciou os rumos do Código Civil de 2002, que teve o mérito de manter a parte geral e, não obstante, unificar o direito obrigacional privado. Como prova disso, tem-se a republicação do referido anteprojeto em 1988, como parte do esforço que surgiu com o advento da Constituição da República para impulsionar as reflexões sobre a reformulação da legislação ordinária. Nessa ocasião, João Batista Villela destacava que "a circunstância de que o Anteprojeto se tenha produzido em tempo de restrição às liberdades públicas terá concorrido, possivelmente, para uma certa indisposição que se formou a seu respeito e para que sobre ele se cerrasse cômoda, porém imerecida cortina de silêncio, após a reconstitucionalização do País em 1946"[15].

De todo modo, bem antes disso, em meados de 1960, foi formada outra comissão para cuidar de dois anteprojetos, um de Código Civil e outro de Código das Obrigações. Dessa empreitada, Orozimbo Nonato participou juntamente com Caio Mário da Silva Pereira, Sílvio Marcondes, Teophilo de Azevedo e Orlando Gomes. Já nessa época, os autores destes anteprojetos destacavam que "os preceitos constitucionais têm de ser observados como diretrizes internas do direito civil. O Código Civil há de obedecer realmente à Constituição e conformar-se a seu espírito", preconizando um movimento que iria posteriormente se alargar, mas também lembrando que o Direito Civil nunca foi tratado como uma ilha em nosso ordenamento jurídico[16].

Deve-se mencionar, por fim, que em 1966, Orozimbo Nonato, juntamente com Levy Carneiro e Themístocles Cavalcanti, fez parte da Comissão de Juristas incum-

---

14. Não se pode subestimar que se tratava de um período de guerra, o que logo de princípio suscitou objeções quando a uma reformulação precoce do Código Civil de 1916. Astolpho Vieira Rezende colocava questões preliminares à discussão do anteprojeto: "a primeira delas é a da oportunidade da revisão do Cód. Civil. É o momento atual o mais próprio para fazer-se a revisão de um código que conta apenas 25 anos de existência? A mim me parece que não, não só por fôrça da nossa própria situação interna como, mais ainda, e principalmente, pela influência que a grande carnificina, que espalha no universo os seus efeitos destruidores vai ter necessariamente, sobre as instituições jurídicas e o comércio universal" (REZENDE, Astolpho Vieira, O ante-projeto do Codigo de obrigações. *Revista forense*, v. 41, n. 97, p. 588, jan./mar. 1944). Na mesma linha, Eduardo Espínola Filho destacava que "bem se está a perceber que a reforma de um monumento desta ordem não é empreendimento, que se aventure, sem séria e acurada meditação, indagando, antes de mais nada se tal reforma se impõe, como uma necessidade realmente sentida no nosso comércio jurídico, pois que não poderia ser per doada uma revisão, movida apenas pelo intuito de inovar" (ESPÍNOLA FILHO, Eduardo. Reflexões em Torno do Anteprojeto do Código das Obrigações. *Revista forense*, v. 41, n. 97, p. 593, jan./mar. 1944). Também contrário ao anteprojeto, vide FARIA, Julio Cezar de. Código das obrigações. *Revista forense*, v. 41, n. 97, p. 308-313, jan./mar. 1944.

15. NONATO, Orosimbo; GUIMARÃES, Hahnemann; e AZEVEDO, Philadelpho. Anteprojeto de código de obrigações: introdução, organização e notas de João Baptista Villela. *Arquivos do Ministério da Justiça*, v. 41, n. 174, p. 11, out./dez. 1988.

16. NONATO, Orosimbo; GOMES, Orlando; PEREIRA, Caio Mário da Silva. A reforma do Código civil. *Revista forense*, v. 61, n. 208, p. 5-10, out./dez. 1964

bida da revisão da Constituição, para incorporação dos preceitos contidos nos Atos Institucionais do período militar[17].

2. PRODUÇÃO DE OROZIMBO NONATO

Nos 20 anos que ocupou a magistratura no Supremo Tribunal Federal, entre 1941 e 1960, Orozimbo Nonato deixou vasta produção, nos mais diversos campos do direito, destacando-se, naturalmente, no campo de sua especialidade, o direito privado. Além disso, seu legado é integrado por importantes decisões relativas ao direito do trabalho e ao direito público como um todo. Nos dizeres de Sepúlveda Pertence, "não há província recôndita do Direito que não tenha recebido contribuição definitiva da lavra privilegiada de Orozimbo". Atualmente, a pesquisa realizada com seu nome no acervo de precedentes do STF indica que há 4.445 acórdãos indexados com seu nome, o que dá a dimensão do trabalho que ali exerceu.

Como bem ilustrado por Roger S. Leal, no período em que Orozimbo Nonato serviu ao Supremo Tribunal Federal pôde manifestar-se sobre fatos marcantes da história do país, tais como o fechamento de cassinos, o alcance extraterritorial das leis em face da II Guerra Mundial, a anulação de julgados da Corte pelo Poder Legislativo no quadro da Carta de 1937, e o impeachment do Presidente Café Filho[18]. Mais que isso, como apontado por Gilmar Ferreira Mendes, seus votos já anunciavam aquilo que mais tarde seria conhecido como princípio da proporcionalidade[19]. De todo modo, diferentemente do que usual quando se está a tratar da Suprema Corte, interessa-nos mais de perto a atuação de Orozimbo Nonato no que diz respeito ao direito privado e à responsabilidade do Estado.

Antes de debruçarmo-nos sobre sua produção como magistrado, é de se notar a grande produção acadêmica.

---

17. Em outubro de 1965, por meio do Ato Institucional n. 2, o governo militar promoveu uma discussão sobre o funcionamento do Poder Judiciário, o que resultou numa proposta de reforma, com aumento de seus membros, para 16. Orozimbo Nonato, já aposentado, compôs a comissão de reforma, votando contra o aumento de integrantes do STF (conf. O Estado de São Paulo, 7.11.1965, Geral, p. 6). Uma contextualização geral dos fatos do período pode ser vista em QUEIROZ, Rafael Mafei Rabelo. Cinquenta Anos de Um Conflito: O Embate entre o Ministro Ribeiro da Costa e o General Costa e Silva Sobre A Reforma do STF (1965). *Revista Direito GV* [online]. 2015, v. 11, n. 1, pp. 323-342. Disponível em: https://doi.org/10.1590/1808-2432201514, acesso em 01 mar. 2022. No ano seguinte, formou-se uma comissão para avaliar a reforma da própria Constituição Federal, a qual Orozimbo Nonato também integrou. Uma explicação sobre o trabalho da Comissão pode ser vista em "Carta: Levy Carneiro Presta Esclarecimento", publicada no O Estado de São Paulo, 13.9.1966, Geral, p. 6. O projeto final elaborado pela Comissão foi publicado em O Estado de São Paulo, 25.8.1966, Geral, p. 7. Houve quem considerasse que, por ausência de discussão possível em Assembleia Constituinte e com o recrudescimento da ditadura, o projeto teve vida curta (conf. O Estado de São Paulo, 24.8.1966, Geral, "Constituição?", p. 3). No entanto, Roberto Campos traça uma linha de tempo que se iniciou com a formação da aludida comissão e que redundou na Constituição Federal de 1967 (CAMPOS, Roberto. *A lanterna na popa:* memórias. Rio de Janeiro: Topbooks, 1994, p. 784-787).

18. STIEFELMANN LEAL, op. cit., p. 25

19. MENDES, Gilmar Ferreira. A proporcionalidade na Jurisprudência do Supremo Tribunal Federal. *Repertório IOB de Jurisprudência*, N. 23/94, p. 475-469, 1ª Quinzena de dezembro de 1994.

Dentre suas publicações, merecem destaque os seguintes livros: (i) "Do testamento: conceito e características", tese que veio a lume em Minas Gerais, pela Imp. Diocesana em 1932; (ii) "Pareceres do Consultor Geral da República", em volume único, publicado em 1951 no Rio de Janeiro, por A. Coelho Branco; (iii) "Da Coação como Defeito do Ato Jurídico", publicado pela Editora Forense em 1957 no Rio de Janeiro; (iv) "Estudos sobre Sucessão Testamentária", em 3 volumes, publicado no Rio de Janeiro em 1957 pela Editora Forense; (v) "Curso de obrigações", em dois volumes, publicado no Rio de Janeiro em 1959 pela editora Forense; (vi) "Fraude contra credores: da ação pauliana", livro publicado no Rio de Janeiro em 1969 pela Editora Jurídica e Universitária. Deve-se destacar que também integrou os esforços de adaptação do Tratado de Direito Civil de Cunha Gonçalves ao contexto nacional[20].

Desde muito cedo, Orozimbo Nonato mostrava sua vocação para o diálogo jurídico próprio de seu tempo, sem deixar de notar os problemas nacionais. Seus trabalhos são repletos de referências ao direito nacional e estrangeiro, notadamente o francês. Seus textos revelam que o autor se mantinha extremamente atualizado, lendo obras relevantes de seu tempo, não só no direito, mas também na psicologia e filosofia.

Na tentativa de sintetizar o ofício do jurista, lembrava que este, "no silencio de seu gabinete, vaga o espirito á solução de questões, ao parecer, simplesmente theoricas, e todo se dá á volupia espiritual de considerar problemas de aspecto bysantino, serve, consciente ou inconsciente, a uma das grandes correntes que disputam o poder de orientar a consciencia dos povos; é legionário de uma frega aspera que em toda parte se fere e concorre para que se alteie o dialogo violento, que em todo o mundo se trava, entre o logicismo e o ethicismo, o realismo e o espirutualismo, o indivíduo e o socialismo"[21]. Desta perspectiva, sem dúvida, extrai-se um jurista comprometido com a *praxis* muito mais do que com teorias abstratas, embora se dedicasse a examiná-las com cuidado; um magistrado que, rente à realidade, procurava o sentido do "justo". Daí constatar que "a omnipotencia da forma legal perde seus fanaticos" e que "reclama-se para o juiz moderno quasi que a funcção de 'legislador de cada caso', e isso se reclama exactamente para que, em suas mãos, o texto legal se desdobre num sentido moral e social mais amplo do que, em sua angustia expressional, elle contém"[22]. Ou, dito de outro modo, "o direito não é simples forma de economia", ao contrário, "a história do Direito, nesse aspecto e ainda fora das horas sombrias das violências, das desjustiças e retroceços, apresenta-se como a constante luta do sentimento do justo contra o *ius quod est*"[23]. Afinal, "a vida é muito mais rica e numerosa do que a imaginação e a experiência do mais previsto e sábio dos legisladores. Quando ine-

---

20. O Estado de São Paulo, 10.8.1960, Geral, p. 10.
21. NONATO, Orosimbo. Aspectos do modernismo jurídico e o elemento moral na culpa objectiva. *Revista da Faculdade de Direito da Universidade Federal de Minas Gerais*. Belo Horizonte, v. 11, p. 14, 1929.
22. NONATO, 1929, p. 27.
23. NONATO, Orosimbo. A Crise do direito e o dever dos juristas. *Revista forense*, v. 55, n. 180, p. 8, nov./dez. 1958.

xiste preceito de lei em que se abrace o juiz para a decisão do caso, ele decidirá sob a inspiração de princípios supremos, reveladores dos ideais mais puros de justiça"[24].

3. CONTRIBUIÇÕES À RESPONSABILIDADE CIVIL: A RESPONSABILIDADE DO ESTADO

Ao tratar de modo geral da responsabilidade, o jurista mineiro destacava que a ideia central que domina a responsabilidade é a de que "todo damno causado com *injustiça* deve ser reparado"[25], razão pela qual entendia como central a noção de culpa.

A culpa, no seu modo de ver, tem sentido de regra social. Assim, "o acto illicito não é, apenas, o que a lei prohibe"[26], pois "admitte o legislador toda uma technica da vida dos homens em sociedade, technica demasiada ampla para ser definida em lei e que, não obstante, tem de ser respeitada para a possibilitação da vida social"[27]. Com isso, há "obrigações não minudeadas em lei mas cujo descumprimento, accrescenta, constitue acto illicito"[28]. E assim, "a noção de culpa adquire uma amplitude que lhe permitte abranger muitos dos casos que se mencionam como de responsabilidade objectiva e sem necessidade de regredir ás formas simplistas do primitivismo juridico"[29].

Os avanços para a responsabilidade objetiva eram por ele vistos com ressalvas, pois "ella levaria a cada um a convicção da inutilidade de qualquer esforço para não causar prejuizos aos outros e essa consequencia, além de golpear implacavelmente os sentimentos de moral e de justiça de que se nutre o sentimento do direito, seria desastrosa do ponto de vista de segurança do commercio juridico, que tem na *lealdade* e na *boa vontade* dos homens uma de suas garantias mais preciosas"[30], de modo que "generalizar o principio da causalidade objectiva ou consagrar, para todos os casos, a theoria do risco criado é, pois, em certos aspectos, uma regressão ao primitivismo"[31], que só se viu no período romano primitivo.

Daí concluir que o Código Civil de 1916 "manteve-se em posição adequada" e também assim entendia que a responsabilidade por atos de terceiros trazia, em regra, presunção de culpa, sem admitir presunção "juris et de jure"[32]. Orozimbo, entretanto,

---

24. NONATO, Orosimbo. Visita do Presidente da República ao Supremo Tribunal Federal: discurso do Ministro Orozimbo Nonato. *Revista forense*, v. 53, n. 166, p. 453-455, jul./ago. 1956.
25. NONATO, 1929, p. 38.
26. NONATO, 1929, p. 35.
27. Ibidem, p. 35.
28. Ibidem, p. 35.
29. Ibidem, p. 35.
30. Ibidem, p. 35.
31. NONATO, 1929, p. 34. Mais que isso: "O que não é possivel é negar a existencia, nesses e em outros casos de responsabilidade, do elemento moral, e perigoso seria, generalizando, pretender substituir o principio central da culpa pelo da normalidade, ou da confiança, ou do risco ou da causalidade objectiva, que escondem uma idéa repugnante á nossa sensibilidade juridica e que, pretendendo amoralizar o direito, procura destrui-lo em seus fundamentos primários" (Idem, p. 42).
32. NONATO, 1929, p. 41. A bem da verdade, Código Civil de 1916 dava pouca margem a conclusão diversa. O art. 1.521, CC/1916, indicava que "são também responsáveis pela reparação civil: I. Os pais, pelos filhos menores que estiverem sob seu poder e em sua companhia. II. O tutor e curador, pelos pupilos e curatelados,

preocupou-se em detalhar seu pensamento sobre a responsabilidade de pais e tutores quanto a atos de pessoas privadas de discernimento, não vendo aí como se exigir prova da culpa destes. No seu sentir, a responsabilização por ato de incapazes era regra[33] "que não se dev[e] convizinhar dos que disciplinam as obrigações provenientes do delito. Trata-se, repitamos com Ripert, de uma ideia imposta pela caridade, de uma obrigação de assistência, mais que de reparação"[34].

Coerente com essas premissas, o anteprojeto do Código de Obrigações não era uma peça em que se pudesse encontrar grandes passos em direção à responsabilidade objetiva. No que concerne à reparação civil, o anteprojeto prestigiava "o conceito de culpa, que por sua elasticidade permite extensão suficiente no enfrentar as exigências atuais do comércio jurídico (art. 151)[35]". Ressalvava-se, entretanto, "os preceitos especiais reguladores da reparação civil em matéria de acidentes de trabalho, transporte e concorrência desleal, onde a responsabilidade puramente objetiva já tomou definitivamente o campo ou vê crescer cada dia sua influência dominadora (art. 185[36])"[37].

Na produção jurisprudencial do biografado, encontra-se julgado de sua lavra em que não aceita a cláusula excludente de responsabilidade do hotel quando concluiu-se pela culpa de seu preposto[38]. Em outro julgado, reconheceu a responsabilidade da pessoa jurídica quando seu preposto havia agido com negligência na condução de veículo[39]. No seu entender, presume-se a responsabilidade do preponente se provada

---

que se acharem nas mesmas condições. III. O patrão, amo ou comitente, por seus empregados, serviçais e prepostos, no exercício.do trabalho que lhes competir, ou por ocasião deles (art. 1.522). IV Os donos de hotéis, hospedarias, casas ou estabelecimentos onde se albergue por dinheiro, mesmo para fins de educação, pelos seus hóspedes, moradores e educadores. V os que gratuitamente houverem participado dos produtos do crime, até à concorrente quantia". O art. 1.522, CC/1916, completava a regra, indicando que "a responsabilidade estabelecida no artigo antecedente, n° III, abrange as pessoas jurídicas". O art. 1.523, CC/1916, dispunha, por fim, que, "excetuadas as do art. 1.521, n° V, só serão responsáveis as pessoas enumeradas nesse e no artigo 1.522, provando-se que elas concorreram para o dano por culpa, ou negligência de sua parte".

33. Art. 1.521, CC/1916. "São também responsáveis pela reparação civil: I. Os pais, pelos filhos menores que estiverem sob seu poder e em sua companhia. II. O tutor e curador, pelos pupilos e curatelados, que se acharem nas mesmas condições (...)".

34. NONATO, Orosimbo. Reparação do dano causado por pessoa privada de discernimento. *Revista forense*, v. 37, n. 83, p. 377, jul./set. 1940. O art. 153, do Anteprojeto de Código de Obrigações já procurava sanar a situação do incapaz que causa dano de detém patrimônio para reparar, estabelecendo que "quando o prejuízo é causado por menor de dezesseis anos, ou por pessoa privada de discernimento, e não caiba a obrigação de repará-lo aos encarregados de sua guarda ou vigilância, ou não a possam estes cumprir, é a indenização satisfeita, na medida eqüitativamente fixada pelo Juiz, à custa do patrimônio do autor do dano, que não poderá, todavia, ser privado do necessário à sua manutenção ou à das pessoas que alimenta". Alvino Lima, ao analisar o anteprojeto, entendeu ser ele centrado na ideia de culpa, mas viu na responsabilidade por atos do menor um exemplo de reponsabilidade objetiva (LIMA, Alvino. A Reparação Civil do Dano no Anteprojeto do Código das Obrigações. *Revista forense*, v. 41, n. 97, p. 13, jan./mar. 1944).

35. O art. 151, do Anteprojeto de Código de Obrigações assim prescrevia: "aquele que, por culpa, causa prejuízo a outrem, fica obrigado a reparar o dano".

36. Art. 185. O disposto no presente capítulo não prejudica a aplicação de preceitos especiais que regulem a indenização por acidente de trabalho, fato de transporte, ou concorrência desleal.

37. NONATO, Orosimbo. A Reforma do código civil: justificação do ante-projeto do código de obrigações. *Revista forense*, v. 38, n. 85, p. 572, jan./mar. 1941.

38. STF, RE 18126, Rel. Orozimbo Nonato, 2ª Turma, j. em 05/12/1950, DJ 05/04/1951.

39. STF, RE 30580, Rel. Orozimbo Nonato, 2ª Turma, j. em 20/12/1955, DJ 19/04/1956.

a culpa do preposto, tratando-a como relativa, isto é, não absoluta, contrariamente do que propunha Nelson Hungria.

Essa discussão, à época, era importante porque, apesar de o art. 1.521, CC/1916, estabelecer a responsabilidade do preponente por atos do preposto, o art. 1.523, CC/1916, dizia que aqueles só serão responsáveis provando-se que concorreram para o dano por culpa. Isso significava, na visão do Tribunal de Justiça do Estado de São Paulo, que se deve provar a culpa do preponente, sem admitir presunções. No seu sentir, "afirmar que a culpa do preposto faz presumir a culpa do preponente é contrariar de frente o art. 1.523 do Código Civil, que diz exatamente o inverso" e que "as exegeses *contra legem* desequilibram as organizações democráticas, destruindo o princípio de separação dos poderes".

A visão do TJSP não era unânime. Havia aqueles que não só achavam que a presunção existia, mas que era absoluta. De modo coerente com sua trajetória e pensamento, Orozimbo Nonato assumia posição intermediária neste embate. Assim, como relator perante o STF, votou pela reforma da decisão paulista, destacando que "o aresto recorrido voga ao arrepio da nossa jurisprudência, consolidada através de um rôr de acórdãos, todos no sentido de que a culpa provada do preposto origina a responsabilidade do preponente, para sua culpa presumida", conceituação que "não é destruidora da divisão dos Poderes, nem representa intrusão do Judiciário na elaboração legislativa", mas tende ao fim de "suprimir a antinomia, que seria conspícua, entre artigos do Código Civil", já que "outro dispositivo afirma que o preponente afirma que o preponente é responsável pelo ato do preposto"[40].

Em produção acadêmica, Orozimbo Nonato arrematava o tema: "o art. 1.521 suscita uma presunção cuja natureza relativa o art. 1.523 põe de manifesto"[41]. Não por outro motivo, no anteprojeto de Código de Obrigações, "a responsabilidade indireta é construída de maneira oposta à estabelecida no art. 1.523 do Código Civil, só se tolerando a exoneração em face de prova de não concorrência, para o dano, deferida exclusivamente ao réu (art. 162[[42]])".[43]

---

40. STF, RE 30105, Rel. Orozimbo Nonato, 2ª Turma, j. em 03 abr. 1956, DJ 21 jun. 1956
41. NONATO, Orosimbo. Reparação do dano causado por pessoa privada de discernimento. *Revista forense*, v. 37, n. 83, p. 371, jul./set. 1940.
42. Art. 160. São responsáveis pela reparação do prejuízo: I - os pais, tutores e curadores, pelos incapazes que estiverem sob seu poder e em sua companhia. A estas pessoas equiparam-se, nas mesmas condições, os que, embora sem investidura legal ou judicial, tenham a guarda de incapazes, desprovidos de tutela ou curatela; II - o patrão, empregador ou comitente, quanto aos serviçais, empregados e prepostos no exercício do trabalho que lhes competir, ou por motivo dele; III - os donos de hotéis, hospedarias, casas ou estabelecimentos que alberguem, por dinheiro, embora para fins de educação, pelos hóspedes, moradores e educandos.
    Art. 161. O patrimônio das pessoas jurídicas responde pela reparação dos prejuízos que causarem os que servem à sua exploração, nos termos do no. II do artigo antecedente.
    Art. 162. Não é devida a reparação pela forma que estabelecem os artigos anteriores, se o responsável prova que não concorreu para o dano.
43. NONATO, Orosimbo. A Reforma do código civil: justificação do ante-projeto do código de obrigações. *Revista forense*, v. 38, n. 85, p. 573, jan./mar. 1941.

No campo da responsabilidade civil, o anteprojeto de Código de Obrigações foi precursor de tendências que só vieram a se consolidar posteriormente e que certamente refletem as ideias de Orozimbo Nonato. A proposta legislativa acolhia a noção, na época ainda incipiente, de que "o juiz fixará a indenização, de acôrdo com a gravidade da culpa (art. 172[44])". Também albergou "a reparação do dano moral, arbitrado com moderação, não só cumuladamente com o de caráter patrimonial, mas também nos casos em que êste não se verifica ou surge com importância insignificante (arts. 181-2[45])"[46].

A respeito do dano moral, cumpre destacar que Orozimbo Nonato via-o com naturalidade, como decorrência da lesão à personalidade moral. No seu sentir, "o princípio da reparação do próprio dano puramente moral vai abrindo caminho, triunfando na doutrina e se inserindo nos códigos". De resto, "a perda patrimonial do causador do dano representa, ainda, uma pena, cuja satisfação pode concorrer para mitigar a amargura da ofensa e atener aos sentimentos de vindicta". Via, entretanto, dificuldades de lhes assegurar reparação "em qualquer caso", pois "há casos em que deve ser excluída, e outros demandam reparação de caráter não pecuniário". Desse modo, "a melhor solução do problema – e a ela atende, em parte, o ante-projeto do Código de Obrigações – estaria em facultar ao juiz, dadas as circunstâncias de cada caso, a forma da reparação, que, quando pecuniária, deveria ser arbitrada moderadamente para evitar excessos e locupletações". O arbítrio judicial, nessas circunstâncias, era inevitável diante da impossibilidade de o legislador prever soluções para todos os casos. De todo modo, o Código Civil de 1916 "em cer[tos] e raros casos, determina e fixa o valor ou o critério da reparação do dano moral, não o empreende no caso de homicídio", impossibilitando, neste tipo de caso, a sua reparação[47].

Em termos doutrinários, Orozimbo Nonato não se dedicou com exclusividade ao tema da responsabilidade do Estado. Os temas que permearam sua produção acadêmica, como se apontou anteriormente, estão todos centrados no direito privado. De todo modo, aqui e ali em seus escritos, é possível observar seu pensamento sobre este particular ponto de intersecção entre o público e o privado.

O jurista pôde apontar que não via a socialização do direito privado como uma característica essencialmente contemporânea nem uma tendência uniforme. Vale dizer, ele enxergava aspectos sociais em figuras antigas do direito, assim como tendências modernas voltadas para o individualismo, e não para a socialização dos institutos. Daí afirmar que "o dominio romano, tantas vezes citado como typo de

---

44. Art. 172. O Juiz fixará a indenização de acordo com a gravidade da culpa, consideradas as circunstâncias do caso.
45. Art. 181. Além da que for devida pelo prejuízo patrimonial, cabe a reparação pelo dano moral, moderadamente arbitrada.
    Art. 182. Não ocorrendo prejuízo patrimonial ou sendo insignificante, será o autor do ato lesivo condenado a pagar soma em dinheiro, nos termos do artigo anterior.
46. NONATO, Orosimbo. A Reforma do código civil: justificação do ante-projeto do código de obrigações. *Revista forense*, v. 38, n. 85, p. 573, jan./mar. 1941.
47. STF, ACi 7526, Rel. Orozimbo Nonato, j. em 03 nov. 1942.

direito absoluto e irrestricto, sempre comportou limitações"[48] e, em contraposição, que "em outro ponto – de grande momento e de inquestionável alcance theorico e pratico, – accentua-se no direito moderno o triumpho do individualismo", a saber "a questão da responsabilidade do Estado, tão energicamente affirmada no artigo 15 de nosso código"[49], pois há aí "um esforço para protecção do indivíduo contra a sociedade"[50].

Assim, era natural que, quando assumiu a função de magistrado no Supremo Tribunal Federal, viesse a asseverar que "as falhas do serviço público, as omissões da autoridade contra dever legal constituem fonte de responsabilidade" e que "o Estado é responsável, em linha de princípio, pelas falhas do serviço"[51].

Sem abandonar esta tradição, o anteprojeto do Código de Obrigações, quanto à responsabilidade civil do Estado, apenas transcreveu o texto constitucional, "deixando ao direito administrativo a tarefa de regular o desenvolvimento do princípio; a êsse ramo da ciência jurídica"[52].

Dito isso, cumpre debruçarmo-nos sobre as decisões que, como Ministro do Supremo Tribunal Federal, Orozimbo Nonato proferiu, para ali investigar sua visão sobre a responsabilidade do Estado. Para esta finalidade, separamos as decisões em dois grupos. No primeiro deles, estão reunidas as decisões sobre fatos que, a sua época, eram considerados tumultuários e que, assim levaram à discussão da responsabilidade da União. No segundo grupo, estão reunidas decisões que, de modo mais dogmático, revisitam o papel da culpa e os limites da responsabilidade do Estado. A separação não é precisa, porquanto as temáticas estão interconectadas em muitos deles. Entretanto, pareceu-nos necessário resgatar.

Em 1924, explodiu revolta militar na cidade de São Paulo, liderada por tenentes revoltosos que, a pretexto de derrubar o presidente Artur Bernardes, ocuparam a cidade de São Paulo por 23 dias, período em que a cidade foi atacada por tropas federais e bombardeada por tiros de canhão. As notícias indicam que "pelo menos 1.500 edificações em toda a capital foram destruídas, o comércio foi saqueado, os hospitais não davam conta de tantos feridos, o abastecimento de água e luz foi prejudicado e quem pode fugiu da cidade, inclusive o governador do Estado de São Paulo na época, Carlos de Campos, que se refugiou em um vagão de trem na região da Penha, zona leste, onde instalou o seu governo"[53]. Nesse contexto, o Cotonifício Rodolfo Crespi S.A., que tinha sede na Rua Javari, n. 89, sofreu prejuízos diversos, reclamando-os

---

48. NONATO, 1929, p. 25.
49. O art. 15, do Código Civil de 1916, estabelecia que "as pessoas jurídicas de direito público são civilmente responsáveis por atos dos seus representantes que nessa qualidade causem danos a terceiros, procedendo de modo contrário ao direito ou faltando a dever prescrito por lei, salvo o direito regressivo contra os causadores do dano".
50. NONATO, 1929, p. 24.
51. STF, RE 28716, Rel. Orozimbo Nonato, 2ª Turma, j. em 19 ago. 1955, DJ 17 maio 1956.
52. NONATO, Orosimbo. A Reforma do código civil: justificação do ante-projeto do código de obrigações. *Revista forense*, v. 38, n. 85, p. 573, jan./mar. 1941.
53. Conforme BBC Brasil, https://www.bbc.com/portuguese/brasil-49262059, acesso em 12 mar. 2022.

da União. A primeira instância julgou improcedentes os pedidos por não considerar haver culpa do Estado, considerando que "os poderes públicos exerceram nesta quadra toda vigilância e eficiência na repressão do movimento, não lhes cabendo responsabilidade por inação, omissão ou culpa". O Tribunal Federal de Recursos julgou improcedente o pedido, mantendo aquele entendimento.

Com o encaminhamento do caso ao STF, Orozimbo Nonato considerava ser necessário dar provimento e estabelecer o dever de reparar. A despeito de avaliar o tema sob a luz da Constituição Federal de 1946, posterior aos fatos, porque "a Lei Constitucional deve ter a maior irradiação possível, deve ter aplicação intensa" e, além disso, porque normas anteriores poderiam dar supedâneo ao pedido. Destaquem-se suas palavras:

> "O caso não era de simples revoltilho dominável, ao fácil, pelas forças policiais do Estado, mas de revolução em que se empenharam forças do Exército, da polícia e o povo. E para subjugá-las desenvolveram-se operações militares de vulto de que resultaram os prejuízos cuja reparação pede o recorrente.
>
> O justo, o equitativo, o que orna com o princípio da distribuição dos ônus e cômodos por todos os membros do consórcio civil é que este pague os prejuízos que um sofreu para a restauração da ordem que beneficiaria a todos"[54]

A maioria acompanhou o voto do relator, impondo a responsabilidade para a União. Irresignada, esta interpôs embargos infringentes, levando o caso ao conhecimento do Pleno do STF. A decisão foi então revertida, com votos de Nelson Hungria, Barros Barreto, Macedo Lundolf, Rocha Lagoa, Hahnemann Guimarães, Ribeiro da Rocha e Edgard Costa.[55] O relator, Nelson Hungria, entendia que, nos termos do art. 15, do CC/1916, era necessária culpa e contrariedade ao direito, o que não se via no caso, tampouco entendia possível fazer retroagir a Constituição Federal de 1946.

O RE 20178 tratou de irresignação do Estado do Rio Grande do Sul contra acórdão que lhe condenou a reparar lojistas de nacionalidade alemã que tiveram suas lojas depredadas e incendiadas, em 19.8.1942, na cidade de Pelotas, período de guerra, portanto. A culpa 'in omitendo' e 'in vigilando' do Estado diante do movimento multitudinário foi aceita na primeira e na segunda instância[56], sendo igualmente reconhecida pelo STF. Entendia-se, então, que o Estado respondia por depredações causadas por motivos populares sempre que não empregou os meios que lhe estavam ao alcance para impedir o ato.

Situação semelhante ocorreu em Campina Grande, Paraíba, no dia 1º de agosto de 1942. Com a notícia de que navios brasileiros haviam sido torpedeados, "a multidão que percorria as ruas daquela cidade" arrombou, saqueou e destruiu estabelecimentos vinculados à comunidade de migrantes italianos. No entender dos lesados,

---

54. STF, RE 17252, Rel. Orozimbo Nonato, 2ª T., j. em 10 abr. 1951, DJ 07 jun. 1951.
55. STF, RE 17252 EI, Rel. Nelson Hungria, Tribunal Pleno, julgado em 24 ago. 1956, DJ 31 jan. 1957.
56. STF, RE 20178, Rel. Orozimbo Nonato, 2ª T., j. em 14 nov. 1952, DJ 08 out. 1953.

isso só ocorreu por omissão da autoridade policial, que detinha meios para evitar o ocorrido. O Estado da Paraíba defendeu-se, dizendo que não havia como conter a multidão. As decisões de primeira e segunda instância reconheceram a omissão culposa do Estado, condenando-o a reparar. O STF, em voto de Orozimbo Nonato, negou provimento ao recurso, mantendo as decisões anteriores[57].

Houve discussões semelhantes em diversas outras situações análogas, a tratar de atos tumultuários, na I Guerra Mundial, na Revolução Cearense de 1914[58], na Revolução de 1930[59], na Revolução de 1937[60], ora reconhecendo, ora afastando a responsabilidade do Estado.

Tomemos agora em perspectiva o segundo grupo de decisões. De modo geral, pode-se dizer que, no período em que Orozimbo Nonato atuou perante o Supremo Tribunal Federal, a jurisprudência indicava que "a responsabilidade do Estado por atos de seus servidores pressupõe a injúria objetiva e a subjetiva" e que "consiste esta na culpa do agente da administração pública"[61]. Orozimbo Nonato não concordava com esta visão, ficando vencido. Seguia as lições de Pedro Lessa, Noé Azevedo e Francisco Campos. De modo precursor, no seu entender, não era adequado "aplicar à Responsabilidade do Estado o conceito de culpa civil", porque, então, "rigorosamente, o resultado seria proclamar-se a irresponsabilidade do Estado, pela índole mesma de sua entidade e soberania, o que entraria em conflito com os reclames imperiosos da equidade, da justiça"[62]. Considerava irrelevantes as diferenças de atos praticados *iure imperi* e *iure gestionis*[63] e que há responsabilidade mesmo quando a administração, por meio de atos lícitos, busca finalidades públicas, porém, no intercurso, causa danos a particulares[64]. Assim, "a responsabilidade do Estado tem sua fonte em razões de política jurídica e de equidade que não entram no conceito clássico de culpa"[65]. Para ele, o problema da responsabilidade do Estado "saiu das lindes da doutrina da irresponsabilidade e da doutrina civilística para entrar na 'fase do direito público', a que alude Duez, caracterizada pela insinuação, nos quadros da doutrina clássica, dos conceitos de 'risco' e da 'falha do serviço público', do 'acidente administrativo'"[66].

---

57. STF, RE 19968, Rel. Orozimbo Nonato, 2ª T., j. em 26 dez. 1952, DJ 29 out. 1953.
58. STF, ACi 5643, Rel. Orozimbo Nonato, j. em 14 dez. 1943. Para situação análoga em Belo Horizonte, vide STF, RE 14282 EI, Rel. Orozimbo Nonato, Tribunal Pleno, j. em 29 out. 1956, DJ 17 jan. 1957.
59. STF, RE 4622, Rel. Orozimbo Nonato, 2ª T., j. em 21 jan. 1947. Vide ainda STF, ACi 7225, Rel. Min. Bento de Faria, j. em 05 jan. 1943.
60. STF, ACi 7167, Rel. Orozimbo Nonato, j. em 10 dez. 1943)
61. STF, RE 4622, Rel. Orozimbo Nonato, 2ª T., j. em 21 jan. 1947. A rigor, a disputa fática subjacente a este precedente dizia respeito à responsabilidade da União por atos tumultuários na revolução de 1930. O voto majoritário não via culpa do Estado e Orozimbo Nonato defendia a responsabilização objetiva, razão pela qual restou vencido. Dada a importância deste caso para o entendimento do papel da culpa na responsabilidade do Estado, preferimos tratá-lo neste ponto do texto.
62. Idem.
63. STF, RE 4707 embargos, Rel. Orozimbo Nonato, j. em 26 maio 1943.
64. O que pode ser visto no voto que Orozimbo Nonato proferiu em STF, ACi 7448, Rel. José Linhares, julgado em 21 nov. 1947; e em ACi 7546, Rel. Carlos Maximiliano, j. em 17 abr. 1942.
65. STF, RE 4622, Rel. Orozimbo Nonato, 2ª T., j. em 21 jan. 1947.
66. Idem.

Extraem-se de outro julgado importantes observações. Ao julgar o Recurso Extraordinário n. 25.526, o STF estava diante de ação ajuizada por Benvenuto Alves de Lima contra a Fazenda do Estado de São Paulo. O autor alegou que, no dia 19.12.1948, trabalhava em seu bar quando ali apareceu o investigador de polícia José Bezerra de Lima. Este efetuou a prisão de um indivíduo, passando a agredi-lo. O autor interveio, para que não houvesse agressões no interior de seu estabelecimento. Isso bastou para que Bezerra disparasse arma de fogo, ferindo-o autor da ação. Este correu para o balcão, sacou seu revólver e disparou contra o policial, que veio a falecer. Absolvido do homicídio, Benvenuto Alves de Lima postulou reparação civil. Em sua defesa, o Estado afirmou que José Bezerra de Lima não agiu na qualidade de funcionário público, pois no período estava em gozo de licença, fato este que excluiria a sua responsabilidade nos termos do art. 15, CC/1916, e do art. 198, da CF/1946[67].

Orozimbo Nonato, relator do caso, destacou inicialmente que a Constituição Federal então vigente havia reproduzido a regra que se via no Código Civil. Para aplicação deste preceito, Orozimbo Nonato entendia ser essencial que o agente tenha causado o dano na qualidade de funcionário ou no exercício da função pública, sendo irrelevante eventual ilegalidade na investidura da função. Este requisito é fundamental, ainda que "se largue o critério civilístico da culpa e se aceite o do risco administrativo ou da solidariedade, da distribuição normal dos onus e dos comodos pelos componentes do consorcio civil", o que – fez questão de ressaltar o relator – "a meu ver se encontra autorizado no texto do art. 194 citado"[68]. De todo o modo, e para que fique claro, o relator concordou com as demais instâncias e excluiu a responsabilidade do Estado, por concluir que o agente não agiu na qualidade de funcionário.

Como adequadamente indicado por Roger S. Leal, o centro dessa discussão estava além da solução uniforme de um conjunto de casos, pois o que se debatia era justamente se a responsabilidade do Estado poderia ser adequadamente regida pelas normas de direito privado fundadas na culpa[69]. No seio dessa disputa, exsurge Orozimbo Nonato como um julgador cônscio de toda a discussão teórica sobre os fundamentos da responsabilidade estatal e que, apesar de inteiramente ciente do papel da culpa no quadro geral da responsabilidade, via com bons olhos sua mitigação na esfera da responsabilidade administrativa.

Em 1955, o STF pôde analisar a constitucionalidade de decisão proferida pelo Tribunal de Justiça de São Paulo e que condenou a capital daquele por conceder e revogar autorização para construção. O tribunal *a quo* havia concluído que "a cassação de alvará por ato do executivo municipal, nos termos do art. 70 do Código de Obras, autoriza o pedido de indenização contra a municipalidade, desde que tenha havido culpa ou erro do Poder público, quer na concessão, quer na revogação do

---

67. Art. 194, CF/1946. "As pessoas jurídicas de direito público interno são civilmente responsáveis pelos danos que os seus funcionários, nessa qualidade, causem a terceiros". Parágrafo único – "Caber-lhes-á ação regressiva contra os funcionários causadores do dano, quando tiver havido culpa destes".
68. STF, RE 25526, Rel. Orozimbo Nonato, 2ª Turma, j. em 22 jun. 1954, DJ 16 set. 1954.
69. STIEFELMANN LEAL, op. cit., p. 72.

alvará, sem que para isso tenha concorrido o interessado". O recurso extraordinário postulou a reforma da decisão, apontando, então, exercício regular de direito, bem como violação da autonomia municipal. Ao relatar a decisão que negou provimento ao recurso, Orozimbo Nonato destacou que "autonomia não é irresponsabilidade e se há princípio profundamente entalhado na nossa consciencia juridica e na tradição de nosso direito é o da responsabilidade das pessoas de direito público interessado por atos de seus funcionários"[70].

No Recurso Extraordinário n. 24.766, Harry e Balbi Ltda. insurgiu-se contra o Município de Belo Horizonte, por conta de recorrentes enchentes que trouxeram prejuízos diversos a seu estabelecimento comercial entre 1914 e 1944. O voto vencedor de Orozimbo Nonato arvorou-se, inicialmente, em Hudelot et Wetmann, para destacar que o fortuito não depende da vontade do devedor, representando aquilo que nenhum homem pode prever, como nos acidentes naturais. Já a força maior estaria bem caracterizada pela guerra, pois decorre de um fato humano que representa obstáculo invencível à execução da prestação pelo devedor. De todo modo, "o nosso Código não atribui qualquer alcance a essa distinção", pois, com base em Alfredo Colme, ambos os termos correspondem ao conceito de que não há mora por obstáculo insuperável, seja por imprevisibilidade ou por inevitabilidade. Por considerar que se tratava de enchentes recorrentes, o Ministro concordou com as instâncias inferiores, que concluíram pela negligência da prefeitura na construção de canais de escoamento vizinhos ao estabelecimento comercial[71].

4. CONCLUSÃO

O conjunto das obras e da atuação jurisdicional de Orozimbo Nonato revela sua importante contribuição para o campo da responsabilidade civil. Muito mais poderia ser dito a seu respeito, mas premidos pela brevidade necessária a este estudo, resta-nos concluir que o notável jurista participou de debates cruciais para a formação do país. No campo do direito privado, suas lições ecoaram nas décadas seguintes. Em termos de responsabilidade do Estado, esteve verdadeiramente à frente de seu tempo.

5. REFERÊNCIAS

ASCARELLI, Tullio. O Desenvolvimento histórico do direito comercial e o significado da unificação do direito privado. *Revista de direito mercantil, industrial, econômico e financeiro*, São Paulo, Revista dos Tribunais v. 37, n. 114, p. 237-252, abr./jun., 1999.

AZEVEDO, Philadelpho. A Reforma do código civil italiano comparada com a do Brasil. *Revista forense*, v. 39, n. 89, p. 605-606, jan./mar. 1942.

AZEVEDO, Philadelpho. A unidade do direito obrigacional. *Revista forense*, v. 41, n. 97, p. 5-12, jan./mar. 1944.

---

70. STF, RE 25760, Rel. Orozimbo Nonato, 2ª Turma, j. em 10 dez. 1954, DJ 25 ago. 1955.
71. STF, RE 24766, Rel. Orozimbo Nonato, 2ª Turma, j. em 07 maio 1954, DJ 05 ago. 1954.

CAMPOS, Roberto. *A lanterna na popa:* memórias. Rio de Janeiro: Topbooks, 1994, p. 784-787

ESPÍNOLA FILHO, Eduardo. Reflexões em Torno do Anteprojeto do Código das Obrigações. *Revista forense*, v. 41, n. 97, p. 593, jan./mar. 1944.

FARIA, Julio Cezar de. Código das obrigações. *Revista forense*, v. 41, n. 97, p. 308-313, jan./mar. 1944

KLEE, Antonia Espíndola Longoni. A unificação do direito privado e as relações entre o Código de Defesa do Consumidor e o Código Civil. *Revista Juridica* (Porto Alegre. 1953), v. 361, p. 89-112, 2007

LIMA, Alvino. A Reparação Civil do Dano no Anteprojeto do Código das Obrigações. *Revista forense*, v. 41, n. 97, p. 13-21, jan./mar. 1944.

MAIA BARRETO, Alberto Deodato. Cinco Crônicas: Orozimbo Nonato. *Revista da Faculdade de Direito da Universidade Federal de Minas Gerais*. Belo Horizonte, v. 26, n. 19/20, p. 488-489, maio/out/1978.

MENDES, Gilmar Ferreira. A proporcionalidade na Jurisprudência do Supremo Tribunal Federal. *Repertório IOB de Jurisprudência*, n. 23/94, p. 475-469, 1ª Quinzena de dezembro de 1994

NONATO, Orosimbo. A Cousa julgada na ação demarcatoria. *Revista de jurisprudência brasileira*, v. 82, n. 246, p. 121-122, mar. 1949.

NONATO, Orosimbo. A Crise do direito e o dever dos juristas. *Revista forense*, v. 55, n. 180, p. 7-14, nov./dez. 1958.

NONATO, Orosimbo. A Exceptio non adimpleti contractus. *Revista de jurisprudência brasileira*, v. 81, n. 243, p. 147, dez. 1948.

NONATO, Orosimbo. A Reforma do Código Civil: justificação do ante-projeto do codigo de obrigações. *Revista forense*, v. 38, n. 85, p. 567-580, jan./mar. 1941.

NONATO, Orosimbo. Alegação de prescrição na execução. *Revista de jurisprudência brasileira*, v. 73, n. 215/216, p. 148-151, ago./set. 1946.

NONATO, Orosimbo. *Ante-projeto de Código de obrigações:* parte geral. Rio de Janeiro: Impr. Nacional, 1943.

NONATO, Orosimbo. Aspectos do modernismo judiciário e o elemento moral na culpa objectiva. *Revista forense*, n. 56, p. 5-26, jan./jun. 1931.

NONATO, Orosimbo. Aspectos do modernismo jurídico e o elemento moral na culpa objectiva. *Revista da Faculdade de Direito da Universidade Federal de Minas Gerais*. Belo Horizonte, v. 11, p. 13-43, 1929 (publicado em 1931). (originalmente proferida como Conferência no Instituto dos Advogados, em 27 de Setembro de 1930).

NONATO, Orosimbo. Cheques, natureza: ordem de pagamento: cheque como garantia: cobrança por via ordinária: novação: crime de extorsão indireta. *Revista Jurídica*, Porto Alegre, n. 83, p. 111-135, 1975.

NONATO, Orosimbo. *Fraude contra credores:* da ação pauliana. Rio de Janeiro: Jurídica e Universitária, 1969.

NONATO, Orosimbo. O foro do contracto. *Archivo Judiciario*, v. 58, abr./jun. 1941. Suplemento, p. 125-128.

NONATO, Orosimbo. Parecer sobre o direito dominial e possessorio da universidade federal do rio de janeiro ao imovel sito av. pasteur, 250 e dependencias anexas: objeto do decreto-lei n. 233 de 28-2-67.

NONATO, Orosimbo. Prêmio Teixeira de Freitas. *Revista forense*, v. 54, n. 174, p. 7-16, nov./dez. 1957.

NONATO, Orosimbo. Reparação do dano causado por pessoa privada de discernimento. *Revista forense*, v. 37, n. 83, p. 371-377, jul./set. 1940.

NONATO, Orosimbo. Trechos de um parecer sobre a burocratização dos cartórios. *Revista da Faculdade de Direito de Caruaru*, v. 15, n. 10, p. 47-50 1975.

NONATO, Orosimbo. Visita do Presidente da República ao Supremo Tribunal Federal: discurso do Ministro Orozimbo Nonato. *Revista forense*, v. 53, n. 166, p. 453-455, jul./ago. 1956.

NONATO, Orosimbo. Visita do Presidente da República ao Supremo Tribunal Federal: discurso do Ministro Orozimbo Nonato. *Revista forense*: doutrina, legislação e jurisprudência, v. 53, n. 166, p. 453-455, jul./ago. 1956.

NONATO, Orosimbo. Visita do Presidente da República ao Supremo Tribunal Federal: discurso do Ministro Orozimbo Nonato. *Revista forense*, v. 53, n. 166, p. 453-455, jul./ago. 1956.

NONATO, Orosimbo; GOMES, Orlando; PEREIRA, Caio Mário da Silva. A reforma do Código civil. *Revista forense*, v. 61, n. 208, p. 5-10, out./dez. 1964.

NONATO, Orosimbo; GUIMARÃES, Hahnemann; e AZEVEDO, Philadelpho. Anteprojeto de código de obrigações: introdução, organização e notas de João Baptista Villela. *Arquivos do Ministério da Justiça*, v. 41, n. 174, p. 7-150, out./dez. 1988.

QUEIROZ DE MORAES, Bernardo B. *Parte Geral*: Código Civil. São Paulo: YK, 2018.

QUEIROZ, Rafael Mafei Rabelo. Cinquenta Anos de Um Conflito: O Embate entre o Ministro Ribeiro da Costa e o General Costa e Silva Sobre A Reforma do STF (1965). *Revista Direito GV* [online]. 2015, v. 11, n. 1, p. 323-342. Disponível em: https://doi.org/10.1590/1808-2432201514, acesso em: 1º mar. 2022.

REVISTA FORENSE. "Notas e Informações: Revisão dos Códigos Civil e Comercial". *Revista Forense*, 79 (434), p. 355-365, ago. 1939.

REZENDE, Astolpho Vieira, O ante-projeto do Codigo de obrigações. *Revista forense*, v. 41, n. 97, p. 588-592, jan./mar. 1944.

STIEFELMANN LEAL, Roger. *Memória Jurisprudencial*: Ministro Orozimbo Nonato. Brasília: STF, 2007.

PONTES DE MIRANDA E A RESPONSABILIDADE CIVIL: ALGUNS ASPECTOS DE SUA CONTRIBUIÇÃO

Felipe Braga Netto

Membro do Ministério Público Federal (Procurador da República). Pós-doutor em Direito Civil pela *Università di Bologna*, Italia *(Alma Mater Studiorum)*. Doutor em Direito Constitucional e Teoria do Estado pela PUC-Rio. Mestre em Direito Civil pela UFPE. Associado fundador e 1º vice-presidente do IBERC (Instituto Brasileiro de Responsabilidade Civil, 2017-2019). Professor de Direito Civil da PUC-Minas (2002-2007). Professor de Direito Civil da Dom Helder (2003-2021). Professor da Escola Superior do Ministério Público da União. Procurador Regional Eleitoral de Minas Gerais (2010-2012). Publicou artigos em 32 obras coletivas, tendo coordenado quatro delas. Além das obras coletivas, publicou 14 livros.

"Gostei de tudo no teu livro: até do número do exemplar: 7. O 'Menino impossível' deleitou-me. Mimado por uma santa tia também fui eu, Jorge de Lima – um menino impossível que estudou. Compreendi o teu símbolo; podia compreendê-lo: cada dia que passa, mais mergulho no europeu e no americano do Norte, porém mais me vibra na alma – o homem brasileiro, o nordestino, o alagoano que sou e morrerei, ainda que morra em Londres cinzenta, com cinco livros ao alcance da mão, muita saudade, muita lembrança, uma caixinha de cigarros do Brasil, e alguns retratos de amigos marcando *os livros em leitura*".

Carta de Pontes de Miranda a Jorge de Lima

Sumário: 1. Uma palavra de contextualização – 2. Pequena biografia – 3. Produção geral do autor – 4. Contribuições à responsabilidade civil; 4.1 Três exemplos dentre muitos; 4.2 Fortalecimento da dimensão existencial dos direitos; 4.3 Fortalecimento da dimensão preventiva dos direitos; 4.4 O caráter histórico do conceito de dano; 4.5 A pluridimensionalidade do mundo jurídico; 4.6 O caráter múltiplo da ilicitude civil – 5. Uma breve palavra de conclusão.

1. UMA PALAVRA DE CONTEXTUALIZAÇÃO

"No processo, como em tudo mais, nós somos o resultado dos vinte e cinco séculos ocidentais. Nem podemos ser outra coisa; nem nos podemos furtar ao curso da História. Bastaria que conseguíssemos ver, com uma lente, os diferentes conceitos de ação, para que a nossa heterogeneidade histórica ressaltasse".

Pontes de Miranda

O direito civil, como obra da cultura humana, realizada difusamente ao correr de uns tantos séculos, assume feição histórica, sendo resultado não só do que somos hoje, mas também do que fomos ontem. Imensa parcela daquilo que chamamos direito civil vem do passado, resulta de intuições geniais de muitos que vieram antes de nós. Tivemos no Brasil um jurista singular, um jurista cuja magnitude da obra talvez ainda não tenha sido adequadamente compreendida. Tenho a honra – nesta belíssima obra coletiva – de escrever sobre Pontes de Miranda, um jurista que me fascina desde quando eu era muito jovem. Sergio Bermudes escreveu: "Um dos atributos da genialidade de Pontes de Miranda é sua insuperável capacidade de ler com olhos críticos, de selecionar e apreender. Exímio conhecedor das fontes próximas e remotas do direito brasileiro, ele hauriu muito de sua ciência nos autores alemães, que cita a cada passo, mas sem vergar-se ao peso da sua autoridade. Não se acanha de fazer-lhes censuras, quando as entende necessárias. Iguala-se a eles, como permitia a cultura fenomenal, que o torna um dos maiores juristas do mundo, em todos os tempos, e assim será proclamado, à medida que se faça conhecida a sua obra ciclópica, que, escrita em português e num país subdesenvolvido, ainda espera adequado descobrimento"[1].

Começamos dizendo que o direito civil – mas não só o direito civil, a experiência jurídica como um todo – vem do passado, resulta de intuições geniais de muitos que vieram antes de nós. Pontes, aliás, nesse sentido, compreendia como poucos o fio histórico que tece o direito através dos séculos. Exaltava imensamente os juristas portugueses dos séculos XVI a XVIII a respeito dos quais escreveu: "A cuja finura e honestidade científica tanto devo". E completou: "Desde cedo, mais de 70 anos atrás, convivi com eles, e tanto me pareceu essencial estar em dia com os edificadores da ciência nova, como lembrar-me do que eles sabiam e pertence às nossas raízes. Algumas vezes adivinharam"[2].

No Brasil, os maiores conhecedores da obra de Pontes de Miranda talvez sejam Marcos Bernardes de Mello e Paulo Lôbo – e ambos, em seus livros, contribuem imensamente para divulgar a obra de Pontes (a parte, digamos, mais normativa obra de Pontes, tradicionalmente conhecida como dogmática jurídica). Há outros, há muitos outros estudiosos relevantes, em livros e artigos que surgem de modo crescente – mencionamos apenas os dois por terem trajetória antiga e bela nesse campo. Neste artigo tentaremos, em corte epistemológico, apenas brevemente destacar – o espaço é curto – algumas das contribuições de Pontes de Miranda relacionadas à responsabilidade civil e à ilicitude civil. Estamos certos que centenas de artigos poderiam ser

---

1. BERMUDES, Sergio. *RTDC*, v. 32, out./dez. 2007, Diálogos com a Doutrina, p. 288.
2. PONTES DE MIRANDA. *Comentários ao Código de Processo Civil*. T. I. Rio de Janeiro: Forense, 1997, prólogo. Sobre o tema Juliano Heinen tem observação interessante: "No que se refere às fontes luso-brasileiras, Pontes de Miranda era profundo conhecedor. O maior destaque neste aspecto, por ser de nodal presença na obra construída ao longo de décadas, é a influência marcante de Teixeira de Freitas (1816-1883). Tanto em termos de método, como em termos de conteúdo, Pontes de Miranda se inspira em muito na produção intelectual do autor citado, como se fosse verdadeiro 'continuador' da Consolidação das Leis Civis, de Freitas. Entre tantos pontos em comum, destaca-se um: ambos os juristas não encontraram um ambiente profícuo para debater suas ideias, passando a discutir a dogmática posta" (HEINEN, Juliano. O que aconteceu com Pontes de Miranda? Implicações da doutrina do jurista e filósofo brasileiro na dogmática jurídica brasileira do século XX. *Cadernos do Programa de Pós-Graduação em Direito da PPGDir/UFGRS*. Edição digital. Porto Alegre. V. XIV, n. 2, 2019, p. 221).

escritos sobre o mesmo tema, por pesquisadores certamente mais qualificados. De todo modo, cada um deles seria distinto, teria um ângulo de abordagem próprio e singular – como permite a obra imensa e magistral de Pontes.

Pontes não é um autor fácil. Mas é um autor fascinante, genial e único. Tem uma maneira singular de escrever, diferente do habitual – é preciso, de certo modo, acostumar-se a ela, e isso só se consegue mergulhando na obra de Pontes, e não em consultas rápidas. Nosso mestre maior, Professor Marcos Mello – certamente o grande intérprete de Pontes de Miranda no Brasil, ele mesmo, aliás, um dos mais refinados juristas do país –, sempre afirmou ser necessário "aprender a ler o Pontes" (uma blague: podemos dizer que Marcos Mello é "homem de polpa em assuntos jurídicos", expressão que Pontes usava para elogiar juristas que admirava). Outro aspecto que afasta os leitores é a extensão da obra. Isso se torna particularmente grave em dias de conexões tão velozes e fugazes, numa época em que a única permanência é a mudança e quando todos – ou quase todos – nos queixamos da ausência de tempo.

2. PEQUENA BIOGRAFIA

> *"Cultura humana é ascensão. Ascender um pouco, cada um, para que outros ascendam mais. Só essa solidariedade serve à dignidade e à crescente pujança do espírito, à felicidade humana e à propagação dos meios técnicos".*
>
> Pontes de Miranda

Pontes – Francisco Cavalcanti Pontes de Miranda – nasceu em Maceió-AL (mais exatamente no Engenho Mutange, em São Luís do Quitunde, próximo a Maceió) em 23 de abril de 1892 (o registro de nascimento foi em Maceió). Nasceu prematuro – em gestação com menos de sete meses – e é espantoso que tenha sobrevivido, considerada a época de seu nascimento. O nome Francisco foi dado em homenagem a São Francisco de Assis. Seus pais eram Manoel Pontes de Miranda e Rosa Cavalcanti Pontes de Miranda. Sua Tia Francisca (*Tia Chiquinha*) cuidou do bebê prematuro – em época de tão escassos recursos médicos – dizendo: "Francisquinho tem olhos de que quer e vai viver muitos anos". Viveu, desde a infância, cercado de livros, em ambiente bastante intelectual. Desde muito cedo exibiu inteligência singular, tendo muita facilidade para aprender idiomas (já lia em francês com 7 anos). Estudou filosofia e alemão com os padres franciscanos. Aliás, foi seu avô, Joaquim Pontes de Miranda, que o ensinou a ler, transmitindo-lhe ainda o amor pela matemática. Pontes, desde criança, quis descobrir um teorema, sempre quis ir além no campo das descobertas e dos limites científicos.

Esse é um dado relevante em sua personalidade: Pontes de Miranda sempre gostou imensamente de matemática – talvez por influência de seu pai e avô paterno, ambos entusiastas e amantes da matemática. Pontes recebeu, aos 16 anos, uma passagem de seu pai para estudar matemática e física em Oxford, mas foi desestimulado a ir por sua Tia Francisca – presença importante na sua vida afetiva, como se nota na dedicatória de algumas obras – que ponderou que o caminho de Francisco seria no direito, não na matemática.

Pontes ingressou, com apenas 14 anos – tendo sido aprovado nos exames – na gloriosa Faculdade de Direito do Recife, formando-se em 1911, com 19 anos. Recife foi uma cidade importante para Pontes, que dizia ter "muita, imensa saudade do Recife". Foi a cidade onde Pontes escreveu seu primeiro livro, aos 17 anos (*À Margem do Direito*), publicado em 1912, no ano seguinte à formatura. Esse primeiro livro é um ensaio de psicologia jurídica, e foi louvado por Clóvis Beviláqua. O livro tem frases originais e interessantes, por exemplo: "Legislar é muito menos que inventar, e talvez muito mais... Quem legisla, não produz nem cria, não inventa nem constrói, descobre, ao muito, um processo de ciência social". Em 1913 publica *A moral do futuro* e, em 1916, o célebre *História e prática do Habeas Corpus*. Em 1921, com o livro *A sabedoria dos institutos* recebe prêmio da Academia Brasileira de Letras (a Academia voltaria a premiá-lo pelo livro *Introdução à Sociologia Geral*).

Caio Mário da Silva Pereira – escrevendo sobre Pontes – narra que "seu pai, Manuel Pontes de Miranda, professor de matemática, ofereceu-lhe lugar no corpo administrativo de um banco em Maceió. O jovem bacharel Pontes de Miranda recusou, manifestando desejo de vir ao Rio de Janeiro, desde que o pai lhe adiantasse quantia suficiente para sua manutenção por três meses. Chegado ao Rio, pôs-se a lecionar latim e grego". Lembremos que o Rio de Janeiro era o grande centro cultural de então. Toda a elite pensante – escritores, sobretudo – estavam lá, havia certa efervescência cultural que se prolongou pelas décadas seguintes. No Rio, muito jovem, Pontes escreve um texto para o *Jornal do Comércio*, sobre uma polêmica da época envolvendo o Canal do Panamá. A partir daí, o editor do Jornal ofereceu-lhe uma sala sob a condição que ele passasse a ser colaborador do jornal.

Caio Mário – ele mesmo jurista notável – continua: "Entrando em vigor o Código Civil em 1917, Pontes de Miranda publica no mesmo ano o seu 'Direito de Família' (a meu ver um de seus melhores livros) em que revela a plena consciência dos princípios e discorre da matéria com a segurança que permitiria sua reedição em 1947. Nesse livro pioneiro de seu ingresso na seara civilista, Pontes 'surpreende' (como ele mesmo diz nas páginas da apresentação) 'surpreende as disposições lacunosas ou contraditórias, ao lado das fórmulas verdadeiramente sábias, e de onde em onde as jacas, as erronias denunciadoras de escassas noções jurídicas'". Pontes sempre fez uma defesa enfática da ciência e dos métodos científicos – livres e rigorosos[3].

A biblioteca de Pontes de Miranda possuía mais de 90 mil títulos – algo assombroso. Pontes de Miranda foi professor *honoris causa* em várias universidades

---

3. Assim, "a pesquisa científica somente pode ser livre. Livres hão de ser os resultados, sob pena de não serem científicos. Desde o momento em que se admita o processo subjetivo de discussão oratória, como se faz nos parlamentos, ou de imposição, como se deu nos governos autocráticos, renuncia-se à ciência: persiste-se no subjetivismo" (PONTES DE MIRANDA. *Introdução à política científica*. Rio de Janeiro: Gamier, 1924, p. 129).

brasileiras e foi embaixador do Brasil na Colômbia. Recebeu, depois, convite para ser embaixador do Brasil na Alemanha e recusou – apesar do imenso amor que nutria pela cultura alemã. Pontes era radicalmente contra Hitler e os regimes totalitários (não por acaso algumas de suas obras foram impedidas de circular no Brasil durante a ditadura de Vargas).

Pontes casou-se duas vezes. Primeiro, com Maria Biatriz, em 1924 (que havia sido sua primeira namorada). Da união nasceram quatro filhas: Maria da Penaz, Maria Alzira, Rosa Biatriz e Maria Beatriz. Mais tarde casou-se com Amnéris Pontes de Miranda. Dessa união nasce uma filha: Francisca Maria. Pontes teve, assim, cinco filhas mulheres. A respeito de Amnéris, sua segunda mulher, declarou: "Sem ela eu não seria o que hoje sou: um homem feliz, vitorioso, equilibrado e tranquilo".

Pontes tornou-se membro da Academia Brasileira de Letras em março de 1979. Neste mesmo ano faleceu aos 87 anos, no Rio de Janeiro, de enfarte. Foi no dia 22 de dezembro.

3. PRODUÇÃO GERAL DO AUTOR

"Disse há pouco, de passagem, que constituístes a ciência do direito. Devo insistir nesta afirma-ção, porque, se tiveste precursores, não tiveste modelos; apoiando-vos em trabalhos apareci-dos antes do vosso, seguindo uma orientação, que se acentuava, destes forma nova ao pensa-mento humano, criastes a ciência, que outros apenas entreviram".

Clóvis Beviláqua para Pontes de Miranda

Pontes de Miranda publicou mais de 300 obras, no Brasil e no exterior. Cremos que seria inadequado citá-las todas aqui, inclusive por razões de espaço – a obra co-letiva impõe brevidade. Façamos um apanhado daquelas mais relevantes, ao menos em nossa visão.

Antes disso cabe uma palavra mais ampla, em visão larga. Não houve no Brasil – e não haverá, arriscamos dizer – jurista que escrevesse tanto como Pontes escreveu. A propósito, Juliano Heinen excelentemente descreve: "Na história do Brasil, nenhum jurista produziu tanto em termos bibliográficos. Foram publicados em torno de tre-zentos e dezoito trabalhos no Brasil e no exterior, em praticamente seiscentos e setenta e seis publicações, algumas traduzidas para cinco idiomas. Todas elas possuem uma característica marcante: foram escritas com extremo rigor científico, demonstrando ser esta conduta uma 'obsessão' do autor. Além disto, destaca-se na produção científica do jurista sua vocação em escrever obras exaurientes de cada assunto, ou melhor, que abordavam com profundidade e com extensão máxima cada tema pesquisado. Não é à toa que publicou pelo menos oito 'tratados', modelo bibliográfico vocacionado a expor os temas pesquisados com completude"[4].

---

4. HEINEN, Juliano. O que aconteceu com Pontes de Miranda? Implicações da doutrina do jurista e filósofo brasileiro na dogmática jurídica brasileira do século XX. *Cadernos do Programa de Pós-Graduação em Direito da PPGDir/UFGRS*. Edição digital. Porto Alegre. V. XIV, n. 2, 2019, p. 214-215.

Sua produção é vasta e profunda. Abrange diversas e distintas áreas (sociologia, filosofia, matemática, física, biologia, psicologia; sem mencionar as obras literárias). Pontes sempre acreditou que as ciências se comunicavam, que o conhecimento científico poderia – e deveria – ser partilhado entre os diversos ramos do conhecimento[5]. Pontes de Miranda afirmava que o mundo social reflete sempre o grau do conhecimento humano. Defendia ainda que o direito, fenômeno social, pressupõe no jurista o sociólogo (que fundamentalmente deve ser, diz). Pontes, aliás, de modo interessante, diz que toda codificação é produto de um fracasso. Pretende fixar, fotografar, no tempo, o retrato de outrora[6].

No campo da teoria geral do direito, Pontes criou e verticalizou os estudos dos fatos jurídicos a partir da incidência da norma jurídica sobre o suporte fático suficiente[7]. Cremos que a noção fundamental de Pontes é a incidência, criando fatos jurídicos. A incidência ocorre no mundo dos pensamentos e é infalível (mas não cabe

---

5. PONTES DE MIRANDA. *Introdução à política científica*. Rio de janeiro: Gamier, 1924, p. 19.
6. E acrescenta, em outra oportunidade: "O primeiro pendor dos comentadores é para a exegese literal, ou a distribuição das regras em proposições coerentes, lógicas, que nunca se podem atacar entre si, nem, sequer, premir" (PONTES DE MIRANDA. *Tratado de Direito Privado*. Rio de Janeiro: Borsoi, 1966, T. LIII, p. 70).
7. Temos, no extremo oposto, a escola realista americana, capitaneada por Wendell Holmes, postula que o direito é apenas a previsão de como os tribunais vão funcionar (chegou até a formular uma "teoria da previsão" para tentar antever como os tribunais decidiriam determinada matéria, de modo unicamente pragmático). Outro aspecto do realismo, mais refinado, é de Alf Ross (conhecido como realismo escandinavo). Para Alf Ross, só faz sentido falar em linguagem, se o contexto é empírico. Para ele, a norma jurídica é um objeto empírico. Em relação à pergunta deste tópico, Alf Ross aceita a multiplicidade de respostas, desde que elas estejam sendo dadas pelos tribunais. O cientista do direito, segundo ele, deve descrever a norma jurídica aplicada (ALF ROSS. *Diritto e giustizia*. Trad. Giacomo Gavazzi, quinta edizione. Torino: Giulio Einaudi Editore, 1965). Kelsen, aliás, antes de Ross, não aceitava a tese de uma única resposta correta. Kelsen ia além – apesar de ter dedicado tão poucas páginas de sua Teoria Pura do Direito para a questão da interpretação: defendia que cabia à ciência do direito apenas descrever as múltiplas interpretações possíveis (HANS KELSEN. *Teoria Pura do Direito*. Trad. João Baptista Machado. São Paulo: Martins Fontes, 2006, p. 393). Cabia ao cientista do direito descrever essas várias molduras de interpretação, não cabia à ciência do direito optar por uma delas (a opção, segundo ele, seria ideológica, não científica). Não há, portanto, para Kelsen, uma única resposta correta. A questão, contudo, não está resolvida, e tem instigado contínuas e refinadas análises teóricas. Convém lembrar que respeitados juristas e filósofos contemporâneos advogam a tese da resposta correta. Isto é, aceitam que para cada caso controverso só haja uma única resposta correta ofertada pela ordem jurídica. Dworkin se vale de uma metáfora – o juiz Hércules, com saber e paciência sobrenaturais – para ilustrar o direito como uma integridade, formado pelos princípios, precedentes e legislação aplicável ao caso. Usa, também, a metáfora do "romance em cadeia", o que basicamente significa que o juiz não decide no vácuo, ninguém interpreta o direito da lua. Há, nesse sentido, um constante diálogo com a história. Recebemos, digamos assim, capítulos precedentes de um romance em série e nos cabe escrever os novos capítulos. Não há, segundo ele, liberdade criativa, mas o dever de continuar a obra da melhor maneira possível (DWORKIN, Ronald. *Uma questão de princípio*. Trad. Luis Carlos Borges. São Paulo: Martins Fontes, 2001, p. 283). Usa ainda a questão da "comunidade de princípios", isto é, as pessoas, como membros da comunidade política, aceitam que são ligadas por princípios comuns e não apenas por regras criadas por um acordo político. Habermas, por motivos e argumentos variados, entende que mesmo as supremas cortes, na jurisdição constitucional, devem proferir "decisões corretas" e não se envolver na tarefa de "criação do direito" (Cf. CITTADINO, Gisele. *Pluralismo, Direito e Justiça Distributiva. Elementos da Filosofia Constitucional Contemporânea*. 2ª edição. Rio de Janeiro: Lumen Juris, 2000, pág. 212/213). Entendemos que a solução para os casos difíceis não virá apenas da norma, mas de uma construção complexa em que atuam a sociedade, o intérprete e os atores sociais, com valores plurais e nem sempre homogêneos. Isso não significa um desprezo pela técnica. A técnica jurídica continua importante e sempre o será. A questão é que, hoje, a técnica desprovida de uma visão dos valores é claramente insuficiente.

aqui analisar o tema). Outra contribuição da maior relevância de Pontes – essa no campo processual – foi a classificação *quinária* das *cargas de eficácia das ações processuais* (declaratória, constitutiva, condenatória, mandamental e executiva). Não em termos de exclusividade de cada um desses elementos, mas de preponderância. Há muitos pontos, maiores ou menores, que podem ser referidos[8].

Tradicionalmente, seu *Tratado de Direito Privado* é a obra mais conhecida e citada, tendo merecido amplo destaque em meados do século passado no Brasil[9]. É obra magistral e profunda, que levou pouco mais de 15 anos para ser escrita (em assombrosos 60 volumes, cada um deles com cerca de 500 páginas). É a maior obra de Pontes em termos de extensão (teve seu primeiro tomo publicado em 1954 e foi concluída em 1970). Não é raro que pareceristas e advogados, diante de questões complexas, afirmem só lá encontrar a solução. Pontes escreveu: "Livro de doutrina – manual, comentários ou tratado – há de ser livro útil". Acrescentou – dialogando

---

8. Por exemplo, Pontes de Miranda sempre se mostrou contrário ao uso do termo representação para as pessoas jurídicas. A terminologia mais adequada, segundo Pontes de Miranda, para esses atos – praticados, digamos, por um diretor, assumindo obrigações em nome da pessoa jurídica; ou mesmo, na esfera judiciária, quando um procurador da Fazenda Nacional assina uma petição em nome da União – é *presentação*, e não *representação*. Talvez se trate de mero preciosismo linguístico, mas cremos, a partir das lições de Pontes de Miranda, que é o mais correto, o mais adequado. Desse modo, "quem pratica os *seus* atos é o órgão, ou são os órgãos, se em caso de distribuição de funções; porque os órgãos são parte dela, como o braço, a boca, o ouvido, são órgãos da pessoa física (O. VON GIERKE, *Die Genossenschaftstheorie*, 615; G. KRÜGER, *Die Haftung der juristischen Personen*, 11)" (PONTES DE MIRANDA. *Tratado de Direito Privado*. T. I. Rio de Janeiro: Borsoi, 1954, p. 282). Adiante, completa: "O órgão não representa; presenta, pois é órgão. Tal a concepção do Código Civil brasileiro, de fonte germânica" (PONTES DE MIRANDA. *Tratado de Direito Privado*. T. I. Rio de Janeiro: Borsoi, 1954, p. 286. No mesmo sentido, inclusive citando as lições de Pontes, AMARAL, Francisco. *Direito Civil. Introdução*. Rio de Janeiro: Renovar, 2003, p. 297). Em outra ocasião Pontes reafirma: "O ato do órgão não entra, no mundo jurídico, como ato da pessoa, que é o órgão, ou das pessoas que compõem o órgão. Entra no mundo jurídico como ato da pessoa jurídica, porque o ato do órgão é ato seu" (PONTES DE MIRANDA. *Tratado de Direito Privado*. T. III. Rio de Janeiro: Borsoi, 1954, p. 233). O que dissemos resume, de modo simples, a chamada *teoria do órgão*, também conhecida como *teoria orgânica*. Em relação à parte processual cabe conferir o que publicou um notável conhecedor da obra da Pontes: LIMA, Paulo Roberto de Oliveira. *Contribuição à teoria da coisa julgada*. São Paulo: RT, 1997. Na mesma linha, na dimensão eleitoral – mas não só nela: COSTA, Adriano Soares da. *Instituições de Direito Eleitoral*. Belo Horizonte: Fórum, 2016. Por fim, mas não menos importante, a belíssima obra: DIDIER JR, Fredie; EHRHARDT JR, Marcos. *Revisitando a teoria do fato jurídico* – Homenagem a Marcos Bernardes de Mello. São Paulo: Saraiva, 2010, onde as ideias de Pontes são fartamente debatidas.

9. Assim, "despertou imenso impacto no cenário jurídico brasileiro a publicação dos primeiros volumes (ou tomos) do Tratado, ainda em 1954, por inúmeros motivos: a obra possuía uma profundidade teórica muito candente em relação à parte geral do direito privado. De mais a mais, presenteava os leitores com uma construção teórica lastreada em uma série de institutos originais para a época. Assim, o fenômeno jurídico, agora analisado no plano dogmático das leis de direito civil e comercial, passou a contar com um novo método de abordagem e com a inserção de novos conceitos. A publicação dos demais volumes do Tratado de direito privado, o que ocorreu, originalmente, até 1969, expõe o tema em extensão e profundidade nunca antes visto, e sequer repetido até os dias de hoje. Destaca-se, neste aspecto, a variedade de doutrinadores estrangeiros e nacionais pesquisados, o que faz com que a obra, constantemente, dialogue dialeticamente com uma série de teorias. Acerca delas, deve ser destacada a Teoria da relação jurídica que possui influência categórica da Pandectística Alemã. E a partir dela o autor retoma suas concepções acerca do fenômeno jurídico, porque é nas relações sociais juridicizadas que o direito atua" (HEINEN, Juliano. O que aconteceu com Pontes de Miranda? Implicações da doutrina do jurista e filósofo brasileiro na dogmática jurídica brasileira do século XX. *Cadernos do Programa de Pós-Graduação em Direito da PPGDir/UFGRS*. Edição digital. Porto Alegre. V. XIV, n. 2, 2019, p. 213-233, p. 223).

com Ihering – que o direito, para ser prático, não pode se limitar ao prático. E a obra de Pontes tem isso de modo notável: embora abissalmente profunda – ou por isso mesmo – harmoniza-se com a prática, solucionando problemas que não encontram solução em outros portos.

Para além do direito privado, a sua produção é riquíssima e ampla também nos campos do direito constitucional e processual. Pontes comentou, artigo por artigo, as Constituições Federais de 1934, 1937, 1946, 1967 e 1969 (considerava a Constituição de 1946 "a mais complexa das Constituições americanas"). Como faleceu em 1979, não alcançou a Constituição atual. Imensa também foi sua contribuição ao direito processual. Pontes de Miranda chegou a declarar que considera seu *Tratado das Ações* sua obra mais importante. Foi nessa obra que Pontes desenvolveu e expôs a classificação *quinária* das *cargas de eficácia das ações processuais* (declaratória, constitutiva, condenatória, mandamental e executiva). Não em termos de exclusividade de cada um desses elementos, mas de preponderância, como dissemos.

Embora complexa e difícil, o *Sistema de Ciência Positiva do Direito* é outra obra que certamente merece figurar dentre as fundamentais por ele produzidas[10]. Talvez seja uma das obras jusfilosóficas mais importantes de Pontes. Em termos de extensão, costuma-se repetir que o *Tratado de Direito Privado* é a maior obra universal escrita por um só homem. Não temos elementos para confirmar ou negar a afirmação, mas é pouco provável, de fato, que haja obra maior. Além disso, a bibliografia usada em todas as obras de Pontes é espantosa – rica e rara.

Pontes de Miranda dedica uma obra especificamente à questão do conhecimento. Chama-se *O Problema Fundamental do Conhecimento*, publicada em 1937. Nela defende que o problema do conhecimento não está nem no sujeito nem no objeto, porém na relação entre eles, chamada por Pontes de *jeto*. Dentre as obras filosófica convém ainda mencionar *Garra, mão e dedo*, publicada em 1953, propõe singular visão para os três momentos sucessivos na linha evolutiva das espécies (aliás, quem diria que seríamos tão *dependentes de dedos* em época em que tudo se resolve em telas de celular...). Pontes também formulou – em várias obras, sobretudo, talvez, na *Introdução à Política Científica* e na *Introdução à Sociologia Geral* – o interessante princípio da diminuição do *quantum* despótico nos seguintes termos: "Já vimos que o elemento ou *quantum* despótico diminui na razão inversa da adaptação; ora, a vida promove a evolução, por isto mesmo que aumenta a adaptação: diminui, portanto, o despotismo humano; pelo menos em relação ao valor do círculo"[11]. Foram publicadas, respectivamente, em 1924 e 1926.

A expressão "suporte fático" é criação – na língua portuguesa – de Pontes de Miranda. Trata-se de expressão que foi usada, inicialmente, no direito penal,

---

10. Conferir: FERNANDES, André Lucas. *Entre Sistema e Tratado*: o pensamento de Pontes de Miranda e a modelização da sociedade global. Curitiba: CRV, 2018. Uma nota pessoal: o autor do presente artigo gosta especialmente de uma obra literária de Pontes publicada em 1923 chamada *A sabedoria da inteligência*.

11. PONTES DE MIRANDA. *Introdução à política científica*. Rio de Janeiro, 1924, p. 143.

e posteriormente trazida para o direito privado. Há, em outros países, expressões similares (*fattispecie*, na Itália; *tatbestand*, na Alemanha). Pontes, aliás, com suas idiossincrasias, era o único autor – durante todo o século passado – que só se referia à usucapião no feminino. Todos os demais usavam a palavra no masculino, como recomendava a convenção ortográfica da época. Curiosamente, o tempo deu razão a Pontes. Mudança ortográfica ocorrida muitas décadas depois da morte de Pontes passou a autorizar o uso da palavra no feminino. Hoje os livros jurídicos só usam a palavra no feminino – como Pontes usava, sozinho, no século passado.

Aliás, não é raro que Pontes de Miranda defenda, sozinho, determinada posição doutrinária – com praticamente todos os autores dizendo o contrário. Nesse contexto, já aconteceu, e mais de uma vez, que décadas depois venha-se dar razão àquilo que Pontes dizia, pacificando-se a doutrina em torno da postura teórica – inicialmente isolada – defendida por ele. É algo curioso de observar. Outra percepção, esta mais subjetiva: é bonito, na obra de Pontes, perceber como ele valoriza e ama o Brasil – esforçando-se para que o país cumpra seu destino à luz de suas singularidades históricas[12]. Sobretudo nos comentários às constituições – mas não só neles – nota-se a crítica ferina quando nos desviamos dos rumos certos, mas também o amor às peculiaridades brasileiras que nos fazem únicos, com imensas contribuições originais a dar no concerto das nações.

A influência germânica é fortíssima em toda obra de Pontes de Miranda. Hoje, grande parte dos estudos acadêmicos relacionados à obra de Pontes de Miranda parece provir do sul do país, sobretudo do Rio Grande do Sul. Convém repetir: o que fazemos aqui – neste tópico e mesmo neste artigo – é apenas pinçar, de modo arbitrário, alguns aspectos de sua colossal obra. Não é – não pretende ser – de modo algum exauriente.

4. CONTRIBUIÇÕES À RESPONSABILIDADE CIVIL

> *"Ainda hoje, é o que mais importa. Ser independente no íntimo, para poder ser, lá fora, independente nos fatos, nos atos e nas coisas".*
>
> Pontes de Miranda

Sabemos que o direito brasileiro filia-se à tradição romano-germânica, da *civil law*. Bebeu na fonte das grandes codificações modernas da Europa continental. O

---

12. Pontes de Miranda, no final do belíssimo prefácio ao seu *Tratado de direito privado*, anota: "Há certo fio de coerência histórica e espiritual em realizarmos, já no plano da sistematização, com o material do direito vigente, complexo e de diferentes datas, versado *lealmente*, o que, no plano da técnica legislativa, fora o sonho do jurista brasileiro (Teixeira de Freitas), há quase um século. Serve isso para mostrar, mais uma vez, que o Brasil tem um *destino*, que lhe traçaram o universalismo português e as circunstâncias jurídico-morais da sua história de mais de quatro séculos. É ele, e não apenas nós (o civilista do século XIX e o autor desta obra), que planeja e executa. Somos apenas os instrumentos da sua avançada na dimensão do Tempo, a serviço da ordem jurídica e da ciência, na América e no mundo" (PONTES DE MIRANDA. Prefácio. In: *Tratado de direito privado*. Rio de Janeiro: Borsoi, 1970, t. I, p. XXIII).

Brasil, desde antes do Código Civil de 1916, recebe forte influência da civilística europeia – sobretudo francesa, alemã, italiana e espanhola – e bem menos dos países da América, mesmo aqueles que se filiam à estirpe cultural do *civil law* (o que parece estar mudando aos poucos, o Brasil e seus vizinhos sul-americanos estão, por assim dizer, redescobrindo-se culturalmente). Em relação aos Estados Unidos da América, ocorre algo interessante. A influência exercida no Brasil é fortíssima na área do direito constitucional, mas praticamente inexistente no campo do direito civil[13] (mesmo isso, aos poucos, está mudando, sendo cada vez maior a influência de institutos do *common law* entre nós. Talvez baste lembrar da influência que recebemos a partir dos institutos da indenização punitiva e, mais recentemente, do testamento vital).

Houve, nas últimas décadas, intensa produção jurisprudencial relativamente ao direito civil brasileiro – o que permitiu renovar, criativamente, boa parte dos postulados teóricos aplicáveis à disciplina. Após a Segunda Guerra, muitos juristas europeus, sobretudo alemães e italianos, voltaram suas atenções teóricas para a jurisprudência, afastando-se da redoma conceitual de abstração e conceitualismo puro que por muito tempo marcou os estudos jurídicos, sobretudo na literatura civilística.

Pontes de Miranda sempre devotou singular atenção aos princípios. O notável jurista destacou que "há grande vantagem em se estudar, tratar e expor o direito, aprofundando-se-lhe os princípios". Recomendou, ainda, que busquemos o sentido histórico das instituições e da técnica legislativa[14]. Lembrou ainda que "o que se muda nas leis não destrói, sempre, os princípios, e as alterações revelam o que se teve por fito, acertada ou erradamente. O que importa é que as obras se cinjam aos dados jurídicos atuais e à necessária atenção aos textos". Juliano Heinen pondera: "Pontes de Miranda se recusa a posturas unilaterais e a visão única. Por isto que enfatiza o método. Fica muito claro nas obras publicadas na primeira metade do Século XX que o conceito de direito, para o autor, procurava superar o normativismo dogmático. Ao que parece, estava comprometido com o 'direito vivo'. Então, sua postura epistemológica estava coligada com a relatividade do conhecimento. De modo que nenhuma fonte jurídica era considerada absoluta. Sendo assim, a investigação científica das relações sociais residiria no problema do conhecimento, mais especificamente na relação entre o sujeito e o objeto"[15].

---

13. LÔBO, Paulo. *Direito Civil. Parte Geral*. São Paulo: Saraiva, 2009, p. 44.

14. PONTES DE MIRANDA. *Comentários ao Código de Processo Civil*. T. I. Rio de Janeiro: Forense, 1997, prólogo.

15. HEINEN, Juliano. O que aconteceu com Pontes de Miranda? Implicações da doutrina do jurista e filósofo brasileiro na dogmática jurídica brasileira do século XX. *Cadernos do Programa de Pós-Graduação em Direito da PPGDir/UFGRS*. Edição digital. Porto Alegre. V. XIV, n. 2, 2019, p. 216.

4.1   Três exemplos dentre muitos

"Não queirais dos livros outra unidade que a do seu espírito. O uno no múltiplo, como o universo. Admiro ainda mais os que me parecem confissões de almas audazes e são nítidos e inconfundíveis como aqueles baixos-relevos de dimensões enormes, que decoravam – entre os egípcios – as paredes dos túmulos e as muralhas dos templos. Devem ser assim as obras de arte: em baixo-relevo, e complexas, como a vida".

Pontes de Miranda

Conforme ponderamos no início, seriam possíveis múltiplas abordagens do tema. É necessário que outros estudos venham, enfatizando as dimensões variadas da obra Pontes de Miranda (são centenas, talvez milhares, de temas possíveis, considerando a experiência jurídica como um todo). Se nos limitarmos à responsabilidade civil, ainda assim as possibilidades seriam muitas... Poderíamos, por exemplo, escrever um artigo só para enfatizar algo que é uma forte tendência atual da responsabilidade civil: a superação da dicotomia entre responsabilidade civil contratual e extratual. Pontes de Miranda, com a antevisão que o caracterizava, já apontava isso em meados do século passado: "É possível, portanto, esperar-se que se apaguem as distinções entre a responsabilidade delitual e a responsabilidade negocial, de modo que se crie, por sobre elas, mais solidamente, outro sistema, unitário, de reparação fundada na culpa ou em equilíbrio material de posições jurídicas"[16]. É preciso esclarecer que quando ele fala em "responsabilidade delitual" está se referindo à extracontratual. Ou seja, temos hoje – como a última palavra em termos de tendência – algo que Pontes propunha muitas e muitas décadas atrás.

Outro exemplo possível: sabemos, hoje, que o conceito de dano moral – ou de dano extrapatrimonial – é pacificamente aceito, seja na dimensão individual, seja na coletiva. Sabemos ainda que em grande parte do século passou não era assim, no Brasil. Em relação ao dano moral, o STF, até meados dos anos 60, dizia, de modo peremptório, que "não é admissível que os sofrimentos morais deem lugar à reparação pecuniária, se deles não decorre nenhum dano material" (STF, RE 11.786). Ou seja, não se compensavam, no Brasil, os danos morais; apenas os danos patrimoniais seriam indenizáveis. Pontes de Miranda, em 1927, com a genialidade que o distinguia, escreveu: "Não compreendemos como se possa sustentar a absoluta irreparabilidade do dano moral. Nos próprios danos à propriedade, há elemento imaterial, que se não confunde com o valor material do dano. Que mal-entendida justiça é essa que dá valor ao dano imaterial ligado ao material e não dá ao dano imaterial sozinho? Além disso, o mais vulgarizado fundamento para se não conceder a reparação do dano imaterial é o de que não seria completo o ressarcimento. Mas não é justo, como bem ponderava Josef Kohler, que nada se dê, somente por não se poder dar o exato"[17]. O tempo deu razão a Pontes, um dos pioneiros nesta luta.

---

16. PONTES DE MIRANDA. *Tratado de Direito Privado*. Rio de Janeiro: Borsoi, 1966, t. LIII, p. 186.
17. PONTES DE MIRANDA. *Das obrigações por atos ilícitos*. Rio de Janeiro: Borsoi, 1927, t. I, p. 182.

FELIPE BRAGA NETTO

Aliás – embora menos relevante – há uma terceira questão que pode ser mencionada (existem várias, aliás). Durante séculos, em boa parte do mundo, tornou-se célebre o esforço dos juristas para distinguir o caso fortuito da força maior. Sem sucesso, porém. Cada autor propunha um critério, e a verdade é que não se chegou a uma distinção útil, valiosa, operativa. Por isso bem fizeram, desde meados do século passados, autores como Pontes de Miranda que afirmaram não haver relevância na distinção entre caso fortuito e força maior (é a posição seguida hoje pela maioria da doutrina brasileira). Pontes de Miranda, com a autoridade de seu conhecimento sem par, consignava que qualquer tentativa de distinção entre tais excludentes seria atribuir conceitos sem base histórica ou segurança na doutrina[18]. Também aqui o andar dos anos confirmou as intuições de Pontes.

4.2 Fortalecimento da dimensão existencial dos direitos

> *"Lastimo tanto os sábios que somente sabem, como admiro os humildes que avançam.*
> *É deles, só deles, a posteridade".*
>
> Pontes de Miranda

Sabemos, hoje, com clareza, que os bens mais valiosos, sob um prisma valorativo, não são aqueles patrimoniais, mas existenciais. Essa é talvez a mais paradigmática mudança no direito civil das últimas décadas. Não se trata de tornar menos importantes os bens patrimoniais, mas apenas de valorizar, de modo intenso e hermeneuticamente decisivo, os bens, valores e interesses ligados à tutela da pessoa humana. A teoria da personalidade, a teoria das incapacidades, a teoria do fato jurídico, tudo isso é atingido e ganha novas cores com uma concepção sistematicamente mais aberta do direito civil. Não só: propriedade, obrigações, famílias, sucessões, praticamente em todos os campos temáticos ocorreram significativos movimentos hermenêuticos, com claras consequências práticas resultantes da *repersonalização* e da *despatrimonialização* do direito civil. Enfim, como anteviu Pontes de Miranda, com a teoria dos direitos da personalidade alcançou-se "um dos cimos da dimensão jurídica"[19]. Trata-se, certamente, de categoria histórico-conceitual que opera sobretudo com o *ser*, e não com o *ter*. Por isso, talvez, tenha demorado tanto, historicamente falando, para surgir. É que, como dissemos, o elemento unificador do direito civil, por séculos, não foi

---

18. PONTES DE MIRANDA, Francisco Cavalcanti. *Tratado de direito privado*. Rio de Janeiro: Borsoi, 1971, t. XXIII, p. 77. Também ALVIM, Agostinho. *Da inexecução das obrigações e suas consequências*. São Paulo: Saraiva, 1955, p. 353. Não era só Pontes que se colocava contra essa distinção. Aguiar Dias, escrevendo em meados do século passado, já apontava "a inutilidade da distinção entre caso fortuito e força maior. As expressões são sinônimas" (DIAS, José de Aguiar. *Da responsabilidade civil*. Rio de Janeiro: Forense, 1954, p. 673). Hoje se afirma que "as expressões caso fortuito e força maior são equivalentes e não se reconhecem mais efeitos práticos na distinção entre ambas" (COUTO DE CASTRO, Guilherme. *A responsabilidade civil objetiva no Direito brasileiro*. Rio de Janeiro: Forense, 1997, p. 7). Por isso bem fez o Código Civil de 2002 ao equipará-las (Código Civil, art. 393, parágrafo único).

19. PONTES DE MIRANDA. *Tratado de Direito Privado*. T. 7. Rio de Janeiro: Borsoi, p. 6.

a pessoa, e sim a propriedade. Pontes de Miranda, aliás, desde meados do século passado já alertava que a ofensa a direitos da personalidade prescinde de culpa[20].

O individualismo jurídico era muito bem representado pelas três liberdades básicas do direito civil: liberdade de contratar, de ser proprietário e de testar[21]. Obviamente, são liberdades que ainda persistem, que não desapareceram nem desaparecerão, mas sofrem os influxos dos novos valores deste século. Sob inspiração individualística, a liberdade se afirmou, nos códigos civis, sob a forma da propriedade (simbolizada pela autonomia para celebrar pactos vinculantes). Havia um respeito religioso à propriedade e aos contratos, considerados invioláveis em seu conteúdo. A liberdade então exercida era uma liberdade de proprietários. Os códigos civis regiam relações entre pessoas dotadas de patrimônio. Os códigos civis clássicos, que se propunham a ser a "Constituição" do direito privado, não atingiam as pessoas sem patrimônio, e já aí se vê que quão pobres eram tais "Constituições"[22].

O direito civil – talvez mais ainda que os outros ramos – traz a marca dos costumes dos povos. Por dialogar, muito de perto, com a vida diária das pessoas, o direito civil é moldado por aquilo que cada comunidade, século após século, tem por valioso, correto, necessário. O conservadorismo, por exemplo, que sempre timbrou o direito de família – baseado no poder do marido e do pai – refletia por certo a sociedade que tínhamos[23]. Hoje a sociedade é plural, com muitos modelos familiares aceitos, e o direito civil, como não poderia deixar de ser, também reflete isso.

O Código Civil de 1916 – tecnicamente admirável – refletia os padrões mentais e culturais da sociedade patriarcal e patrimonialista em que se inseria (não esqueçamos que ele foi elaborado ainda antes de 1900, e teve tramitação lenta, assim como seu sucessor, quase um século depois). A propriedade era a instituição em torno da qual orbitavam os demais interesses juridicamente protegidos. Convém lembrar que o Código Civil de 1916 – que chegou, não esqueçamos, até o século XXI –, foi elaborado pouquíssimo tempo depois do fim da escravatura entre nós. Pode-se dizer

---

20. Pontes de Miranda esclarece que os que negam que a personalidade seja direito subjetivo partem de visão puramente privatística dos direitos subjetivos. Argumenta ainda que nega-se a qualidade de direito à personalidade apenas porque trata-se de direito notório e "ninguém, hoje, sem escândalo, negaria às pessoas esses direitos" (PONTES DE MIRANDA. *Tratado de Direito Privado*. T. I. Rio de Janeiro: Borsoi, 1954, p. 158).

21. Cf. STOLFI, Giuseppe. *Teoria del negozio giuridico*. Madrid: Briz, 1959, p. 20. Também: BARCELLONA, Pietro. *El individualismo propietario*. Madrid: Trotta, 1996, p. 115.

22. Aliás, em ficção risível, bem ao espírito oitocentista, concluiu-se que mesmo a pessoa que não tem patrimônio é considerada como se o tivesse, para que as categorias jurídicas pudessem continuar a funcionar.

23. Não por acaso, os civilistas sempre simbolizaram o conservadorismo jurídico. Pierre Bourdieu, por exemplo, enxerga nos privatistas o "culto do texto, o primado da doutrina e da exegese, quer dizer, ao mesmo tempo da teoria e do passado" (BOURDIEU, Pierre. *O poder simbólico*. Trad. Fernando Tomaz. Rio de Janeiro: Bertrand Brasil, 2001, p. 252. De modo semelhante, percebeu-se que "a permanência jurídica se manifesta, em toda sua plenitude, no setor específico das codificações. E, aí, especialmente em matéria de Direito Civil, tido por protótipo do conservadorismo jurídico" (VASCONCELOS, Arnaldo. *Teoria da Norma Jurídica*. São Paulo: Malheiros, 1993, p. 144). Nesse contexto teórico, convém lembrar que o século XIX foi pródigo em generalizações, amplas construções teóricas e esquemas abstratos (MEAD, George H. *Movements of thougt in the nineteenth century*. Chicago: The University of Chicago Press, 1972).

que são contemporâneos[24]. Quando o Código Civil de 1916 foi promulgado, a Constituição então vigente vedava que os mendigos se habilitassem no processo eleitoral. Tratava-se de norma que vigeu até a Constituição de 1934. Vedava-se, através dela, a participação como eleitor em razão de um só critério: a posse (ou sua ausência) de bens materiais. Se recuarmos ainda mais no tempo, veremos, no direito romano, o direito dos pais à vida e à morte dos filhos, assim como à sua venda e exposição[25]. É possível, na evolução dos institutos, notar uma lenta, porém contínua caminhada no sentido da superação dos valores estritamente argentários, em favor de considerações de ordem ética, que atentam para a dignidade humana.

Nesse sentido, não é exagero dizer que as dimensões existenciais do ser humano são de consideração relativamente recente, na caminhada histórica do direito civil. Tradicionalmente, os institutos civis carregam forte dose de patrimonialidade. Se percorrermos os códigos civis brasileiros – seja o de 1916, seja o atualmente vigente, de 2002 – apesar dos princípios sociais que dirigem este último e das cláusulas gerais que traz – não será difícil identificar fortes resíduos de um passado no qual a preocupação precípua era com o patrimônio[26]. Nascituro, comoriência, prodigalidade, ausência são exemplos vivos no sentido de que o que movimenta a regulação civil é o patrimônio.

As democracias constitucionais contemporâneas – com a contribuição dos princípios, conceitos e regras do direito civil – não toleram qualquer tentativa de 'coisificar' a pessoa humana. A dignidade remete, sem dúvida, entre seus sentidos principais, a não coisificação do ser humano. Se há, aqui e ali, certos exageros no uso conceitual e normativo da dignidade da pessoa humana, isso não pode encobrir a verdade básica, que se extrai da nossa Constituição: trata-se de vetor normativo vinculante, da mais alta importância, e que redefine, em muitos sentidos, a incidência e aplicação das normas jurídicas brasileiras. Não esqueçamos que o Brasil foi o último país das Américas a abolir a propriedade de uma pessoa sobre outra, em terrível mancha histórica[27].

---

24. No período "de elaboração do Código Civil, o divórcio entre a elite letrada e a massa inculta perdurava quase inalterado. A despeito de sua ilustração, a aristocracia de anel representava e racionalizava os interesses básicos de uma sociedade ainda patriarcal, que não perdera o seu teor privatista, nem se libertara da estreiteza do arcabouço econômico, apesar do seu sistema de produção ter sido golpeado fundamente em 1888. Natural que o Código refletisse as aspirações dessa elite" (GOMES, Orlando. *Raízes históricas e sociológicas do Código Civil brasileiro*. São Paulo: Martins Fontes, 2006, p. 22).
25. Pontes de Miranda, *Fontes e Evolução do Direito Civil Brasileiro*. Rio de Janeiro: Pimenta de Mello, 1928, p. 77.
26. Houve até quem defendesse que o Código Civil de 2002 seria ainda mais patrimonialista que o de 1916 (FACHIN, Luiz Edson; RUZIK, Carlos Eduardo. Um projeto de Código civil na contramão da Constituição. *Revista Trimestral de Direito Civil*. Rio de Janeiro, v. 4, p. 243, set./dez. 2000).
27. O que não impediu que os melhores espíritos da época se opusessem a esse estado de coisas. Teixeira de Freitas – talvez o maior jurista brasileiro, ao lado de Pontes de Miranda – recusou-se, ainda no século XIX, incluir a escravidão em seu monumental projeto de Código Civil. Escreveu magnificamente: "Cumpre advertir que não há um só lugar do nosso texto, onde se trate de escravos. Temos, é verdade, a escravidão entre nós; mas, se esse mal é uma exceção que lamentamos, e que já está condenado a extinguir-se em uma época mais ou menos remota, façamos também uma exceção, um capítulo avulso, na reforma das nossas

A equidade, historicamente, ao longo dos séculos, tem sido usada para quebrar o rigor absoluto de certas fórmulas: "Quem quer que examine a evolução do direito romano, vê que essa se descreve no sentido de quebrar-se o absoluto dos direitos. Alguns anotam o caminho que vem do direito estrito à equidade". Um pouco adiante o notável jurista destaca: "Gaio não inovava; observava, discernia, quando proclamou: *Male enim nostro iure uti non debemus*. Não devemos mal-usar do nosso direito. Mal--usar. Note-se o que há de qualitativo, de ético, nesse *male*. Por aí chegou o jurista à justificação de se interditarem os pródigos e à proibição do maltrato dos escravos".[28]

Pontes de Miranda – com a antevisão que o distinguia – já nas primeiras décadas do século passado já alertava para o regressivo erro de tratar outros direitos menos favoravelmente que o direito de propriedade[29].

Nesse sentido, não é exagero dizer que as dimensões existenciais do ser humano são de consideração relativamente recente, na caminhada histórica do direito civil. Hoje tanto a propriedade como os contratos ganham notas funcionais, isto é, a função define, em certo sentido, o que estes institutos são, e não apenas até aonde eles podem ir. Isto é, a funcionalização dos conceitos, categorias e institutos não atua apenas como limites externos. Nos anos anteriores ao Código Civil de 2002, era voz corrente, no Brasil – e, antes, na Itália – a convicção de que o tempo das codificações tinha passado. Que os códigos civis estratificavam demais as relações jurídicas, e eram próprios dos séculos XIX e XX, e não do século XXI. Ademais, devíamos – e devemos – buscar a unidade valorativa do sistema na Constituição da República e nos direitos fundamentais e não no Código Civil. Seja como for, é certo que o Código Civil de 2002 acabou por promover a revitalização dos estudos de direito civil no Brasil. Novas e valiosas obras surgiram. Talentosos pesquisadores se dedicaram ao tema[30].

---

leis civis, não as maculemos com disposições vergonhosas, que não podem servir para a posteridade" (A. Teixeira De Freitas, *Consolidação das Leis Civis*, Rio de Janeiro, 1859, XI, ortografia por nós atualizada). Aliás, a consideração dos índios à luz do direito civil brasileiro sempre foi distante, esquemática e formal. A propósito, Aldo Andrea Cassi sublinha: "*La storiografia, nonostante la gran copia di studi dedicati alla schiavitù del Nuovo Mondo, non sempre si è soffermata sul tema dello statuto giuridico dell'indio con sufficiente lucidità, e molti degli studi più rigorosi lasciano ancora margine ad alcune considerazioni*" (A.A. Cassi, *Europa-America Latina: una plurisecolare discussione sullo statuto giuridico della persona e sull'assetto istituzionale della famiglia* en A. Saccoccio y S. Cacace (a cura di), *Europa e America Latina – Due Continenti, un solo Diritto. Unità e specificità del sistema giuridico latinoamericano*, t. II, Torino; Valencia, 2020, 470 ss.).

28. PONTES DE MIRANDA, *Tratado de Direito Privado*. T. 53. Rio de Janeiro: Borsoi, 1966, p. 69.

29. PONTES DE MIRANDA. *Tratado de Direito Privado*. Rio de Janeiro: Borsoi, 1954, p. 367.

30. Paulo Lôbo, a propósito, diagnostica: "Ao novo Código Civil credita-se verdadeira explosão de obras jurídicas, provocando o renascimento do interesse pelo direito civil e da consciência de sua importância fundamental para o cotidiano das pessoas. (…). Acrescentem-se, ainda, como fatores decisivos para a reformulação do direito civil brasileiro, de modo a torná-lo apto a responder às demandas do século XXI, o desenvolvimento científico da área propiciado pelos programas de pós-graduação em Direito, com rigor metódico e pesquisa, superando o anterior autodidatismo, e a criação do Superior Tribunal de Justiça, pela Constituição de 1988, incumbido da harmonização jurisprudencial do direito federal, inclusive o direito civil. No geral, o STJ tem correspondido às mudanças sociais e aos vetores axiológicos da Constituição, além de dar atenção aos avanços da doutrina" (LÔBO, Paulo. *Direito Civil. Parte Geral*. São Paulo: Saraiva, 2009, p. 27/28).

A igualdade substancial é algo relativamente recente nas preocupações jurídicas, é algo que não integrava o quadro de conceitos tradicionais da responsabilidade civil. Durante o século XIX e boa parte do século XX, o direito civil orgulhava-se do rigor formal dos seus conceitos, em sistema logicamente impecável[31]. Porém, paralelamente aos encadeamentos lógicos dos juristas, os poderes privados eram – e, de certo modo, ainda são – marcados por forte carga despótica[32]. O marido sobrepunha-se, social e juridicamente, à mulher; o pai sobrepunha-se ao filho; os empregadores a seus empregados. A igualdade material não inspirava os códigos civis. Os códigos civis clássicos não se preocupavam com esses desníveis de poder privado. Pelo contrário: os códigos civis costumavam consagrar as desigualdades. Padrões de comportamento preconceituosos se repetiam, e a lei os incentivava.

Hoje, porém, a situação se desenha de modo diverso.

Nossos dias são marcados por amplo pluralismo, com muitos e distintos interesses interagindo (às vezes de modo conflituoso) na esfera social. Isso, de certo modo, explica a heterogeneidade de valores e princípios acolhidos na Constituição da República. Temos uma Constituição pluralista – como a sociedade que ela busca reger – que tem, entre outros objetivos, a proteção da dignidade humana e a redução das desigualdades sociais. Pontes de Miranda lembrava que a liberdade de contratar praticamente se traduzia, no direito clássico, na liberdade para os mais fortes de impor sua vontade aos mais fracos. A igualdade substancial ou material, por exemplo, atua nesse campo, buscando diminuir as desigualdades, evitando relações jurídicas injustamente assimétricas.

Convém concluir este breve tópico lembrando o óbvio: o direito civil do século XXI prestigia fortemente a autodeterminação das pessoas. Há, ninguém duvida, um dever de proteção dos vulneráveis, mas há também – como algo muito valioso – o respeito às *escolhas existenciais fundamentais*. Se os séculos passados valorizaram imensamente as dimensões patrimoniais do direito civil, os estudos mais atuais – sem desconhecer a relevância dessas dimensões –, reservam especial importância para as

---

31. Franz Wieacker assinala as três características que, a seu juízo, apontam para uma evolução no sentido de um Estado Social: a) a relativização dos direitos privados pela sua função social; b) a vinculação ético-social destes direitos; c) o recuo perante o formalismo do sistema de direito privado clássico do século dezenove. (WIEACKER, Franz. *História do Direito Privado moderno*. Trad. A. M. Botelho Hespanha. Lisboa: Calouste Gulbenkian, 1967, p. 624). O direito privado do século XXI é chamado, a todo instante, a reconstruir o sentido de velhos conceitos e categorias, diante dos problemas inéditos que o nosso século apresenta. Não são poucos nem simples os desafios que se põem diante do século XXI. As ameaças que nos afligem, atualmente, parecem se renovar a todo instante. Já se disse que toda época tem seus fantasmas (SAVATER, Fernando. *O valor de educar*. São Paulo: Martins Fontes, 2000, p. 136).
32. Pontes de Miranda, desde o início do século passado, vigorosamente se punha contra o conteúdo despótico no exercício dos direitos subjetivos, antecipando, em longas décadas, o conceito de função social da propriedade e dos contratos: "Tampouco se definiria o direito subjetivo como poder de mandar, de impor, de comandar. Aos séculos de pontiagudo individualismo foi grata tal concepção, que pôs o indivíduo no lugar dos déspotas. O 'meu' direito (subjetivo) significava a minha força, o meu poder, a minha violência, sucedâneos da força, do poder, da violência do príncipe" (PONTES DE MIRANDA. *Tratado da Ação Rescisória*. Rio de Janeiro: Forense, 1976, p. 10).

dimensões existenciais do ser humano. O direito civil atual é um direito civil ético, um direito amigo das diferenças e das vastas possibilidades existenciais de cada ser humano.

A autodeterminação se identifica com o projeto de vida realizado ou desejado pela pessoa. Nem o Estado nem outros particulares podem interferir licitamente nessas escolhas. O direito cada vez mais reconhece no ser humano uma fonte de escolhas íntimas que deverão ser respeitadas. Com autonomia moral, racional e existencial. E as demais pessoas, públicas ou privadas, estão proibidas de se imiscuir, de modo agressivo ou arbitrário, nas escolhas de outrem. As liberdades existenciais – nossas esferas humanas de autodeterminação – ampliam-se e fortalecem-se neste nosso século[33].

4.3 Fortalecimento da dimensão preventiva dos direitos

> *"Por onde quer que eu vá, comigo vai aquela tênue mas constante confiança no trabalho, que é o mais milagroso espetáculo das nossas almas".*
>
> *Pontes de Miranda*

As sociedades, através dos tempos, em seus ciclos evolutivos, renovam suas percepções acerca de quais são os riscos aceitáveis. Os princípios da prevenção e da precaução são algumas das ferramentas jurídicas que nos auxiliam a lidar com essas situações, sempre historicamente mutáveis. Pontes de Miranda – escrevendo em meados do século passado – ensina que "o direito não só reage contra o ilícito; também reage contra atos e estados dos quais resulta ser possível ou provável a contrariedade a direito". E continua: "Sempre que o direito reputa evitável o perigo grave, permite preveni-lo. Preveni-lo quer dizer *prae-venire*, vir antes do fato lesivo; naturalmente, com algum ato que concorra para afastar o perigo, ou, pelo menos, precisar as consequências da contrariedade a direito. A tutela jurídica preventiva pode ser expediente de *técnica legislativa*, ou expediente de *técnica judiciária*"[34].

---

33. Escrevendo já em meados do século passado, Pontes de Miranda percebeu: "Deve-se considerar ilícito – pois ilícito é – todo negócio jurídico pelo qual alguém assume dever de praticar ou de se abster de algum ato para o qual, segundo a concepção da vida, tal como se revela, por exemplo, na Constituição, há de estar livre de toda imposição ou coagibilidade jurídica" (PONTES DE MIRANDA. *Tratado de Direito Privado*. T. IV. Rio de Janeiro: Borsoi, 1954, p. 146).

34. PONTES DE MIRANDA. *Tratado de Direito Privado*. T. 2. Rio de Janeiro: Borsoi, 1954, p. 361-362. A tutela pode abranger tanto deveres negativos como positivos. Marinoni argumenta que "diante das normas que estabelecem deveres positivos para a proteção de determinados direitos fundamentais (por exemplo, o dever de instalar tecnologia para que seja evitada poluição), a tutela que impõe o cumprimento do dever legal mediante a imposição de fazer constitui tutela destinada a impedir o prosseguimento do ilícito e, assim, proteger o direito fundamental. Entender que a ordem positiva para o cumprimento de dever de fazer não constitui tutela inibitória é supor que essa só é cabível quando a norma estabelece dever negativo. É esquecer que a própria norma, em alguns casos, possui função preventiva e que a tutela jurisdicional destinada a dar-lhes atuação tem por fim dar tutela ao direito que a própria norma violada objetiva proteger" (MARINONI, Luiz Guilherme. *Tutela contra o ilícito*. São Paulo: RT, 2015, p. 70). Ver ainda: KISS, Alexandre. The rights and interests of future generations and the precautionary principle. *The precautionary principle and international law*: the challenge of implementation. Hague: Kluwer Law International, 1996, p. 27.

Lembra ainda o genial jurista que há espécies em que se previne a lesão futura após lesão já ocorrida. E argutamente pondera ser erro, e grave, ter-se a tutela judiciária preventiva como espécie de reparação de danos.

No direito civil atual – não só nele – a ideia de prevenção tem enorme relevância. A tutela dos direitos da personalidade deve ser preferencialmente preventiva. Em relação, por exemplo, à responsabilidade civil, se o século XX foi devotado à reparação de danos, o presente será consagrado à prevenção. Aliás, na responsabilidade civil atual ganha força a noção de risco. Social e juridicamente, lidamos progressivamente com o conceito de risco.

Ao direito dos nossos dias – sobretudo em se tratando de direitos fundamentais – não se tolera a indiferença diante dos danos, mesmo que futuros ou potenciais. Cabe progressivamente construir uma tutela não só repressiva, mas fundamentalmente preventiva. Não é valorativa ou funcionalmente equivalente preservar determinado bem jurídico fundamental ou aceitar sua lesão em lugar de uma posterior e imperfeita indenização monetária. A linha de tendência linha hermenêutica, portanto, aponta para a proteção preventiva do bem, de todas as formas e de todos os modos possíveis. O princípio da proporcionalidade pode iluminar os contextos e orientar as soluções dos casos, nem sempre fáceis. Em relação a muitos dos danos do nosso século podemos dizer que a complexidade que os abraça nem sempre se situa no domínio das causas visíveis. Há, em muitos casos, riscos invisíveis, que não podem ser prontamente detectados.

Nesse contexto o conceito de risco cada vez mais se aproxima da dimensão jurídica. O mero risco, em muitos setores da experiência jurídica, pode funcionar como mecanismo deflagrador do dever de proteção. A palavra de ordem é evitar danos[35].

Podemos lembrar, em outro campo temático, que os direitos fundamentais, hoje, absolutamente *não são* apenas direitos de defesa em face do Estado. Exige-se muito mais dos poderes públicos. Exige-se uma postura ativa do Estado para *proteger* os direitos fundamentais. Essa a grande mudança havida, com imensas e intensas

---

35. A busca pela dimensão preventiva se projeta em vários setores, não só no direito civil. A tendência do processo civil atual é valorizar a tutela específica, ou seja, buscar soluções que se aproximem, tanto quanto possível, do resultado buscado pelo direito material. Direito civil e direito processual civil, nesse contexto, dialogam mais do que nunca, buscando meios e formas de conferir resultados – reais e úteis – às demandas. A propósito, o CPC/2015, de modo correto, encarou o ilícito civil de modo amplo, prevendo que "para a concessão da tutela específica destinada a inibir a prática, a reiteração ou a continuação de um ilícito, ou a sua remoção, é irrelevante a demonstração da ocorrência de dano ou da existência de culpa ou dolo" (CPC, art. 497, parágrafo único). Ou seja, o conceito de ilícito civil não está vinculado ao dano ou à culpa. A dignidade humana, como princípio normativo, projeta múltiplas dimensões horizontais e verticais, no direito público e privado, impondo não só abstenções (não violar a dignidade) mas também, cada vez mais, ações (no sentido de promovê-la). A dignidade é protetiva e promocional. Lembre-se ainda que os valores existenciais relativos à dignidade só são verdadeiramente resguardados se o forem preventivamente, e não só de modo repressivo e posteriormente imperfeito. Dissemos acima que como tarefa (promoção) a dignidade faz surgir deveres concretos de tutela por parte do Estado. Essa dimensão positiva (eficácia ativa) da dignidade projeta efeitos normativos em outros direitos fundamentais sociais, como a segurança pública (que não tem sido, certamente, um dever levado a sério, entre nós).

repercussões práticas. Em outras palavras, não basta que o Estado se abstenha de violar os direitos fundamentais. Ele precisa, além disso, evitar que terceiros os violem. Exige-se, portanto, atualmente, que o Estado assuma uma postura ativa, agindo para defender direitos fundamentais ameaçados. Isto é, não basta que o Estado se abstenha de agir (não impeça, digamos, que um ato público se realize), é preciso proteger e agir para que lesões não ocorram (agindo para que outros não impeçam a reunião nem agridam quem lá esteja).

Existem deveres estatais de proteção de seus cidadãos (inclusive em relação à violência urbana ou agressões provindas de terceiros), existem deveres dos pais de cuidado em relação aos filhos (o abandono afetivo, convém lembrar, não resulta da infração do dever de amar, mas do dever de cuidar, de índole objetiva). Esses deveres nem sempre resultam de regra jurídica específica, mas da interpretação atual acerca do conteúdo dos direitos fundamentais[36]. Há uma discussão – atual e interessante – que indaga em que medida a eficácia horizontal dos direitos fundamentais obriga os particulares a agir desse ou daquele modo.

Enfim, é preciso reafirmar que as relações entre particulares são, frequentemente, assimétricas e desiguais. Há poderes privados – aos quais não deve ser indiferente o Estado[37]. Bem por isso, os direitos fundamentais, hoje, no Brasil, não são apenas direitos de defesa em face do Estado. Exige-se uma postura ativa do Estado para proteger os direitos fundamentais. Essa constatação redefine muitas abordagens, sobretudo da responsabilidade civil do Estado por omissão. Peter Häberle, argutamente, verifica que não há *numerus clausus* das dimensões de proteção dos direitos fundamentais, nem *numerus clausus* dos perigos. Aliás, Pontes, escrevendo no início do século XX, lembrava que o Estado não é um criador arbitrário do direito. E que a própria formulação da lei perde a arbitrariedade que tinha no passado[38].

---

36. Dieter Grimm, que foi juiz do Tribunal Constitucional Federal Alemão, preceitua: "O Estado está obrigado não apenas a se abster de certas ações que violariam os direitos fundamentais. Ele também está obrigado a agir quando os bens protegidos pelos direitos fundamentais estejam ameaçados por agentes privados". (GRIMM, Dieter. *A função protetiva do Estado*. Trad. Eduardo Mendonça. *In*: SOUZA, Cláudio Pereira de; SARMENTO, Daniel (Orgs.). *A constitucionalização do direito*: fundamentos teóricos e aplicações específicas. Rio de Janeiro: Lumen Juris, 2007, p. 160). Ver ainda: BILBAO UBILLOS, Juan María. *La eficacia de los derechos fundamentales frente a los particulares*: análisis de la jurisprudencia del Tribunal constitucional. Madrid: Centro de Estudios Constitucionales, 1997, p. 530; MARTINEZ, Gregorio Peces-Barba. *Curso de Derechos Fundamentales. Teoria General*. Madrid: Universidad Carlos III, 1995, p. 263 e seguintes; DIMOULIS, Dimitri; MARTINS, Leonardo. *Teoria Geral dos Direitos Fundamentais*. São Paulo: Atlas, 2012; SARMENTO, Daniel. *Direitos Fundamentais e Relações Privadas*. Rio de Janeiro: Lumen Juris, 2004, p. 301; BRAGA NETTO, Felipe. *Novo Manual de Responsabilidade Civil*. São Paulo: Juspodivm, 2022, 3ª.ed.

37. É inegável, sobretudo em nossos dias, que existem situações de opressão ou desnível entre particulares, algo semelhante com as relações assimétricas que lastrearam – ainda na concepção liberal – dos direitos fundamentais em face do Estado (UBILLO, Juan María Bilbao. *La Eficácia de los Derechos Fundamentales frente a particulares. Análisis de la Jurisprudencia del Tribuna Constitucional*. Madrid: Centros de Estudios Políticos y Consitucionales, 1997, p. 369).

38. Isso tem inúmeras repercussões atuais na teoria dos direitos fundamentais. Por exemplo, caso o Estado se omita em elaborar certa lei, cuja feitura é determinada pela própria Constituição, haveria direito à indenização em virtude da mora legislativa? A doutrina tradicional tende a não aceitar. Canotilho explica: "Com efeito, a generalidade da doutrina não reconhece um *direito subjectivo dos cidadãos* à actividade le-

Se o dano já ocorreu e não há tutela preventiva possível, resta a indenização. Cabe lembrar que no direito civil, particularmente, a utilização de sanções punitivas é determinada pela necessidade de operar uma maior proteção a alguns atributos da personalidade.[39] Pontes de Miranda lembra que "a grave negligência autoriza o pedido de ressarcimento por danos exemplares".[40]

4.4 O caráter histórico do conceito de dano

"Hoje, o artigo tal do Código não exprime, exatamente, o que no ano passado exprimia; porque não diz ele o que está nas palavras, mas algo de mutável que as palavras quiseram dizer".

Pontes de Miranda

Não exageramos ao dizer que a responsabilidade civil, de certo modo, traça um resumo cultural de uma época. Ela reflete aquilo que entendemos por dano. A difícil separação entre o que deve e o que não deve ser reparado ou compensado. O discurso humano nem sempre vê os danos do mesmo modo. As sociedades, através dos tempos, em seus ciclos evolutivos, renovam suas percepções acerca de quais seriam os riscos admitidos. Pontes de Miranda lembra que os sistemas jurídicos são formados por cabedal inestimável de intuições e experimentações humanas[41]. Aliás, quando alguém tem de reparar um ato causado por outrem (ou o dano causado por

---

gislativa. Embora haja um *dever jurídico-constitucional* do legislador no sentido de este adoptar as medidas legislativas necessárias para tornar exequíveis as normas da Constituição, a esse dever não corresponde automaticamente um *direito fundamental à legislação*" (CANOTILHO, J.J. Gomes. *Direito Constitucional e Teoria da Constituição*. Coimbra: Almedina, 2003, p. 1.037). Digamos apenas que a Constituição pode ser desrespeitada de várias formas – umas delas é deixando de editar certas leis. Pontes de Miranda, aludindo ao desrespeito disfarçado (e, por isso mesmo, mais perigoso) à Constituição, desabafava: "Se o direito penal fosse mais realista, seria esse o crime maior".

39. ROSENVALD, Nelson. *As funções da responsabilidade civil*. São Paulo: Atlas, 2013, p. 125.

40. PONTES DE MIRANDA. *Tratado de direito privado*. Rio de Janeiro: Borsoi, 1974, t. 53, p. 224. Caio Mário da Silva Pereira perfilha ideias semelhantes: "Como tenho sustentado em minhas *Instituições de Direito Civil* (vol. II, n° 176), na reparação por dano moral estão conjugados dois motivos, ou duas concausas: I) punição ao infrator pelo fato de haver ofendido um bem jurídico da vítima posto que material; II) pôr nas mãos do ofendido uma soma que não é o *pretium doloris*, porém o meio de lhe oferecer a oportunidade de conseguir uma satisfação de qualquer espécie, seja de ordem intelectual ou moral, seja mesmo de cunho material (Mazeaud e Mazeaud, ob. cit. N° 419; Alfredo Minozzi, Danno nonpatrimoniale, n° 66)" (PEREIRA, Caio Mário da Silva. *Responsabilidade civil*. 2. ed. Rio de Janeiro: Forense, p. 338).

41. PONTES DE MIRANDA. *Tratado de Direito Privado*. T. IV. Rio de Janeiro: Borsoi, 1954, p. 108. Os exemplos ricos e pitorescos na obra de Pontes são muitos. Tratando do direito ao nome, destacou que "a história e o caráter do povo refletem-se, de certo modo, nos nomes que inventou. As invasões e as guerras inscrevem-se neles, as suas classes sociais revelam-se, bem como as suas qualidades de espiritualidade (*e.g.*, nos nomes gregos, Sófocles, Péricles, Aristo, Poliarco...)". Um pouco antes observa: "No velho direito germânico, bastava um nome para individualizar, para pessoalmente identificar. A tentativa gregoriana de circunscrever os nomes àqueles dos santos encontrou a imaginação criadora do povo, que continuou enriquecendo as línguas e a traduzir, na escolha dos nomes, simpatias étnicas, guerreiras, revolucionárias, filosóficas e políticas. O duplo nome prende-se ao século XII" (PONTES DE MIRANDA. *Tratado de Direito Privado*. T. I. Rio de Janeiro: Borsoi, 1954, p. 238).

seu animal ou por sua coisa), bem se mostra que causalidade e responsabilidade são fatos distintos.[42]

O conceito de dano, portanto, é histórico e relativo, sofrendo influências e modificações ao sabor do caminhar do tempo. Nesse contexto, circunstâncias sociais e valores ético-culturais definem o que determinada comunidade enxergará como dano (o permanente desafio de distinguir danos triviais daqueles injustos). Pontes de Miranda constatou: "Certamente, a teoria da responsabilidade tem que variar. Muda, às vezes, com o conteúdo do próprio conceito de dano. Com as necessidades gnosiológicas, econômicas e políticas da sociedade. A teoria teria que ser a do momento histórico[43]". Enfim, o que antes, na linha do tempo, não era indenizável, hoje pode ser. Observamos, no século XXI, a ampliação dos danos indenizáveis. Se não podemos aplaudir todos os chamados novos danos, devemos, por outro lado, louvar a sensibilidade na proteção das situações jurídicas existenciais. Algo é certo: nas sociedades de risco há uma constante reavaliação daqueles riscos que são socialmente aceitáveis.

Uma interessante reflexão atual da responsabilidade civil indaga em que medida a lógica decisória do século XXI será alterada pela feição dos novos danos. O surgimento de novas espécies de danos exige novos modelos de compreensão? Novas caixas conceituais? Ou podemos nos dar por satisfeitos com os antigos, só mudando, por assim dizer, o conteúdo da embalagem? Fala-se muito em novos danos (danos sociais, danos existenciais etc.), mas em que medida estamos diante de categorias novas, em que medida são apenas novas descrições de antigos fenômenos? Seja como for, se vivemos numa sociedade marcada pelo caráter instantâneo da informação, vivemos também numa sociedade de risco. A própria percepção que temos dos riscos é bem diversa daquela dos séculos passados[44].

Quanto mais o século avança, mais as questões do direito de danos ganham em complexidade. O que décadas ou séculos atrás não era indenizável, hoje pode ser. O conceito de dano indenizável varia no espaço e no tempo (pensemos no direito das famílias: alguém que defendesse, há algumas décadas, indenização por abandono afetivo seria olhado com desconfiado estranhamento; hoje a questão, embora polêmica, é bastante conhecida). O dano injusto ganha autonomia conceitual singular em relação àquilo que seria um dano indenizável no passado – quase sempre era um dano individual e patrimonial (aliás, a própria noção atual de dano ambiental seria incompreensível para alguém do século XIX). Atualmente indenizam-se danos extrapatrimoniais, danos difusos, chances perdidas, até o interesse das futuras gerações entra na pauta das discussões. Lidamos, hoje, progressivamente, com danos

---

42. PONTES DE MIRANDA. *Tratado de direito privado*. Rio de Janeiro: Borsoi, 1972, t. 54, p. 162. Em outra passagem, Pontes lembra que o direito prescinde da causalidade fática, porque cria nos pensamentos o seu mundo (PONTES DE MIRANDA. *Tratado de direito privado*. Rio de Janeiro: Borsoi, 1970, t. 1, p. 19).
43. PONTES DE MIRANDA. *Tratado de Direito Privado*. T. LIII. Rio de Janeiro: Borsoi, 1966, p. 57.
44. CORSARO, Luigi. *Tutela del danneggiato e responsabilità civile*. Milano: Giuffrè, 2003; ZANNONI, Eduardo A . *El daño en la responsabilidad civil*. Buenos Aires: Astrea, 1993.

complexos e não lineares. O direito dos nossos dias, de índole difusa, não opera na lógica mais – pelo menos não exclusivamente – na esfera do *um-contra-um*. Aliás, não são apenas os indivíduos que merecem proteção jurídica, mas as coletividades, a comunidade humana[45].

Aliás, talvez seja interessante inserir aqui algumas características que podem – de modo inovador – caracterizar os chamados novos danos, ou pelo menos alguns deles: danos sem autoria claramente configurada; danos, em regra, irreversíveis; danos com vítimas socialmente dispersas; danos de quantificação sabidamente difícil; danos cujo limite de tolerabilidade são analisados no caso concreto; danos que aceitam, em muitas situações, inversões probatórias ou até flexibilização do nexo causal; danos que lidam com a probabilidade, não apenas com a certeza; danos em relação aos quais a licitude da atividade é irrelevante (a atividade, mesmo lícita, se danosa, obriga a indenizar); e até em certos setores – como o ambiental – podemos falar em danos intergeracionais (as vítimas desses danos muitas vezes estão dispersas não só no tecido espacial, mas também no tecido espacial-temporal, simbolizando as futuras gerações).

Enfim, estamos vivendo, no direito de danos, um tempo histórico que parece não aceitar as velhas fórmulas individualistas e patrimonializantes. O direito contemporâneo repudia a utilização arbitrária, caprichosa ou inconsequente das situações jurídicas[46]. Os danos, ademais, são muitas vezes difusos, transindividuais. Virou lugar comum dizer que o universo digital revolucionou nossas relações sociais. Passamos, em poucos anos, de um universo físico-tradicional para o mundo digital.

Nesse contexto, a natureza histórica-evolutiva do direito civil reflete a sociedade a que se destina, o corpo social cujas relações pretende reger. Nos dias em que vivemos – cuja única permanência é a mudança – temos uma percepção diferente dos conflitos. Os desafios do século XXI são bem distintos daqueles dos séculos passados. Os casos levados ao Poder Judiciário são cada vez mais difíceis, envolvem valores e princípios, e não podem ser resolvidos mediante aplicação mecânica da norma ao fato (subsunção). As amplas transformações ocorridas na sociedade exigem que o ordenamento jurídico incorpore a ética e não se mostre tão fechado como costumava ser no passado.

---

45. EDELMAN, Bernard. *La personne en danger*. Paris: PUF, 1999, p. 528.

46. Os exemplos possíveis são muitos. Aliás, o art. 187 do Código Civil está informado pela ideia de relatividade dos direitos. Isto é, os direitos flexibilizam-se mutuamente; não há direito isolado, mas dentro do corpo social, onde outros direitos convivem. Pontes de Miranda observou que "repugna à consciência moderna a ilimitabilidade no exercício do direito; já não nos servem mais as fórmulas absolutas do direito romano" (PONTES DE MIRANDA. *Tratado de Direito Privado*. Rio de Janeiro: Borsoi, 1966, T. LIII, p. 62). Aliás, os conceitos funcionais aparecem, com frequência, nas mais diversas searas jurídicas, sendo nota indissociável do direito contemporâneo. Desde a clássica obra de Bobbio, sublinhando a necessidade do abandono de uma concepção puramente estrutural em favor de uma postura funcional (BOBBIO, Norberto. *Dalla strutura alla funzione*. Milano: Edizioni di Comunitá, 1977), é evidente a importância de semelhante perspectiva. Há uma tendência difusa, porém perceptível, no direito contemporâneo, de tolerar cada vez menos a dimensão puramente formal dos conceitos. Aliás, conforme ponderou Wieacker, umas das notas próprias do Estado Social é a relativização dos direitos, à luz de sua função social (WIEACKER, Franz. *História do Direito Privado moderno*. Trad. A. M. Botelho Hespanha. Lisboa: Calouste Gulbenkian, 1967, p. 624).

4.5   A pluridimensionalidade do mundo jurídico

"A determinação do que é divisível e do que é indivisível pertence à técnica jurídica legislativa. No resolver o problema, os legisladores são levados por suas convicções filosóficas e, no fundo, por suas cargas psicanalíticas. A ideia da coisa e o seu todo corpóreo exercem, aí, o papel de ingredientes que se dosam: ora só se atende, ou se atende mais ao que é divisível quanto à ideia, ora quanto à consistência física. Para Platão e os platônicos, dividir é dividir a ideia".

Pontes de Miranda

A percepção de que o mundo jurídico está estruturado em planos deve-se a Pontes de Miranda[47]. O mundo jurídico, nesse sentido, não é unidimensional, são vários os planos que, dentro dele, os fatos jurídicos podem (dinamicamente) estar, existindo apenas, existindo com validade, ou existindo com (validade) e eficácia. Vejamos, brevemente, com exemplos, cada um dos planos pelos quais os fatos jurídicos podem passar. Embora aqui a discussão vá além da responsabilidade civil, é certo que também pode se referir a ela, em certos contextos.

Neste plano ingressam todos os fatos jurídicos, lícitos ou ilícitos, resultantes, ou não, da vontade humana. Qualquer fato jurídico, para produzir efeitos, deve existir, que é o mesmo de estar no plano da existência, que é abstração do pensamento humano. Para ingressar basta que a regra jurídica tenha incidido sobre seu suporte fático *suficiente*. É preciso analisar o suporte fático da regra jurídica para definir aquilo que é essencial à existência do fato jurídico. Nos negócios jurídicos, por exemplo, existem elementos estruturais, essenciais (*essentialia negotii*): a declaração de vontade, a coisa e o preço. Sem isso, não há negócio[48].

---

47.   A teoria de Pontes de Miranda distingue o mundo dos fatos, como uma categoria conceitual que abrange tudo o que ocorre e, dentro dele, o mundo jurídico, como uma dimensão onde entram apenas os fatos da vida que foram juridicizados. Trata-se, não há dúvida, de modelo abstrato, excessivamente conceitual – como aliás eram e são os grandes sistemas filosóficos que nos influenciam até hoje, idealizados pelas inteligências mais poderosas que já frequentaram a Terra. Pode-se, nesse sentido, criticar a distinção entre o mundo dos fatos e o mundo jurídico, acusando-a de não servir como modelo explicativo relativamente ao complexo mecanismo hermenêutico numa sociedade aberta e plural. Temos, hoje, lembremos, normas jurídicas abertas, que não descrevem apenas hipóteses, mas também estabelecem fins a serem alcançados, valores a serem protegidos ("normas narrativas", ou mesmo através da da formulação de objetivos públicos – *statements of public policy*). Outro ponto relevante é que se convencionou que a solução dos conflitos entre princípios (que são normas jurídicas) ocorre através da ponderação, que só pode ser feita pelo intérprete. Tudo isso exige que repensemos a divisão entre mundo dos fatos e mundo do direito que, a ser mantida, precisa se mostrar menos formal e menos esquemática. Ainda que possamos rejeitar – total ou parcialmente – a distinção entre mundo dos fatos e mundo jurídico, é fundamental que saibamos do que estamos falando. Pontes de Miranda distinguiu, como divisão fundamental e básica, o mundo fático do mundo jurídico, sendo este composto pelos fatos que foram juridicizados (divisão que é mais adequada para explicar a dinâmica das regras jurídicas, não dos princípios). Aliás, o conceito de fato jurídico não pode ser adequadamente compreendido sem o conceito de mundo jurídico (lembremos que Kelsen também formulou, em sua construção conceitual, a teoria dos dois mundos: o mundo da natureza e o mundo social. Segundo Kelsen, eles não se comunicam).

48.   Pontes de Miranda lembra que "os elementos volitivos, sem os quais seria insuficiente o suporte fáctico, são os *essentialia negotti*. Na compra e venda, por exemplo, os dois acordos sobre a coisa e preço" (PONTES DE MIRANDA. *Tratado de Direito Privado*. T. III, Rio de Janeiro: Borsoi, 1954, p. 65). Posteriormente, esclarece: "Sem os *essentialia negotti*, o negócio não seria jurídico (= não entraria no mundo jurídico), ou seria outro negócio jurídico que aquele, a respeito do qual se procedeu à discriminação do essencial e do acidental".

No plano da validade apenas ingressam os atos humanos voluntários. Apenas em relação a eles é que tem sentido indagar se são válidos ou inválidos. Duas categorias, portanto, passam pelo plano da validade: o ato jurídico *stricto sensu* (Código Civil, art. 185) e o negócio jurídico (Código Civil, art. 104). Os negócios jurídicos nulos (Código Civil, art. 166) e negócios jurídicos anuláveis (Código Civil, 171) existem, porém, são inválidos. Assim, se alguém, absolutamente incapaz por idade (Código Civil, art. 3º), vende a fazenda de que é proprietário sem que tenha havido a devida representação, trata-se de negócio jurídico nulo (Código Civil, art. 166, I). Se alguém é dolosamente enganado e, com isso, compra um carro que não compraria se não tivesse havido o erro (provocado pela malícia de outrem), o negócio é anulável (Código Civil, art. 145). Nos dois casos, os negócios jurídicos são existentes, porém inválidos[49].

No plano da eficácia é que são produzidos os efeitos jurídicos. Tanto os fatos jurídicos lícitos como os fatos jurídicos ilícitos os produzem. É no plano da eficácia que estão as relações jurídicas e, dentro delas, os direitos e deveres, pretensões e obrigações, ações e situações passivas de acionado. As relações jurídicas são sempre entre sujeitos de direito. Não há relação jurídica entre pessoa e coisa. As condições (Código Civil, art. 121), por exemplo, operam no plano da eficácia. O negócio jurídico, no caso, já existe, mas sua eficácia está pendente.

Podemos indagar: todos os fatos jurídicos passam pelos três planos do mundo jurídico?

Não. Há fatos jurídicos, por exemplo, que não passam pelo plano da validade. Imaginemos que alguém, dirigindo negligentemente seu carro, colida com o carro de outra pessoa, causando-lhe danos (Código Civil, art. 186). Esse ato ilícito (civil) produzirá os efeitos previstos nas normas (dever de indenizar pelos danos materiais e, se for o caso, estéticos e morais). O fato jurídico que provoca esse dever de indenizar passa pelo plano da existência (resultado da incidência da norma jurídica do art. 186 do Código Civil sobre seu suporte fático suficiente) e vai direto ao plano da eficácia, dando vida aos direitos e deveres correspondentes. Não passa, portanto, pelo plano da validade. O mesmo se diga do nascimento, por exemplo. Não faz sentido, obviamente, considerar um nascimento válido ou inválido. Só passam pelo plano da

---

49. No direito romano o ato nulo era inexistente, não era inválido. Pontes de Miranda sempre insiste nesse ponto. "Foi o direito comum, que, atendendo a profundas mudanças na filosofia e na economia do mundo medieval e pós-medieval, fez de nulidade *terminus technicus* do plano da validade. (cp. A S. VON ENGELBRECHT, *Die Betätigung nichtiger und anfechtbarer Rechtsgeschäfte*, 19 s.)" (PONTES DE MIRANDA. *Tratado de Direito Privado*. T. IV. Rio de Janeiro: Borsoi, 1954, p. 30-31). Pontes de Miranda, a propósito da invalidade, explica com seu modo original de pensar: "Para que algo valha é preciso que exista. Não tem sentido falar-se em validade ou de invalidade a respeito do que não existe. Nem tudo que existe é suscetível de a seu respeito discutir-se se vale, ou se não vale. Não se há de afirmar nem de negar que o nascimento, ou a morte, ou a avulsão, ou o pagamento valha. Não tem sentido. Tampouco a respeito do que não existe: se não houve ato jurídico, nada há que possa ser válido ou inválido. Os conceitos de validade ou de invalidade só se referem a atos jurídicos, isto é, a atos humanos que entraram (plano da existência) no mundo jurídico e se tornaram, assim, fatos jurídicos". (PONTES DE MIRANDA. *Tratado de Direito Privado*. T. IV. Rio de Janeiro: Borsoi, 1954, p. 6/7).

validade os atos jurídicos nos quais a vontade é elemento relevante (atos jurídicos *stricto sensu* e negócios jurídicos).

Para que um fato jurídico exista, ele deve entrar no mundo jurídico. Como isso ocorre? Com a incidência de uma norma jurídica vigente sobre seu suporte fático suficiente. A norma incide – infalivelmente, segundo Pontes de Miranda – quando os fatos que ela prevê de modo abstrato em seu suporte fático acontecem no mundo social. Alguém, digamos, completa 18 anos. A norma do Código Civil incide fazendo a pessoa plenamente capaz para os atos da vida civil. Não tem, porém, o mundo jurídico um só plano ou dimensão. Na perspectiva que estamos tratando, são três os planos jurídicos, como já vimos: existência, validade e eficácia.

Marcos Bernardes de Mello já expôs as distintas situações pelas quais pode passar um fato jurídico. Sigamos o mesmo esquema conceitual, só que com outros exemplos: a) o ato pode existir, ser válido e eficaz (compra e venda de apartamento, por pessoas maiores e capazes, com a observância das formalidades legais); b) existir, ser válido, mas ineficaz (negócio jurídico com condição suspensiva – Código Civil, art. 125); c) existir, ser inválido mas eficaz (negócio jurídico anulável antes da decretação da anulabilidade – Código Civil, art. 151 c/c 177. Alguém, digamos, doa um bem porque foi moralmente coagido); d) existir, ser inválido e ineficaz (um menor, 13 anos, vende um cavalo de sua propriedade para outrem – Código Civil, art. 166, I c/c 169 –, ou mesmo o contrato feito entre determinado jornal e um político corrupto para que o jornal não publique notícias desfavoráveis a ele); e) existir e ser eficaz (alguém, por exemplo, bêbado, atropela uma família ou colide com outro carro). Lembremos, em relação ao último exemplo, que os atos ilícitos (que são atos jurídicos) não passam pelo plano da validade. Apenas os atos jurídicos lícitos é que precisam passar pelo teste do plano da validade (verificar se são nulos ou anuláveis). Se, porém, são reprovados nesse teste, podemos considerá-los (também) ilícitos, porque o ser inválido é uma das formas de ilicitude civil[50].

A eficácia é essencial ao conceito de fato jurídico? A resposta negativa se impõe. Não seria cientificamente correto definir algo pelo seu efeito[51]. Os direitos e deveres – que se produzem no plano da eficácia jurídica – resultam sempre de fatos jurídicos, mas isso não significa que não existam fatos jurídicos que, por uma razão qualquer, estejam desprovidos de eficácia. Um negócio jurídico nulo, por exemplo, é um ato

---

50. Cf. PONTES DE MIRANDA. *Tratado de Direito Privado.* T. II. Rio de Janeiro: Borsoi, 1954, p. 202; MELLO, Marcos Bernardes de. *Teoria do fato jurídico: plano da existência.* São Paulo: Saraiva, 1991, p. 199; LÔBO, Paulo Luiz Netto. *Condições gerais dos contratos e cláusulas abusivas.* São Paulo: Saraiva, 1991, p. 158; EHRHARDT JR, Marcos. *Direito Civil.* v. 1. Salvador: JusPodivm, 2009, p. 384; BRAGA NETTO, Felipe Peixoto. *Teoria dos ilícitos civis.* Belo Horizonte: Del Rey, 2003, p. 132.

51. Tradicionalmente, no entanto, o fato jurídico é conceituado e definido a partir dos seus efeitos. Como algo que, fundamentalmente, provoca o nascimento, a modificação e a extinção de uma relação jurídica. Marcos Bernardes de Mello chama as chama de *definições funcionais*, analisando as definições, por exemplo, de Savigny (a primeira que se tem notícia), de Santoro Passarelli e, também, a de Windscheid. Pontes, porém, esclarece que "fato jurídico é o que fica do suporte fático suficiente quando a regra jurídica incide e porque incide. Tal precisão é indispensável ao conceito de fato jurídico".

jurídico (espécie de fato jurídico) existente, mas ineficaz, pelo menos em regra. A ineficácia dele decorre de sua invalidade. O inválido é um gênero com duas espécies: nulo e anulável. O plano da validade serve para verificar a compatibilidade dos atos jurídicos existentes com o sistema jurídico e, em regra, verificada a incompatibilidade, nega-se efeito jurídico (ou alguns deles). O plano da validade é uma espécie de rede de segurança da ordem jurídica.

Pode-se criticar a concepção acima como excessivamente abstrata, distante dos tons concretos do direito do século XXI. Mas isso seria injusto, cremos. Além disso, o sábio é bebermos da tradição para criar o novo. O novo não é sinônimo de qualidade teórica. O autenticamente novo é um fiel depositário da tradição. Aliás, Pontes de Miranda já percebia que a Teoria Geral do Direito, em seus ciclos históricos, objetiva e subjetiva diferentemente as posições das pessoas e coisas, atendendo àquilo que parece mais razoável em determinado espaço-tempo histórico[52].

Dito isso, sim, podemos afirmar que o direito civil, tradicionalmente, ocupou-se com a existência, validade e a eficácia dos negócios jurídicos. Isso, porém, a partir de um prisma voluntarista: conjugar aquilo que se desejou com aquilo que se declarou desejar (os defeitos do negócio jurídico, que veremos na parte geral – erro, dolo, coação etc. – são, em grande parte, apenas isso). Já hoje há uma tendência de analisar de modo mais objetivo as cláusulas contratuais e os comportamentos das partes[53]. As perguntas são outras: houve quebra de confiança? (princípio da confiança). Houve comportamento contraditório? (princípio do *venire contra factum proprium*). Uma das partes adimpliu substancialmente a sua prestação? (princípio do adimplemento substancial). Há desproporção entre as prestações? (princípio da equivalência material entre as prestações). Uma das partes frustrou as legítimas expectativas da outra? (princípio da boa-fé objetiva em uma de suas funções). Hoje, ademais, o dever de informar se incorporou ao direito contratual como dever geral de conduta.

---

52. PONTES DE MIRANDA. *Tratado de Direito Privado*. T. 2. Rio de Janeiro: Borsoi, 1954, p. 3. Já se escreveu: "As coisas não são apenas coisas. Carregam também um destino e são dotadas de memória. Objetos que guardam uma história conosco não podem ser postos a falar de nossa intimidade sem que nisso consintamos. Quem penetra o santuário da privacidade, diretamente ou por interpostos objetos, está avançando sobre um território interdito e se fazendo autor de lesão maior ou menor à dignidade humana" (VILLELA, João Baptista. A placenta e os direitos da mulher. *Del Rey Revista Jurídica*. Belo Horizonte, ano 4, n. 9, p. 9-10, set./nov., 2002, citado por: SÁ, Maria de Fátima Freire; NAVES, Bruno Torquato de Oliveira. *Manual de Biodireito*. Belo Horizonte: Del Rey, 2009, p. 196).

53. A maior relevância da dimensão hermenêutica está intimamente vinculada à maior relevância dos princípios. Eles, os princípios normativos, definem boa parte do perfil do direito civil atual. Pensemos no direito contratual. O direito civil não protege, hoje, apenas aquilo que foi pactuado: vai além. Protege as expectativas legitimamente criadas, à luz de valores como cooperação e lealdade. Basta lembrar da extrema relevância da teoria dos atos próprios (*venire contra factum proprium*, adimplemento substancial, *supressio e surrectio, tu quoque, duty to mitigate the loss* etc.). A boa-fé objetiva tem potencialidades verdadeiramente inesgotáveis. Doutrina e jurisprudência, com criatividade e talento, redescobrem diariamente as ricas funções – função interpretativa; função corretiva; função limitativa de direitos subjetivos; função criadora ou integrativa – que o princípio pode exercer nas relações civis (aí incluídas as relações de consumo). Os princípios reunificam o direito privado, porém agora como um sistema aberto. São, seguramente, a fonte onde o intérprete vai buscar – mais do que nas regras jurídicas – a fonte de legitimidade de suas decisões. São, além disso, normas com a notável característica de incorporar, como camadas normativas, as mudanças sociais, juridicizando-as.

4.6 O caráter múltiplo da ilicitude civil

"Para lhes dar mais uma faceta de Victor Nunes Leal. O Victor gostava de tiradas, e ele dizia o seguinte: 'O Brasil, o direito brasileiro tinha uma característica. Seus dois maiores juristas: um morreu louco e o outro nasceu louco. Teixeira de Freitas: morreu louco. Pontes de Miranda: nasceu louco'. (…). Pontes foi um estudioso do direito até à última hora. Pontes tinha uma concepção da fenomenologia jurídica... Ele compreendia o direito como um todo. E ele sabia pensar, ele sabia construir... A dialética dele é um ponto altíssimo, porque ele forma o seu raciocínio por meio de ideias que, na cabeça dele, vivem duelando uma com as outras. Ele tem independência. Ele não recua, ele não é 'Jeca Tatu', ele não fica com medo da coisa dita em língua estrangeira. Ele diverge de quem tiver para divergir (…). Pontes de Miranda conseguiu ver e conseguiu imaginar. Tanto é que a solução que não está em outros autores, você vai ver, está nele. Você pode até discordar, mas está nele. Ele pensou e ele imaginou. (…). Agora, você fica encantado como é que uma pessoa sabia tanto! Como é que ele pensa! O homem pensa! Ele não se preocupa em ser muito explícito nem didático. Ele tem páginas lindíssimas e páginas da mais grosseira mistificação. Por quê? Você vai descobrindo que Pontes de Miranda é um homem, apesar de ser um gênio".

Sergio Bermudes

O ilícito é um conceito fundamental. Conceito fundamental é aquele sem o qual não há condição de possibilidade de um sistema jurídico. Sem ilícitos não se constrói um ordenamento jurídico[54]. Não existe, tampouco, ramo jurídico que possa prescindir dos ilícitos. Convém afirmar ainda (embora pisando na lama da obviedade): todo sistema jurídico tem de lidar com a violação de suas normas. Estabelecer padrões de conduta (juridicamente) importa em prever, naturalmente, modelos de comportamento que se distanciem desses padrões. O ilícito, nesse sentido, é uma reação, juridicamente organizada, contra a conduta que viola valores, princípios ou regras do sistema jurídico. São as reações (através da eficácia jurídica) que os ilícitos projetam que preservam a eficácia valorativa do sistema jurídico. A experiência jurídica atua prescrevendo reações contra ações ou omissões que transgridam as referências normativas adotadas. Nesse contexto, o ilícito reforça as pautas de valor situadas no vértice do sistema, ao *agir* contra os padrões de conduta destoantes do sistema jurídico.

A relevância do conceito de ilícito é tamanha que as grandes teorias que intentam explicar o direito, a exemplo da de Kelsen, engendram todo um sistema a partir do ilícito, conceituado-o como o pressuposto para a aplicação da sanção[55]. Kelsen é o representante por excelência dos chamados sancionistas, entendendo que o direito é uma ordem coativa, ou seja, é um conglomerado de normas que estatuem atos de

---

54. Sobre o tema consultar: KELSEN, Hans. *Teoria Pura do Direito*. São Paulo: Martins Fontes, 1994; VILANOVA, Lourival. *Estruturas Lógicas e o Sistema do Direito Positivo*. São Paulo: Editora Revista dos Tribunais, 1977, p. 54; MELLO, Marcos Bernardes de. *Teoria do Fato Jurídico*. São Paulo: Saraiva, 1991, p. 27; BORGES, Souto Maior. *Ciência feliz: sobre o mundo jurídico e outros mundos*. Recife: Fundação de Cultura Cidade do Recife, 1994.

55. KELSEN, Hans. *Teoria pura do direito*. Trad. João Baptista Machado. São Paulo: Martins Fontes, 1994, p. 121/128.

coerção[56]. Seu conceito de direito, portanto, seria o de uma ordem segundo a qual, sob certas condições ou pressupostos pela ordem jurídica determinados, deve-se executar um ato de coação, pelo sistema especificado. A norma mais importante, para Kelsen, é a norma primária, a norma que estabelece a coação, como resultado de um ilícito, sendo a secundária uma norma não autônoma, porque dependente da norma sancionadora[57]. Para Kelsen, a estrutura lógica da norma de direito é um juízo hipotético que envolve uma conduta como devida, ajuntando uma consequência que deve ser aplicada pelo órgão jurisdicional. Assevera este jurista que a lógica da ciência jurídica é necessariamente distinta daquela que preside o estado de coisas nas chamadas ciências naturais. Haveria, portanto, dois modos de se ordenar os fatos do universo, um pela causalidade, próprio das ciências naturais, e outro pela imputação, lidando-se aqui com os conceitos de fato condicionante e fato condicionado[58]. Nasce, assim, na ciência jurídica, a clássica bipartição entre ser e dever-ser, nascida no neo-kantismo da escola de Baden, com Wildelband e Rickert à frente[59]. Esse dualismo, que não nega, o que seria absurdo, a existência do ser, postula, entretanto, que tal lógica (do ser, que viera de Aristóteles) revela-se inadequada para explicar a realidade jurídica.

O ilícito civil é um tema fascinante – repleto, porém, de ambiguidades.

Algumas precisões conceituais, porém, se impõem desde já. A doutrina nacional, em sua ampla maioria, identifica ilícito civil com responsabilidade civil. Imagina, portanto, que ilícitos civis são aqueles previstos no Código Civil (Código Civil, arts. 186 e 187), cujo efeito é, sempre e apenas, o dever de indenizar (Código Civil, art. 927). Tal visão, segundo cremos – a partir da obra de Pontes de Miranda – é parcial e não dá conta da realidade do mundo jurídico. Na verdade, bem vistas as coisas, os ilícitos civis perfazem um rico gênero, variado e multiforme, cujos contornos não aceitam a tradução dogmática oferecida pela doutrina clássica, ainda hoje repetida nas novas edições.

Um outro aspecto relevante – que independe do que dissemos no parágrafo anterior – é que está havendo, atualmente, uma redescoberta das funções da responsabilidade civil – um tema que estranhamente ficou ausente do debate por muito tempo. A função preventiva da responsabilidade civil tem sido objeto de valiosos estudos neste século. Convém frisar que "a função preventiva da responsabilidade

---

56. KELSEN, Hans. *Teoria pura do direito*. Trad. João Baptista Machado. São Paulo: Martins Fontes, 1994, p. 65.
57. Um dos aspectos mais criticados da teoria kelseniana talvez tenha sido exatamente essa divisão da norma em primária e secundária, sendo a primária a que estabelece a sanção, esvaziando a importância da norma que estabelece o dever. Norberto Bobbio alterou os termos da questão, reservando para a norma primária a norma que estabelece o que deve e o que não deve ser feito. Também assim Lourival Vilanova. Em obra publicada postumamente (*Teoria Geral das Normas*), contudo, o próprio Kelsen reviu sua concepção, reformulando os conceitos e empregando o termo norma secundária para aludir à norma sancionadora.
58. Para Carlos Cossio, foi Kelsen quem criou a lógica jurídica, entendida esta como a lógica do dever ser: "El descubrimiento de la lógica jurídica es el mérito sin par de Kelsen. Kelsen descubre la lógica jurídica con una amplitud comparable a la de Aristóteles para la lógica del ser" (COSSIO, Carlo. *Teoría Egológica del Decrecho y el Concepto Juridico de Libertad*. Buenos Aires: Abeledo Perrot, 1964, p. 379).
59. VASCONCELOS, Arnaldo. *Teoria da Norma Jurídica*, São Paulo: Malheiros, 1993, p. 79.

PONTES DE MIRANDA E A RESPONSABILIDADE CIVIL: ALGUNS ASPECTOS DE SUA CONTRIBUIÇÃO **143**

civil tanto pode ser instrumentalizada pela sanção punitiva, como pela sanção reparatória, exclusivamente nos casos em que esta se aparta do mecanismo da tutela ressarcitória e se apropria da tutela restituitória, como regra de incentivo à reação aos ilícitos, superando o plano intersubjetivo da neutralização de danos para valorizar a função de desestímulo de comportamentos nocivos a toda a sociedade"[60].

Ainda outra observação relevante, que (também) independe das anteriores. Não se deve confundir excludentes de ilicitude (estado de necessidade, legítima defesa e exercício regular de direito) com as excludentes de responsabilidade civil (caso fortuito, força maior e culpa exclusiva da vítima). As excludentes de ilicitude retiram a contrariedade ao direito da conduta, mas não isentam, de modo absoluto, o responsável pela reparação dos danos – no estado de necessidade o ato, apesar de lícito, é indenizável (Código Civil, art. 188, II; art. 929). Na legítima defesa com erro na execução (*aberratio ictus*), embora lícita, gera o dever de indenizar os terceiros atingidos (Código Civil, art. 188, I; art. 930, parágrafo único). Já as excludentes de responsabilidade civil, por romperem o nexo de causalidade, afastam o próprio dever de reparar os danos (durante a viagem de ônibus, o assalto à mão armada, que causa danos aos passageiros, é, segundo sólida jurisprudência – em relação a qual guardamos reserva – caso fortuito externo, e não gera responsabilidade da empresa de transporte).

Existem, portanto, fatos jurídicos *lícitos* que provocam dever de indenizar[61] – estado de necessidade, por exemplo, na linha de disposição legal expressa (Código Civil, art. 188, II; art. 929). Existem, também, conforme veremos adiante, fatos jurídicos *ilícitos* cuja eficácia *não é* o dever de indenizar. As sanções civis, desse modo, não se resumem no dever de indenizar ou ressarcir, podendo também compreender: a) a autorização para a prática de certos atos pelo ofendido, b) a perda de certas situações jurídicas (direitos, pretensões e ações) ou c) a neutralização da eficácia jurídica (não produção dos efeitos jurídicos como sanção).

Enfim, como dissemos, a doutrina nacional, em sua amplíssima maioria, identifica ilícito civil com responsabilidade civil. Imagina, portanto, que ilícitos civis são aqueles previstos no Código Civil (arts. 186 e 187), cujo efeito é, sempre e apenas, o dever de indenizar (art. 927). Acreditamos que tal visão é parcial e não dá conta da realidade do mundo jurídico. Na verdade, bem vistas as coisas, os ilícitos civis perfa-

---

60. ROSENVALD, Nelson. *As Funções da Responsabilidade Civil*. São Paulo: Saraiva, 2017, p. 109.
61. Expressiva a ponderação de Orizombo Nonato: "Contudo é possível, diante deles, afirmar, como o egrégio Clóvis, que a ideia de dano ressarcível é, em nosso direito, mais ampla do que a de ato ilícito". (*Apud*. SILVA, Wilson Melo da. *Responsabilidade sem culpa*. São Paulo: Saraiva, 1974, p. 69). Só um exemplo possível dentre muitos, Pontes de Miranda já alertava, no século passado, que a responsabilidade civil decorrente da teoria do risco é responsabilidade civil por ato lícito. A doutrina mais recente também compartilha deste entendimento. Maria Celina Bodin destaca: "Aqui também os danos seriam, à primeira vista, lícitos; geram, no entanto, obrigação de indenizar. Neste caso enquadram-se, por exemplo, as inúmeras hipóteses de responsabilidade objetiva, hoje reguladas através de cláusula geral (CC, parágrafo único do art. 927), (...) consubstanciando-se, pois, em figuras de danos ressarcíveis, embora não resultantes da prática de qualquer ilícito" (BODIN DE MORAES, Maria Celina. A Constitucionalização do Direito Civil e seus efeitos sobre a Responsabilidade Civil. *A Constitucionalização do Direito: fundamentos teóricos e aplicações específicas*. Cláudio Pereira de Souza e Daniel Sarmento (Orgs). Rio de Janeiro: Lumen Juris, 2007, p. 441).

zem um rico gênero, variado e multiforme, cujos contornos não aceitam a tradução dogmática oferecida pela doutrina clássica. Não cabe, portanto, como dissemos, confundir a categoria (ilícitos civis) com um de seus efeitos (responsabilidade civil).

Pontes de Miranda, com a antevisão que o distinguia, percebeu, antes de todos, que os ilícitos civis são um gênero com múltiplas espécies, cada uma delas com requisitos e efeitos diferenciados. Marcos Bernardes de Mello, em sua *Teoria do fato jurídico* – trilogia que adquiriu, por seus méritos, lugar entre os clássicos da literatura jurídica nacional –, sistematizou e problematizou, relativamente aos ilícitos, a obra de Pontes, ocupando a parte final do primeiro volume – *Teoria do fato jurídico*: plano da existência. Posteriormente, no começo deste século, novos estudos foram publicados mostrando que nem todo ilícito civil produz responsabilidade civil (há, por exemplo, ilícitos civis cuja eficácia é uma autorização para que o ofendido pratique, caso queira, determinado ato).[62]

Cabe retomar a questão: estamos diante de uma categoria – ilícitos civis – com eficácia única?

Uma das mais conhecidas associações, que se faz a respeito dos ilícitos, diz respeito aos efeitos por eles produzidos. De fato, sempre que se pensa em ilícito civil, relaciona-se, quase que intuitivamente, o dever de indenizar, como eficácia naturalmente produzida. Essa é uma ideia que nasceu, muito provavelmente da definição de ilícito do Código Civil de 1916, que relacionou, de forma peremptória, ilícito ao dever de indenizar, como eficácia supostamente única: "Art. 159. Aquele que, por ação ou omissão voluntária, negligência, ou imprudência, violar direito, ou causar prejuízo a outrem, fica obrigado a reparar o dano". Tal disposição, que praticamente exaure o Título *"Dos Atos Ilícitos"* do Código Civil de 1916, sempre foi lida como se esgotasse as possibilidades de ilícitos no campo do direito civil. Bem sintomática dessa crença foi a postura de Clóvis Beviláqua. O ilustre jurista, quando das discussões para a feitura do nosso Código Civil de 1916, pugnava contra a inclusão legislativa dos ilícitos num título único, ao argumento que lhes faltava "a necessária amplitude conceitual"[63]. Tal posição – que restou vencida quando da redação do Código – reflete

---

62. É o que se pode chamar de *ilícito autorizante*. Cf. BRAGA NETTO, Felipe. *Teoria dos ilícitos civis*. Belo Horizonte: Del Rey, 2003. É interessante, portanto, sob o prisma teórico, mostrar que não existe uma relação necessária entre os ilícitos civis e o dever de indenizar. Pontes de Miranda e Marcos Bernardes de Mello, aliás, já havia evidenciado esse ponto.

63. BEVILÁQUA, Clóvis. *O Código Civil comentado*. Rio de Janeiro: Ed. Rio, 1976. O CPC/2015, de modo correto, encarou o ilícito civil de modo amplo, prevendo no art. 497: "Na ação que tenha por objeto a prestação de fazer ou de não fazer, o juiz, se procedente o pedido, concederá a tutela específica ou determinará providências que assegurem a obtenção de tutela pelo resultado prático equivalente. Parágrafo único. Para a concessão da tutela específica destinada a inibir a prática, a reiteração ou a continuação de um ilícito, ou a sua remoção, é irrelevante a demonstração da ocorrência de dano ou da existência de culpa ou dolo". Ou seja, o conceito de ilícito civil não está vinculado ao dano ou à culpa. Também não é possível vincular, de forma absoluta, a ilicitude à reparação, seja porque existe, no atual sistema civil-material, uma tutela preventiva, seja porque existe, na própria tutela repressiva clássica, ilícitos cujos efeitos não se enquadram na reparação. Sejamos mais claros. A ilicitude civil, tradicionalmente, é perspectivada como uma condição por cujo intermédio tem lugar uma sanção, representada, com exclusividade, segundo se pensa, pela reparação dos danos causados.

bem a mentalidade dos juristas a respeito da matéria, que não foi sequer encarada como um problema que merecesse cogitação teórica.

O Código Civil de 2002 se referiu aos atos ilícitos por intermédio de duas cláusulas gerais. O art. 186 prescreve: "Aquele que, por ação ou omissão voluntária, negligência ou imprudência, violar direito e causar dano a outrem, ainda que exclusivamente moral, comete ato ilícito" [64]. O art. 187 tem a seguinte redação: "Também comete ato ilícito o titular de um direito que, ao exercê-lo, excede manifestamente os limites impostos pelo seu fim econômico ou social, pela boa-fé ou pelos bons costumes". Consagrou-se, com esse dispositivo, a teoria do abuso de direito, velha conhecida da jurisprudência, cuja caracterização como ilícito, todavia, era polêmica[65]. O Código Civil, mais adiante, no art. 927, estatui: "Aquele que, por ato ilícito (arts. 186 e 187), causar dano a outrem, fica obrigado a repará-lo" (lembrando que o suporte fático e o preceito – determinação de efeitos – de determinada norma podem não estar no mesmo dispositivo legal, como é o caso). É fácil perceber que o Código Civil de 2002, se interpretado literalmente, conduz à conclusão que a única eficácia possível, derivada dos ilícitos civil, é a obrigação de indenizar os danos causados.

Cabe problematizar essa questão, com olhos críticos.

Dissemos que o ilícito civil, tradicionalmente, apareceu identificado com a responsabilidade civil. São comuns, destarte, ponderações no sentido da absoluta indissociabilidade entre os atos ilícitos civis e a responsabilidade civil[66]. Nesta concepção – que chamaremos, por brevidade, de clássica – o ilícito é pensado e tratado, sempre e sem exceção, como um apêndice da responsabilidade civil. Não haveria, para os que perfilham semelhante concepção, razão maior para diferenciação, porquanto,

---

Estaria correta tal perspectiva, se proposta com exclusividade? A resposta só pode ser negativa. A ilicitude civil, se vista com olhos de hoje, apresenta-se multiforme, aberta e plural, sendo inadequadas as tentativas, muito comuns no passado, de restringi-la a aspectos estáticos e estanques.

64. Trata-se, por certo, da mais conhecida cláusula geral do direito privado brasileiro, a cláusula geral da responsabilidade civil subjetiva (CC/1916, art. 159; CC/2002, art. 186). De toda sorte, e sem embargo das múltiplas críticas que se lhe possam ser feitas – no sentido de pretender esgotar o conceito de ilícito civil (não esgota) – é certo que o art. 186 do Código Civil é superior a outros modelos legislativos, como por exemplo o alemão. Aliás, o próprio BGB, tido como uma codificação tecnicamente escorreita, inseriu o ilícito civil na parte especial, no direito das obrigações, e não na parte geral, como fez o Código Civil brasileiro. Outrossim, o BGB optou (§ 823) por uma descrição tarifada dos bens jurídicos que, violados, ensejariam ilícitos, numa técnica inferior àquela adotada pelo Código Civil brasileiro, que se valeu de cláusulas gerais (arts. 186 e 187). A propósito, por incrível que possa parecer a um observador estrangeiro, no ordenamento alemão *não* se indenizam danos de caráter exclusivamente patrimonial (*reine Vermögensschäden*). Apenas o que eles chamam de "bens jurídicos absolutos" (*absolute Rechtsgüter*), que foram mencionados em modelo casuístico na lei (propriedade, integridade física, e liberdade pessoal). Há, é verdade, uma tímida cláusula de abertura, que menciona "demais bens jurídicos" (*sonstige Rechte*). Porém a jurisprudência alemã sempre interpretou de modo restrito esse conceito jurídico indeterminado.

65. O art. 187 do CC está informado pela ideia de relatividade dos direitos. Isto é, os direitos flexibilizam-se mutuamente; não há direito isolado, mas dentro do corpo social, onde outros direitos convivem. Pontes de Miranda observou que "repugna à consciência moderna a ilimitabilidade no exercício do direito; já não nos servem mais as fórmulas absolutas do direito romano" (PONTES DE MIRANDA. *Tratado de Direito Privado*. Rio de Janeiro: Borsoi, 1966, T. LIII, p. 62).

66. Mesmo entre os maiores juristas, como por exemplo: GOMES, Orlando. *Introdução ao Direito Civil*. Rio de Janeiro: Forense, 1987, p. 417.

segundo raciocinam, o ilícito produz sempre, como eficácia, a responsabilidade civil, de modo que estudando essa estaremos, com vantagem, estudando aquele, ainda que nem toda responsabilidade civil advenha de atos ilícitos.

Talvez a confusão se explique pela identificação entre o gênero – *os ilícitos civis* – e uma espécie – *o ato ilícito indenizante*. Sempre que se falava no tema, invocava-se essa espécie, e tudo que fosse característica sua, atribuía-se, em descabida generalização, à classe, ao gênero ilícito. E como essa espécie é geradora de responsabilidade civil, nasceu outra identificação: ilícito civil é igual à responsabilidade civil. No entanto, a experiência jurídica atual desmente essa identificação entre ilícito civil e responsabilidade civil. Não é possível, teoricamente, manter a tradicional associação[67]. Primeiro, responsabilidade civil é efeito, não é causa. Seu isolamento temático induz a certas análises equivocadas, que ofuscam o fato jurídico, lícito ou ilícito, que origina o dever de indenizar. Depois, uma abordagem restrita à responsabilidade civil necessariamente oblitera as eficácias não indenizantes dos ilícitos civis.

Seria, *mutatis mutandis*, o mesmo que confundir uma fábrica, produtora de um largo espectro de produtos, com apenas uma de suas produções. Ao nosso sentir, tal postura empobrece, inexplicavelmente, o contexto dos ilícitos, *reduzindo o gênero ao estudo dos efeitos de uma de suas espécies*. A responsabilidade civil – cabe sempre repetir – é efeito de certos ilícitos civis, não de todos. Existem, portanto, ilícitos civis que não produzem, como eficácia, o dever de indenizar. Nada, nestes termos, autoriza uma abordagem conjunta e monolítica, que obscureça as diferenças significativas existentes.

No direito dos oitocentos, cujo paradigma legislativo foi tão bem traduzido pelo nosso Código Civil de 1916, os ilícitos já não ostentavam *apenas* a eficácia indenizante. Essa foi uma falha de perspectiva advinda do apego ao literalismo do Código. Existiam então – como ainda hoje existem – ilícitos com efeitos que consistem em autorizações, ou ilícitos que implicam na perda de direitos em relação a quem os praticou. Por outro lado, o dever de indenizar pode resultar de ato lícito. O dever de indenizar resultante de ato praticado em estado de necessidade não importa em resultante de ato ilícito, porquanto a contrariedade ao direito foi pré-excluída. Assim, "há indenizabilidade – excepcionalmente, é certo – que não resulta da ilicitude. Reparam-se danos que se causaram sem que os atos, de que resultaram, sejam ilícitos"[68].

Ainda que a maioria dos ilícitos civis importe em dever de indenizar, isso, de certo, não pode servir como escusa para que se lance as demais espécies para debaixo do tapete. Se a eficácia indenizante não exaure o espectro das eficácias possíveis dos

---

67. Pontes de Miranda, escrevendo em meados do século passado, já consignava: "há mais atos ilícitos ou contrários a direito que os atos ilícitos de que provém obrigação de indenizar". (*Tratado de Direito Privado*. Rio de Janeiro: Borsoi, 1954, t. II, p. 201). Aliás, ainda antes, em 1928, no seu livro *Fontes e Evolução do Direito Civil brasileiro*, Pontes já intuía que os ilícitos não se esgotavam no dever de indenizar. Assim, ao esboçar a classificação dos fatos jurídicos adotada pelo Código Civil, bipartia os ilícitos em delitos e outros ilícitos, que não fossem delitos (*Fontes e Evolução do Direito Civil Brasileiro*. Rio de Janeiro: Pimenta de Mello, 1928, p. 176).
68. PONTES DE MIRANDA. *Tratado de Direito Privado*. Rio de Janeiro: Borsoi, 1966, t. LIII, p. 197.

ilícitos civis[69], está evidenciada a inconveniência do critério clássico. É interessante, portanto, sob o prisma teórico, mostrar que não existe uma relação necessária entre os ilícitos civis e o dever de indenizar. Esse dever, bem vistas as coisas, representa a eficácia de uma espécie de ilícito – o ilícito indenizante –, sem que possa ser tido, ademais, como propriedade exclusiva sua, mercê da possibilidade de surgir como eficácia produzida por um ato lícito.

5. UMA BREVE PALAVRA DE CONCLUSÃO

> *"As grandes almas não podem se demorar no ceticismo".*
>
> Pontes de Miranda

Vivemos período histórico em que o direito civil se renova profundamente, se refaz em suas bases funcionais. Não mais, como dissemos, o conceitualismo abstrato, mas a riqueza de tons dos casos concretos. Abre-se espaço para novos modos de compreensão, para uma (rica) mudança de olhar. O sistema das relações civis tem a pessoa como valor fundamental. O desafio, hoje, é superar o discurso fácil e vazio, construindo soluções consistentes e concretas que possam ajudar o intérprete a decidir. Além disso é dever do civilista do século XXI estar atento às novas relações sociais. Estamos mudando muito, e muito rápido. É preciso ter aquele senso, dizia Pontes de Miranda, para que o jurista não se apegue, demasiado, às convicções que tem, nem se deixe levar facilmente pelo novo.

Hoje o direito civil transita do singular para o plural (e Pontes de Miranda antecipou isso em muitas de suas reflexões, como é prova a questão dos ilícitos civis). De modo conceitual e também linguístico. Não mais '*a família*', mas '*as famílias*', de modo aberto e inclusivo. Deixa de cultuar os modelos teóricos fechados e isolacionistas. São mudanças culturais socialmente significativas, que redefinem o alcance e as possibilidades das respostas jurídicas. De certo modo, o caráter dinâmico das mudanças sociais impõe reformulações na experiência jurídica, o que é salutar e necessário. O modelo patriarcal de família cede espaço para novos arranjos. A dimensão biológica deixa de ser a única relevante. Hoje a sociedade é plural, com

---

69. Assim, sob o ângulo da eficácia produzida, os atos ilícitos no direito civil podem ser classificados em: *a) Ilícito indenizante*: é todo ilícito cujo efeito é o dever de indenizar. Não importa o ato que está como pressuposto normativo. Se o efeito é reparar, *in natura* ou *in pecunia*, o ato ilícito praticado, estaremos diante de um ilícito indenizante; *b) Ilícito caducificante*: é todo ilícito cujo efeito é a perda de um direito. Também aqui não importa os dados de fatos aos quais o legislador imputou tal eficácia. Importa, para os termos presentes, que se tenha a perda de um direito como efeito de um ato ilícito. Sendo assim, teremos um ilícito caducificante; *c) Ilícito invalidante*: é todo ilícito cujo efeito é a invalidade. Se o ordenamento dispôs que a reação pelo ato ilícito se daria através da negação dos efeitos que o ato normalmente produziria, em virtude da invalidade, o ato é invalidante, que engloba tanto a nulidade quanto a anulabilidade; *d) Ilícito autorizante*: é todo ilícito cujo efeito é uma autorização. Assim, em razão do ato ilícito o sistema autoriza que a parte prejudicada pratique determinado ato, geralmente em detrimento do ofensor. Muitas eficácias preventivas podem ser categorizadas aqui. Por razões de espaço, não podemos desenvolver aqui os argumentos. Fizemos isso em outra oportunidade (BRAGA NETTO, Felipe. *Teoria dos ilícitos civis*. Belo Horizonte: Del Rey, 2003).

muitos modelos familiares aceitos, e o direito civil, como não poderia deixar de ser, também reflete isso. Aliás, há quem aponte que a natureza da argumentação jurídica não é demonstrativa, mas persuasiva[70]. Isso, talvez, nem deva ser encarado como um defeito, mas como algo próprio do conhecimento jurídico. Aliás, o conhecimento jurídico é – e deve ser – pluralista.

Podemos dizer que a responsabilidade civil passa por um processo de refuncionalização. O instituto renova-se, de modo significativo, a partir das mudanças (não só normativas, mas sobretudo sociais). O sistema jurídico, antes estático e fechado, agora aberto e dinâmico, exige soluções que dialoguem com essa complexidade. Em termos jurídicos, cremos poder afirmar que vivemos tempos, não de certezas, mas de dúvidas (ou pelo menos de mais dúvidas que certezas). Gostemos ou não, nossos dias são assim. Essa incerteza seria possivelmente intolerável para um civilista formado nos padrões mentais dos séculos passados, mas é o ar que respiramos em nossos dias, é o que forma o panorama atual.

O direito civil do século XXI dialoga com a sociedade complexa em que se insere. Não tenta negar essa complexidade, nem virar as costas para as profundas mudanças em curso – que repercutem intimamente na interpretação jurídica e na aplicação de suas normas. Atualmente a interpretação jurídica ganhou notas de complexidade que inexistiam nos séculos passados. Vivemos no Estado dos direitos fundamentais e essa constatação deverá iluminar todos os setores do direito civil (os diálogos devem existir no direito de família, contratos, sucessões etc.). Na responsabilidade civil, por exemplo, o princípio da solidariedade social autoriza novas leituras do nexo causal (o nexo causal não é matemático, naturalístico, mas sim imputacional, valorativo). Seja como for, hoje podemos falar do sistema aberto de responsabilidade civil, formado funcionalmente por seus princípios e regras, à luz das opções valorativas básicas da Constituição da República. E nesse contexto, a razoabilidade pode ser vista como um mecanismo funcional que cria pontes entre as esferas do direito e da ética.

Nesse contexto, a obra de Pontes de Miranda se mostra mais valiosa do que nunca. Lembrando que "Pontes de Miranda não é um autor simples. Sua complexidade é imensa, reflexo, quiçá, da complexidade das fontes por ele pesquisadas, do método empregado, da análise crítica dos seus textos, da amplitude e profundidade de sua obra, da variação da sua abordagem etc. O estilo, o discurso e o conteúdo da ciência, da dogmática e da teoria presente no seu pensamento impedem uma categorização simples e unívoca"[71]. Há muitas camadas e muitas dimensões na obra de Pontes de Miranda. Compreendê-la melhor é tarefa do nosso século. Pontes de Miranda certa vez frisou que um dos enganos da inteligência humana é crer na unilateralidade do verdadeiro. Exemplificou dizendo que entre três pessoas que discutem, podem todos ter razão.

---

70. MACCORMICK, Neil. *Rhetoric and the Rule of Law*. Oxford: Oxford University Press, 2005, p. 05.
71. HEINEN, Juliano. O que aconteceu com Pontes de Miranda? Implicações da doutrina do jurista e filósofo brasileiro na dogmática jurídica brasileira do século XX. *Cadernos do Programa de Pós-Gradução em Direito da PPGDir/UFGRS*. Edição digital. Porto Alegre. V. XIV, n. 2, 2019, p. 213-233, p. 229.

ARNOLDO MEDEIROS DA FONSECA: VIDA, OBRA E CONTRIBUIÇÃO PARA O ESTUDO DA RESPONSABILIDADE CIVIL

Guilherme Magalhães Martins

Procurador de Justiça do Ministério Público do Estado do Rio de Janeiro. Professor associado de Direito Civil da Faculdade Nacional de Direito – Universidade Federal do Rio de Janeiro. Professor permanente do Doutorado em Direito, Instituições e Negócios da Universidade Federal Fluminense. Pós-doutor em Direito Comercial pela Universidade de São Paulo. Doutor e Mestre em Direito Civil pela Faculdade de Direito da Universidade do Estado do Rio de Janeiro. Vice-presidente do Instituto Brasileiro de Política e Direito do Consumidor. Diretor institucional do Instituto Brasileiro de Estudos em Responsabilidade Civil.

Sumário: 1. Breve biografia – 2. Produção de Arnoldo Medeiros da Fonseca e sua contribuição à responsabilidade civil.

1. BREVE BIOGRAFIA

Arnoldo Medeiros da Fonseca nasceu no dia 15 de agosto de 1894 em Valença, Estado do Rio de Janeiro. Com apenas 18 (dezoito) anos de idade, em 07 de dezembro de 1912, obteve o título de Bacharel em Ciências Jurídicas e Sociais pela Faculdade de Direito da Universidade do Rio de Janeiro, depois oficialmente incorporada à Universidade do Brasil (atual Universidade Federal do Rio de Janeiro), hoje correspondente à Faculdade Nacional de Direito.

De junho de 1913 a abril de 1914, foi promotor público na Comarca de Itapemirim, Espírito Santo, e, de abril de 1914 a maio de 1916, foi procurador-geral da Prefeitura de Vitória, Espírito Santo (cargo equivalente a procurador-geral do Município). A partir de 24 de maio de 1916, passou a se dedicar exclusivamente à advocacia, tendo permanecido no Estado do Espírito Santo até agosto de 1917, quando se transferiu para o Distrito Federal.

Tomou parte, como membro efetivo, do Congresso Jurídico de 1922, comemorativo do centenário da Independência do Brasil, no qual desempenhou as funções de secretário-geral. Em 1931, foi classificado em primeiro lugar em concurso público para o cargo de juiz de direito do Distrito Federal.

Mais tarde, obteve o título de Doutor em Direito na Faculdade Nacional de Direito, em 01 de setembro do mesmo ano, por concurso de provas, ocasião em que foi nomeado livre-docente da cadeira de Direito Civil da mesma universidade, apresentando a tese *Teoria geral do direito de retenção*. Passou em seguida a exercer interinamente as funções de Professor Catedrático da Faculdade Nacional de Direito, ocupando a cadeira vaga pelo falecimento do professor Virgílio de Sá Pereira, sendo que, em virtude de novo concurso de provas e títulos, foi nomeado Professor Catedrático Efetivo, em 01 de novembro de 1934.

Na Faculdade Nacional de Direito, ocupou as funções de Chefe de Departamento de Direito Civil (1948-1949 e 1950-1954) e de Diretor da Faculdade.

Dentre outros cargos, Arnoldo Medeiros da Fonseca foi vice-presidente do Conselho da Ordem dos Advogados da Seção do Distrito Federal, tendo ocupado interinamente a respectiva presidência. Foi ainda vice-presidente e membro do Tribunal de Ética Profissional da Ordem dos Advogados do Distrito Federal. Desempenhou ainda as funções de presidente do Clube dos Advogados do Rio de Janeiro, membro correspondente do Instituto Histórico e Geográfico do Espírito Santo e membro do Instituto Brasileiro de Cultura.

Foi casado com a advogada Romy Martins Medeiros da Fonseca, especializada em Direito de Família e autora do anteprojeto do Estatuto da Mulher Casada (Lei 4.121/62), com quem teve dois filhos. Faleceu em 1957. Nas palavras de San Thiago Dantas, que o sucedeu na Chefia de Departamento de Direito Civil da Faculdade Nacional de Direito,

"O encerramento do ano letivo de 1957, em nossa Faculdade, deixa de ser uma ocasião de congratulações e regozijo, pelo luto que impõe ao corpo congregado o infausto desaparecimento do Professor ARNOLDO MEDEIROS DA FONSECA. Nele a Faculdade perdeu não apenas o trabalhador dedicado e infatigável, que a serviu como Professor e Diretor com indeclinável solicitude, mas um dos seus expoentes intelectuais. E não o perdeu quando o espírito pudesse haver dado a totalidade dos seus frutos, e sim ainda na pujança intelectual da maturidade, quando é lícito supor que a inteligência, vencida inteiramente a etapa da controvérsia e do choque com os problemas, se vai concentrar para uma obra de sistema, e de organização de idéias. A marca pessoal de ARNOLDO MEDEIROS, que primeiro saltava aos olhos dos que o conheciam e de que talvez não fossem além os observadores apressados, era a emotividade intelectual. Seu espírito não contemplava com frieza os conceitos, nem as realidades. Não era o especulador tranqüilo, que segue com paciência as peripécias lógicas do raciocínio, e convive sem paixão com os erros e as verdades, separando-os, e eliminando os primeiros pelo poder calculado da reflexão.

Seu espírito inquieto experimentava diante das dúvidas uma espécie de angústia física, e diante do erro uma repulsa, que não raro lhe atropelava a palavra num assomo de indignação. A inteligência desse jurista se mantinha nas temperaturas elevadas de um polemista. E talvez viesse daí, dessa palpitação sincera da ~ua alma diante das questões que estudava, ou das teorias que ensinava, a impressão profunda, e por certo durável, que deixou no espírito dos seus discípulos, pois muito da influência de um estudioso provém da sinceridade, que ele deixa entrever, no seu modo de tratar problemas e resolvê-los. Mesmo fisicamente, ARNOLDO MEDEIROS deixava ver a emoção que punha no trabalho intelectual e o lastro de paixão com que encarava suas opiniões. Pouco importa que estas fossem de caráter estritamente técnico, e incapazes para outros de suscitar qualquer efusão de emotividade. Para ele eram sempre teses, pontos de vista que lhe cabia sustentar, e por essas opiniões ora se enervava, ora resplandecia de entusiasmo. Os que, como nós, o acompanharam todos os dias nas salas e corredores desta Faculdade, viram vincar-se na sua face o sulco dessas emoções. O riso lhe vinha com facilidade, por sua natural predisposição à simpatia, ou pelo prazer incomparável que lhe dava a concordância de idéias. E com igual facilidade o sobrolho se carregava, a face se contraía, diante de um desacerto, de uma ação condenável, ou de um erro sustentado com impudência ou ignorância. É curioso como essas peculiaridades do temperamento, que formam o hábito interno do espírito, se comunicam ao labor intelectual e ligam por um traço comum toda a obra de um escritor. ARNOLDO MEDEIROS infundiu nos seus escritos essa marca emocional constante do seu espírito de polemista. A exposição desapaixonada de um tema, ou o tratamento sistemático de uma parte do Direito não chegaram, até o momento em que se interrompeu prematuramente a sua vida, a interessá-lo. Seus livros, que se incluem entre as melhores monografias de Direito Civil da nossa literatura jurídica, são todos teses, teses de concurso, e não o são ocasionalmente, pelo motivo de haverem servido a concursos para o magistério superior, mas por um imperativo do espírito do seu autor. Abordando temas científicos, esses livros procedem como arrazoados, pondo a controvérsia em evidência, delimitando-a, cingindo-a na sua evolução doutrinária e positiva através de um minucioso escorço histórico, submetendo-a ao tratamento comparativo, apresentando e eliminando, uma após outra, as razões em que se estribam as opiniões adversas, fazendo surgir dessas críticas, pouco a pouco, os alicerces de sua própria opinião, e afinal, depois de expô-la e defini-la em capítulos sempre curtos, experimentando-a e contra-experimentando-a em todas as suas aplicações.

De todo esse tratamento, que a leitura do próprio sumário de seus livros já deixa entrever, sai a sua tese como um cristal perfeito e resistente, pronto para o choque mortífero do concurso acadêmico, mas pronto também para penetrar e atuar demoradamente na jurisprudência, que muitas vezes veio a pautar-se por suas conclusões, ou a obedecer aos trâmites de seus raciocínios.[1]

2. PRODUÇÃO DE ARNOLDO MEDEIROS DA FONSECA E SUA CONTRIBUIÇÃO À RESPONSABILIDADE CIVIL

O primeiro de seus trabalhos de maior fôlego foi a tese *Caso fortuito e teoria da imprevisão)* com o qual pela primeira vez disputou a cátedra de Direito Civil na Faculdade Nacional de Direito.[2] Foi esse pela vida afora um dos seus temas prediletos e certamente sua maior contribuição para o ramo da Responsabilidade Civil, e até hoje considerado o mais completo trabalho produzido no direito brasileiro sobre o assunto[3], proveniente do estudo que elaborou em 1932. A obra foi refundida e ampliada nas duas edições posteriores, granjeando-lhe a reputação de jurista e marcando-lhe posição entre os que se devotavam aos problemas e aspectos de maior atualidade na renovação do Direito Privado.[4]

A teoria da imprevisão estava, naquele ano, no momento culminante do seu prestígio, parecendo capaz de abalar um dos princípios básicos do Direito – o da obrigatoriedade dos contratos –, e de desfigurar o conceito de caso fortuito sobre o qual repousava tradicionalmente a inexigibilidade das obrigações. Não se pode esquecer que, em 1932, o Brasil, como todo o mundo, mergulhava numa crise econômica depressiva, em tudo oposta à crise inflacionária posteriormente atravessada. Os preços caíam, a terra se desvalorizava, avolumava-se o desemprego. Se o problema dos contratos bilaterais comutativos, nos dias de hoje, é o reajustamento, para mais, dos preços tornados ínfimos pela desvalorização monetária, naquele tempo o pro-

---

1. DANTAS, San Thiago. *Palavras de um professor.* 2. ed. Rio de Janeiro: Forense, 2001. p. 117-119.
2. FONSECA, Arnoldo Medeiros da *Caso fortuito e teoria da imprevisão.* 3. ed. Rio de Janeiro: Forense, 1958.
3. RODRIGUES JÚNIOR, Otavio Luiz. *Revisão judicial dos contratos.* 2. ed. São Paulo: Atlas, 2006. p. 99.
4. DANTAS, San Thiago. *Palavras de um professor,* op. cit., p. 119.

blema era o reajustamento para menos, por se haver tornado a prestação de dinheiro demasiado onerosa para o devedor.[5]

Esse ambiente econômico conduziu, no campo jurídico, à revisão dos contratos por atos legislativos e à doutrina da imprevisão no reajustamento judicial das obrigações tornadas iníquas. Como sempre acontece, entretanto, os corretivos tendiam ao exagero. "Em nome da equidade, vinha-se combatendo a exigência tradicional da impossibilidade absoluta, ou objetiva, de executar, como requisito essencial para liberação do obrigado. Afirmava-se a conveniência de adotar uma noção mais humana, a de *possibilidade)* apenas considerando como tal o que está ao alcance das forças comuns"[6]. Ao mesmo tempo, sentindo-se que noções tão elásticas não eram suscetíveis de uma formulação legislativa segura, esboçava-se uma tendência para alargar o arbítrio do juiz, dele fazendo o árbitro do contrato, e não à luz da interpretação da vontade das partes, mas das condições sociais em que se processa a execução das obrigações.[7]

Foi como reação doutrinária a esses exageros e corretivo dessas inexatidões, que agiu, entre nós, a obra de Arnoldo Medeiros da Fonseca, *Caso fortuito e teoria da imprevisão*. Formado na melhor escola dogmática, que foi sem dúvida a do seu mestre Lacerda de Almeida, Arnoldo Medeiros da Fonseca desbaratava com facilidade as confusões conceituais, e colocava a matéria da revisão das obrigações dentro de limites precisos[8], desde a evolução histórica da cláusula *rebus sic stantibus* à teoria da imprevisão.[9]

Trata-se de um clássico que permanece atual, sobretudo tendo em vista os impactos da crise econômica que veio com a pandemia da Covid-19, obrigando o intérprete a adaptar os institutos do direito privado, harmonizando e compondo os interesses de todos os grupos produtivos, que nem sempre poderão se ater à dura obrigatoriedade dos contratos.[10] Nas palavras de Arnoldo Medeiros da Fonseca, acerca do problema da imprevisão, "o magistrado, na sua árdua função de realizar o direito, posto em contato com o caso prático, ´pelo inato e irresistível desejo de evitar a iniquidade´, não pode fugir à natural tendência de humanizar a lei".[11]

E prossegue Arnoldo Medeiros da Fonseca: "da mesma forma que a noção de abuso de direito, hoje geralmente acolhida, impede que se procure desviar o direito positivo, cuja observância se assegura, de sua verdadeira finalidade – reprimindo a injustiça que se acoberta sob a capa de uma legalidade aparente –, assim também a noção de imprevisão

---

5. DANTAS, San Thiago. *Palavras de um professor,* op. cit., p. 119-120.
6. FONSECA, Arnoldo Medeiros da *Caso fortuito e teoria da imprevisão,* op. cit., p. 20-21.
7. DANTAS, San Thiago. *Palavras de um professor,* op. cit., p. 120.
8. DANTAS, San Thiago. *Palavras de um professor,* op. cit., p. 120.
9. FONSECA, Arnoldo Medeiros da *Caso fortuito e teoria da imprevisão,* op. cit., p. 197-201.
10. MARTINS, Guilherme Magalhães. O direito privado e o Direito do Consumidor em tempos de Covid-19. In: BENJAMIN, Antonio Herman; MARQUES, Claudia Lima; MIRAGEM, Bruno. *O Direito do Consumidor no mundo em transformação.* São Paulo: Revista dos Tribunais, 2020. p. 317.
11. FONSECA, Arnoldo Medeiros da *Caso fortuito e teoria da imprevisão,* op. cit., p. 16.

estaria destinada a impedir que o salutar e necessário princípio da irretratabilidade das convenções pudesse, por sua vez, conduzir a injustos enriquecimentos".[12]

Deve-se conferir tratamento paritário aos figurantes da relação contratual, visto que permitir apenas ao credor optar pela modificação equitativa do contrato equivaleria a consagrar um privilégio iníquo, uma inadequada supremacia de uma das partes, geradora de quebra de isonomia.[13]

Em primeiro lugar, restitui ele, no seu estudo, a noção de caso fortuito à sua verdadeira eficácia e natureza, distinguindo-o, aliás, da verificação da culpa[14], que se configura quando o fato obstativo resulta de ação involuntária, mas não imprevisível e inevitável. Em segundo lugar, procura estabelecer os requisitos da revisão judicial das obrigações, fazendo-a depender, não só da onerosidade superveniente para o devedor, mas também do enriquecimento injustificado do credor.[15]

Alerta Arnoldo Medeiros da Fonseca que "o respectivo conceito fixou-se através de uma elaboração de séculos. Abrange todo acontecimento inevitável, necessário, cujos efeitos não seriam dados a nenhum homem prudente prevenir ou obstar. Tal é a concepção tradicional adotada também pelo nosso Código Civil. *Verifica-se no fato necessário* – diz o Código – *cujos efeitos não era possível evitar, ou impedir*".[16]

Com maestria, ainda no plano dos conceitos, descreve Arnoldo Medeiros da Fonseca o elemento externo, ou seja, a ausência de culpa: "o caso fortuito não pode jamais provir de ato culposo do obrigado, pois a própria natureza inevitável do acontecimento que o caracteriza exclui essa hipótese. Somente pode resultar de uma causa estranha à vontade do devedor, irresistível, o que já indica ausência de culpa. Se o evento decorre de um ato culposo do obrigado, não era inevitável; logo, não haverá fortuito".[17]

Já o elemento objetivo ou interno, da inevitabilidade, é definido como "a impossibilidade de impedir ou resistir ao acontecimento, objetivamente considerado, tendo em vista as possibilidades humanas, atendidas em toda sua generalidade, sem nenhuma consideração pelas condições pessoais do indivíduo cuja responsabilidade está em causa".[18]

---

12. FONSECA, Arnoldo Medeiros da *Caso fortuito e teoria da imprevisão*, op. cit., p. 243-244.
13. MARINO, Francisco Paulo de Crescenzo. *Revisão contratual*. São Paulo: Almedina, 2020. p. 45.
14. FONSECA, Arnoldo Medeiros da *Caso fortuito e teoria da imprevisão*, op. cit., p. 34.
15. DANTAS, San Thiago. *Palavras de um professor*, op. cit., p. 120-121. No mesmo sentido, Fernando Noronha, para quem "não é correta a afirmação, muito corrente, de que a ocorrência do caso fortuito ou força maior exclui a culpa. A existência ou inexistência de culpa diz respeito a um requisito da responsabilidade civil, o nexo de imputação(que aponta a pessoa a quem pode ser ligado um determinado fato gerador de danos, seja a título de culpa ou de risco), ao passo que a ocorrência de caso fortuito ou de força maior, fato de terceiro ou fato do próprio lesado, diz respeito a outro requisito, o nexo de causalidade(que indica quais são os danos que podem ser considerados consequência do fato que esteja em questão). "NORONHA, Fernando. *Direito das obrigações*. v. I. São Paulo: Saraiva, 2003. p. 634. Veja-se ainda CRUZ, Gisela Sampaio da. *O problema do nexo causal na responsabilidade civil*. Rio de Janeiro: Renovar, 2005. p. 192.
16. FONSECA, Arnoldo Medeiros da *Caso fortuito e teoria da imprevisão*, op. cit., p. 146-147.
17. FONSECA, Arnoldo Medeiros da *Caso fortuito e teoria da imprevisão*, op. cit., p. 147.
18. FONSECA, Arnoldo Medeiros da *Caso fortuito e teoria da imprevisão*, op. cit., p. 147.

Em relação ao elemento externo, da inevitabilidade, "se deve ter em vista a realidade concreta de cada caso, encarado objetivamente em toda sua generalidade, atendidas as possibilidades humanas, mas com abstração completa da pessoa do devedor considerado e do grau de diligência a que estivesse obrigado. Exigir-se-á, assim, uma impossibilidade de evitar objetiva ou absoluta, mas entendida esta expressão em termos, como impossibilidade que ocorreria, pela natureza dos fatos, em relação a qualquer homem prudente, em idênticas circunstâncias de tempo, lugar e meio, tendo em vista o objeto da prestação. O critério de apreciação permanece, portanto, objetivo, mas não inteiramente abstrato. Dever-se-á considerar apenas os elementos exteriores ao obrigado e ao seu raio de atividade econômica, tendo em vista a possível conduta de outros indivíduos, em condições objetivas análogas".[19]

Para Arnoldo Medeiros da Fonseca, "o caso fortuito ou de força maior só libera quando acarreta a impossibilidade absoluta ou objetiva de executar; enquanto que, em matéria de imprevisão, se atende também à impossibilidade subjetiva ou onerosidade excessiva da prestação".[20]

Nessa, como em outras de suas construções doutrinárias, uma constante do seu espírito se evidencia: a preocupação de entrelaçar a norma moral à norma jurídica, e de fazer repercutir nas soluções técnico-jurídicas os aspectos econômicos e sociais.[21]

Em 1934, Arnoldo Medeiros da Fonseca disputou a livre-docência com a tese *Teoria geral do direito de retenção*. É este um trabalho de conteúdo mais acentuadamente dogmático que o anterior em que ele se deixou levar com gosto à vasta especulação, com verdadeira devoção a autores como Teixeira de Freitas e Lacerda de Almeida, sobre a caracterização do direito real e do direito pessoal.[22] Depois do estudo da origem do direito de retenção e de seu tratamento nas legislações estrangeiras, situa o instituto no ordenamento brasileiro e estabelece o seu fundamento, localizando-o na equidade. É digno de nota, sobretudo do ponto de vista histórico, o trabalho na parte em que coteja as concepções do direito de retenção como Direito pessoal ou real, para fixar a posição do autor nesta última, daí deduzindo os caracteres específicos; a indivisibilidade, a transmissibilidade e a oponibilidade a terceiros.[23]

---

19. FONSECA, Arnoldo Medeiros da *Caso fortuito e teoria da imprevisão*, op. cit., p. 148-149. No mesmo sentido, a lição de Agostinho Alvim: "A necessariedade do fato há de ser estudada em função da impossibilidade de cumprimento da obrigação, e não abstratamente. Suponhamos que uma pessoa, durante certo lapso de tempo, guarde em casa uma grande soma, que deve entregar a alguém, e ladrões, sabedores de tal fato, roubam o dinheiro, em condições tais que fosse impossível impedir. Nesta hipótese, a não ser que as circunstâncias especiais do caso aconselhem outra solução, não se poderá admitir a escusa, com base no caso fortuito. Com efeito, se não era possível a defesa atual, contra os ladrões, era possível, em todo o caso, prevenir o acontecimento, recolhendo a um banco, pelo tempo que fosse necessário, a importante soma que se tinha em casa". ALVIM, Agostinho. *Da inexecução das obrigações e suas consequências*. 3. ed. São Paulo: Livraria Jurídica e Universitária, 1965. p. 312. A mesma visão é comungada por MARTINS-COSTA, Judith. *Comentários ao novo Código Civil*. v. V. tomo II. Rio de Janeiro: Forense, 2004. p. 205.
20. FONSECA, Arnoldo Medeiros da *Caso fortuito e teoria da imprevisão*, op. cit., p. 346.
21. DANTAS, San Thiago. *Palavras de um professor*, op. cit., p. 121.
22. FONSECA, Arnoldo Medeiros da. *Direito de retenção*. 2. ed. Rio de Janeiro: Forense, 1944. p. 10-11.
23. DANTAS, San Thiago. *Palavras de um professor*, op. cit., p. 121.

Arnoldo Medeiros da Fonseca define o direito de retenção como "a faculdade assegurada ao credor, independentemente de qualquer convenção, de continuar a deter a coisa a outrem devida até ser satisfeita, ou ficar extinta, uma obrigação existente para com ele".[24]

Quando a faculdade de reter o credor a coisa devida se apresenta aliada ao direito ativo de pagar-se preferencialmente sobre o seu preço, promovendo a sua venda, a natureza real do direito de retenção afigura-se indubitável. É o que reconhecem os partidários de uma das soluções transacionais. Para San Thiago Dantas, comentando a obra de Arnoldo Medeiros da Fonseca, "A retenção reúne então os característicos de um direito real de garantia, análogo ao penhor. Isso ocorre, entre nós, no concurso de credores próprio da falência, onde o direito de retenção é a este equiparado, e surge ativamente amparado, dispondo de ação para assegurar o pagamento precípuo do credor sobre o preço da venda da coisa retida. A própria lei o declara então incluído entre os direitos reais de garantia (Dec.-lei 7.661, de 1945, art. 52, n. III).O mesmo pode dizer-se de outros casos excepcionais nos quais a nossa legislação permite ao credor mandar vender extra judicialmente, em leilão, a coisa retida para satisfação do crédito garantido".[25]

Em todos esses casos encontra-se, além do vínculo com a própria coisa em si, uma relação com o valor que representa. San Thiago Dantas afirma que a realidade do direito de retenção parece, portanto, manifesta. Para o autor, solução idêntica deve ser prescrita quando reveste a feição passiva tradicional – mesmo, porém, quando mantém o seu aspecto normal de direito de recusa de entrega da coisa detida, a retenção constitui direito real, na visão do autor.[26]

Do ponto de vista legal, prossegue San Thiago Dantas na argumentação de que já teve anteriormente ocasião de demonstrar que a enumeração do *Código Civil* não é limitativa, nada impedindo a criação convencional de outros direitos reais, desde que não haja ofensa à ordem pública; podendo também a natureza real de um direito decorrer implicitamente dos próprios textos que o asseguram. E isso, para o autor, aconteceria com o direito de retenção.[27]

Porém, numa leitura mais crítica, seria mais correto afirmar que o direito de retenção está na zona cinzenta entre as situações jurídicas reais e de crédito, lado a lado com institutos como a obrigação *propter rem* e a obrigação com eficácia real, até porque, como observa Pietro Perlingieri, "não existe, portanto, uma precisa separação entre as situações creditórias e reais; frequentemente situações obrigacionais integram-se com interesses mais amplos e constituem situações complexas"[28], havendo que se falar no esmaecimento na distinção entre ambas, referidas ao critério patrimônio.

---

24. FONSECA, Arnoldo Medeiros da. *Direito de retenção.*, op. cit., p. 101.
25. DANTAS, San Thiago. *Palavras de um professor,* op. cit., p. 121-122.
26. DANTAS, San Thiago. *Palavras de um professor,* op. cit., p. 122.
27. DANTAS, San Thiago. *Palavras de um professor,* op. cit., p. 122.
28. PERLINGIERI, Pietro. *Perfis do Direito Civil.* Trad. Maria Cristina de Cicco. Rio de Janeiro: Renovar, 2007. p. 204.

No mesmo sentido, a mais atual doutrina: " ao contrário do que fazia crer a nossa velha dicotomia, créditos são bens, nem melhores, nem piores do que os bens corpóreos, inexistindo – seja no que tange aos aspectos econômicos ou aos jurídicos – qualquer razão que justifique a prevalência habitualmente atribuída à propriedade imobiliária e aos direitos reais de um modo geral".[29]

O tema dos direitos reais e pessoais seria um dos seus assuntos prediletos, e a ele Arnoldo Medeiros da Fonseca retornaria, anos depois, nos verbetes primorosos que preparou para o *Repertório enciclopédico do direito brasileiro*.[30]

Em 1940, já com o seu talento jurídico plenamente amadurecido, Arnoldo Medeiros da Fonseca candidatou-se à cátedra do Direito Civil com a tese *Investigação da paternidade*.[31] O livro se apresentava semelhante aos anteriores na forma de abordar a matéria, no emprego da indagação histórica e da legislação comparada, na formulação

da tese e na sua aplicação prática, mas deles se distinguia por oferecer caráter mais expositivo, indicando no espírito do autor o advento de uma fase que se iria realizar integralmente através do magistério.[32]

A obra sobre Investigação de Paternidade tornou-se, com justiça, um dos principais clássicos do Direito brasileiro sobre o assunto, desde já observando as diferenças estruturantes entre casamento e família.[33] As provas que prestou Arnoldo Medeiros da Fonseca em 1940, na Faculdade Nacional de Direito, e que lhe valeram, com toda justiça, o primeiro lugar entre os seus concorrentes, foram memoráveis. A riqueza de seus conhecimentos da matéria versada na tese, a aula que proferiu, na prova didática, sobre condição, e a dissertação que fez, na prova escrita, sobre o domínio, mereceram da comissão examinadora as notas mais distintas, e consolidaram naquela grande escola o prestígio de que ele já desfrutava, ministrando o ensino como livre-docente.[34]

Foi a esse ensino que ele ofereceu, daí por diante, os melhores frutos da sua cultura e da sua experiência profissional. Suas lições, à época transformadas pelos alunos em apostilas, não eram a estéril repetição de leituras nem sempre recentes do professor, mas refletiam esse constante e fecundo intercâmbio entre a cátedra e o tribunal, do qual era frequentador assíduo. Em relação a esta obra, anota San Thiago Dantas que sua experiência de advogado e de jurisconsulto vinha confluir no magistério, e suas reflexões de professor, seus estudos sistemáticos, iam ilustrar os pareceres e arrazoados, que constituem páginas de excepcional valor, cuja publicação teve a dedicada participação e colaboração que Arnoldo Medeiros da Fonseca encontrou na esposa, Romy Medeiros da Fonseca, advogada especializada em Direito de Família.[35]

---

29. MAIA, Roberta Mauro Medina. *Teoria geral dos direitos reais*. São Paulo: Revista dos Tribunais, 2013. p. 79.
30. DANTAS, San Thiago. *Palavras de um professor*, op. cit., p. 122.
31. FONSECA, Arnoldo Medeiros da. *Investigação de paternidade*. Rio de Janeiro: Freitas Bastos, 1940.
32. DANTAS, San Thiago. *Palavras de um professor*, op. cit., p. 122.
33. FONSECA, Arnoldo Medeiros da. *Investigação de paternidade.*, op. cit., p. 38-39.
34. DANTAS, San Thiago. *Palavras de um professor*, op. cit., p. 123.
35. DANTAS, San Thiago. *Palavras de um professor*, op. cit., p. 123.

Por fim, pontua San Thiago Dantas, concluindo escrito sobre a vida e obra do autor: "Há na continuidade da vida de uma instituição a força de perpetuar a presença daqueles que a morte rouba ao nosso convívio, mas que se integraram no nosso ecúmeno espiritual. A vida de Arnoldo Medeiros da Fonseca, como jurista, teve na Faculdade Nacional de Direito o seu centro, para·ela convergiu e dela irradiou. Seus livros, que ele refez e reescreveu até seus últimos instantes, foram teses com que disputou e obteve o privilégio de ensinar. E suas opiniões, seu pensamento, seu exemplo, dispensados a tantas gerações de estudantes, ficam nesta grande escola, que ele amou, guardados para sempre".[36]

---

36. DANTAS, San Thiago. *Palavras de um professor,* op. cit., p. 124.

AGOSTINHO ALVIM:
UM JURISTA ATEMPORAL

Hamid Bdine

Doutor e Mestre em Direito Civil pela PUC-SP. Desembargador do Tribunal de Justiça de São Paulo (aposentado). Advogado.

Alexandre Guerra

Doutor e Mestre em Direito Civil pela PUC-SP, instituição na qual é palestrante nos cursos de pós-graduação *lato sensu* (PUC-COGEAE). Estágio pós-doutoral em curso na Faculdade de Direito da Universidade de São Paulo (Largo São Francisco). Professor de Direito Civil da Faculdade de Direito de Sorocaba (FADI) e da Escola Paulista da Magistratura (EPM), instituição em que exerce, dentre outras, a função de coordenador de cursos de pós-graduação. Juiz de Direito no Estado de São Paulo, Coordenador Regional da Escola Paulista da Magistratura e Diretor da 10ª Região Administrativa Judiciária de São Paulo. Membro fundador do Instituto de Direito Privado (IDiP) e do Instituto Brasileiro de Estudos de Responsabilidade Civil (IBERC).

"Dedico o presente livro à memória do Professor Agostinho Alvim, que foi meu mestre na pós-graduação da PUCSP, e que me levou ao contato com o então projeto do vigente Código Civil.

"Sua imensa cultura e simplicidade envolviam os que com ele tiveram a oportunidade de aprender.

"Sua incrível responsabilidade levou a que só se desse o direito de morrer após terminar o trabalho de resposta às emendas oferecidas ao Livro de Obrigações na Câmara Federal.

"Ao concluir o trabalho, comunicou ao Professor Miguel Reale, e nesse dia teve a sequência de enfartos que culminaram em sua morte.

"À memória desse grande mestre, com o respeito e a admiração pelo exemplo de vida e de obra"

(LOTUFO, Renan. Dedicatória. *Código Civil comentado. Obrigações*: parte geral - arts. 233 a 420. v. 2. São Paulo: Saraiva, 2003).

Sumário: 1. Introdução – 2. Dados biográficos e produção científica – 3. Contribuições de Agostinho Alvim para o direito das obrigações (responsabilidade civil); 3.1 Mora e inadimplemento absoluto – 4. Contribuições de Agostinho Alvim para o estudo da responsabilidade civil – 5. Agostinho Alvim e o enriquecimento sem causa – 6. Um homem atemporal: vida e obra – 7. Referências bibliográficas.

1. INTRODUÇÃO

A grandiosidade da dedicatória que acima se fez transcrever permite que o leitor anteveja o hercúleo desafio que se põe à frente dos autores desse breve ensaio.

Os ilustres organizadores da presente obra em homenagem aos protagonistas da Responsabilidade Civil no Brasil, os ilustres professores doutores Carlos Edison do Rêgo Monteiro Filho, Marco Fabio Morsello e Nelson Rosenvald, honram-nos com o convite para prestar essa homenagem póstuma ao Mestre Agostinho Alvim.

Desde a primeira hora, ousamos aceitar com júbilo um desafio de tão intensa envergadura.

Do Professor Agostinho Alvim, saibamos disso ou não, somos todos devedores.

Os seus lúcidos ensaios e suas argutas reflexões no tormentoso campo da Responsabilidade Civil (em grande parte cristalizadas na insuperável obra *Da inexecução das obrigações e suas consequências*) deram gênese a muito do que hoje se conhece (e se realiza) a partir do Direito Civil Codificado do Brasil (Lei nº 10.406, de 10 de janeiro de 2002), que nesse ano completa duas décadas.

A sua profícua e precisa contribuição, na condição de relator do Livro de Direito das Obrigações do vigente Código Civil, continua a instigar a inteligência dos que se debruçam sobre o Direito de Danos.

Sob a firme condução Miguel Reale, que soube capitanear um grupo de juristas de escol composto pelos Professores José Carlos Moreira Alves, Sylvio Marcondes, Erbert Chamoun, Clóvis do Couto e Silva e Torquato Castro, Agostinho Alvim une-se ao grupo de autores do anteprojeto de Código Civil e contribuiu decisivamente para o Livro de Direito das Obrigações.

Soube o homenageado, com sabedoria e altivez, enfrentar as críticas e responder às indagações feitas às opções legislativas por ele propostas à comissão de elaboração do Código Civil.

No dizer de Miguel Reale, "(...) os colaboradores do Projeto do novo Código Civil foram obrigados a ouvir críticas de toda ordem, não raro, resultantes da falta de prévio e sério estudo de seus mandamentos. *O não li e não gostei* aplica-se a muitos casos, notadamente por parte de alguns membros da OAB federal, tão insistentes nas oposições quão vazios no tocante a seus fundamentos".[1]

Por tantos méritos, Agostinho Alvim é um homem atemporal, que, na primeira metade do século XX, soube já captar, compreender e cristalizar os avanços da Responsabilidade Civil.

---

1. REALE, Miguel. Quanto custou o novo Código Civil? *Estudos preliminares do Código Civil*. São Paulo: Revista dos Tribunais, 2003, p. 43. Sobre o impacto das severas críticas no Mestre, são as palavras de Antonio Cezar Peluso: "(...) Fiz pós-graduação com o Sílvio Rodrigues na USP e fiz pós com o Agostinho Alvim na PUC, foi a única turma do Agostinho Alvim, logo depois ele faleceu quando ele recebeu críticas muito fortes contra o projeto da parte de obrigações, que era de autoria dele. Morreu por causa disso. Morreu de decepção com as críticas que ele recebeu (...)". (PELUSO, Antonio Cezar. Antonio Cezar (depoimento, 2013). Rio de Janeiro, Centro de Pesquisa e Documentação de História Contemporânea do Brasil (CPDOC/Fundação Getulio Vargas – FGV), 2019. Disponível em: http://www.fgv.br/cpdoc/historal/arq/Entrevista2104.pdf. Acesso: 31 jan. 2022.

Ministrou a nós lições que ainda se mostram revolucionárias e reveladoras da melhor tendência que se fez seguir no estudo do Direito das Obrigações.

O ensaio que ora vem a público divide-se, estruturalmente, em três partes. Primeiro, apresentaremos a breve biografia do homenageado. Após, algo será dito, na sequência, em relação à produção geral do autor. Em um terceiro momento, desenvolveremos algumas dentre as inúmeras contribuições do Mestre Agostinho Alvim à sedimentação da Responsabilidade Civil.

Atentos aos critérios estabelecidos pela coordenação dos trabalhos, as reflexões serão marcadas pela pontualidade, exatidão e brevidade, o que, de modo algum, poderá comprometer o brilho e a relevância da vida e obra do homenageado, que deixa sua tinta e sua trajetória acadêmica marcada de forma indelével nas letras jurídicas de nosso país.

2. DADOS BIOGRÁFICOS E PRODUÇÃO CIENTÍFICA

"Filho de José Manoel de Arruda Alvim (advogado) e Maria Luiza Neves Alvim, Agostinho Neves de Arruda Alvim nasceu em São Paulo, em 21 de novembro de 1897, tendo sido casado com dona Olívia Sampaio de Arruda Alvim. Fez os estudos pré-universitários no Ginásio de São Bento (1908-1911) e no Ginásio Arquidiocesano (1911-1914); e os universitários, na Faculdade de Direito da Universidade de São Paulo (1915-1919), da qual saiu bacharel. Obteve o grau de doutor pela Faculdade Paulista de Direito da PUC-SP, da qual foi fundador, diretor (durante catorze anos) e chefe de departamento. Por curto espaço de tempo, exerceu os cargos de Delegado de Polícia e Promotor Público, como também, na condição de jurista, as funções de Juiz do Tribunal Regional Eleitoral de São Paulo. Foi membro do Instituto dos Advogados de São Paulo e, por inúmeras vezes, Conselheiro da Ordem dos Advogados do Brasil, Seção de São Paulo. Morreu em São Paulo, no dia 23 de março de 1976. O Professor Agostinho Alvim era tio do professor José Manoel de Arruda Alvim Neto".[2]

Os breves dados biográficos sintetizados em outra ocasião pelos ilustres Professores Carlos Alberto Ferriani e Renan Lotufo são ligeiras referência à trajetória de um dos maiores civilistas de nosso país, que merece o reconhecimento da comunidade jurídica, inclusive dos jovens que dão os primeiros passos na senda do Direito.

Dentre a vasta produção científica de Agostinho Alvim, assumem relevo os trabalhos a seguir: *Da inexecução das obrigações e suas consequências* (São Paulo: Saraiva, 1949); *Comentários ao Código Civil* (Rio de Janeiro: Editora jurídica universitária, 1968); *Da doação* (São Paulo: Revista dos Tribunais, 1963, São Paulo: Saraiva, 1972, 2ª edição); *Da compra e venda e da troca* (Rio de Janeiro: Forense, 1961); *Comentários à lei do inquilinato*: Lei 1.300, de dezembro de 1950 (São Paulo: Saraiva, 1951, São Paulo: Saraiva, 1954); *Aspectos da locação predial* (São Paulo: Saraiva, 1940, Rio de Janeiro: Editora Jurídica universitária, 1966, 2ª ed.); *Notas à lei do inquilinato* – Decreto-lei 9.669, de 29 de agosto de 1946 (São Paulo, Saraiva, 1946).

---

2. FERRIANI, Carlos Alberto; LOTUFO, Renan. Agostinho Alvim. In: RUFINO, Almir Gasquez; PENTEADO, Jaques de Camargo (Orgs.). *Grandes juristas brasileiros*. 2. v. São Paulo: Martins Fontes, 2006, p. 12.

Carlos Alberto Ferriani, eminente civilista e um de seus mais estimados alunos, em homenagem prestada a Agostino Alvim, traz ricas impressões do primeiro contato que teve com o mestre, no hoje distante ano de 1968, que bem revelam sua personalidade:

"Senti naquele momento que estava diante de uma pessoa muito simples, mas de enorme sabedoria. Um septuagenário que trazia a luminosidade de um jovem que se encontra diante de uma empreitada que está para iniciar. O professor Agostinho Alvim era dessas pessoas que tudo o que começam a fazer parecem estar fazendo pela primeira vez".[3]

Homem religioso, conservador em matéria de direito; "que não quer inovar aquilo que já está estratificado no Direito", salienta Renan Lotufo[4], Alvim era um amante da música clássica, em especial dos *Noturnos* de Chopin, como lembra Ferriani.

A sua personalidade era reservada, comedida, como é próprio dos grandes homens que cultuam prudência e sabem conter as paixões; "(...) ele dava as aulas sentado e falava muito baixo. Era preciso muita atenção para não perder nada do que expunha. Com as anotações manuscritas que trazia consigo, ensinava artigo por artigo o conteúdo de cada um, numa sequência harmônica e incomparavelmente cadenciada."[5]

3. CONTRIBUIÇÕES DE AGOSTINHO ALVIM PARA O DIREITO DAS OBRIGAÇÕES (RESPONSABILIDADE CIVIL)

Agostinho Alvim foi figura essencial à evolução do Direitos das Obrigações, como se pode constatar da leitura do livro do Código Civil que cuida do tema, amparado em sua obra clássica e indispensável à compreensão de praticamente todos os temas nela contemplados: *Da inexecução das obrigações e suas consequências*.

Sobressaem-se os temas relativos ao inadimplemento e a elementos da responsabilidade civil. As lições do mestre são atualíssimas. A doutrina contemporânea vale-se sempre e intensamente dos pensamentos expostos por ele em sua obra de referência e em suas aulas, não havendo como deixar de lado o Norte que estipulou para os estudos de um sem número de questões controvertidas.

3.1 Mora e inadimplemento absoluto

O Código Civil em vigor, entre os artigos 389 e 401, cuida da mora e do inadimplemento, ou, dito de outro modo, dos inadimplementos relativo e absoluto.

Alvim era preciso ao distinguir as duas situações. Inadimplemento absoluto só haveria se a obrigação não foi cumprida e não puder vir a sê-lo. Assim, dizia, não

---

3. Ob. cit., p. 2.
4. LOTUFO, Renan. A descaracterização da pessoa jurídica no novo Código Civil. In: MENDONÇA, Jacy de Souza (Coord.). *Inovações do Novo Código Civil*. São Paulo: Quartier latin, 2004, p. 125.
5. Ob. cit., p. 5.

mais subsiste para o credor a possibilidade de receber. Mas se o adimplemento ainda é possível, ou útil, como se verá, há simples mora.

Ao cuidar da mora, o e. mestre antecipa questões que hoje são objeto da doutrina contemporânea e o faz de modo determinante.

Diz que seu conceito, para os antigos práticos, está relacionado à ideia de retardamento culposo, mas critica sua adoção para nosso direito. Observa que em nosso sistema, já ao tempo da vigência do Código de 1916, e, atualmente, no art. 394, a mora não se constitui apenas em função do tempo decorrido desde o vencimento, mas também ao lugar e à forma convencionados. Ou seja, há mora sem atraso, se o adimplemento não se dá no lugar e forma previstos.

Veja-se que o Mestre já propunha o debate que se estabeleceu posteriormente em relação à utilidade da adoção da teoria da violação positiva do contrato no Brasil.

Para os que compreendem a mora essencialmente como instituto identificado pelo atraso, a violação positiva, que dispensa o elemento subjetivo do agente, é essencial para identificação de casos de inadimplemento relativo do contrato.

Agostinho Alvim considera a mora cumprimento imperfeito da prestação, não necessariamente oriunda do atraso.

Mas a posição de Agostinho Alvim - refratária à identificação da mora apenas com o retardamento -, permite que se conclua pela desnecessidade da importação da violação positiva do contrato no Brasil.

No que diz respeito à mora em relação às obrigações relativas aos delitos, mais uma vez Agostinho Alvim cuida de tema que, posteriormente à sua obra, revelou-se de grande importância.

Enfrenta o conceito de delito, tendo em vista a diversidade de sentidos que lhe podem ser atribuídos: violação de lei penal ou ilícito culposo ou doloso.

Afirma que delito é ato ilícito e só se compreende na esfera da responsabilidade extracontratual; jamais na contratual.

Na esfera extracontratual, não figura entre os casos de responsabilidade legal, na qual se dispensa a culpa.

Veja-se que o enfrentamento do tema pelo autor é útil e foi desenvolvido pelos civilistas contemporâneos no tratamento do debate a respeito do prazo prescricional para as ações de reparação de danos. A controvérsia teve origem no art. 205, § 3º, IV, do CC, tendo prevalecido a posição de que o prazo trienal só se referia ao ilícito extracontratual (o delito, segundo Agostinho Alvim).

Também no estudo da mora e do inadimplemento, o e. Professor da PUCSP trata da inutilidade da prestação ao examinar mora e inadimplemento.

Aduz que a inutilidade é matéria de fato e que o credor só pode rejeitá-la se ela se tornar inútil. Somente ao juiz, e não ao arbítrio do credor, é dado decidir sobre ela, para impedir que o credor, "arrependido do negócio, queira se prevalecer de uma imperfeição relevável".

A lição antecipada pelo e. Professor daria, hoje, azo ao desenvolvimento da boa-fé objetiva e da vedação ao abuso do direito, que são, essencialmente, o que vem afirmado por ele já à época da edição da obra.

Ao tratar da inutilidade mencionada como determinante para o inadimplemento, pondera que seu conceito há de ser relativo, e não absoluto. Não que se reconhecer a imprestabilidade da prestação para qualquer pessoa, mas sim aquela que se impõe ao credor.

4. CONTRIBUIÇÕES DE AGOSTINHO ALVIM PARA O ESTUDO DA RESPONSABILIDADE CIVIL

Das históricas lições do mestre, sobressaem-se o tratamento do nexo causal e dos lucros cessantes. Insuperáveis.

A expressão *razoavelmente*, contida no art. 402 do Código Civil de 2002 para tratamento dos lucros cessantes, é objeto da detida análise de Agostinho Alvim e sua sempre preciosa síntese dá a medida exata do conceito em lição que merece ser transcrita:

> Finalmente, e com o intuito de assinalar com a possível precisão o significado do termo razoavelmente, empregado no art. 1.059 do Código, diremos que ele não significa que se pagará aquilo que for razoável (ideia quantitativa) e, sim, que se pagará se se puder, razoavelmente, admitir que houve lucro cessante (ideia que se prende à existência mesma do prejuízo).[6]

Também a árdua tarefa de compreender o nexo de causalidade é objeto do estudo de Agostinho Alvim.

Pondera que nem sempre haverá certeza absoluta de que certo fato produziu o dano. Basta que a probabilidade seja de grau elevado.

Mas a simplicidade do tema, afirma, é apenas aparente, pois seu estudo contém inúmeras dificuldades.

Tais dificuldades decorreriam do aparecimento de concausas, sucessivas ou concomitantes.

Para elucidar a questão, Agostinho Alvim cuida didaticamente das teorias de equivalência das condições, da causalidade adequada e da teoria dos danos diretos e imediatos.

Em seus estudos, concluiu que o legislador brasileiro adotou a terceira teoria citada, na subteoria da necessariedade, que, essencialmente, consiste em identificar

---

6. *Da inexecução das obrigações e suas consequências.* São Paulo: Saraiva, 1980, p. 191.

se determinada condição é necessária, ou, diversamente, interruptiva do nexo em relação a certo dano.

O mestre baseou suas conclusões na doutrina italiana. E registra que a melhor explicação para a teoria dos danos diretos e imediatos é a necessariedade da causa. Para ele, o ponto comum entre as posições controvertidas na Itália à época há exclusão da responsabilidade sempre que entre o fato e o dano ocorrer uma condição lesiva imputável ao próprio lesado ou a terceiro.

Trata, ainda, com o mesmo rigor científico, de caso fortuito e força maior.

Tanto no Código Civil de 1916 quanto no atual, força maior ou caso fortuito é o fato necessário cujos efeitos seja impossível evitar ou impedir.

Agostinho Alvim começa por apurar o conceito de fato necessário e assegura que seu conceito deve levar em conta a impossibilidade do cumprimento da obrigação, não abstratamente.

Na abordagem da hipótese, registra haver controvérsia sobre a incidência da excludente nos casos em que há uma dificuldade excepcional, sem propriamente impossibilidade absoluta, tema de relevância contemporânea, em virtude da epidemia da Covid-19.

5. AGOSTINHO ALVIM E O ENRIQUECIMENTO SEM CAUSA

Em maio de 1957, o Professor Agostinho Alvim publica na Revista dos Tribunais 259 o artigo intitulado *Enriquecimento sem Causa*.[7]

O artigo é primoroso.

Inicia por registrar o pouco uso da ação de enriquecimento (*actio in rem verso*) na época e apontar as razões que o justificam (com destaque para o fato de muitas situações havidas como de enriquecimento, "na realidade não o são"). Mas pondera que o instituto é profundamente "justo e cristão".

O enriquecimento injustificado, para ele, tem seu fundamento predominante na Moral. E afirma que, ainda na vigência do Código Civil de 1916, que não tratava especificamente do tema, não havia obstáculo à existência da ação de *in rem verso*.

No prestigiado artigo, discorre sobre os requisitos que considerava essenciais ao instituto, por suas mãos introduzido no Código Civil Brasileiro.

6. UM HOMEM ATEMPORAL: VIDA E OBRA

Não há dúvida de que se deve a Agostinho Alvim o esforço para harmonizar a matéria relativa ao inadimplemento das obrigações com os demais artigos do Projeto,

---

7. Para desenvolvimento das ideias apresentadas por Agostinho Alvim a respeito do enriquecimento sem causa, dentre outros, ver: NANNI, Giovanni Ettore. *Enriquecimento sem causa: de acordo com o novo Código Civil*. São Paulo: Saraiva, 2004.

que firmaram, desde então, novas diretrizes ético-sociais em matéria de responsabilidade civil.

Igualmente não há dúvida alguma de que se que deve a sua pena o novo enfoque que se imprimiu à responsabilidade civil, "não só pela amplitude dispensada ao conceito de dano, para abranger o dano moral, mas também por se procurar situar, com o devido equilíbrio, o problema da responsabilidade objetiva."

De fato, sem as lições de Agostinho Alvim, não seria possível bem compreender o desenvolvimento de um sistema de objetivação da responsabilidade civil *sem culpa.*

Sem Agostinho Alvim, nebulosas seriam ainda as fronteiras entre o que se convencionou denominar fortuito *interno* e *externo.*

Sem ele, não haveria como aplicar, no âmbito da responsabilidade civil contratual, a vital distinção entre inadimplemento absoluto e mora, o que soube captar desde a década de 1940, e que, mais à frente, tornou-se regra cristalizada no parágrafo único do art. 395 do Código Civil brasileiro.

Como se pode colher da exposição de motivos ao Novo Código Civil do Brasil, foi mantida, em linhas gerais, "a sistematização da matéria proposta pelo ilustre Professor AGOSTINHO ALVIM, e por ele tão minuciosa e objetivamente fundamentada."[8]

O raciocínio de Agostinho Alvim é claro e denso, como é próprio dos sábios.

A um só tempo, é didático e hermético.

Sabe se fazer compreender com facilidade, de um lado, e, de outro, jamais abdica a profundidade dos conceitos e das nuances próprias daqueles que pretender ir além de um superficial *estudo de verniz.*

Com frases curtas, na ordem direta e plenas de conteúdo e significado, Agostinho Alvim é a prova de que sabedoria e erudição convivem pacificamente com clareza e simplicidade.

É um homem ímpar. Um homem atemporal.

Renan Lotufo, um de seus alunos e grande admirador do homenageado, por mais de uma ocasião referiu a Agostinho Alvim com as seguintes palavras:

> "A obra do professor Agostinho Alvim ficou truncada com a não-reedição de seus trabalhos, particularmente o Da inexecução das obrigações e suas consequências, que merece o respeito e a admiração de todos os que com ela têm a oportunidade de contato.
>
> Isso é um pecado.
>
> Agora, com a vigência do novo Código Civil, os jovens não têm noção da importância de sua obra, mesmo estando todas as suas lições positivadas nas alterações ocorridas no Livro de Direito das Obrigações.

---

8. TEBET, Ramez. Novo Código Civil. Exposição de motivos e texto sancionado. In: https://www2.senado. leg.br/bdsf/bitstream/handle/id/70319/743415.pdf?sequence=2&isAllowed=y. Acesso em: 01 mar. 2022. p. 41.

Sua importância para a PUC de São Paulo vai muito além do fato de ter sido fundador da Faculdade Paulista de Direito: foi um professor exemplar até o fim de sua vida: o primeiro professor de pós-graduação em Direito Civil, quando trazia à discussão o projeto do Código.

Ao desenvolver as nossas atividades na mesma pós-graduação, deparando-nos com trabalhos de qualidade, a merecer publicação, sugerimos que tomassem a forma uma coleção em homenagem ao grande Mestre.

O amor dos novos valores ao estudo do Direito é uma consequência da vida profícua daquele Mestre, homem de imensa cultura jurídica e de sensibilidade para o papel do direito positivo evolutivo, inspirador dos melhores tratados sobre o Direito das Obrigações.

Gravar seu nome nas discussões sobre o novo Código é um dever de quem o teve como inspirador e guia, fazendo-o conhecido da nova geração. É reconhecer o valor de um grande homem que só se deu ao direito de morrer quando terminou as respostas às emendas das Câmara dos Deputados e comunicou o fato ao Professor Miguel Reale.

Ao Mestre que cumpriu sua missão com amor ao Direito, o reconhecimento devido"[9].

Tão expressiva é a contribuição de Agostinho Alvim para o Direito Privado de nosso país que, em estudo pioneiro sobre o tema, Renan Lotufo chega a propor que é preciso que a comunidade jurídica indague se há um verdadeiro *interesse público* em promover-se a sua reedição de *Da inexecução das obrigações e suas consequências*.

Nas palavras de Lotufo, "daí meu interesse em analisar se há, ou não, obrigação dos sucessores de autor de obra de interesse público, verdadeiro patrimônio da cultura jurídica, em não obstar a reedição, ou até sua atualização, para o devido conhecimento do público que a ela não teve acesso, nem consegue ter, a não ser por raros exemplares encontrados em sebos".[10]

A resposta a essa indagação foi positiva.

A sua conclusão revela, uma vez mais, a importância das lições de Agostinho Alvim para todos os que se debruçam sobre o Direito das Obrigações.

Pondera Renan Lotufo que a sucessão dos direitos do autor em casos tais como o presente deve ser exercida em atenção à função social que lhe é ínsita, como ocorre na propriedade, no contrato, na empresa, e nos demais institutos jurídicos.

Se há um dever imposto a toda sociedade de promover a colaboração ao desenvolvimento da cultura do país (a teor do que estabelece o art. 205 da Carta Constitucional de 1988), salienta, é igualmente certo que existe um *"dever obrigacional dos sucessores a ensejar a reedição de obras para preservação do patrimônio cultural do país"*.

A não reedição dos estudos científicos de Agostinho Alvim, observa Renan, consubstancia um verdadeiro *abuso do direito*, que se caracteriza pelo disfuncional

---

9. LOTUFO, Renan. In: GODOY, Claudio Luis Bueno de. *Responsabilidade civil pelo risco da atividade: uma cláusula geral no Código Civil de 2002*. Coleção Agostinho Alvim. São Paulo: Saraiva, 2009.

10. LOTUFO, Renan. Uma nova fonte de obrigação? In: MELGARÉ, Plínio (Coord.). *O Direito das obrigações na contemporaneidade*: estudos em homenagem ao Ministro Ruy Rosado de Aguiar Junior. Porto Alegre: Livraria do Advogado, 2014, p. 395.

não exercício de um comportamento que se faz devido, a teor do que estabelece o art. 187 do Código Civil.

É que, na lição do citado autor, "quem tem um direito cujo exercício é de interesse geral, ao não usá-lo, acaba tendo um comportamento abusivo (...). Desse abuso nasce uma obrigação que visa a corrigir o comportamento inerte".

Portanto, finaliza Lotufo afirmando que a obra de Alvim deve por todos ser conhecida: "(...) parece claro que o comportamento omissivo, *que equivale à retirada de circulação de obra de relevo para a cultura jurídica*, enseja a execução forçada da obrigação de fazer".[11]

Grandes são os homens que deixam sua pena na história das letras jurídicas de um país.

O lugar de Agostinho Alvim é reservado aos que, conquanto mortos, seguem vivos nas novas gerações de civilistas.

Que esse breve ensaio sirva como justa homenagem a quem tanto contribuiu para o desenvolvimento das letras jurídicas do Brasil, e como uma lembrança de que sua obra merece chegar a amplo conhecimento dos que cultuam o Direito Privado.

Os jovens juristas muito apreciarão e consideravelmente evoluirão ao conhecer as lições de um homem que, justamente por ser atemporal, faz-se presente nas linhas e nas entrelinhas de tudo o que se está a construir na Responsabilidade Civil do terceiro milênio.

Alexandre Guerra e Hamid Bdine

7. REFERÊNCIAS BIBLIOGRÁFICAS

ALVIM, Agostinho. *Da inexecução das obrigações e suas consequências*. São Paulo: Saraiva, 1980.

FERRIANI, Carlos Alberto; LOTUFO, Renan. Agostinho Alvim. In: RUFINO, Almir Gasquez; PENTEADO, Jaques de Camargo (Orgs.). *Grandes juristas brasileiros*. 2. v. São Paulo: Martins Fontes, 2006.

LOTUFO, Renan. Dedicatória. *Código Civil comentado. Obrigações*: parte geral (arts. 233 a 420). v. 2. São Paulo: Saraiva, 2003.

LOTUFO, Renan. In: GODOY, Claudio Luis Bueno de. *Responsabilidade civil pelo risco da atividade*: uma cláusula geral no Código Civil de 2002. Coleção Agostinho Alvim. São Paulo: Saraiva, 2009.

LOTUFO, Renan. Uma nova fonte de obrigação? In: MELGARÉ, Plínio (Coord.). *O Direito das obrigações na contemporaneidade: estudos em homenagem ao Ministro Ruy Rosado de Aguiar Junior*. Porto Alegre: Livraria do Advogado, 2014.

LOTUFO, Renan. A descaracterização da pessoa jurídica no novo Código Civil. In: MENDONÇA, Jacy de Souza (Coord.). *Inovações do Novo Código Civil*. São Paulo: Quartier latin, 2004.

NANNI, Giovanni Ettore. *Enriquecimento sem causa: de acordo com o novo Código Civil*. São Paulo: Saraiva, 2004.

---

11. Ob. cit., p. 405.

PELUSO, Antonio Cezar. Depoimento, 2013. Rio de Janeiro, Centro de Pesquisa e Documentação de História Contemporânea do Brasil (CPDOC/Fundação Getulio Vargas – FGV), 2019. Disponível em: http://www.fgv.br/cpdoc/historal/arq/Entrevista2104.pdf Acesso: 31 jan. 2022.

REALE, Miguel. Quanto custou o novo Código Civil? In: *Estudos preliminares do Código Civil*. São Paulo: Revista dos Tribunais, 2003.

TEBET, Ramez. *Novo Código Civil. Exposição de motivos e texto sancionado*. In: https://www2.senado.leg.br/bdsf/bitstream/handle/id/70319/743415.pdf?sequence=2&isAllowed=y. Acesso: 01 mar. 2002.

ALCINO DE PAULA SALAZAR E A CONFORMAÇÃO DOS ALICERCES DA RESPONSABILIDADE CIVIL POR DANO MORAL E POR ATOS JUDICIAIS NO BRASIL

Marcel Edvar Simões

Mestre e Doutor em Direito Civil pela Faculdade de Direito da Universidade de São Paulo – Largo de São Francisco.

Professor de Direito Civil na Faculdade de Direito de São Bernardo do Campo.

Procurador-Chefe Substituto da Procuradoria-Federal Especializada junto ao INCRA em São Paulo.

Sumário: 1. Introdução e dados biográficos do jurista Alcino de Paula Salazar – 2. A produção jurídica do autor – 3. As contribuições de Alcino de Paula Salazar para o desenvolvimento do direito da responsabilidade civil no Brasil – 4. Referências bibliográficas.

1. INTRODUÇÃO E DADOS BIOGRÁFICOS DO JURISTA ALCINO DE PAULA SALAZAR

O presente artigo tem a finalidade de render justas homenagens às contribuições do jurista Alcino de Paula Salazar para o desenvolvimento do Direito da responsabilidade civil no Brasil.

Será produtiva, de início, a apresentação de breves dados biográficos do autor, a fim de que se possa contextualizar a obra jurídica nas grandes linhas da vida do homem público.

Alcino de Paula Salazar nasceu em São João do Manhuaçu, Minas Gerais, em 18 de dezembro de 1897, filho de Vicente de Paula Salazar e de Rosa de Viterbo Sette Salazar. À época do nascimento de Alcino, São João do Manhuaçu era um distrito de paz abrangido pelo município de Manhuaçu, somente vindo a ser alçado à qualidade de município emancipado em 1992. Trata-se de informação importante sobre a história do biografado, haja vista que ele exerceu cargos públicos relevantes no âmbito do município de Manhuaçu, ao qual sempre devotou grande parte dos esforços de sua vida, mesmo após sua carreira alcançar projeção nacional.

No que concerne aos seus estudos, Alcino de Paula Salazar iniciou o curso primário no Distrito de São João do Manhuaçu e o continuou no Colégio Isabela Hendrix e no Colégio Benjamim Dias em Belo Horizonte. Fez o Curso Secundário em Juiz de Fora no Instituto Granbery.

Formou-se bacharel em Direito no ano de 1920, pela Faculdade Livre de Direito de Belo Horizonte, vindo a exercer a advocacia tanto no município de Manhuaçu como no Rio de Janeiro.

Eleito vereador na cidade de Manhuaçu, chegou a presidente da Câmara Municipal e, nessa qualidade, exerceu também o cargo de prefeito de 1920 a 1930 (entre 1927 e 1930 na qualidade de prefeito eleito). Durante seu mandato como prefeito, houve a fundação da Escola Normal Oficial de Manhuaçu (Escola Estadual Maria de Lucca Pinto Coelho), um exemplo de suas preocupações com a educação, constantes durante sua atuação em prol de sua cidade natal[1].

Em 1951, Alcino de Paula Salazar tornou-se livre-docente da cadeira de Direito Administrativo da Faculdade Nacional de Direito da Universidade do Brasil.

Foi Presidente do Conselho Federal da Ordem dos Advogados do Brasil de 1958 a 1960, após o mandato de Nehemias Gueiros (1956-1958), tendo sido sucedido por José Eduardo do P. Kelly (1960-1962)[2].

Exerceu o cargo de secretário de Justiça do estado da Guanabara de 1962 a 1964.

Foi nomeado Procurador-Geral da República em 2 de dezembro de 1965, substituindo Osvaldo Trigueiro, permanecendo no cargo até 10 de março de 1967[3], sendo então substituído por Haroldo Teixeira Valadão. Foi, também, Procurador--Geral Eleitoral.

Foi membro do Instituto dos Advogados Brasileiros e da Sociedade Brasileira de Direito Internacional.

Casou-se com Aglaura Coutinho Salazar, com quem teve cinco filhos.

Alcino de Paula Salazar recebeu inúmeras condecorações e proferiu conferências em diversos estados brasileiros. Atualmente, a 54ª Subseção da OAB/MG (OAB Munhuaçu) confere a Medalha "Dr. Alcino de Paula Salazar" a personalidades que contribuem ou tenham contribuído para a projeção dos municípios que integram a Subseção[4].

Como nota pessoal do autor do presente artigo, cabe registrar que nos parece admirável o modo pelo qual Salazar equilibrou sua atuação em nível nacional (tendo

---

1. "Atendendo à solicitação do Dr. Alcino de Paula Salazar, ilustre filho da terra. Presidente e Agente Executivo da Câmara Municipal de Manhuaçu, o então Presidente do Estado de Minas Gerais, Dr. Antônio Carlos Ribeiro de Andrada, transferiu para o município de Manhuaçu, a Escola Normal de 1º grau, antes sediada em Leopoldina! Na data de 21 de abril de 1928, a Escola foi solenemente instalada no prédio da loja maçônica, situada à Rua Monsenhor Gonzalez, gentilmente cedida por seus membros, sem nenhum ônus para o estado, onde permaneceu por mais de 40 anos. Constituindo em motivo de orgulho para Manhuaçu, e centro de irradiação de Cultura e Saber." (cf. https://www.jm1.com.br/colunas/historia-das-historias/mais-pessoas-que-fizeram-parte-da-historia-de-manhuacu.html. Acesso em: 07 mar. 2022.
2. Cf. https://www.oab.org.br/institucionalconselhofederal/honorarios. Acesso em: 07 mar. 2022.
3. Cf. http://www.mpf.mp.br/pgr/institucional/procurador-geral-da-republica/galeria-dos-ex-pgrs/galeria/biografia-de-alcino-salazar. Acesso em: 07 mar. 2022.
4. Cf. https://www.jm1.com.br/geral/oab-manhuacu-cria-medalha-alcino-de-paula-salazar.html. Acesso em: 07 mar. 2022.

ocupado cargos como o de Presidente do Conselho Federal da OAB e de Procurador-Geral da República) com sua atenção permanente à cidade em que nasceu, sendo até a atualidade nesta lembrado por suas contribuições em âmbito local. Em tempos em que a frase "think globally, act locally" se tornou um verdadeiro lugar comum, com abrangência de significados muito superior àquela encontrada na obra de Patrick Geddes[5] que foi alegadamente a sua origem, pode-se dizer que Alcino de Paula Salazar efetivamente sempre teve em mente, sob um viés prático, naturalmente, e por dever cívico, que as mudanças e ações que queria realizar como homem público deveriam começar pela sua cidade natal.

2. A PRODUÇÃO JURÍDICA DO AUTOR

Enquanto Professor de Direito e autor de obras jurídicas, a alma do ora homenageado era a de um autêntico administrativista. Sua atividade acadêmica e produção científica foram, predominantemente, na área do Direito Administrativo, embora sejam também dotadas de amplitude de interesses apta a abarcar outros quadrantes do sistema jurídico, seja no âmbito do Direito Público, seja no âmbito do Direito Privado – a começar pelo Direito da Responsabilidade Civil, no qual deixou contribuições verdadeiramente centrais[6].

Alcino de Paula Salazar escreveu apenas três livros em sua carreira (todos publicados em um curto intervalo de tempo, de apenas quatro anos): *Responsabilidade do poder público por atos judiciais*, de 1941; *Reparação do dano moral*, de 1943; e *Conceito do ato administrativo*, de 1945. O autor publicou, ainda, diversos trabalhos jurídicos na Revista Forense, na Revista de Direito Administrativo e na Revista de Jurisprudência Brasileira[7], merecendo destaque o seu estudo-comentário sobre o Imposto Sindical[8] e a sua palestra sobre as concessões de serviços públicos no Direito brasileiro, convertida em texto publicado na RT 119/395[9].

---

5. Cf. Patrick Geddes. *Cities in evolution*: An introduction to the town planning movement and to the study of civics. London: Williams & Norgate, 1915.
6. Essa tendência à transdisciplinaridade tinha uma razão de ser. Salazar entendia que o Direito vinha passando por um momento de expansão de influência do Direito Administrativo sobre outras áreas, mormente sobre o Direito das Obrigações e o Direito das Coisas, o que explica seu interesse em desenvolver tópicos ligados a essas outras áreas, em especial à responsabilidade civil. A seguinte passagem da Introdução ao seu livro *Conceito de ato administrativo* é bastante ilustrativa: "Um dos aspectos mais expressivos da fase atual da evolução do direito, marcada por uma intensa e agitada atividade revisionista, é a crescente ampliação do espaço destinado ao Direito Administrativo no quadro geral da ciência jurídica. Novas relações e disciplinas lhe vêm sendo atribuídas, ou porque surjam de novas exigências da vida social, dia a dia mais complexas, ou porque venham transportadas da órbita do direito privado, em razão do interesse público que passa a envolvê-las. O direito das cousas e o direito das obrigações, principalmente, sofrem essa influência renovadora, que alcança, desde as raízes, velhos e tradicionais princípios" (*Conceito de ato administrativo*. Rio de Janeiro, s.e, 1945, p. V).
7. Cf. http://www.fgv.br/cpdoc/acervo/dicionarios/verbete-biografico/alcino-de-paula-salazar. Acesso em: 07 mar. 2022.
8. Cf. *Revista Forense* 148, 1953.
9. Cf. *As concessões de serviços públicos no direito brasileiro atual*. In: RT 119, 1939, p. 395 e ss. Esse trabalho – redução por escrito de uma palestra realizada por Salazar no Instituto dos Advogados no Rio de Janeiro – foi

Dono de um estilo erudito e, ao mesmo tempo, dotado de grande clareza, Salazar se destaca em suas obras pelo grande poder de síntese, sem perder de vista a completude na abordagem: indo direto ao âmago dos pontos que pretende abordar, não deixa de abarcar com igual proficiência os três vértices metodológicos da pesquisa e da argumentação jurídica: a doutrina, a lei e a jurisprudência.

Tome-se como exemplo do método do autor a obra *Reparação do dano moral*. Em seu capítulo II, o autor se dedica, de modo bastante abrangente, ao estudo das teorias doutrinárias sobre a ressarcibilidade do dano moral, colhendo com bastante acurácia o estado do debate à época, no Brasil e no Direito Comparado. Acerca da doutrina brasileira, estuda com atenção, por exemplo, as posições de Lafayette, Lacerda de Almeida, Luiz Frederico Carpenter, Eduardo Espínola, Philadelpho Azevedo, Clóvis Beviláqua, Spencer Vampré, Virgilio de Sá Pereira e de um F. C. Pontes de Miranda em fase ainda anterior ao seu monumental *Tratado de direito privado*[10]. Já no que tange ao Direito estrangeiro, faz referências precisas a autores como Savigny, Baudry Lacantinerie, Gabba, os irmãos Mazeaud, Aubry & Rau, Bernhard Matthiass, Chironi, Demolombe, Laurent, Planiol, Colin & Capitant, Henri Lalou, Savatier, Giorgi, Windscheid, Kohler e Demogue, bem como a autores de trabalhos monográficos ou específicos de sua época (ou de décadas próximas) sobre o ressarcimento de danos morais ou extrapatrimoniais, a exemplo de Alfredo Minozzi (*Studio sul danno non patrimoniale*, 1901), Cesareo Consolo (*Trattato sul risarcimento del danno*, 2ª ed., 1914), Pires de Lima (*Responsabilidade civil por danos morais. In: Revista Forense* 83) e, principalmente, Mustafa Kardiçali (autor de uma obra monográfica que havia sido publicada apenas quatro anos antes do livro de Salazar, mas que já era de conhecimento deste e foi por ele utilizada como uma de suas principais fontes: *Le préjudice moral et sa réparation en droit suisse*, 1939). Trata-se, indubitavelmente, de uma lista impressionante[11].

---

posteriormente republicado em Maria Sylvia Zanella Di Pietro – Carlos Ari Sundfeld (coord.). *Doutrinas essenciais – Direito administrativo*. São Paulo: RT, 2012, v. 5, p. 187-197.

10. Com efeito, Salazar consulta o pensamento de Pontes de Miranda tal como posto no volume XVI do *Manual* coordenado por Paulo de Lacerda.

11. É preciso reconhecer que uma parte das citações a esses autores em *Reparação do dano moral* é constituída por *referências de segunda mão*: as posições dos autores alemães, por exemplo, são trazidas por Salazar com base em citações constantes das obras de Mustafa Kardiçali e M. I. Carvalho de Mendonça (com exceção de H. A. Fischer, cuja *Reparação dos danos no direito civil* é citada em sua conhecida tradução para o português, constante da edição brasileira de 1938, e do *Espírito do direito romano* de Jhering, citado na tradução para o português que forma a edição brasileira de 1943). Mesmo uma parte (menor) da doutrina italiana e francesa (aspecto de destaque dos estudos de Salazar, habitualmente) é citada no livro por intermédio de referências feitas por outros autores. Não obstante, parece-nos que esse fato não diminui o brilho, a abrangência e a atualização (para a época) da pesquisa de Salazar, bem como a adequada sistematização a que procede das correntes de pensamento sobre o assunto em exame. Como não poderia deixar de ser – sobretudo em se tratando de um administrativista brasileiro que realiza estudos na primeira metade do século XX – o ponto alto das investigações de Alcino Salazar está na doutrina francesa, como bem revelam a nota de rodapé (1) à página 22 (com referência mais extensa aos autores franceses do que aos suíços e aos italianos) e a abordagem bem organizada dos autores franceses à página 47 e seguintes da *Reparação do dano moral*.

Por outro lado, no capítulo III do mesmo livro, Alcino de Paula Salazar se debruça sobre o Direito positivo brasileiro – não apenas sobre a lei vigente, mas também sobre o Direito anterior ao Código Civil de 1916 (com destaque para a Consolidação das Leis Civis de A. Teixeira de Freitas e a Nova Consolidação das Leis Civis de Carlos de Carvalho), sobre a tramitação legislativa do Código Civil e sobre o Direito projetado (não se furtando de examinar o Anteprojeto do Código das Obrigações, à época presente). Do mesmo modo, no capítulo V, analisa o Direito positivo estrangeiro, explorando os sistemas jurídicos francês, alemão, suíço, italiano, polonês, português, inglês, norte-americano, argentino, e, de modo mais breve, o austríaco, o japonês, o libanês, o belga e o chileno.

No capítulo IV, finalmente, o autor focaliza a jurisprudência brasileira, não se limitando apenas a perquirir julgados do Supremo Tribunal ou do Tribunal do seu Estado de Minas Gerais sobre o tema da responsabilidade civil por dano moral: traz, também, a análise da jurisprudência do Tribunal do Estado de São Paulo, do Tribunal do Distrito Federal e (de modo meramente indicativo de tendência) do Tribunal da Bahia, do Tribunal de Alagoas, do Tribunal do Rio Grande do Sul e do Tribunal do Paraná.

Tem-se aí uma *estrutura de obra* bastante completa, e ainda exemplar para qualquer pesquisador atual que pretenda se dedicar ao desenvolvimento de um tema jurídico.

Cabe ainda transcrever, como um emblema do estilo claro, sintético e (simultaneamente) completo que é característico de Alcino de Paula Salazar, tal como descrito por nós anteriormente, a seguinte passagem, presente logo na Introdução da obra *Responsabilidade do poder público por atos judiciais* – passagem em que se anteveem com toda a clareza e honestidade intelectual as balizas que norteiam o autor naquele estudo (balizas de defesa do cidadão em face de movimentos expansivos do Estado):

> "Isso não significa, esclarece o ilustrado professor, que o cidadão fique à mercê das contingências do interesse público.
>
> Ao contrário: sempre que por causa do dito interesse vier a sofrer prejuízos, deve ser convenientemente indenizado, para que se restaure o seu patrimônio e para que se afirme o prestígio do direito.
>
> E hoje que o Estado afasta cada vez máis os limites de sua esfera de ação, deixando de ser, na expressão de BERTHELÉMY, o simples 'fournisseur normal de justice et de securité' para entrar em outros domínios, com o intuito de assegurar aos indivíduos não mais só a independência *jurídica*, mas independência *social* e econômica, hoje cresce a necessidade de fazer uma repartição equitativa e razoavel dos *onus* e encargos do serviço coletivo.
>
> Nem se compreende que se procure uma distribuição das riquezas mais adequada às conveniências da vida do homem sem que tambem os danos eventualmente impostos ao seu patrimônio, no benefício ou por causa da coletividade, sejam correspondentemente repartidos. São princípios que decorrem do mesmo dever de solidariedade"[12].

---

12. *Responsabilidade do poder público por atos judiciais*. Rio de Janeiro: Canton & Reile, 1941, p. 12-13.

3. AS CONTRIBUIÇÕES DE ALCINO DE PAULA SALAZAR PARA O DESENVOLVIMENTO DO DIREITO DA RESPONSABILIDADE CIVIL NO BRASIL

No que tange aos seus aportes na área do Direito da Responsabilidade Civil, o jurista ora reverenciado é reconhecido pelo estudo do tema da responsabilidade civil do Estado por atos judiciais[13] e pelo estudo do tema da responsabilidade civil por dano moral. E em ambos foi pioneiro[14].

Com efeito, Alcino de Paula Salazar pertence à primeira geração de juristas brasileiros que enfrentou a temática do dano moral em obras específicas ou escritos esparsos, geração a que pertencem também José de Aguiar Dias, Alvino Lima, Clóvis Beviláqua, Francisco Cavalcanti Pontes de Miranda, Wilson Melo da Silva, dentre outros[15]. Em verdade, nas bibliotecas da Faculdade de Direito do Largo de São Fran-

---

13. Por motivos organizacionais, dedicaremos as próximas páginas deste texto ao exame, principalmente, do livro *Reparação do dano moral* de Alcino de Paula Salazar. Contudo, deve ser frisado que não é de menor importância a contribuição do autor em comento sobre o problema da responsabilidade civil do Estado por atos judiciais – cabendo referir nesta nota, ainda que de modo resumido, alguns dos principais elementos trazidos na obra *Responsabilidade do poder público por atos judiciais*. Neste livro, Salazar sustenta que é princípio dominante em doutrina, como regra geral, o da plena responsabilidade do Estado pelas consequências do funcionamento dos serviços públicos, *objetivamente consideradas*, sendo fundamento dessa responsabilidade uma ideia *solidarista*, ligada à distribuição equitativa dos ônus e encargos públicos entre todos os membros da comunhão política (p. 95). A partir daí, conclui que é proeminente em Direito Administrativo a responsabilidade objetiva do Estado ou responsabilidade pelo risco – a qual o autor atrela à *teoria do risco integral* (p. 96) – muita embora, devemos anotar, a Constituição Federal de 1988 tenha posteriormente se mostrado coerente, predominantemente, com a chamada *teoria do risco administrativo* (a qual admite excludentes de responsabilidade), em se tratando de *ação* do Estado, deixando a teoria propriamente do risco integral (a qual não admite excludentes e concebe a responsabilidade do modo mais abrangente possível) restrita a casos como aqueles envolvendo material bélico, atividade nuclear, dano ambiental; e entendendo a doutrina atual mais precisa, também, que deve ser aplicada a teoria da responsabilidade subjetiva, no Brasil, quando se tratar de *omissão* do Estado (*culpa do serviço*, que deve ser conjugada ainda com a violação de um dever legal específico pela Administração). Com base apoio nesses postulados, o autor defende a responsabilidade do Poder Público pelos danos decorrentes de atos judiciais, com exceção da hipótese da coisa julgada (p. 98). Segundo Salazar, se a decisão judicial de que não caiba mais recursos ordinários é ilegal e causou prejuízos, estes não poderão ser reclamados a menos que se rescinda tal decisão (ação rescisória); por outro lado, se a hipótese for de *coisa soberanamente julgada* (vencido o prazo para a ação rescisória), desaparece, então, como consequência, a possibilidade de se obter a reparação de danos decorrente do julgado (p. 99). Postula, ainda, que a responsabilidade pessoal do juiz não exclui a do Estado (p. 99), não havendo por que se admitira responsabilidade do Estado pelos chamados *atos de governo* (atos do Poder Executivo) mas deixar fora do alcance da responsabilidade civil os danos causados pela atividade jurisdicional do Estado (p. 90).

14. Nem sempre esse pioneirismo foi devidamente creditado pela doutrina posterior (o que, a nosso ver, justifica de modo especial, em termos de justiça, a elaboração do presente artigo). Muitos autores que se dedicaram ao estudo da responsabilidade civil por dano moral ou da responsabilidade civil do Estado, inclusive com grande ênfase no histórico doutrinário, não se referem a Salazar. Mas há exceções. Caio Mario da Silva Pereira o cita em sede de responsabilidade por dano moral (*Responsabilidade civil*. 12. ed., atualizada por Gustavo Tepedino. Rio de Janeiro: Forense, 2018, p. 74); José de Aguiar Dias o inclui em rol de autores com concepções mais avançadas (isto é, mais abertas à teoria do risco) em matéria de responsabilidade civil do Estado (*Da responsabilidade civil*, vol. II. 10. ed. Rio de Janeiro: Forense, 1997, p. 573); Yussef Said Cahali o cita reiteradamente (*Dano moral*. 4. ed. São Paulo: RT, 2011, pp. 18, 41, 70, 234 e 421), inclusive creditando a Salazar uma visão atenta à natureza moral do dano ligado à indenização pelo valor de afeição das coisas que não mais existem (art. 1.543 CC/1916), e sua crítica a determinada jurisprudência segundo a qual "uma vida para efeito de reparação só vale por sua produtividade econômica".

15. Cf. o prefácio de Nelson Rosenvald ao livro de Alexandre Pereira Bonna. *Dano moral*. Indaiatuba: Foco, 2021 (*e-book*).

cisco, o livro de Salazar sobre o assunto (*Reparação do dano moral*) corresponde à primeira e mais antiga obra monográfica sobre o tema que pode ser encontrada[16], sendo datada de 1943 – sendo em seis anos anterior ao bastante conhecido livro de Wilson Melo da Silva, que é de 1949[17] e que, aliás, cita Salazar, arrolando-o entre os autores que denomina "positivistas" (= autores que se posicionam positivamente, favoravelmente, em relação à indenizabilidade do dano moral)[18].

Nessa esteira, o jurista ora homenageado se insere no contexto da fase evolutiva *primeva* sobre o dano moral no Direito brasileiro – aquela em que Judith martins-Costa identifica o estabelecimento de conexão entre o conceito de dano moral e sentimentos ou estados anímicos da vítima[19]. Não obstante, o pensamento de Salazar se distingue (i) por reconhecer desde o início a possibilidade de reparação do dano moral *puro* ou autônomo (independentemente de sua conexão com danos patrimoniais); e (ii) por já antecipar a identificação, no cerne do conceito de dano moral (ainda que *alternativamente* em relação à dor ou sofrimento humano), a presença de *lesão a direitos da personalidade*. Eis a síntese do pensamento do autor na *Reparação do dano moral*:

> "A primeira dessas conclusões é a de que o dano puramente moral, conceituado como o que não tem reflexo no patrimônio econômico, consistente no sofrimento humano em seus variados aspectos *ou na lesão dos chamados direitos da personalidade em suas diversas manifestações* – deve, em regra, ser reparado pecuniariamente, a despeito das dificuldades práticas da aplicação do princípio"[20].

---

16. Excluídos artigos em revistas científicas e capítulos de livros ou tratados com escopo mais amplo.

17. *O dano moral e sua reparação*. Tese (Concurso de Cátedra de Direito Civil) – Faculdade de Direito da Universidade de Minas Gerais. Belo Horizonto, 1949.

18. *Reparação do dano moral*, de Salazar, é também anterior em um ano à obra monográfica de Ávio Brasil (*O dano moral no direito brasileiro*. Rio de Janeiro: Jacinto, 1944).

19. "O exame dos precedentes à Sumula 37 oferece algumas pistas quanto ao conteúdo que viria a ser dado à noção de dano moral, principalmente no que tange à sua identificação com *sentimentos* (dor, vexame, humilhação, etc) e à atribuição de um *caráter punitivo* à indenização, daí para frente ganhando corpo o entendimento segundo o qual o dano moral tem uma *dúplice função*: punitiva ao ofensor e compensatória aos sentimentos (dor, vexame, humilhação, menoscabo e quetais) da vítima. Desde então entrou em cena no Direito brasileiro, pela porta dos Tribunais Superiores, a ideia do dano moral como lesão a *sentimentos* ou *a estados anímicos*, uma concepção que fizera sucesso nos foros franceses e italianos dos finais do séc. XIX e inícios do séc. XX, sendo esse vetusto entendimento ainda hoje persistente no plano jurisprudencial e em parcela da doutrina, embora, - como oportunamente será destacado – autorizadas vozes doutrinárias propugnem o afastamento dessa senda" (Judith Martins-Costa. *Dano moral à brasileira*. In: *Revista do Instituto do Direito Brasileiro*, Lisboa, Faculdade de Direito da Universidade de Lisboa, ano 3, nº 9, 2014, pp. 7.076-7.077). De fato, no século XXI, a concepção que se mostra cientificamente mais apurada é aquela que relaciona a expressão (algo imprecisa) *dano moral* com as lesões ao setor nuclear (onde se encontram os direitos fundamentais e os direitos da personalidade) e ao setor extrapatrimonial (onde se encontram, *e.g.*, os direitos pessoais de família) da esfera jurídica individual. Nesse sentido, Clóvis V. do Couto e Silva. *O conceito de dano no direito brasileiro e comparado*. In: RT 667, 1991, p. 13; o assunto foi também versado sob essas premissas em Marcel Edvar Simões. *O modelo posicional-relacional na teoria geral do direito*. São Paulo: Núria Fabris, 2021, pp. 74-75. Contudo, o dado da *dor* ou *sofrimento humano* insiste em se manter presente no debate sobre o dano moral, o que recomenda alguma reflexão (com humildade) por parte dos estudiosos acerca do papel que cumpre, ao menos como um efeito indicativo de algumas hipóteses de danos não patrimoniais, e da função que desempenha para fixação do *quantum* indenizável nessas mesmas hipóteses.

20. *Reparação do dano moral*. Rio de Janeiro: Borsoi, 1943, p. 167, sem destaque no original.

Ainda no que concerne ao mote central desse livro (qual seja, a ressarcibilidade do dano moral em si), cumpre registrar diversos entendimentos de Alcino de Paula Salazar[21]. Inicialmente, o autor classifica as várias concepções doutrinárias sobre a questão da indenizabilidade do dano moral em três grupos fundamentais: a) o *sistema negativo* (Savigny, Gabba, Lafayette), que recusa a reparação de modo absoluto; b) o *sistema restritivo*, misto ou intermediário, que admite a reparação em certas hipóteses ou sob certas condições (Aubry & Rau, Demolombe, Laurent); e c) o *sistema afirmativo* ou da plena reparação (Windscheid, Giorgi, H. e L. Mazeaud)[22].

Não encontrando motivos merecedores de tutela para a negativa, o autor sustenta que, sob o Código Civil de 1916, o Direito brasileiro admitia a tese da ressarcibilidade do dano moral puro, embora não a tivesse albergado de modo expresso[23] – mencionando, apenas, a presença de restrições quanto à hipótese do homicídio, nos termos do art. 1.537 CC/1916 (restrições que reconhece presentes, mas que não deixa de criticar enfaticamente[24]). Mostra-se favorável à restrição que veda a transmissão da ação de indenização aos sucessores, salvo quando instaurado o processo em vida da vítima ou quando já fixado regular e definitivamente o valor da indenização[25]. Reconhece sérias dificuldades práticas atinentes à quantificação do dano moral (cuja resolução remete ao Judiciário)[26], mas ao mesmo tempo detecta de modo insipiente que a *função* da responsabilidade civil por danos morais é a *compensação*, e não a função de *reparação* que se encontra propriamente em sede da responsabilidade por danos patrimoniais[27].

Assim, o jurista conclui que, uma vez que não é possível encontrar-se um critério objetivo e uniforme para a avaliação dos interesses morais afetados, a medida do *quantum* indenizatório deve ser deixada para fixação pelo arbítrio do Juiz. Chega a apontar *critérios* a serem utilizados para essa fixação, como (i) as circunstâncias do caso, (ii) a situação econômica das partes e (iii) a gravidade da lesão[28].

Embora o livro seja voltado ao tema da responsabilidade *por dano moral*, consegue-se extrair de diversas de suas passagens a visão geral do jurista sobre múltiplos aspectos do Direito de Danos.

---

21. Alguns desses entendimentos já foram (ao menos relativamente) superados pelos avanços posteriores da Ciência do Direito, mas conservam interesse pelo marco histórico-evolutivo que representaram; já outros conservam interesse e atualidade plenos para os dias correntes.
22. Cf. *Reparação do dano moral* cit., p. 21 e ss.
23. E mesmo a jurisprudência sendo contrária à tese, só reconhecendo o ressarcimento em casos especialmente indicados.
24. Cf. *Reparação do dano moral* cit., pp. 164-165 e 168. Com efeito, o art. 1.537 CC/1916 prescrevia que a indenização pelo homicídio consistiria (apenas) no pagamento das despesas do tratamento, funeral e luto, e na prestação de alimentos a quem o defunto os devia.
25. Cf. *Reparação do dano moral* cit., p. 169.
26. Cf. *Reparação do dano moral* cit., p. 169-170.
27. Cf. *Reparação do dano moral* cit., p. 45-52. Essa visão técnica é bastante atual, e ratificada de modo direto e bastante claro por Judith Martins-Costa. *Dano moral à brasileira*. In: *Revista do Instituto do Direito Brasileiro*, Lisboa, Faculdade de Direito da Universidade de Lisboa, ano 3, n. 9, 2014, p. 7.073-7.075.
28. *Reparação do dano moral* cit., p. 167.

É notável a percepção de Salazar sobre alterações já em curso na sociedade de seu tempo e suas repercussões sobre a responsabilidade civil – as quais se aprofundaram naquilo que a sociologia posterior passou a designar como *sociedade de risco*:

> "A questão assumiu modernamente proporções de maior interesse e oportunidade, como de resto todas as que se ligam à matéria da responsabilidade civil, em vista da agravação crescente dos riscos que corre a vida em consequência dos modernos aparelhamentos industriais, criando, como já foi dito, um novo clima de perigo. Os novos instrumentos de conforto exigem paradoxalmente um maior número de vítimas"[29].

Nosso autor demonstra insipiente simpatia pela tese unitária ou monista da responsabilidade civil, que não divisa diferença verdadeiramente essencial entre a responsabilidade contratual e a extracontratual:

> "Numerosos são, contudo, os autores franceses mais modernos que repudiam a distinção entre as duas fontes de obrigações, de acordo com o sistema germânico, favorável à unidade, em consonância com os estudos já mencionados de Jhering"[30].

O clamor de Salazar por mais estudos científicos sobre o dano continua incrivelmente atual:

> "E sucede que dos três elementos fundamentais da responsabilidade, segundo a teoria clássica – culpa, injúria e dano – os dois primeiros têm sido estudados e analisados em todos os seus aspectos, enquanto que raras são as pesquisas e escassos os trabalhos sobre esse terceiro elo da corrente. Ora, se é importante saber quem indeniza, não menos o será determinar que é que se indeniza e em que medida.
>
> A deficiência ou raridade de trabalhos doutrinários sobre o assunto foi um dos motivos que nos levaram a versá-lo, mau grado a contingência de fazê-lo no angustos lazeres que nos deixa a atividade profissional"[31].

É bem verdade que em 2022 não são assim tão escassos os trabalhos doutrinários brasileiros que podem ser encontrados sobre o conceito (ou os conceitos) de dano em matéria de responsabilidade civil[32]; não obstante, em nossa opinião, ainda remanesce um largo espaço a ser preenchido para a sua melhor definição, em termos científicos e operacionais. Fala-se, por vezes, em *novos danos* – às vezes com fronteiras tênues entre si e de difícil apreensão: dano estético, dano biológico, dano existencial, dano social, dano pela perda de uma chance, dano moral coletivo, dano pelo desvio produtivo, dano moral reflexo ou por ricochete, dentre outros. Aqui cabe o alerta de

---

29. *Reparação do dano moral* cit., p. VI.
30. *Reparação do dano moral* cit., p. 44.
31. *Reparação do dano moral* cit., p. VI-VII.
32. Veja-se, a título meramente exemplificativo, os trabalhos de Teresa Ancona Lopez. *O dano estético – Responsabilidade civil*. São Paulo: Almedina, 2021; A. Junqueira de Azevedo. *Por uma nova categoria de dano na responsabilidade civil – O dano social*. In: *Novos estudos e pareceres de Direito Privado*. São Paulo: Saraiva, 2010, pp. 377-384; Yuri Fisberg. *Dano Social: Reparação, Aspectos Processuais e Destinação*. São Paulo: Almedina, 2021; Paulo de Bessa Antunes. *Dano Ambiental: Uma Abordagem Conceitual*. 2. ed. São Paulo: Atlas, 2015; dentre outros.

H. A. Fischer (emoldurado por Salazar): "logo que se abandona o terreno firme do dano patrimonial tudo são incertezas"[33].

Que mais estudos sobre os novos tipos de dano possam surgir, então. Mas que sejam estudos com a seriedade, a simplicidade e a completude comparáveis àquelas presentes na produção de Alcino de Paula Salazar.

4. REFERÊNCIAS BIBLIOGRÁFICAS

AGUIAR DIAS, *Da responsabilidade civil*, v. II. 10. ed. Rio de Janeiro: Forense, 1997.

ANCONA LOPES, Teresa. *O dano estético*: Responsabilidade civil. São Paulo: Almedina, 2021.

BESSA ANTUNES, Paulo de. *Dano Ambiental*: Uma Abordagem Conceitual. 2. ed. São Paulo: Atlas, 2015.

BRASIL, Ávio. *O dano moral no direito brasileiro*. Rio de Janeiro: Jacinto, 1944.

CAHALI, Yussef Said. *Dano moral*. 4. ed. São Paulo: RT, 2011.

COUTO E SILVA, Clóvis Veríssimo. *O conceito de dano no direito brasileiro e comparado*. In: *RT* 667, 1991, p. 7-16.

FISBERG, Yuri. *Dano Social*: Reparação, Aspectos Processuais e Destinação. São Paulo: Almedina, 2021.

GEDDES, Patrick. *Cities in evolution*: An introduction to the town planning movement and to the study of civics. London: Williams & Norgate, 1915.

JUNQUEIRA DE AZEVEDO, Antonio. Por uma nova categoria de dano na responsabilidade civil: O dano social. In: *Novos estudos e pareceres de Direito Privado*. São Paulo: Saraiva, 2010, pp. 377-384.

MARTINS-COSTA, Judith. *Dano moral à brasileira*. In: *Revista do Instituto do Direito Brasileiro*, Lisboa, Faculdade de Direito da Universidade de Lisboa, ano 3, n. 9, 2014, p. 7.073-7.122.

ROSENVALD, Nelson. *Prefácio*. In: BONNA, Alexandre Pereira. *Dano moral*. Indaiatuba: Foco, 2021 (*e-book*).

SALAZAR, Alcino de Paula. *Responsabilidade do poder público por atos judiciais*. Rio de Janeiro: Canton & Reile, 1941.

SALAZAR, Alcino de Paula. *Reparação do dano moral*. Rio de Janeiro: Borsoi, 1943.

SALAZAR, Alcino de Paula. *Conceito do ato administrativo*. Rio de Janeiro, s.e, 1945.

SALAZAR, Alcino de Paula. Impôsto Sindical. In: *Revista Forense* 148, 1953.

SALAZAR, Alcino de Paula. As concessões de serviços públicos no Direito brasileiro atual. In: DI PIETRO, Maria Sylvia Zanella; SUNDFELD, Carlos Ari (Coord.). *Doutrinas essenciais – Direito Administrativo*. São Paulo: RT, 2012, v. 5, p. 187-197.

SILVA PEREIRA, Caio Mario. *Responsabilidade civil*. 12. ed., atualizada por Gustavo Tepedino. Rio de Janeiro: Forense, 2018.

SILVA, Wilson Melo da. *O dano moral e sua reparação*. Tese (Concurso de Cátedra de Direito Civil) – Faculdade de Direito da Universidade de Minas Gerais. Belo Horizonto, 1949.

SIMÕES, Marcel Edvar. *O modelo posicional-relacional na teoria geral do direito*. São Paulo: Núria Fabris, 2021.

---

33. *Reparação do dano moral* cit., p. VIII.

JOSÉ DE AGUIAR DIAS

Rafael Peteffi

Mestre em Direito pela Universidade Federal do Rio Grande do Sul (2001) e Doutorado em Direito Civil pela Universidade de São Paulo – USP (2004). Estágio pós-doutoral na Universidade de Girona (2016). Professor associado da Universidade Federal de Santa Catarina. Coordenador da Rede de Direito Civil Contemporâneo. Tem experiência na área de Direito, com ênfase em Direito Obrigacional. Pesquisador líder do grupo "Direito Civil na Contemporaneidade".

Sumário: 1. Breve biografia – 2. Produção de José de Aguiar Dias – 3. José de Aguiar Dias e a responsabilidade civil.

1. BREVE BIOGRAFIA

Qualquer autor que se aventure a escrever sobre José de Aguiar Dias impressiona-se com a carência de reportagens, entrevistas, fotos, notícias e outros elementos históricos que pudessem ilustrar a carreira do brilhante jurista. Entretanto, a leitura do mais interessante documento produzido sobre a carreira do homenageado[1] ajuda a entender a aludida pobreza de informações: o magnífico doutrinador e destacado magistrado marcou a sua vida pela discrição e pelo comedimento.

A simplicidade que caracterizava José de Aguiar Dias foi muito bem captada pelos jornalistas que realizaram a entrevista para o Jornal da Bahia, em 1977, impressionantemente a única que se pôde encontrar. Após discorrer sobre a necessidade de se avançar em relação ao direito ambiental e ao direito das mulheres, temas notadamente progressistas para a época, destaca-se a seguinte passagem,

> o Juiz Aguiar Dias é uma das pessoas mais simpáticas e simples que já entrevistamos. Conta anedotas e casos engraçados de sua longa carreira. Confessa-se péssimo motorista.
>
> –Tenho sido muito xingado na rua por isso, mas não respondo. Jamais me utilizei daquela famosa frase tão comum nos bate-bocas de rua: –"sabe com quem está falando?" Afinal, quem me xinga sabe com quem está falando, sim. Com o pior motorista do mundo.

Da obra "Coletânea de Julgados e Momentos Jurídicos dos Magistrados no TRF e no STJ: Ministro José de Aguiar Dias. Vol. 22" colhem-se as principais informações de sua biografia:

Nasceu em Baependi, Estado de Minas Gerais, em 23 de agosto de 1906. Filho de Antonio Dias Sant'Ana e Thereza Aguiar Dias. Fez estudos primários em sua terra natal e o "curso secundário" nos ginásios de Campanha de Itanhandú, ambos no Sul

---

1. Coletânea de Julgados e Momentos Jurídicos dos Magistrados no TRF e no STJ: Ministro José de Aguiar Dias. vol. 22. Superior Tribunal de Justiça: Brasília, 1997.

de Minas. Estudou na Faculdade de Direito da Universidade de Minas Gerais, pela qual se formou em 7 de setembro de 1931.

Após formado, exerceu a advocacia na capital mineira onde, durante o curso superior e após este, trabalhou no jornalismo, dirigindo o ·Correio Mineiro" e secretariando "A Tribuna", órgãos de prestigiosa situação no Estado. Transferiu-se para o Rio de Janeiro em 1936, passando a colaborar estreita e ativamente com o saudoso Jurista J. M. de Carvalho Santos, insigne autor de numerosas obras.

Em 1944 classificou-se, em primeiro lugar, no concurso para Juiz substituto da Justiça do então Distrito Federal. Foi promovido a Juiz de Direito, por merecimento, em 1946. Como Juiz convocado, serviu durante mais de quatro anos no Tribunal Federal de Recursos. Em 1960 foi promovido a Desembargador, por antiguidade, passando a integrar a 4ª Câmara Cível. Logo dois anos depois, em 1962, foi nomeado Ministro do Tribunal Federal de Recursos, pelo Presidente Joao Goulart, tendo tomado posse em 15 de junho do mesmo ano e passando a integrar a Primeira Turma na vaga do Ministro Afrânio Costa. O Fórum Regional da Ilha do Governador recebeu o seu nome, consoante o disposto na Resolução 15/2002, do Órgão Especial do Tribunal de Justiça do Estado do Rio de Janeiro.   Foi, desde 1933, redator e, a partir de 1940, secretário da Revista Forense e redator da Revista do Tribunal Federal de Recursos e seu Diretor até 1964. Atuou como professor contratado das Faculdades de Direito da Universidade do Estado da Guanabara, Gama Filho e Cândido Mendes.   Foi nomeado membro da representação brasileira à Conferência de Direito Aeronáutico de Taormina, Itália, não tendo podido seguir por falta de licença do Tribunal. Membro fundador e Presidente da Sociedade Brasileira de Direito Aeronáutico e por esta condecorado. Por fim, José de Aguiar Dias foi conferencista disputado e participou de várias bancas de concurso em vários Estados do Brasil. Faleceu em 10 de setembro de 1996.

2.   PRODUÇÃO DE JOSÉ DE AGUIAR DIAS

A produção de José de Aguiar Dias é tão concisa quanto pujante. Talvez pela escassez de tempo livre, em decorrência da laboriosa função de magistrado, mas talvez pela consciência da imensidão de veredas sociais, culturais e econômicas que desembocam no imenso universo da Responsabilidade Civil. Esta, para José de Aguiar Dias, foi matéria de estudo de uma vida inteira.

As obras do autor ainda traçam e definem os limites da Responsabilidade Civil em nosso país. Ainda que, desde 1996, as novas edições do famoso "Da Responsabilidade Civil" não sejam mais atualizadas pela pena do mestre, a sua maior obra continua a ser consulta indispensável para tratar qualquer tema afeto à Responsabilidade Civil. Pode-se conceber um bom trabalho contra ou a favor da opinião de José de Aguiar Dias, não se pode conceber um trabalho *sem* José de Aguiar Dias.

Além de inúmeros comentários e artigos publicados, especialmente na Revista Forense, estas são as principais produções bibliográficas de José de Aguiar Dias:

– "Da Responsabilidade Civil", obra em dois volumes, com inúmeras edições e com tradução para o castelhano pelo Dr. Carlos Moyano, Professor da Faculdade de Direito de Buenos Aires;

– "Comentários à Súmula do Supremo Tribunal Federal", com um volume publicado:

– "Da Cláusula de Não Indenizar", obra com inúmeras edições;

– Atualização das obras: "Da Posse e das Ações Possessórias, de Tito Fulgêncio; "Dos Contratos e Das Obrigações", de M. I. Carvalho de Mendonça; "Da Responsabilidade Civil do Estado", de Amaro Cavalcanti;[2]

3. JOSÉ DE AGUIAR DIAS E A RESPONSABILIDADE CIVIL

Como já referido neste trabalho, a relação de Aguiar Dias com a Responsabilidade Civil é absoluta e, portanto, seria impossível destacar as principais contribuições do autor para este campo do conhecimento sem realizar recortes temáticos profundos e arbitrários.

Apesar da obra de Aguiar Dias ter influenciado, profundamente, toda a minha trajetória como professor, confesso que as escolhas temáticas que aqui serão feitas estão relacionadas com a particular relação da obra do homenageado com alguns escritos que venho publicando recentemente.

Como introdução, impõe-se destacar que José de Aguiar Dias pode ser considerado um autor *progressista*, a despeito da amplitude semântica que este termo possa apresentar atualmente. Evidente é a clareza com que Aguiar Dias apontava a necessidade da aplicação mais alargada da responsabilidade objetiva para os tempos modernos, fato que não passou despercebido pelo legislador do Código Civil de 2002. Antes que a atual legislação objetivasse a responsabilidade civil pelo fato do animal, Aguiar Dias já propunha caminhos hermenêuticos que em muito atenuavam a necessidade de a vítima provar a efetiva culpa do dono do animal[3]. Opinião ainda mais contundente poderia ser encontrada quando do tratamento da responsabilidade civil do patrão pelo empregado, em que o autor advogava pela aplicação da teoria da substituição, afastando, portanto, uma análise subjetiva da conduta do patrão,

> Se a solução aí estudada seve ao conceito subjetivista, tanto melhor. A verdade é que não se pode fugir do dilema: ou se dá à responsabilidade do art. 1521, n. III, combinado como art. 1523 do Código Civil, a interpretação *progressista,* de que essa concepção é um exemplo, ou se aceita a dura realidade de um texto atrasado cem anos da época a que pretende servir[4]. (grifos no original)

---

2. Indicações bibliográficas colhidas de Coletânea de Julgados e Momentos Jurídicos dos Magistrados no TRF e no STJ: Ministro José de Aguiar Dias. vol. 22. Superior Tribunal de Justiça: Brasília, 1997, p. 19-33.
3. AGUIAR DIAS, José de. *Da responsabilidade civil.* 10 ed. Rio de Janeiro: Forense, 1997, p. 444.
4. AGUIAR DIAS, José de. *Da responsabilidade civil.* 10 ed. Rio de Janeiro: Forense, 1997, p. 525.

O viés *objetivista* de Aguiar Dias também pode ser encontrado na abordagem que realizava do caso fortuito ou de força maior, em que identificava as excludentes citadas com o espectro do nexo de causalidade. É sobre esse tema que o presente assunto fará uma análise um pouco mais alentada.

Com efeito, o *caput* do artigo 393 do Código Civil aponta um dos principais efeitos jurídicos do caso fortuito ou de força maior, enquanto o parágrafo único aborda seus principais elementos estruturantes: fato necessário, cujos efeitos são inevitáveis.

Caio Mario da Silva Pereira, baseado na locução do art. 393, discorre sobre o significado dos requisitos aludidos: "1) Necessariedade: pois não é qualquer acontecimento, por mais grave e ponderável que libera o devedor, porém aquele que leva obrigatoriamente ao fato danoso" e "2) Inevitabilidade. Para que se exima o agente, é mister que o evento não possa ser impedido nos seus efeitos[5]."

Tanto a doutrina internacional como a doutrina brasileira enfrentam os requisitos do caso fortuito ou da força maior pela lente de duas teorias principais[6]: objetiva e subjetiva. Os requisitos para a configuração do instituto podem variar conforme a teoria escolhida, pois a noção subjetiva do caso fortuito ou de força maior adiciona a conduta não culposa do indigitado responsável como elemento decisivo para a configuração do instituto. A doutrina objetiva afasta-se da perquirição a respeito das condições pessoais do indigitado responsável e da eventual diligência que este possa ter realizado[7], além de ter sido acolhida por nosso direito positivo, como salienta Arnoldo Medeiros da Fonseca.[8]

Acredita-se que a correta qualificação jurídica do caso fortuito ou de força maior como excludente do nexo de causalidade facilita o afastamento da teoria subjetiva, pois dá conta que culpa e nexo de causalidade são elementos que devem ser analisados separadamente[9]. Fernando Noronha, defensor dessa opinião, fornece um exemplo em que a conduta do indigitado responsável é culposa e antijurídica e, ainda assim, o caso fortuito ou de força maior pode ser observado: "*uma pessoa estaciona irregu-*

---

5. PEREIRA, Caio Mario da Silva. *Responsabilidade Civil*. Rio de Janeiro: Forense, 1993, p. 302.
6. Alguns autores brasileiros dão conta da pluralidade de abordagens que podem ser encontradas sobre a temática. Nesse sentido a lição de BARROS MONTEIRO, Washington de. *Curso de Direito Civil*: Direito das Obrigações. 1 parte. v. 4. Atualização Carlos Alberto Dabus Maluf. São Paulo: Saraiva, 2013, p. 317-318.
7. PONTES DE MIRANDA, Francisco Cavalcanti. *Tratado de Direito Privado*. Parte Especial. Direito das Obrigações: relações jurídicas obrigacionais. Tomo XXIII. Atualização Nelson Nery Jr, Rosa Maria de Andrade Nery. São Paulo: Revista dos Tribunais, 2012, p. 166. Em favor da teoria objetiva, comenta o autor: "não são o mesmo conceber-se a força maior ou o caso fortuito como o que não seria evitável e entender-se que fôrça maior ou caso fortuito somente há se o devedor envidou quanto pôde para lhe evitar as conseqüências".
8. MEDEIROS DA FONSECA, Arnoldo. *Caso fortuito e teoria da imprevisão*. 2 ed. Rio de Janeiro: Imprensa Nacional, 1943, p. 23. Posteriormente, o autor analisa a locução do parágrafo único do artigo 1058 do Código Civil de 1016, concluindo que se trata de uma concepção objetiva do caso fortuito ou de força maior. Não houve mudança do direito positivo nacional no art. 393 do Código Civil de 2002 (MEDEIROS DA FONSECA, op. cit., p. 127).
9. PETEFFI DA SILVA, Rafael. Caso fortuito ou de força maior: elementos estruturantes e aplicabilidade em tempos de Covid-19. (In) CARVALHOSA, Modesto; KUYVEN, Fernando. *Impactos jurídicos e econômicos da Covid-19 no Direito Brasileiro*. São Paulo: Thomson Reuters Brasil, 2020, p. 11-135

larmente o seu automóvel do outro lado da via, contra o sentido de trânsito, e alguém vem a embater no veículo, mas também embateria se este estivesse estacionado corretamente, isto é, no sentido do trânsito[10]". No exemplo fornecido, caso o veículo estacionado irregularmente fosse arremessado contra um transeunte que caminhava na calçada, causando-lhe graves danos, o proprietário do veículo aludido poderia valer-se do caso fortuito ou de força maior para eximir-se de qualquer dever indenizatório.

Por demais interessante é o posicionamento de Aguiar Dias, que elogia o critério misto encontrado na clássica lição de Arnoldo Medeiros da Fonseca, composto de inevitabilidade e de ausência de culpa. Entretanto, na frase imediatamente posterior, atesta, com precisão,

> Isso, para nós, pode ser simplificado ainda mais radicalmente: o que anima as causas de isenção no seu papel de dirimentes é, em última análise, a supressão da relação de causalidade. Desaparecido o nexo causal, não é mais possível falar em obrigação de reparar. Esta noção atende melhor ao que se pretende expressar com a noção de caso fortuito ou de força maior e prova, do mesmo passo que a ausência de culpa não satisfaz como critério capaz de caracterizar essas causas de isenção[11].

O próprio ordenamento jurídico possui dispositivos que explicitamente ratificam a autonomia das condutas imputáveis ao devedor, geralmente culposas, do caso fortuito e da força maior, como claramente é observado no art. 399 do Código Civil[12]. Há hipóteses em que, mesmo existindo mora, advinda de ato culposo do devedor[13], o caso fortuito ou de força maior pode ser comprovado, devendo o devedor demonstrar "que o dano sobreviria ainda quando a obrigação fosse oportunamente desempenhada"[14].

Reconhece-se como correta a observação de Pontes de Miranda a respeito da distinção entre culpa do indigitado responsável e inevitabilidade dos efeitos do caso necessário[15]. Ademais, em algumas hipóteses, mormente quando o operador do direito se depara com a incidência da responsabilidade objetiva nas relações obrigacionais, a inclusão de um requisito suplementar passa a ser fundamental para a correta verificação do conteúdo normativo do caso fortuito ou de força maior: a *exterioridade*[16],

---

10. NORONHA, Fernando. *Direito das Obrigações*. 4 ed. São Paulo: Saraiva, 2013, p. 665.
11. AGUIAR DIAS, op. cit., p. 687.
12. Art. 399. O devedor em mora responde pela impossibilidade da prestação, embora essa impossibilidade resulte de caso fortuito ou de força maior, se estes ocorrerem durante o atraso; salvo se provar isenção de culpa, ou que o dano sobreviria ainda quando a obrigação fosse oportunamente desempenhada.
13. Sabe-se que há divergência, no Direito Brasileiro, a respeito da culpa como requisito essencial para a verificação da mora. Não se enfrentará, nos limites deste artigo, essa discussão. Entretanto, o que é absolutamente consensual é a possibilidade da mora ser observada a partir de comportamento culposo do devedor.
14. MARTINS-COSTA, Judith. *Comentários ao Novo Código Civil. Do Inadimplemento das Obrigações*. v. V. Tomo II. 2. ed. Rio de Janeiro: Forense, 2009, p. 419. Ao se referir a essa hipótese, positivada no art. 399, a autora entende que ao devedor "caberá demonstrar que o dano efetivamente ocorrido é estranho à mora – isto é, que não há nenhuma relação de causalidade entre mora e o dano. Aqui o núcleo da questão reside na prova da inexistência do nexo causal entre a mora (*mesmo imputável à culpa*), e o dano". (grifou-se).
15. PONTES DE MIRANDA, TOMO XXIII, op. cit., p. 166.
16. NORONHA, op. cit., p. 657. O autor utiliza-se do termo externidade. "Mas verdadeiramente inevitáveis são somente fatos externos e irresistíveis: são externos quando não estejam vinculados à própria atividade da

ou seja, aquilo que Aguiar Dias denominava de "causa estranha"[17] (*cause étrangère*), para utilizar a expressão genérica utilizada pelo artigo 1.147 do Código francês[18].

Para que o caso fortuito ou de força maior possa estar afastado das atividades típicas do agente, consubstanciando a chamada causa estranha ou externa, o requisito da imprevisibilidade acaba por retomar o prestígio outrora perdido. A ideia de desambiguação do caso fortuito ou de força maior em relação à culpa, aliada à necessidade de uma causa estranha, aparece com muito destaque nas ideias do maior expoente da teoria objetiva, Adolphe Exner. André Rodrigues Corrêa realiza competente síntese do pensamento do autor, ao expor os requisitos para a configuração do caso fortuito ou de força maior de acordo com essa abordagem

> [...] que caracteres seriam estes? De acordo com o autor a força maior seria aquele evento 'produzido fora do círculo de ação da atividade do devedor tendo por causa uma força que ocasiona um dano à pessoa ou a bens no interior do referido círculo' e que possui 'uma natureza e um poder tal que saia, de maneira evidente, do conjunto de casos fortuitos que devem ser previstos no curso ordinário da vida. [...] Mais do que inevitabilidade, o que Exner exigia para a caracterização da força maior capaz de excluir a responsabilidade *ex recepto* era a exterioridade do fato em relação ao que ordinariamente ocorre na exploração de dada atividade empresarial[19].

A tese objetiva, albergando a ideia de exterioridade como elemento caracterizador do caso fortuito ou de força maior, na linha do pensamento de Aguiar Dias, foi prestigiada no enunciado n. 443 da V Jornada de Direito Civil do Conselho da Justiça Federal, como se infere: "O caso fortuito e a força maior somente serão considerados como excludentes da responsabilidade civil quando o fato gerador do dano não for conexo à atividade desenvolvida".

A ideia contida no enunciado transcrito demonstra a possibilidade de tratamento da culpa e do caso fortuito ou de força maior como institutos independentes. Ademais, José de Aguiar Dias, alicerçado em Fernando Pessoa Jorge, empresta destacadas luzes à teoria objetiva ao declarar não estar correta a afirmação segundo a qual o caso fortuito ou de força maior começa onde a culpa termina[20].

A doutrina parece não atentar para uma esdrúxula consequência sistemática que adviria da adoção da afirmação contestada por Aguiar Dias, que vincularia um imediato e inevitável aparecimento do caso fortuito ou de força maior à ausência

---

pessoa de cuja responsabilidade se esteja cogitando; são irresistíveis quando seja esta a sua própria natureza (e, por isso, não adiantaria prevê-los) e ainda quando assumam essa características devido à circunstância de serem normalmente imprevisíveis."

17. AGUIAR DIAS, op. cit., p. 679.
18. VINEY, Geneviéve; JOUIDAIN, Patrice. *Traité de Droit Civil*. 4 ed. Paris: L.G.D.J., 2013, p. 317; e AGUIAR DIAS, 1997, p. 679.
19. CORRÊA, André Rodrigues. *Solidariedade e responsabilidade*: o tratamento jurídico dos efeitos da criminalidade violenta no transporte público de pessoas no Brasil. São Paulo: Saraiva, 2009. p. 505, Importante ressaltar que o autor entende indicada uma distinção conceitual entre força maior e caso fortuito, reservando para este último um papel menos contundente, semelhante ao exercido pelo fortuito interno, na exposição que adiante será realizada neste trabalho.
20. AGUIAR DIAS, op. cit., p. 691.

de culpa do indigitado responsável[21]: a perda do principal conteúdo eficacial da teoria da responsabilidade civil objetiva. Com efeito, a importância sistemática da responsabilidade civil objetiva concentra-se exatamente nas hipóteses em que o ato do ofensor não é caracterizado como uma conduta culposa, mas também não se observa nenhuma excludente de causalidade. O pensamento é de fácil compreensão: se a culpa, juntamente com os demais requisitos da responsabilidade civil, for comprovada, a responsabilidade civil subjetiva é mais do que suficiente para gerar o dever de indenizar do ofensor; se o caso fortuito ou de força maior for verificado, nem mesmo a responsabilidade civil objetiva teria o condão de gerar o dever de indenizar[22]. Portanto, o campo normativo onde se observa a importância eficacial máxima da responsabilidade civil objetiva ocorre exatamente em hipóteses de inexistência de culpa e de caso fortuito ou de força maior, quando o dever de indenizar somente será observado pela incidência da teoria objetiva ao caso concreto.

A ilustração do pensamento acima é bem realizada pelos exemplos da categoria de "fortuito interno", como na quebra da barra de direção do ônibus novo recém comprado pelo empresário, na explosão de pneus novos, no mal súbito do motorista,[23] no estouro da válvula do equipamento de tratamento de efluentes muito antes da data indicada para a sua substituição, na quebra inesperada de parte do maquinário do empreiteiro que realizava a construção de uma usina hidroelétrica. O caso fortuito ou de força maior contrapor-se-ia ao conceito de fortuito interno, em grande parte por apresentar a característica de exterioridade, autorizando, portanto, a sinonímia com a expressão menos elegante do "fortuito externo".

José de Aguiar Dias ainda foi enfático ao esclarecer que as outras hipóteses de exclusão do nexo causal também se guiavam pelas mesmas ideias objetivas. Destarte, o fato exclusivo da vítima e o fato exclusivo de terceiro são modalidades de excludente da causalidade e em relação a essa última hipótese é lapidar a lição do autor : *"[...] podemos dizer que o fato de terceiro só exonera quando realmente constitui causa estranha ao devedor, isto é, quando elimine, totalmente, a relação de causalidade entre o dano e o desempenho do contrato."*[24]

---

21. Em algumas situações, essa noção pode parecer sedutora, como nos casos de engenharia, em que a atitude irrepreensível (isenta de culpa) do engenheiro, que mesmo assim resulta em um desmoronamento de uma barragem, poderia sugerir ao intérprete à ideia de um evento necessário e inevitável como causa para os danos observados, isto é, se não há culpa do engenheiro, o desastre somente poderia ser causado por um caso fortuito ou de força maior. Este pensamento, contudo, está eivado de mácula insanável, como será explicado no corpo do texto.

22. Não será objeto deste trabalho o desenvolvimento da teoria do risco integral, a qual, segundo parte da doutrina, poderia gerar o dever de indenizar mesmo quando observado o caso fortuito ou de força maior.

23. MARTINS-COSTA, op. cit., p. 292-293. A autora considera que o fortuito interno é o "fato inevitável que se liga a organização da empresa", lembrando que o furto de um talão de cheques na saída de um estabelecimento bancário e o assalto ocorrido no estacionamento de um shopping Center também podem ser considerados como fortuitos internos. Fernando Noronha parece concordar com opinião aqui transcrita, quando afirma que "Pode haver responsabilidade resultante de uma atuação não culposa, mas causal em relação ao dano, nas hipóteses de responsabilidade objetiva." (NORONHA, op. cit., p. 636).

24. AGUIAR DIAS, op. cit., p. 679. Nesse sentido, no direito francês, ver: STARCK, Boris. *La pluralité des causes de dommage et la responsabilité civile*. JCP, 1970, p. 2339; e VINEY; JOURDAIN, 2013, p. 352. *"En principe, ce*

As hipóteses de fato exclusivo de terceiro ocorrem quando um sujeito de direito, que não possui relação direta com o agente, é o verdadeiro e exclusivo autor da ação ou omissão que causou o prejuízo sofrido pela vítima. Na seara contratual, a identificação do terceiro é facilitada, "pois se trata de quem não participou do negócio jurídico"[25].

Aguiar Dias, bem localizando o fato exclusivo de terceiro no ambiente da causalidade, ensinava que, em algumas circunstâncias, o fato imputado a terceiro não exonerará totalmente o agente, ocasionando apenas a concausalidade, suporte fático para a atuação do art. 942 do Código Civil brasileiro.[26] Portanto, nos casos de fato exclusivo de terceiro, a conduta do terceiro é tão preponderante na causação do dano sofrido pela vítima que é capaz de tornar irrelevante a conduta do indigitado responsável.

Como já alertado, o presente trabalho, diante de seus evidentes limites, realizou recorte bastante específico da contribuição de José de Aguiar Dias para a Responsabilidade Civil, mas que foi capaz de ilustrar o essencial papel do autor para a cultura jurídica nacional.

---

que distingue la cause étrangère imprévisible et irrésistible de celle qui ne présente pas ces caractères, c'est que la première entraîne une exonération totale alors que la seconde ne peut motiver qu'un partage de responsabilité.".

25. VENOSA, Sílvio de Salvo. *Direito Civil: Responsabilidade civil.* 4. ed. São Paulo: Atlas, 2004, p. 52.

26. ALVIM, Agostinho. *Da inexecução das obrigações e suas consequências.* 2 ed. São Paulo: Saraiva, 1955, p. 367; e AGUIAR DIAS, José de, op. cit., p. 681. Valiosa é a lição de José de Aguiar Dias ao mencionar que: "Quanto aos efeitos do fato de terceiro sobre a responsabilidade civil, torna-se indispensável distinguir os casos em que há, ou não, presunção de responsabilidade contra o devedor. Se não se invoca nenhuma presunção de responsabilidade, é preciso saber: a) se o dano se deve a uma só causa. Neste caso, o fato exclusivo de terceiro não pode deixar de exonerar. Falta de todo em todo o laço de causalidade entre a atividade do agente e o dano. Desnecessário se considera dizer que, se o fato se deve exclusivamente a fato de o agente, nem se pode cogitar de fato de terceiro, que porventura tenha intervindo, ainda que culposamente, nos acontecimentos; b) ou tem mais de uma causa, o que constitui, aliás, o caso mais frequente. Esta hipótese ainda pode ser desdobrada: ou se trata de contrato, em relação a ambos os devedores, e neste campo a solidariedade não se presume, pelo que cada um responde pela sua cota viril e só por ela, o que quer dizer que a intervenção do terceiro exonera apenas em parte o agente, em face da vítima, que é obrigada a dirigir a ação contra ambos; ou se trata de devedores não contratuais, e neste caso cada um é obrigado pelo todo (Código Civil, art. 1.518), o que resulta em responsabilidade integral do agente, isto é, inocuidade do fato de terceiro em relação à responsabilidade daquele que a vítima escolha para pedir a reparação, se bem que, entre os autores da ofensa, se reconheça o direito de regresso. Esta doutrina está consagrada no Projeto do Código Franco-Italiano de Obrigações."

ORLANDO GOMES
E A RESPONSABILIDADE CIVIL

Leandro Reinaldo da Cunha

Professor Titular-Livre de Direito Civil da Universidade Federal da Bahia

Sumário: 1. Vida e obra – 2. Orlando Gomes e a responsabilidade civil – 3. Tendências modernas da responsabilidade civil em 1989; 3.1 Giro conceitual para o dano injusto e alargamento da noção de dano; 3.2 A tutela aquiliana do crédito; 3.3 A introdução do mecanismo do seguro – 4. Considerações finais – 5. Referências bibliográficas.

1. VIDA E OBRA

O soteropolitano Orlando Gomes dos Santos, nascido em 07 de dezembro de 1909, é um dos maiores nomes do direito brasileiro e tenho sempre muito orgulho em afirmar que sou professor titular-livre de Direito Civil da Universidade Federal da Bahia, a casa de Orlando Gomes. Situada no final da Rua da Paz, no bairro da Graça, em Salvador, a Faculdade de Direito da Universidade Federal da Bahia compartilha o mesmo espaço físico onde se localiza a Fundação Orlando Gomes, o que exalta ainda mais a conexão do grande mestre com a nossa casa.

Filho de Mário Gomes dos Santos e Amélia Pereira Soares dos Santos, Orlando Gomes cursou o 1º e o 2º graus no Colégio Nossa Senhora da Vitória, dos Irmãos Maristas, e, posteriormente, veio a graduar-se em direito na Faculdade de Direito da Bahia, em dezembro de 1930, com apenas 21 anos. Logo em seguida, aos 23 anos, habilitou-se ao ensino de "Introdução à Ciência do Direito" e, em 1934, à Cátedra de Direito Civil, vindo a também ser o regente, em 1936, da nova disciplina de Direito do Trabalho, que surgia com a industrialização e organização da classe trabalhadora[1].

O mestre Orlando Gomes durante sua carreira exerceu atividades das mais distintas, desde a Reitoria e Vice-reitoria da Universidade Federal da Bahia, Diretor e Vice-diretor, Coordenador e Fundador do Curso de Mestrado em Direito Econômico da Faculdade de Direito da UFBA, além de integrar inúmeras comissões dentro da Universidade. Foi ainda o 1º Juiz do Trabalho da Bahia, Presidente da Comissão encarregada da elaboração do Anteprojeto do Código Civil Brasileiro (1963), membro da Cadeira 16 da Academia de Letras da Bahia, Presidente-fundador e titular da Cadeira nº 1 e patrono da cadeira de nº. 13 da Academia de Letras Jurídicas da Bahia, entre inúmeras outras incumbências vinculadas ao mundo do direito. Contudo não se olvide também outras atribuições desincumbidas que mostram a magnitude e

---

1. Disponível em: http://orlandogomes.org.br/orlando-gomes/. Acesso em: 27 jan. 21.

também a extensão de sua relevância, como o fato de ter sido Presidente da Federação Baiana de Desportos Terrestres entre 1945 e 1947, Presidente da Federação Baiana de Futebol, de 1955/1957, Grande Benemérito do Esporte Clube Bahia, além de cronista dos jornais "A Tarde", "Tribuna da Bahia" e "Jornal da Bahia"[2].

Em 1982 recebeu o título de Doutor "Honoris Causa" da Universidade de Coimbra, um manifesto reconhecimento da grandiosidade do jurista baiano em âmbito internacional, coroando toda a sua dedicação ao estudo e ensino do direito vivido "propositadamente, com orgulho e amor, em uma província, a sua província da Bahia"[3].

Em sua vasta atividade como autor suas inúmeras obras transitam pela introdução ao estudo do direito, direito econômico, direito do trabalho e direito civil, sendo preponderante se destacar "A crise do direito" (1955), "Raízes históricas e sociológicas do Código Civil brasileiro" (1958), "Direito e desenvolvimento" (1961), além do curso de Direito Civil, um dos mais clássicos e respeitados do Brasil, escrito entre 1957 e 1970, que, conforme José Carlos Moreira Alves, distingue-se dos demais e é caracterizado por uma conjugação "da arraigada formação técnico-jurídica à apurada sensibilidade quanto às mutações sociais do mundo moderno", traços marcantes de Orlando Gomes[4].

Convidado, em 1961, por Oscar Pedroso D'Horta, Ministro da Justiça, a elaborar o Anteprojeto de Código Civil a substituir a legislação vigente à época, o texto proposto por Orlando Gomes tinha como um de seus pontos mais inovadores a retirada do Livro de Obrigações do Código Civil com a proposta da criação de um Código de Obrigações, similar ao que existia no direito suíço e polonês. O projeto, encaminhado ao Congresso Nacional pelo Presidente da República em 1965 sofreu críticas mormente quanto aos elementos relativos ao direito de família, fato que levou o Executivo a dele desistir em 1966.

2. ORLANDO GOMES E A RESPONSABILIDADE CIVIL

Manifesta a pujança da obra de Orlando Gomes, bem como a sua estatura jurídica que, como já afirmado, o coloca no panteão dos grandes do direito pátrio. Contudo o presente texto há de atender a um direcionamento específico, destinando-se a tecer algumas considerações sobre as contribuições do grande mestre baiano na seara dos estudos de responsabilidade civil.

Mesmo com toda a gama de estudos desenvolvidos desde a sua época até os dias atuais muitos autores, como Flávio Tartuce[5], Sergio Cavalieri Filho[6], Pablo Stolze

---

2. As crônicas de Orlando Gomes deram ensejo à obra "Orlando Gomes: o cronista: 140 crônicas de Orlando Gomes", publicada pela EDUFBA, organizada por Rodrigo Moraes.
3. Disponível em: http://orlandogomes.org.br/orlando-gomes/. Acesso em: 27 jan.21.
4. ALVES, José Carlos Moreira. Orlando Gomes e o direito civil. *Civilistica.com*. Rio de Janeiro, a. 8, n. 1, 2019, p. 1.
5. TARTUCE, Flávio. *Responsabilidade Civil*, 3. ed., Rio de Janeiro: Forense, 2021, p. 385.
6. CAVALIERI FILHO, Sergio. *Programa de responsabilidade civil*, 15. ed., Barueri: Atlas, 2021, p. 113.

Gagliano e Rodolfo Pamplona Filho[7] seguem comungando de entendimentos sustentados por Orlando Gomes, como o da distinção entre caso fortuito (um evento considerado totalmente imprevisível) e força maior (um evento perfeitamente previsível, contudo, inevitável)[8], que continua sendo objeto de dissonância entre os doutrinadores.

No que se refere à temática objeto da presente análise Orlando Gomes durante sua brilhante trajetória teve a responsabilidade civil como um dos seus pontos de atenção, estabelecendo inúmeras discussões relevantes, com posicionamentos sempre citados quanto a responsabilidade por fato de outrem, responsabilidade por dano causado por animais, entre outros temas.

Nesse longo trajeto encontram-se memoráveis artigos como "Responsabilidade civil na informática", publicado na Revista Forense, v. 298, de 1987, no qual já traçava linhas iniciais acerca de um novo campo de discussão que começava a se estabelecer e "Responsabilidade dos administradores de sociedade por ações", publicado em 1972 na Revista de Direito Mercantil Industrial, Econômico e Financeiro.

Há também "A crise da responsabilidade civil" que integra a obra "A Crise do Direito" de 1955 e "Tendências modernas da responsabilidade civil" publicado em 1989 na obra Estudos em homenagem ao Professor Silvio Rodrigues, já após o seu falecimento ocorrido em 29 de julho de 1988, acerca do qual teceremos maiores considerações, considerando se tratar do mais atual de seus trabalhos sobre o tema, revelando as suas percepções sobre o tema após toda uma carreira destinada ao estudo do direito.

3. TENDÊNCIAS MODERNAS DA RESPONSABILIDADE CIVIL EM 1989

Já no final de uma vida, detentor de uma bagagem jurídica invejável, Orlando Gomes, em um de seus escritos derradeiros, dedicou-se a analisar a responsabilidade civil em artigo inserido em obra destinada a homenagear o Professor Silvio Rodrigues. Em "Tendências modernas da responsabilidade civil" consigna a necessidade de que algumas noções nucleares da responsabilidade civil sejam repetidas visando sua reforçar a necessidade de que sejam tidos como referências e que se estabeleça a possibilidade de se fixar critério de comparação com "os novos conceitos e as novas construções que respaldam suas tendências modernas" a partir da distinção existente entre a responsabilidade contratual e a responsabilidade extracontratual ou aquiliana[9].

Em seguida, após indicar que o seu objeto de análise será a responsabilidade extracontratual, indica o ato ilícito como o seu ponto de partida e narra a existên-

---

7. GAGLIANO, Pablo Stolze; PAMPLONA FILHO, Rodolfo. *Novo Curso de Direito Civil* – Responsabilidade Civil, 19. ed., São Paulo: Saraiva Educação, 2021, p. 157.
8. GOMES, Orlando. *Obrigações*. 11. ed. atualizada por Humberto Theodoro Júnior. Rio de Janeiro: Forense, 1997. p. 148.
9. GOMES, Orlando. Tendências modernas na teoria da responsabilidade civil. In. *Estudos em homenagem ao Professor Silvio Rodrigues*. São Paulo: Saraiva, 1989, p. 291.

cia de um giro conceitual naquele momento próximo ao final do século passado, entendendo que o regime da responsabilidade civil passava por importante revisão, com a mudança do ângulo de compreensão do ato ilícito para uma perspectiva de dano injusto, acompanhada de uma substituição pelo mecanismo do seguro e pela monetarização dos riscos[10].

Ao constatar que a revisão do regime da responsabilidade civil em curso apresentava como traço dominante a especialização, com a organização de regimes especial dotados de peculiaridades expressivas, como viria a se consolidar pouco tempo depois em nosso ordenamento jurídico com o Código de Defesa do Consumidor, mostrava-se coerente com a necessidade de que situações específicas tivessem um tratamento adequado em nosso ordenamento, em consonância com preocupação que já o acompanhava de longa data e expressamente exposta em "Direito e Desenvolvimento", obra publicada em 1961 em que ressaltava que o direito não vinha acompanhando as transformações em curso nos mais diversos setores da sociedade, encontrando-se em mora com os fatos[11].

Era exatamente a mudança da realidade da sociedade que dava azo às tendências renovadoras que estavam florescendo naquele momento específico, vez que com o surgimento de novas perspectivas permeando a vida das pessoas haveria uma situação "propícia à multiplicação dos danos, à criação pela indústria de novos riscos, à ocorrência de 'danos anônimos e inevitáveis' e à proliferação de atividades perigosas", o que embasaria uma "mudança da justificação da obrigação de indenizar, o alargamento da noção de dano, a aceitação ampla do dano moral e a tutela aquiliana do crédito"[12].

Fica patente que as inquietações que movem Orlando Gomes no presente texto são as mesmas que permeiam toda a sua obra, revelando "o desajustamento do direito positivo com os fatos sociais contemporâneos" e a "necessidade de os conceitos jurídicos se ajustarem às profundas modificações sociais ocorridas nos tempos modernos[13].

Essas mudanças sociais tem o poder de gerar uma mudança de mentalidade, com a população adotando novos valores, sendo pertinente o estabelecimento de novas normas que tenham condições de estimular esse processo de desenvolvimento como um todo, atendendo a tendência existente de institucionalização das transformações, com a busca da regulação da conduta das pessoas por meio de um novo sistema de normas[14]. Como já observava ao tratar da crise do direito "os juristas atados a concepções modeladas em situações existenciais que estão sendo profundamente

---

10. GOMES, Orlando. Tendências modernas na teoria da responsabilidade civil. In. *Estudos em homenagem ao Professor Silvio Rodrigues*. São Paulo: Saraiva, 1989, p. 293.

11. GOMES, Orlando. *Direito e desenvolvimento*. Publicações da Universidade da Bahia, 1961, p. 10.

12. GOMES, Orlando. Tendências modernas na teoria da responsabilidade civil. In. *Estudos em homenagem ao Professor Silvio Rodrigues*. São Paulo: Saraiva, 1989, p. 294.

13. ALVES, José Carlos Moreira. Orlando Gomes e o direito civil. *Civilistica.com*. Rio de Janeiro, a. 8, n. 1, 2019, p. 15-16.

14. GOMES, Orlando. *Direito e desenvolvimento*. Publicações da Universidade da Bahia, 1961, p. 19.

ORLANDO GOMES E A RESPONSABILIDADE CIVIL **193**

alteradas, continuam a abordar as grandes questões jurídicas sob uma perspectiva que lhes não permite encará-las em todas as suas faces. Quando, por vezes, se dilata o campo visual, para logo retiram o olha desencantados ou amedrontados"[15].

Tecidas tais ponderações iniciais passa a afirmar que para o seu objetivo no referido texto trariam mais interesse (a) o giro conceitual para o dano injusto, (b) o alargamento da noção de dano, (c) a tutela aquiliana do crédito, e (d) a introdução do mecanismo do seguro, que são os tópicos que passam a nortear a análise desenvolvida.

3.1   Giro conceitual para o dano injusto e alargamento da noção de dano

No trato do primeiro dos seus interesses pondera acerca da ocorrência de uma ampliação dos modos de proteção resguardados pela teoria da responsabilidade civil vigentes à época (tutela restitutória e tutela ressarcitória, com a responsabilidade restrita à recomposição da coisa atingida ou na reparação do prejuízo causado). Afirma que se está a estruturar uma nova conformação na qual o comportamento ilícito do indivíduo também passa a ser objeto de repressão judicial, com uma manifesta amplificação de normas ensejadoras de imposição das consequências decorrentes da responsabilidade civil que independem da demonstração de culpa e dano[16].

Dessa maneira a aferição da injustiça do dano e a função da qual se reveste passariam a ser relevantes para a indicação dos danos passíveis de serem ressarcidos, o que ensejou na necessidade de se ponderar acerca de uma reconstrução da teoria responsabilidade civil lastreada na mudança da perspectiva que autoriza a configuração de danos ressarcíveis que vão além dos oriundos da efetiva prática de um ato ilícito, como a substituição da "noção de *ato ilícito* pela de *dano injusto*, mais ampla e mais social"[17].

E é exatamente a plena compreensão da concepção do que venha a caracterizar o dano injusto que conduz a sequência das considerações de Orlando Gomes e que poderia ser entendido como "a alteração *in concreto* de qualquer bem jurídico do qual o sujeito é titular", sendo preponderante se consignar que há de se entender como bem jurídico não só os direitos subjetivos mas também (a) os direitos da personalidade, (b) certos direitos de família, (c) direitos de crédito, e, (d) interesses legítimos[18].

Com essa mudança do entendimento ocorre um alargamento da esfera de incidência da responsabilidade civil, com a possibilidade de se ter como ressarcíveis situações até então não tangidas pelo dever de indenizar, como os danos decorrente de lesão ao direito à intimidade na esfera dos direitos da personalidade, os danos

---

15.   GOMES, Orlando. A crise do direito. *Revista da Faculdade de Direito do Ceará*, 1952, p. 187.
16.   GOMES, Orlando. Tendências modernas na teoria da responsabilidade civil. In. *Estudos em homenagem ao Professor Silvio Rodrigues*. São Paulo: Saraiva, 1989, p. 295.
17.   GOMES, Orlando. Tendências modernas na teoria da responsabilidade civil. In. *Estudos em homenagem ao Professor Silvio Rodrigues*. São Paulo: Saraiva, 1989, p. 295.
18.   GOMES, Orlando. Tendências modernas na teoria da responsabilidade civil. In. *Estudos em homenagem ao Professor Silvio Rodrigues*. São Paulo: Saraiva, 1989, p. 295-296.

oriundos do direito de família e o dano moral puro. Colaciona também a incidência de danos no setor dos direitos de crédito e os praticados pelo Estado ao particulares decorrente de sua política interventiva ou empresas privadas que poluem o meio ambiente ou empresas privadas face a produtos defeituosos[19].

Fica patente que Orlando Gomes vislumbra aqui a presença da noção de que no decorrer do desenvolvimento da sociedade as transformações acabam por serem institucionalizadas, e no "ordenamento jurídico velhos institutos remodelam-se ao lado de novos"[20].

A preocupação com os impactos da nova sociedade que começava a se estabelecer, permeada por uma série de distinções daquela que se fazia presente quando da elaboração do Código Civil de 1916, se faz bastante presente nas considerações tecidas por Orlando Gomes já no início dos anos 1960 quando já ponderava ser importantes as transformações ocorridas na estrutura econômica, política e social, decorrentes do processo tecnológico, do processo demográfico e do processo ecológico.[21]

Nesse ponto é de se ressaltar que Orlando Gomes já vislumbrava a presença de situações latentes que mereceriam uma maior e melhor atenção do ordenamento jurídico no âmbito da responsabilidade civil e que, posteriormente, vieram a se efetivar. Ainda hoje, passados mais de 30 anos dessas palavras trazidas por Orlando Gomes, é pungente a discussão sobre a responsabilidade civil em situações vinculadas ao direito da personalidade (como o direito a ter reconhecida e respeitada a identidade de gênero de pessoas transgênero[22]e intersexo[23]), ao direito de família (reponsabilidade afetiva), abalo de crédito, danos praticados pelo Estado (leniência legislativa[24] ou vedação ao reconhecimento de entidades familiares[25]), danos ambientais e provenientes de relações de consumo, entre outros.

O alargamento lógico que começa a se discutir tem o condão, por exemplo, de resolver a dura dificuldade que se instalava ao se tentar justificar uma indenização pessoal para situações como a de uma vítima de contaminação ambiental ou a de quem vê um interesse contrariado ou agredido que, apesar de protegido, não configure um direito subjetivo. Esses são indicadores da extensão da nova ressarcibilidade que há de se consolidar com a ampliação dos danos ressarcíveis[26].

---

19. GOMES, Orlando. Tendências modernas na teoria da responsabilidade civil. In. *Estudos em homenagem ao Professor Silvio Rodrigue*s. São Paulo: Saraiva, 1989, p. 296.
20. GOMES, Orlando. *Direito e desenvolvimento*. Publicações da Universidade da Bahia, 1961, p. 21.
21. GOMES, Orlando. *Direito e desenvolvimento*. Publicações da Universidade da Bahia, 1961, p. 13-17.
22. CUNHA, Leandro Reinaldo da. *Identidade e Redesignação de Gênero, aspectos da personalidade, da família e da responsabilidade civil*. 2ª edição. Rio de Janeiro. Lumen Juris Direito. 2018, p.257.
23. CUNHA, Leandro Reinaldo da. Direito à indenização decorrente da ofensa à dignidade da pessoa humana do intersexual. *INTERSEXO – Aspectos*: Jurídicos, Internacionais, Trabalhistas, Registrais, Médicos, Psicológicos, Sociais e Culturais, São Paulo: Revista dos Tribunais, 2018, p. 195.
24. CUNHA, Leandro Reinaldo da. *Identidade de gênero e a responsabilidade civil do Estado pela leniência legislativa*. Revista dos Tribunais 962, 2015, p. 49
25. BRASILEIRO, Luciana. *As famílias simultâneas e seu regime jurídico*. Belo Horizonte: Fórum, 2019.
26. GOMES, Orlando. Tendências modernas na teoria da responsabilidade civil. In. *Estudos em homenagem ao Professor Silvio Rodrigues*. São Paulo: Saraiva, 1989, p. 296.

Pontifica, em seguida, com o brilhantismo que lhe é peculiar, que a tendência na doutrina seria a construção da ideia de responsabilidade civil tendo o dano injusto como sendo seu centro de gravidade, afastando-se do entendimento de que a responsabilidade teria como origem a violação do genérico dever de "a ninguém ofender" (*alterum non laedere*) já consignado por Ulpiano.

Passa, na sequência, a discorrer sobre o alargamento da noção do dano, que anteriormente se restringia a ser o elemento objetivo do ato ilícito, ligado à lesão do direito subjetivo, sendo admitidos apenas os danos patrimoniais e diretos, rechaçados o dano moral e o dano indireto. Nessa transição passou-se a considerar viável a recomposição dos danos morais, tanto os que produzem efeitos econômicos como também os que não afetam, nem mesmo indiretamente, o patrimônio do lesado, restando ainda afastada a percepção outrora vigente de que tal compensação se revelaria imoral e impossível de ser mensurada em dinheiro[27].

Nessa senda constata-se que a compensação da dor experimentada (*compensatio doloris*) passa a gozar de um caráter de atribuição patrimonial, entendida como um meio de ofertar ao lesado uma sensação agradável como contrapartida à dor que fora experimentada, e não como se fosse o preço da dor (*pretium doloris*) sofrida[28].

Ponderava ainda que mesmo que a ressarcibilidade do dano moral não se constituísse como uma novidade na teoria da responsabilidade civil, já que discutida pelos pandectistas, o fato de passar a ser considerada pela doutrina, legislação e jurisprudência de forma generalizada é característico, comprovando o alargamento do conceito que "lhe quebra a *unidade* por evidente que a *natureza* da sanção imposta a quem causa o dano é diversa, conforme consista na lesão do patrimônio de alguém ou na agressão a direito ou interesse seu, de caráter *personalíssimo*"[29].

De se consignar que Orlando Gomes já discorria sobre aspectos conexos, relacionados a uma valorização social de questões que extrapolavam o aspecto mais fisíco e braçal, quando constata que na sociedade brasileira se estabelecia já nos anos 60 do século passado uma "ojeriza a toda espécie de trabalho manual", como tamanha valorização às atividades intelectuais que se passa a "ostentá-la mesmo quando não é exercida"[30].

Nesse sentido segue elucidando que "a pleno rigor" não há dano extrapatrimonial, a compensação não configura na eliminação dos prejuízos e consequências experimentadas, desprovida de função expiatória, sendo que o "dano moral, não

---

27. GOMES, Orlando. Tendências modernas na teoria da responsabilidade civil. In. *Estudos em homenagem ao Professor Silvio Rodrigues*. São Paulo: Saraiva, 1989, p. 297-298.
28. GOMES, Orlando. Tendências modernas na teoria da responsabilidade civil. In. *Estudos em homenagem ao Professor Silvio Rodrigues*. São Paulo: Saraiva, 1989, p. 298.
29. GOMES, Orlando. Tendências modernas na teoria da responsabilidade civil. In. *Estudos em homenagem ao Professor Silvio Rodrigues*. São Paulo: Saraiva, 1989, p. 298.
30. GOMES, Orlando. *Direito e desenvolvimento*. Publicações da Universidade da Bahia, 1961, p. 18.

sendo propriamente *dano ressarcível não alarga* a noção desse pressuposto da responsabilidade civil"[31].

A concluir o tópico destinado à noção de dano constata que em âmbito doutrinário se equiparou o constrangimento ou dor vivenciado ante a ofensa a um direito da personalidade a um prejuízo, independente da incidência de qualquer repercussão em sua esfera patrimonial, denotando uma transladação para o direito privado de mecanismos protetores da pessoa humana face a consagração dos direitos da personalidade, os quais encontravam guarida na esfera penal (de cunho público), sendo a responsabilidade civil o meio adequado de imposição de sanção[32].

Considerando que direito e desenvolvimento revestem-se de um relação íntima, nota-se que o implemento de uma grande número de novas realidades para a população como um todo se mostra por meio de uma série de desdobramentos desenvolvimentistas, com incontáveis "substituições do proibido pelo permitido e na incorporação de maior número de pessoas no círculo de proteção jurídica"[33].

Orlando Gomes com essa ponderação auxiliou na concepção das bases que vieram a se consolidar e até o momento atual florescem de uma nova compreensão de afastamento da penalização de toda sorte de dano, com uma prevalência da recomposição pecuniária das ofensas sofridas em detrimento da imposição de uma sanção física em face daquele que praticou o ato danoso.

3.2   A tutela aquiliana do crédito

Na sequência Orlando Gomes passa a apreciar a nova acepção conferida ao dano a fim de que passe a atingir ao direito ao crédito, atribuindo-lhe a proteção ofertada aos direitos absolutos, conceito esse já defendido na Alemanha no início do século passado e que retornou ao radar de atenção da doutrina italiana, com Giuseppe Tucci, após acidente aéreo que vitimou todos os jogadores do time de futebol do Torino, base da seleção nacional naquela época.

A proteção aquiliana do crédito, destinada à atenção de situações em que "o titular de um direito de crédito sofre um dano adicional ao que resulta da inexecução de um contrato pelo devedor ao deixar de realizar a prestação", situação em que ainda que a lesão não perpetre danos diretos e imediatos não se pode ignorar a presença consequências danosas, sendo possível se atribuir ao credor a possibilidade de pleitear indenização visando ser ressarcido de tais danos com base na responsabilidade extracontratual, buscando um "ressarcimento que não integra o crédito", visando "garantir ao credor o equivalente da perda que sofreu e que seja apreciável em dinheiro"[34].

---

31.   GOMES, Orlando. Tendências modernas na teoria da responsabilidade civil. In. *Estudos em homenagem ao Professor Silvio Rodrigues*. São Paulo: Saraiva, 1989, p. 298.
32.   GOMES, Orlando. Tendências modernas na teoria da responsabilidade civil. In. *Estudos em homenagem ao Professor Silvio Rodrigues*. São Paulo: Saraiva, 1989, p. 299.
33.   GOMES, Orlando. *Direito e desenvolvimento*. Publicações da Universidade da Bahia, 1961, p. 27.
34.   GOMES, Orlando. Tendências modernas na teoria da responsabilidade civil. In. *Estudos em homenagem ao Professor Silvio Rodrigues*. São Paulo: Saraiva, 1989, p. 299-300.

Assevera, ao encerrar esse ponto, que a proteção aquiliana do crédito passava a gozar de aceitação em inúmeras circunstâncias, como as acolhidas pela doutrina italiana, como "a legitimação de um clube de futebol para propor a ação rescisória contra um terceiro que provocou a morte de um de seus jogadores, e a tutela aquiliana de uma empresa por falta de fornecimento de energia elétrica imputável a terceiros", ou as citadas por Pietro Trimarchi no início dos anos 70 daquele século, em que a lesão do direito de crédito haveria de ser ressarcida como a decorrente de "dano causado a alguém pelo homicídio de quem era obrigado a prestar-lhe alimentos, a do dano experimentado por um empresário teatral pelo assassinato de um musicista contratado para dar um ou vários concertos, o dano suportado pelo locador de uma coisa com a sua destruição por terceiro", sendo de se ressaltar que tal proteção era tendência que se vinha aceitando aos poucos mormente verificava-se que a intenção do terceiro era prejudicar o credor[35].

3.3   A introdução do mecanismo do seguro

O ponto derradeiro sobre o qual Orlando Gomes deita sua atenção no texto sob apreciação recai sobre a inclusão do seguro como meio apto à "reparação do dano por forma e em condições mais favoráveis"[36], numa tendência de transformar a responsabilidade civil em um "sistema complexo de seguro social" que, em seu entender, era a mais relevante das mudanças que estava se estabelecendo naquele momento em sede de reparação de danos[37].

Em sua visão o seguro surgia como ferramenta hábil a neutralizar as consequências variadas oriundas de uma sociedade industrial que se consolidava na época que impunha um novo estilo de vida, processos de produção modernos e uma nova realidade acerca dos sistemas de transportes para a população que inevitavelmente causavam danos diversos daqueles vivenciados até então[38]. No entanto deixava claro seu entendimento de que se faria impossível a generalização do seguro.

Quanto à emergência do seguro como um elemento a integrar o sistema de responsabilidade civil consignava a existência de um inconveniente por entender que a partir do instante que o indivíduo passa a um lugar de segurado o caráter intimidatório do dever de indenizar acaba mitigado, ao que se haveria de agregar o fato de que a aplicabilidade do seguro apenas seria verificada sem maiores percalços em sede de responsabilidade objetiva e quando houvesse uniformidade de condições. Questionava também se seria efetivamente possível a transferência plena do risco

---

35. GOMES, Orlando. Tendências modernas na teoria da responsabilidade civil. In. *Estudos em homenagem ao Professor Silvio Rodrigues*. São Paulo: Saraiva, 1989, p. 300.
36. GOMES, Orlando. Tendências modernas na teoria da responsabilidade civil. In. *Estudos em homenagem ao Professor Silvio Rodrigues*. São Paulo: Saraiva, 1989, p. 297-298.
37. GOMES, Orlando. Tendências modernas na teoria da responsabilidade civil. In. *Estudos em homenagem ao Professor Silvio Rodrigues*. São Paulo: Saraiva, 1989, p. 300-301.
38. GOMES, Orlando. Tendências modernas na teoria da responsabilidade civil. In. *Estudos em homenagem ao Professor Silvio Rodrigues*. São Paulo: Saraiva, 1989, p. 301.

de empresas para o segurador, vez que apenas aquelas de grande porte teriam condições de suportar os elevados custos do seguro, arguindo ainda "se as empresas não preferem assumir os riscos para evitar o pagamento dos prêmios"[39].

Orlando Gomes pondera se não seria o caso de se "indagar qual o futuro imediato que parece estar reservado à responsabilidade civil", concluindo que, tal qual fizera Ripert, o fenômeno da responsabilidade converteu-se no fenômeno da reparação, conduzindo o regime tradicional lastreado na culpa a uma condição de menor incidência, com a responsabilidade objetiva ganhando mais espaço, e essa responsabilidade independente da culpa se encaminhou para um "sistema geral de seguro" que apresenta dificuldades técnicas de implementação e que, tampouco, se mostra como uma efetiva solução, ainda que possa ser vista como uma "solução adequada à mentalidade *consumerística*"[40].

Ao fim e ao cabo argumente que "a responsabilidade civil não perde a 'sua lógica nem a sua moralidade', como pensam alguns, e adquire, por outro lado, uma carga pesada de solidarismo, como outros acreditam"[41].

4. CONSIDERAÇÕES FINAIS

A vasta obra de Orlando Gomes, de qualidade sempre exaltada, é corolário de seu profundo conhecimento da sociedade brasileira, ao qual se agregou seu estudo de autores italianos, franceses e alemães de sua época e que o antecederam, cumulado com as profícuas trocas entabuladas com os grandes juristas brasileiros com quem conviveu durante toda a sua vida.

Orlando Gomes sempre teve como diretriz a preocupação com o seu povo, buscando garantir a efetividade do direito com a sua devida adequação à realidade social de seu tempo, ciente de que a compreensão de todo o instrumental jurídico posto encontrava-se desatualizado "a ponto de entravar o desenvolvimento econômico e social"[42], impelindo-o a buscar a construção de um ordenamento que pudesse atender de forma real aos anseios da sociedade.

Uma boa parte de sua dedicação para esse fim se direcionou para as questões atinentes à responsabilidade civil, contribuindo de forma marcante para o desenvolvimento do tema, sua compreensão, modernização e evolução. Constatou falhas, acompanhou o desenvolvimento e propôs soluções com o objetivo de ofertar à sociedade brasileira uma legislação adequada à realidade por ela vivenciada. Foi e ainda é essencial ao estudo da responsabilidade civil.

---

39. GOMES, Orlando. Tendências modernas na teoria da responsabilidade civil. In. *Estudos em homenagem ao Professor Silvio Rodrigues*. São Paulo: Saraiva, 1989, p. 301.
40. GOMES, Orlando. Tendências modernas na teoria da responsabilidade civil. In. *Estudos em homenagem ao Professor Silvio Rodrigues*. São Paulo: Saraiva, 1989, p. 301-302.
41. GOMES, Orlando. Tendências modernas na teoria da responsabilidade civil. In. *Estudos em homenagem ao Professor Silvio Rodrigues*. São Paulo: Saraiva, 1989, p. 302.
42. GOMES, Orlando. *Direito e desenvolvimento*. Publicações da Universidade da Bahia, 1961, p. 12.

O grande homem e brilhante jurista, dotado de uma visão acurada do cotidiano de seu povo, contribuiu de forma rica e definitiva para a evolução do direito pátrio, tendo dedicado, como aqui relatado, um de seus últimos escritos exatamente para discorrer sobre as tendências da responsabilidade civil, revelando uma percepção altamente qualificada sobre os caminhos a serem percorridos.

Que nunca esqueçamos as frondosas contribuições de Orlando Gomes, um dos maiores expoentes do direito brasileiro.

Viva Orlando Gomes.

5. REFERÊNCIAS BIBLIOGRÁFICAS

ALVES, José Carlos Moreira. Orlando Gomes e o direito civil. *Civilistica.com*. Rio de Janeiro, a. 8, n. 1, 2019.

BRASILEIRO, Luciana. *As famílias simultâneas e seu regime jurídico*. Belo Horizonte: Fórum, 2019.

CAVALIERI FILHO, Sergio. *Programa de responsabilidade civil*, 15. ed., Barueri: Atlas, 2021.

CUNHA, Leandro Reinaldo da. Identidade e Redesignação de Gênero, aspectos da personalidade, da família e da responsabilidade civil. 2. ed. Rio de Janeiro. Lumen Juris Direito. 2018.

CUNHA, Leandro Reinaldo da. *Identidade de gênero e a responsabilidade civil do Estado pela leniência legislativa*. Revista dos Tribunais 962, 2015.

GAGLIANO, Pablo Stolze; PAMPLONA FILHO, Rodolfo. *Novo Curso de Direito Civil* – Responsabilidade Civil, 19. ed. São Paulo: Saraiva Educação, 2021.

GOMES, Orlando. A crise do direito. *Revista da Faculdade de Direito do Ceará*, 1952.

GOMES, Orlando. *Direito e desenvolvimento*. Publicações da Universidade da Bahia, 1961.

GOMES, Orlando. Tendências modernas na teoria da responsabilidade civil. In. *Estudos em homenagem ao Professor Silvio Rodrigues*. São Paulo: Saraiva, 1989.

GOMES, Orlando. Responsabilidade dos administradores de sociedade por ações". In. *Revista de Direito Mercantil Industrial, Econômico e Financeiro*. São Paulo: RT, 1972.

GOMES, Orlando. Responsabilidade civil na informática. In: *Revista Forense*. Rio de Janeiro: Forense, abr./jun. 1987, 1987. v. 298

GOMES, Orlando. *Obrigações*. 11. ed. atualizada por Humberto Theodoro Júnior. Rio de Janeiro: Forense, 1997.

TARTUCE, Flávio. *Responsabilidade Civil*, 3. ed., Rio de Janeiro: Forense, 2021.

PROTAGONISTAS DA RESPONSABILIDADE CIVIL A INFLUÊNCIA DE WASHINGTON DE BARROS MONTEIRO NO ESTUDO E APLICAÇÃO DA RESPONSABILIDADE CIVIL NO DIREITO BRASILEIRO

Carlos Alberto Dabus Maluf

Professor Titular de Direito Civil na Faculdade de Direito da USP. Mestre, Doutor e Livre-Docente em direito civil pela FADUSP. Conselheiro do Instituto dos Advogados de São Paulo – IASP. Conselheiro Científico da Adfas. Autor de diversas obras jurídicas, coautor da obra Curso de Direito Civil de Washington de Barros Monteiro, de quem foi aluno no curso de pós-graduação da USP no período de 1973 a 1977, ocupa atualmente a cadeira n. 3 criada em 1895 que anteriormente foi ocupada pelo professor Washington de Barros Monteiro.

Advogado. socio-fundador do Dabus Maluf Advocacia, parecerista e palestrante.

Sumário: I. Introdução – II. Desenvolvimento do tema – II.1 Biografia de Washington de Barros Monteiro – 2. Produção geral do autor – 3. Contribuições à responsabilidade civil – III. Conclusão – IV. Referências bibliográficas

I. INTRODUÇÃO

As letras jurídicas brasileiras contaram com a influência de inúmeros juristas, renomados e inesquecíveis, cuja dedicação ao estudo e aplicação do direito, mudaram para sempre os rumos do país.

Entre estes, inconteste é a importância de Washington de Barros Monteiro, que muito se ocupou do estudo do direito civil, com o magistério acadêmico em renomadas universidades, com a judicância e com a advocacia, e finalmente, com foco no estudo em tela, grande foi também a sua influência no âmbito da responsabilidade civil, instituto antigo de grande relevância na atualidade, enfrentado por ele com grande maestria, tornando o seu estudo didático, informático e prático.

II. DESENVOLVIMENTO DO TEMA

II.1 BIOGRAFIA DE WASHINGTON DE BARROS MONTEIRO

Washington de Barros Monteiro nasceu no município de Areias, no Estado de São Paulo, aos 22 de abril de 1910.

"Fez seus primeiros estudos e m São Paulo, no Grupo Escolar da Várzea do Carmo. Aos dezesseis anos, prestou concurso para a Faculdade de Direito da USP, conquistando o primeiro lugar, posição que manteve durante todo seu curso na velha Academia. Concomitantemente, começou a trabalhar nos Correios. Concluiu o curso de Direito com distinção, sempre obtendo a nota máxima em todas as matérias. E m 1931, aos 21 anos recebeu o diploma".

Após ter se formado pela Faculdade de Direito do Largo de São Francisco em 1931, foi aprovado em concurso público para o cargo de delegado de Polícia, exerceu essa função na Delegacia de Jogos, em São Paulo, até completar a idade mínima exigida para ingressar, em 1935 na magistratura do Estado de São Paulo classificando-se em primeiro lugar no concurso.

Participou ativamente da Revolução Constitucionalista de 1932 tendo combatido na região de Águas da Prata.

Foi nomeado juiz substituto do 10º Distrito Judicial, com sede em São José do Rio Preto. Foi promovido sucessivamente para as comarcas de Presidente Venceslau em 1939, Barretos em 1940 e Itapetininga em 1945.

Posteriormente, ainda no ano de 1945 assumiu a 1ª Vara de Família e Sucessões da cidade de São Paulo, aí permanecendo até 1951.

Exerceu o cargo de juiz do Tribunal Regional Eleitoral nos anos de 1947 a 1951, quando então foi criado o Tribunal de Alçada, sendo para este promovido.

Foi presidente do referido Tribunal de Alçada nos biênios 1952-1953 e 1956-1957.

Em 1959, assumiu o cargo Desembargador do Tribunal de Justiça do Estado de São Paulo. Entretanto, tendo em vista a legislação da época, foi posto em disponibilidade, pois seu irmão havia sido nomeado anteriormente para o mesmo Tribunal, dedicando-se então à advocacia.

Dedicou-se também ao Magistério superior, obtendo em 1949 a cátedra de Direito Civil da Faculdade Paulista de Direito, da Pontifícia Universidade Católica de São Paulo (PUCSP), em 1959, também da Faculdade de Direito da Universidade de São Paulo (FDUSP).

Ocupou na Faculdade de Direito da USP a cadeira de número 3, criada pela Lei federal 314 de 30 de outubro de 1895, de 1959 a 1980, que também foi ocupada pelos eminentes professores Antônio Januário Pinto Ferraz Júnior de 1896 a 1925; José Augusto César, de 1925 a 1938; Alvino Ferreira Lima, de 1939 a 1958; Yussef Said Cahali de 1984 a 2000 e atualmente é ocupada pelo professor Carlos Alberto Dabus Maluf desde 2008 até a atualidade.

Aposentou-se compulsoriamente em 1980 e, no ano seguinte, recebeu o título de Professor Emérito.

Faleceu em 13 de abril de 1999 aos oitenta e nove anos deixando viúva, filhas e netos.

2. PRODUÇÃO GERAL DO AUTOR

O professor Washington de Barros Monteiro deixou um grande legado para o direito civil. Sua principal contribuição foi o Curso de Direito Civil que conta com seis volumes e que abrange com grande magnitude e excelência sistemática todos os principais temas do direito civil.

Sua obra tornou-se um clássico entre os operadores do direito, tendo em vista sua profundidade e clareza.

Lançada incialmente no ano de 1953, sofreu atualização após a sua morte desde 2003 pelos professores Carlos Alberto Dabus Maluf, Regina Beatriz Tavares da Silva e pela sua filha, a procuradora do município Ana Cristina de Barros Monteiro França Pinto, sendo estes alçados à condição de coautores em 2009 tendo em vista a profunda transformação que sofreu o direito civil em decorrência da entrada em vigor do Código Civil de 2002, de inúmeras leis especiais, de grandes alterações nos costumes e de importantes decisões exaradas pelos tribunais superiores.

A importância de seu legado foi imortalizada na obra "Estudos em homenagem ao Professor Washington de Barros Monteiro", editada em 1982 pela editora Saraiva e que contou com a participação de seus pares: Adahyl Lourenço Dias; Aloísio Surgik; Álvaro Villaça Azevedo; Antonio Junqueira de Azevedo; Arnoldo Wald; Caio Mário da Silva Pereira; Celso Barros Coelho; Fabio Maria de Mattia; Francisco Amaral; Herman Eichler; João Baptista Vilela; José Lamartine Corrêa de Oliveira; J M Othon Sidou; Luiz Fernando Whitaker da Cunha; Paulo Tormin Borges e René Ariel Dotti.

Tal como leciona Rui Geraldo Camargo Viana "Sua rica experiência judiciária foi de valia extrema e refletida nas lições deixadas e m sua obra perene, o Curso de Direito Civil, e m seis volumes, alcançando um a vintena de edições". [1]

Seu Curso, como aduziu o professor Antônio Chaves, "tem uma personalidade, ou melhor, é um reflexo da personalidade do autor. Se este é simples, informal, acessível, direto, o produto de sua elaboração não poderia deixar de revelar as mesmas excelsas qualidades". [2]

Assim, "Abeberando-se sempre das fontes mais puras e mais autorizadas, intercala aqui e ali, como se enrubescendo de dar mostras de sua cultura diversificada, breves oportunas referências às melhores obras de história, de filosofia ou de ficção, principalmente francesas e italianas. Todos os quadrantes da imensa árvore do Direito Civil são percorridos com a mesma segurança e a mesma maestria".

"Juiz e professor, ditou sempre de Cátedra; se a magistratura o ensinou a amar a Justiça e a odiar a iniqüidade, o magistério revelou-lhe toda a grandeza. Como pôde

---

1. VIANA, Rui Geraldo Camargo – Discurso de posse de cátedra. In Revista da Faculdade de Direito, vol LV, p. 388
2. CHAVES, Antonio - Saudação ao professor emérito Washington de Barros Monteiro, Revista da Faculdade de Direito, v. LXXV, pp. 248 e ss.

produzir tanto e com tal brilho? Por certo porque atento à sua vocação, homem de caráter, gerado em família modelar e no lar constituindo sua cidadela, traduzindo com sua vida a lição que fixou e m seu Curso: Realmente, no seio desta (a família) originam-se e desenvolvem-se hábitos, inclinações e sentimentos que decidirão um dia da sorte do indivíduo. No colo da mãe, assevera Planiol, forma-se o que há de maior e de mais útil ao mundo, um homem honesto".[3]

3. CONTRIBUIÇÕES À RESPONSABILIDADE CIVIL

Importante foi o legado para o estudo e aplicação da responsabilidade civil deixado por Washington de Barros Monteiro, e isto decorre principalmente posto que como lecionou "somos obrigados a viver uns do lado dos outros e precisamos de regras de proceder, sem as quais haveria o caos".[4]

Assim, em todo tempo ou lugar em que os seres humanos coexistam, seja na família, seja no Estado, para que se assegurem as condições existenciais da vida em sociedade, há e sempre existirão princípios e normas de conduta a pautarem a atuação da pessoa em suas relações sociais.[5]

Na lição de Henri Capitant "A vida em sociedade, sendo condição natural do homem, necessita de organização, regulamentação, ordem nas relações entre as pessoas".[6]

Nesse sentido, na lição de Washington de Barros Monteiro, o destinatário do direito é a pessoa, que deve sempre ser amparada em seus interesses morais e materiais, a fim de que seja eficaz a sua proteção em face das exigências naturais da vida em sociedade.

Assim sendo, diante da ação ou omissão lesiva a um direito, surge a necessidade de reparar os danos morais ou materiais que surgem ao lesado, uma vez que cabe ao direito o restabelecimento desse equilíbrio pessoal e social.[7]

A multiplicação dos danos oriundos da vida moderna, fez com que a instituto da responsabilidade civil adquira uma concepção social e não mais uma concepção individual, fazendo-se, por conseguinte, destacar como em outros ramos do direito, uma visão sociológica, como lecionaram Aguiar Dias e San Tiago Dantas.[8]

Assim, corrobora o pensamento de Washington de Barros Monteiro, o pensamento de René Savatier, para quem "o estudo da responsabilidade civil penetra em

---

3. VIANA, Rui Geraldo Camargo. Discurso de posse de cátedra. In: *Revista da Faculdade de Direito*, v. LV, p. 388
4. MONTEIRO, Washington de Barros. *Curso de direito civil*, 36. ed. São Paulo: Saraiva, 1999, v.1, p. 1
5. PEREIRA, Caio Mario da Silva. *Instituições de direito civil*. 2. ed. Rio de Janeiro: Forense, 1991, v. 1. p. 3 e 4
6. CAPITANT, Henri. *Introduction à l'Étude du Droit Civil*, 4. ed. Paris: Pedone, 1925, p. 5 a 8
7. BITTAR, Carlos Alberto. *Reparação civil por danos morais*, 3. ed. São Paulo: RT, 1998, p. 13
8. DIAS, Jose de Aguiar. Responsabilidade civil, 21. Ed. Rio de Janeiro:Forense, 1979, p. 13; SAN TIAGO DANTAS, F C. *Direito de família e das sucessões*, Rio de Janeiro: Forense, 1991, p. 3 – atualizada por Jose Gomes Bezerra e Jair Barros

todos os campos do direito" e também se coaduna com o pensamento dos irmãos Mazeaud que anteviram, no século passado, que a responsabilidade civil estaria em vias de absorver todo o direito", fato que se concretiza em nossos dias, bastando para tal realizar uma análise dos repertórios de jurisprudência ou realizar uma rápida visita nos sites dos tribunais, para que projete e se realce a sua significação no panorama do direito contemporâneo.[9]

Assim sendo, leciona que a responsabilidade civil é um instituto bastante antigo, que desde os tempos remotos depara-se com os traços reveladores de sua prolongada e laboriosa construção jurídica.

Inicialmente, numa fase mais rudimentar da cultura humana, a reparação do dano resumia-se na retribuição do mal pelo mal, como bem exemplifica a lei de Talião – "olho por olho – dente por dente. Se com ferro feres com ferro serás ferido".

Conclui-se posteriormente que a vingança privada não refletia em benefício algum, posto que não levava a uma efetiva reparação, e levando a um duplo dano, de redobrada lesão, a da vítima e a de seu ofensor, depois de punido.

Foi a Lei Aquilia que introduziu os primeiros alicerces da reparação civil em bases mais logicas e racionais. E assim, a vindita, impregnada do sentimento de represália, cedeu passo à pena pecuniária, cujo pagamento constitui, de fato, a reparação do dano causado. E cuja ideia é precursora da moderna indenização por perdas e danos.[10]

Na lição dos irmãos Mazeaud a ação de ressarcimento nasceu no dia em que a repressão se transferiu das mãos do ofendido para as mãos do Estado.[11]

Assim, essa primeira sistematização do instituto, originária do direito romano, desenvolveu-se extraordinariamente, através de longos estágios históricos.

Complementa essa concepção Caio Mario para quem a noção de reparação é maior do que a lição de ato ilícito, por conter hipóteses de ressarcimento de prejuízo sem que se cogite da ilicitude da ação.[12]

Assim sendo, a teoria da responsabilidade civil evoluiu de um conceito em que se exigia a existência de culpa para a noção de responsabilidade civil sem culpa, fundamentada no risco, oriunda do desenvolvimento da tecnologia que impôs uma gama enorme de riscos e acidentes, acarretando a efetiva impossibilidade de se provar a causa dos sinistros e a culpa do autor do ato ilícito acarretaram o surgimento da teoria do risco ou da responsabilidade objetiva, demonstrando que o direito é de

---

9. SAVATIER, René. *Traité de la responsabilité civile em droit français*. 12. Ed. Paris:LGDJ, 1951, t.1, p.1; MAZEUAD, Henri & MAZEAUD, Léon. *Traité théorique et pratique de la responsabilité civile delictuelle et contractuelle*, 4. ed. Paris: Receuil Sirey, 1947, t. I, p. 13.

10. MONTEIRO, Washington de Barros; SILVA, Regina Beatriz Tavares da. *Curso de direito civil, 2ª parte*, 40. ed. São Paulo: Saraiva, 2014, v.5, p. 577; MONTEIRO, Washington de Barros. *Curso de direito civil, 2ª parte*, 9. ed. São Paulo: Saraiva, 1973, v. 5, p. 387 e 388.

11. MAZEUAD, Henri & MAZEAUD, Léon. *Traité théorique et pratique de la responsabilité civile delictuelle et contractuelle*. 4. ed. Paris:Receuil Sirey, 1947, t. I, p. 14 e ss.

12. PEREIRA, Caio Mario da Silva. *Responsabilidade civil*, 9. ed. Rio de Janeiro: Forense, 1998, p. 7 a 11.

fato uma ciência nascida da vida e feita para disciplinar a vida, como leciona Alvino Lima, também professor na Faculdade de direito da USP, que que antecedeu o prof. Washington de Barros Monteiro na cátedra.[13]

Nesse sentido, a maior parte da doutrina nacional ou estrangeira explica a responsabilidade civil por meio de seu resultado: o restabelecimento da ordem e do equilíbrio pessoal e social, por meio da reparação de danos morais e materiais decorrentes de ação lesiva. Assim cumpre-se a própria finalidade do direito, que é viabilizar a vida em sociedade, dentro do conhecido ditame *neminem laedere*.[14]

Como leciona René Savatier "o texto que obriga alguém a fazer ou não fazer alguma coisa tem normalmente um caráter absoluto, oponível a todo o autor dessa violação bem como a toda a vítima da inobservância desse preceito".[15]

Assim sendo, temos que a teoria da responsabilidade civil integra o direito obrigacional, visto que a principal consequência da prática de um ato ilícito é a obrigação que acarreta, para o seu autor, de reparar o dano causado a alguém, obrigação esta que é de natureza pessoal e se resolve em perdas e danos.

Nesse sentido, pode-se entender por obrigação como o vínculo jurídico que confere ao credor o direito de exigir do devedor o cumprimento de determinada prestação, e assim, seu patrimônio responde por suas obrigações, visto que a ideia de responsabilidade, guarda intima correlação com o fato social a ela ligado.

O termo responsabilidade tem sua origem na palavra latina *spondeo* através da qual se vinculava o devedor nos contratos verbais do direito romano.

E assim, pode-se concluir que o objetivo principal da responsabilidade civil é a restauração do equilíbrio patrimonial e moral desfeito causado pelo autor do dano, impondo-lhe uma contraprestação: a reparação do dano causado oriundo de uma prática violadora de direito de outrem.

Podemos apontar que várias são as fontes das obrigações previstas no ordenamento civil: a vontade humana – presente nos contratos, nas declarações unilaterais de vontade e os atos ilícitos – e a vontade do Estado – que decorre da lei.

Importante foi, como vimos a lição do professor Washington de Barros Monteiro amparado em outros juristas de nomeada pátrios e estrangeiros para a sedimentação do instituto.

Quanto à *importância do tema para o direito moderno*, temos que a responsabilidade civil é um instituto de grande importância para a regulação da vida social, intensificadas pela evolução cientifica e tecnológica. Nesse sentido "em face das exigências naturais da vida em sociedade, diante de uma ação ou omissão lesiva a

---

13. LIMA, Alvino. *Culpa e risco*, São Paulo; RT, 1960, p. 15 a 17.
14. MONTEIRO, Washington de Barros; SILVA, Regina Beatriz Tavares da. *Curso de direito civil*, 2ª parte, 40 ed. São Paulo: Saraiva, 2014, v.5, p. 578.
15. SAVATIER, René. *Traité de la responsabilité civile em droit français*. 12. Ed. Paris: LGDJ, 1951, t. 1, p. 11.

interesse moral ou material, surge a necessidade de reparação dos danos acarretados ao lesado, porque cabe ao direito preservar ou restabelecer o equilíbrio pessoal e social; e esse interesse em restabelecer o equilíbrio (moral ou patrimonial) violado pelo dano é a fonte da responsabilidade civil".

A multiplicação dos danos, resultante da vida moderna, leva a conflitos cada vez mais intensos e que podem emergir das mais diversas fontes de relações e/ou obrigações entre os particulares, ou entre estes e o Estado, fazendo com que a responsabilidade civil se tornasse uma concepção social, quando antes tinha caráter individual.[16]

E assim sendo, perceber essa mudança e aplicar o bom direito no sentido da reparação constitui um dos grandes legados de Washington de Barros Monteiro.

A tendência contemporânea é não se deixar a vítima de atos ilícitos sem o devido ressarcimento, e assim, o tema se mostra de grande importância na atualidade, visa que se destina à restauração de um equilíbrio moral e patrimonial das partes.

Muitas das inovações trazida pela evolução das ciências, dos costumes, da lei e como se sabe, pela indelével doutrina de Washington de Barros Monteiro agiram de forma instigante para os operadores do direito, carreada no mundo jurídico pela jurisprudência, pelas leis especiais e posteriormente pela inserção na Constituição federal para que as referidas inovações fossem efetivamente exercitadas no mundo do direito.

Código Civil de 1916 dedicou poucos dispositivos ao instituto da responsabilidade civil, mas acolheu de forma perceptível a responsabilidade civil subjetiva, como previu o seu art. 159 baseada na culpa, tal qual a doutrina francesa e o Code Napoleon, que inspirou a nossa doutrina pátria e da qual abeberou-se Washington de Barros Monteiro.

O Código Civil de 2002 dedicou poucos dispositivos à responsabilidade civil. Em sua parte geral, nos arts. 186 a 188 consignou a regra geral da responsabilidade aquiliana e algumas excludentes. Na parte especial estabeleceu a regra básica da responsabilidade contratual no art. 389, dedicando também dois capítulos à obrigação de indenizar e à indenização. Manteve-se, entretanto, fiel à teoria subjetiva. E assim, "em princípio, para que haja responsabilidade, é preciso que haja culpa. Sem a prova desta, inexiste obrigação de reparar o dano".[17]

Com o passar do tempo, foram surgindo relações jurídicas de maior complexidade alterando assim os contornos da responsabilidade civil.

Quanto aos pressupostos da responsabilidade civil, *estes são:* ação, dano e nexo de causalidade.

---

16. MONTEIRO, Washington de Barros; SILVA, Regina Beatriz Tavares da. *Curso de direito civil*, São Paulo: Saraiva, 40 ed. v. 5, 2012, p. 577 e 578.
17. MONTEIRO, Washington de Barros; SILVA, Regina Beatriz Tavares da. *Curso de direito civil*, p. 594 e 595

Para que haja responsabilidade civil, é preciso existir *a ação ou omissão do agente* que leve à violação a um direito de outrem; a *culpa ou dolo* do agente; *o dano*, seja este moral ou material, e o *nexo causal* que aponte a relação entre a ação e o dano.

Quanto à ação e omissão, a responsabilidade pode derivar do ato próprio ou ato de terceiro que esteja sob a guarda do agente; quanto à culpa ou dolo do agente, podem estar presentes tanto a vontade deliberada da prática de determinado ato, quanto a prática de atos ou a falta de diligência do autor desses mesmos atos; quanto ao nexo de causalidade este indica a relação de causa e efeito entre a ação ou omissão do agente e o dano verificado; quanto ao dano este é vital para a apuração da responsabilidade civil. Pode ser moral ou material.[18]

Esses são os pressupostos da responsabilidade civil tanto subjetiva quanto objetiva. Entretanto, esses pressupostos (ação, dano, nexo causal) não se confundem com os fundamentos da responsabilidade civil.

Quanto aos *fundamentos da responsabilidade civil,* estes são: *a culpa* e *o risco*. Desdobram-se dois tipos de responsabilidade civil: a objetiva e a subjetiva.

A responsabilidade civil objetiva é fundada no risco. Não importando se houve dolo, negligência, imprudência ou imperícia; mas tão somente a existência da ação e do dano. Assim sendo, em virtude da ação lesiva e da relação de causalidade entre a ação e o dano, surge a responsabilidade civil. Nessa modalidade não se cogita a subjetividade do agente. A vítima somente precisa demonstrar a ação ligada ao dano, para que surja o dever de reparação.

Já a responsabilidade civil subjetiva, é fundada na culpa, e assim, é preciso demonstrar o modo de atuação do agente, e o nexo de sua atuação com o dano causado.[19]

A teoria da responsabilidade subjetiva pressupõe a existência de culpa (*lato sensu*), abrangendo o dolo e a culpa (*stricto sensu*), violação de um dever que o agente podia conhecer e acatar, mas que descumpre por negligência, imprudência ou imperícia.

E assim, na ocorrência de atos que prejudiquem direito alheio e acarretem prejuízo a outrem, surge a obrigação de indenizar, respondendo o culpado na esfera cível.

A teoria subjetiva faz várias distinções sobre a natureza e extensão da culpa: *se* culpa lata, leve e levíssima; *se* culpa contratual e extracontratual ou aquiliana; *se* culpa *in eligendo* e culpa *in vigilando*; se culpa *in committendo*, *in omittendo* e *in custodiendo*; se culpa *in concreto* e culpa *in abstracto*.

Assim, a culpa *lata* ou *grave* é a falta imprópria ao comum dos homens; culpa *leve* é a falta evitável com atenção ordinária; culpa *levíssima* é a falta só evitável com

---

18. LIMA, Alvino. *Culpa e risco*, p. 27; MONTEIRO, Washington de Barros; SILVA, Regina Beatriz Tavares da. *Curso de direito civil*, p. 579 e ss.

19. LIMA, Alvino. *Da culpa ao risco*, p. 27 e 28; MONTEIRO, Washington de Barros; SILVA, Regina Beatriz Tavares da. *Curso de direito civil, Direito das obrigações* – 2º parte, 40. ed. São Paulo: Saraiva, 2014, p. 580 e ss.

atenção extraordinária, com especial habilidade ou conhecimento singular; a culpa *extracontratual* ou *aquiliana* é a resultante da violação de dever fundado num princípio geral de direito, como o de respeito à pessoa e aos bens alheios; a *culpa contratual* é a violação de determinado dever, inerente a um contrato.[20]

O Código Civil de 1916 não adotou o sistema de gradação da culpa, de modo que a indenização media-se somente pela extensão do dano, principalmente quando se tratava de dano material.

Na lição de Washington de Barros Monteiro "a teoria subjetiva tem sido vivamente impugnada, seja porque o conceito de culpa é impreciso; seja porque se paresentam na vida inúmeros casos de responsabilidade sem culpa; seja porque ela traduz o acolhimento do individualismo jurídico".

Nesse diapasão essa teoria está sendo substituída por outra, a teoria da responsabilidade objetiva, que se apresenta sob a ótica da teoria do risco e a teoria do dano objetivo (muito utilizada em matéria infortunística relativa aos acidentes de trabalho).[21]

A adoção da teoria objetiva pelo Código de 2002 alargou o seu campo de abrangência, possibilizando ao Poder Judiciário uma ampliação dos casos de dano indenizável sem a necessidade de prova da culpa do agente, acolhendo a teoria do risco criado, pela qual o dever de reparar o dano surge da atividade normalmente exercida pelo agente, que gera risco a direitos ou interesses alheios.[22]

O art. 186 do Código Civil de 2002 conceitua o ato ilícito "Aquele que, por ação ou omissão voluntária, negligência ou imprudência, violar direito e causar dano a outrem, ainda que exclusivamente moral, comete ato ilícito".

Essa regra, é a fonte da responsabilidade contratual e extracontratual. As demais regras sobre a responsabilidade civil vêm dispostas em vários outros artigos, citando-se principalmente o art. 389 do CC: "Não cumprida a obrigação, responde o devedor por perdas e danos, mais juros e atualização monetária segundo índices oficiais regularmente estabelecidos, e honorários de advogado" e o art. 927 do CC: "Aquele que, por ato ilícito (arts. 186 e 187), causar dano a outrem, fica obrigado a repará-lo".[23]

Quanto ao fato gerador, *pode ser:* **responsabilidade contratual ou extracontratual,** *tem-se que a responsabilidade civil é contratual quando derivar de uma infração a uma obrigação prevista em contrato, cujo descumprimento causou prejuízo a alguém. O inadimplemento contratual acarreta a responsabilidade de indenizar como prevê o art. 389 do CC.*

---

20. MONTEIRO, Washington de Barros. *Curso de direito civil*, 2ª parte, 9. ed. São Paulo: Saraiva, 1973, v. 5, p. 388 e ss.
21. MONTEIRO, Washington de Barros. *Curso de direito civil*, 2ª parte, 9. ed. São Paulo: Saraiva, 1973, v. 5, p. 390 e 391.
22. MONTEIRO, Washington de Barros; SILVA, Regina Beatriz Tavares da. *Curso de direito civil*, p. 580 e ss.
23. MONTEIRO, Washington de Barros; SILVA, Regina Beatriz Tavares da. *Curso de direito civil*, p. 574 e ss; MONTEIRO, Washington de Barros. *Curso de direito civil*, 2ª parte, 9. ed. São Paulo: Saraiva, 1973, v. 5, p. 389.

Quando, por outro lado, a responsabilidade não derivar de contrato, mas de infração ao dever legal externado num dever de conduta previsto no art. 186 do CC, fala-se me responsabilidade extracontratual ou aquiliana.

O Código Civil distinguiu as duas espécies de responsabilidade e disciplinou a responsabilidade extracontratual nos arts. 186 a 188 "dos atos ilícitos", complementando a regulamentação nos arts. 927 e ss, e 944 e ss disciplinou também a responsabilidade contratual como consequência da inexecução das obrigações, nos arts. 395 e ss e 389, omitindo a estes qualquer referência diferenciadora. Entretanto, "o Código não regulou a responsabilidade oriunda do inadimplemento da obrigação, da prestação com defeito ou da mora no cumprimento das obrigações provenientes dos contratos".

Alguns pontos devem ser analisados nas duas formas de responsabilidade: na responsabilidade contratual, o credor lesado encontra-se em melhor posição do que na responsabilidade extracontratual, posto que só estará obrigado a demonstrar que a prestação foi descumprida, sendo, desta forma, presumida a culpa do inadimplente. Já no âmbito extracontratual, cabe ao lesado o ônus de provar a existência de dolo ou culpa do agente causador do dano; na responsabilidade contratual a responsabilidade deriva do próprio contrato, enquanto que a responsabilidade extracontratual, tem sua origem no dever de não lesar o outro. Também a capacidade do agente sofre limitação no terreno da responsabilidade contratual.[24]

Ambas as *formas de responsabilidade*, a *contratual* e a *extracontratual*, identificam-se em seus pressupostos, por serem espécies de um mesmo gênero, que é a responsabilidade civil, havendo diferenças em sua regulamentação jurídica, oriundas da existência de vínculo anterior entre as partes na responsabilidade contratual.

A distinção mais importante refere-se ao ônus da prova sobre a culpa. Na esfera extracontratual, a responsabilidade é subjetiva, devendo o lesado provar a existência de culpa do ofensor. Na esfera contratual, a culpa deriva do descumprimento do contrato, o que impõe o dever de reparar o dano. Nas obrigações de resultado, opera-se a inversão do ônus da prova.[25]

Quanto ao *agente que pratica a ação (pessoa civilmente responsável)*, pode ser: *direta*, se proveniente de ato da própria pessoa imputada, quando então esta responderá por ato próprio, *ou indireta* ou complexa, de derivar de fato de animal ou de coisas inanimadas sob sua guarda.[26]

No que tange à punição e os *punitive damages*, o direito pátrio, não comporta os punitive damages, mas admite as astreintes, que são penalidades estipuladas pelo juiz nas hipóteses de descumprimento de obrigação, cujo valor é progressivo.[27]

---

24. LIMA, Alvino. *Culpa e risco*, p. 26 e ss; DINIZ, Maria Helena. *Curso de direito civil brasileiro*, 25. ed. São Paulo: Saraiva, 2011, p. 38 e ss.
25. MONTEIRO, Washington de Barros; SILVA, Regina Beatriz Tavares da. *Curso de direito civil*, p. 574 e 575
26. MONTEIRO, Washington de Barros. *Curso de direito civil*, 2ª parte, 9. ed. São Paulo: Saraiva, 1973, v.5, p. 397
27. BIANCA, Massimo. *Diritto civile*: La responsabilità. Milano: Giuffrè Editore, 1994, tomo V, § 68, p. 173.

Muitos agentes figuram ainda no polo ativo da responsabilidade civil, e esta por sua vez encontra alguns excludentes previstos em lei oriundos do caso fortuito, da força maior e da culpa exclusiva da vítima.

Foi a elaboração doutrinária e a consequente aplicação prática que fez com que pouco a pouco novos conceitos fossem concretizados.

III. CONCLUSÃO

Em singela síntese conclusiva, podemos aduzir que o instituto da responsabilidade civil, de intensa complexidade, vem recebendo com o passar dos tempos novos contornos doutrinários, legislativos e jurisprudenciais, a fim de proteger novos atores e alcançar a função social do Estado, qual seja, o equilíbrio e a felicidade humana. Nesse diapasão, inconteste foi a lição deixada por Washington de Barros Monteiro, inicialmente magistrado, posteriormente advogado e professor cujas letras vem ilustrando e inspirando os operadores do direito há gerações.

IV. REFERÊNCIAS BIBLIOGRÁFICAS

BIANCA, Massimo. *Diritto civile*: La responsabilità. Milano: Giuffrè Editore, 1994, tomo V, § 68.

BITTAR, Carlos Alberto: *Reparação civil por danos morais*. 3. ed. São Paulo: RT, 1998.

CAPITANT, Henri. *Introduction à l'Étude du Droit Civil*. 4. ed. Paris: Pedone, 1925.

CHAVES, Antonio. Saudação ao professor emérito Washington de Barros Monteiro. *Revista da Faculdade de Direito*, v. LXXV.

DIAS, Jose de Aguiar. *Responsabilidade civil*, 21. ed. Rio de Janeiro:Forense, 1979.

DINIZ, Maria Helena. *Curso de direito civil brasileiro*. 25. ed. São Paulo: Saraiva, 2011.

LIMA, Alvino. *Culpa e risco*. São Paulo; RT, 1960.

MAZEUAD, Henri & MAZEAUD, Léon. *Traité théorique et pratique de la responsabilité civile delictuelle et contractuelle*. 4. ed. Paris: Receuil Sirey, 1947, t. I.

MONTEIRO, Washington de Barros. *Curso de direito civil*, 2ª parte. 9. ed. São Paulo: Saraiva, 1973, v. 5.

MONTEIRO, Washington de Barros. *Curso de direito civil*, 2ª parte. 36. ed. São Paulo: Saraiva, 1999.

MONTEIRO, Washington de Barros; MALUF, Carlos Alberto Dabus; SILVA, Regina Beatriz Tavares da. *Curso de direito civil*. 2ª parte, 40. ed. São Paulo: Saraiva, 2014, v. 5.

PEREIRA, Caio Mario da Silva. *Instituições de direito civil*. 2. ed. Rio de Janeiro: Forense, 1991, v.1.,

SAN TIAGO DANTAS, F C. *Direito de família e das sucessões*. Rio de Janeiro: Forense, 1991, p. 3.

SAVATIER, René. *Traité de la responsabilité civile em droit français*. 12. ed. Paris:LGDJ, 1951, t. 1.

VIANA, Rui Geraldo Camargo. Discurso de posse de cátedra. In: *Revista da Faculdade de Direito*, v. LV.

MIGUEL REALE E A RESPONSABILIDADE CIVIL NO CÓDIGO CIVIL DE 2002: ENTRE TRADIÇÃO E RENOVAÇÃO JURÍDICA

Fábio Siebeneichler de Andrade

Professor titular de direito civil da Escola de Direito da PUCRS. Professor no Programa de Pós-graduação em Direito – PUCRS. Doutor em direito pela Universidade de Regensburg – Alemanha. Advogado.

Sumário: I. Introdução – II. O papel exponencial de Miguel Reale na cultura jurídica nacional: um jurista para todas as estações – III. Miguel Reale e a responsabilidade civil – IV. Conclusão – V. Referências Bibliográficas.

I. INTRODUÇÃO

Em tão boa hora, mediante coordenação de ilustres professores, em vinculação à atividade do IBERC, propõe-se uma obra dedicada a homenagear, postumamente, os juristas vinculados à responsabilidade civil no direito brasileiro.

Nesse sentido, a lembrança do nome de Miguel Reale configura uma exigência indesviável, sendo ele, a par de todas as suas dimensões, também o coordenador da codificação civil de 2002.

Cumpre, aqui, apenas pontuar que o singelo texto não pretende apresentar o referido autor, pois esta tarefa seria absolutamente ociosa: não somente ele é (re)conhecido, como se pode plenamente sustentar que se trata de um autor vivo, tão intensa é a força de seu pensamento no âmbito da codificação e nas ideias jurídicas nacionais.

II. O PAPEL EXPONENCIAL DE MIGUEL REALE NA CULTURA JURÍDICA NACIONAL: UM JURISTA PARA TODAS AS ESTAÇÕES[1]

No panteão dos juristas nacionais, ocupa Miguel Reale (1910-2006) lugar excepcionalmente elevado. Trata-se de personalidade que teve atuação multiforme, tendo espraiado contribuições pelos mais elevados setores do direito, tanto na esfera privada, quanto no setor público, ao longo do século XX.

No estrito quadro dessa reminiscência, cumpre, em primeiro lugar, ressaltar o percurso acadêmico de Miguel Reale: graduado em direito em 1934, alcança a cáte-

---

1. Evoca-se aqui o título da reconhecida peça de Robert Bolt, sobre Thomas Morus, de 1960: *A Man for all seasons – A Play of Sir Thomas More*. Londres, Bloomsbury Drama, 1995.

dra de filosofia de direito em sua *alma mater*, a faculdade de direito da Universidade de São Paulo em 1940; ali lecionou durante várias décadas, tendo marcado mais de uma geração de estudantes, que tiveram, por sua vez, reconhecida participação na vida jurídica nacional[2]. Além disso, não resumiu à carreira docente sua intensa e expressiva atividade: por duas vezes foi reitor da referida instituição ao longo dos quase quarenta anos de dedicação docente. Sua dimensão ultrapassa os limites do setor jurídico na vida brasileira, tendo sido eleito para a Academia Brasileira de Letras em 1975, ocupando a cadeira de número 14, cujo patrono foi Frankin Távora e teve como titular a figura de Clóvis Beviláqua.

Sua produção literária é não somente prolífica, como profunda, pois se dedicou a praticamente a todos os quadrantes do direito, deixando em todas as áreas uma contribuição relevante. É, de um lado, prolífico, pois possui incontáveis obras e contribuições dedicadas a diversos ramos do saber e da cultura: a par da filosofia do direito, sua área precípua de atuação, seu trabalho abrange o direito público, o direito privado, como também temas espraiados da teoria das ideias jurídicas, como por exemplo o perfil de grandes personalidades jurídicas[3].

Sem a preocupação de ser exaustivo, a profundidade se vislumbra não somente pelo alcance de suas produções, mesmo nas áreas distintas da sua atuação originária, como também pelo seu acolhimento na doutrina e jurisprudência.

Um exemplo significativo vislumbra-se na reconhecida obra de direito administrativo 'Revogação e anulamento do ato administrativo', de 1968[4], que tem sido objeto de constante referência não somente na esfera das relações entre o Estado e o particular, como também pode ser vista como marco para o desenvolvimento do princípio da segurança jurídica no ordenamento jurídico brasileiro[5], a partir da percepção da relevância do respeito à tutela da confiança pelo Estado na sua atuação frente ao particular[6].

Trata-se de contribuição doutrinária acolhida pelo Supremo Tribunal Federal, no Recurso Extraordinário n. 85.179-RJ, Relatoria do Min. Bilac Pinto, julgado em 04 de novembro de 1977, apontado como *leading case* para a matéria, em que se reconhece que, por força da segurança jurídica, muito embora a originária ilegalidade do

---

2. Sobre o tema, ver, por exemplo, LAFER, Celso. Direito e poder na reflexão de Miguel Reale. *Revista da Faculdade de Direito, Universidade de São Paulo*, 1981, v. 76, p. 205 ss.
3. Ver, por exemplo, REALE, Miguel. Gény na cultura jurídica brasileira. *Quaderni Fiorenti per il pensiero giuridico moderno*, v. 20, 1991, p. 351 ss.
4. Cf. REALE, Miguel. Revogação e anulamento do ato administrativo:. São Paulo: Ed. Forense, 1968.
5. Ver, por exemplo, COUTO E SILVA, Almiro do. Princípio da segurança jurídica no direito administrativo brasileiro. Enciclopédia jurídica da PUC-SP. Celso Fernandes Campilongo, Alvaro de Azevedo Gonzaga e André Luiz Freire (Coords.). Tomo: Direito Administrativo e Constitucional. Vidal Serrano Nunes Jr., Maurício Zockun, Carolina Zancaner Zockun, André Luiz Freire (Coord. de tomo). São Paulo: Pontifícia Universidade Católica de São Paulo, 2017. Disponível em: https://enciclopediajuridica.pucsp.br/verbete/17/edicao-1/principio-da-seguranca-juridica-no-direito-administrativo-brasileiro
6. Ver, por exemplo, CALMES, Sylvia. *Du príncipe de la protection de la confiance légitime en droit allemand, communautaire et français*. Paris: Dalloz, 2001.

ato administrativo, a passagem do tempo contribuía para a preservação da situação jurídica do particular.

O reconhecimento da contribuição de Miguel Reale ao campo da teoria das ideais jurídicas excede o âmbito do presente trabalho, tendo sido objeto de expressiva referência na doutrina[7]. Configura um verdadeiro truísmo ressaltar o extraordinário alcance de suas obras no campo da filosofia, como sobressaem 'O Direito como experiência' e 'Experiência e cultura', ambas as obras objeto de tradução.

Em 'Direito como experiência', praticamente se percorre, com profundidade marcante, toda série de questões essenciais não somente para o Direito, como também para o homem, sendo suficiente, aqui, suscitar as páginas reservadas para a questão clássica sobre o tempo, que atormentou ninguém menos que Santo Agostinho. Pois bem, o autor, após percorrer a doutrina clássica, - como serve de exemplo a marcante obra de Husserl, Recht und Zeit –, discorre sobre autores contemporâneos, aludindo por exemplo a Marshal Mc Luhan, para tecer sua própria visão acerca desse fenômeno.

Cumpre, aqui, especialmente, ressaltar um pequeno grande livro: Figuras da inteligência brasileira[8], em que Miguel Reale não somente apresenta grandes personalidades do mundo jurídico nacional, como também esboça uma análise do percurso da mentalidade jurídico-cultural brasileira. Fazendo menção a nomes de vários espectros da nossa vida intelectual, tais como Teixeira de Freitas, Tobias Barreto, Rui, Pontes de Miranda, Gilberto Freire e mesmo figuras mais recentes como José Guilherme Merquior, estabelece um verdadeiro arco da trajetória das ideias políticas e jurídicas do Brasil, identificando as suas raízes e manifestações diversas, a fim de tecer um amplo e profundo quadro da história do pensamento cultural brasileiro.

Dentro do amplo panorama de reflexões nessa obra dedicada a grandes autores brasileiros, pode-se pinçar ao menos duas abordagem essenciais, que contribuem para a compreensão do pensamento do próprio autor: a primeira dedicada a Teixeira de Freitas, em que se examina o sentido social do direito[9]; a segunda relacionada ao pensamento de Tobias Barreto, reputando-o como um pioneiro do culturalismo, noção essencial para a própria compreensão da visão de Miguel Reale sobre o Direito como expressão da vida humana[10].

É certo que se poderia destacar toda a série de inumeráveis escritos de Miguel Reale, mas optou-se, aqui, pela singela referência a esses escritos, que se consideram suficientes para tecer uma compreensão da estatura do coordenador da segunda codificação civil brasileira.

Cumpre, ainda, destacar a relevância internacional da trajetória de Miguel Reale, mesmo em um período ainda não caracterizado plenamente como 'globalizado'. Foi

---

7. Ver, por exemplo, LAFER, Celso. Direito e poder na reflexão de Miguel Reale, op. cit.
8. REALE, Miguel. *Figuras da Inteligência Brasileira*: 2. ed. São Paulo: Ed. Siciliano, 1994.
9. REALE, Miguel. *Figuras da inteligência brasileira*, cit., p. 35.
10. Ver por exemplo MARTINS COSTA, Judith. Culturalismo e Experiência no novo código civil. *Revista dos Cadernos de pós-graduação em direito – PPGDir/UFRGS*, v. 2, n. 4, 2014, p. 435 ss.

jurista fundador da Sociedade Interamericana de Filosofia (1954); nos anos cinquenta e sessenta do século XX liderou em mais de uma oportunidade a delegação brasileira em congressos internacionais de filosofia no exterior. Acresce o recebimento de diversos títulos de doutoramento *honoris causa*, em prestigiosas universidades internacionais[11]. Registre-se igualmente a publicação de contribuições em periódicos de expressão, como serve apenas de singelo exemplo o indicado trabalho sobre Gény nos Quaderni Fiorentini per il pensiero giuridico moderno.

A par disso, conforme se pretende apontar, pontual e topicamente na parte seguinte, relativa à responsabilidade civil, o pensamento de Miguel Reale revela, no mínimo, uma dupla face, na medida em que transita pela integralidade dos problemas jurídicos clássicos, apontando continuadamente para o desenvolvimento do Direito.

Nesse sentido, se, com certa razão, já se afirmou, que determinados juristas são pensadores para tempos de crise[12], o mesmo não sucede com Miguel Reale, que apresenta uma concepção de direito tão profunda e rica, que dela verdadeiramente se extraem frutos para todas as estações e dimensões da experiência humana.

III. MIGUEL REALE E A RESPONSABILIDADE CIVIL

A) A Estrutura da Responsabilidade civil

O papel de Miguel Reale na coordenação do Código civil de 2002 já foi devidamente destacado por seus próprios pares da comissão[13]. Em essência, muito embora o brilho dos juristas destacados para elaborar as distintas partes do Código, há que se reconhecer que o Código civil é permeado pela concepção jurídica de seu coordenador.

Tendo como premissa a noção de que o direito consiste na mediação entre o individual e o social, entre o consenso e o conflito, entre o justo e o razoável[14], pode-se afirmar que essa percepção se apresenta de forma indelével na matéria da Responsabilidade Civil do Código civil de 2002.

Em primeiro lugar, tendo presente a reconhecida premissa de que, no início do século XX, a disciplina da responsabilidade civil baseava-se no regime de ato ilícito, regulado na parte geral do Código civil de 1916, no artigo 159[15], esse quadro se mantém no campo do Código civil de 2002, que igualmente na parte geral, sob a rubrica "Dos Atos Ilícitos" contém o artigo 186, que novamente sob a modalidade de uma cláusula geral, contempla os pressupostos do dever de indenizar[16].

---

11. Ver www.miguelreale.com.br/
12. Ver SÉGLARD, Dominique. Présentation à SCHMITT, Carl. *Les trois types de pensée juridique*. Paris: PUF, 2015, p. 9.
13. Cf. COUTO E SILVA, Clóvis. Miguel Reale Civilista, *Revista dos Tribunais*, v. 672, 1991, p. 53 ss.
14. Cf. OPPETIT, Bruno. *Philosophie du droit*. Paris: Dalloz, 1999, p. 31.
15. Art. 159. "Aquele que, por ação ou omissão voluntária, negligência ou imprudência, violar direito, ou causar prejuízo a outrem, fica obrigado a reparar o dano".
16. Art. 186. "Aquele que, por ação ou omissão voluntária, negligência ou imprudência, violar direito e causar dano a outrem, ainda que exclusivamente moral, comete ato ilícito".

MIGUEL REALE E A RESPONSABILIDADE CIVIL NO CÓDIGO CIVIL DE 2002 **217**

Ocorre que, à estrutura conceitual da responsabilidade extracontratual, associou-se, em 2002, a figura do abuso de direito, ausente no Código civil de 1916. Desse modo, a disciplina dos atos ilícitos se compõe igualmente da previsão do artigo 187[17].

Desse modo, já quanto ao primeiro pressuposto da responsabilidade civil – a ilicitude – vislumbra-se uma alteração substancial, que se complementa com a disciplina acerca dos demais pressupostos do sistema, previstos na parte especial do Código civil, a partir do artigo 927.

Se é certo que se pode associar a noção de ilícito a uma formulação clássica, correspondente à fórmula *neminem laedere*[18], o reconhecimento da interdição do abuso do direito no ordenamento jurídico brasileiro concretiza essa concepção, permitindo uma noção mais estrita e, ao mesmo tempo, funcional, para a qual a ilicitude corresponde, em essência, à violação da lei ou de um dever geral de conduta[19].

O significado dessa alteração na parte geral revela-se tanto pelas reflexões sobre a origem da recepção[20], como também sobre a questão de saber se o abuso configuraria a representação da responsabilidade objetiva no campo da ilicitude, como se sustentou no Enunciado 37 da 1ª Jornada de Direito Civil, promovida pelo Centro de Estudos Judiciários do Conselho da Justiça Federal[21].

No âmbito da estrutura da responsabilidade civil, por sua vez, estabelecida a partir do artigo 927, do Código civil, igualmente se apresenta uma mudança de paradigma relativamente ao direito anterior, na medida em que passa a ter projeção a responsabilidade objetiva e o risco como fatores dessa disciplina.

No contexto do presente trabalho, tendo em vista o reconhecido papel do risco, como um elemento caracterizador da sociedade contemporânea[22], sobressai a sua relevância estrutural na esfera da responsabilidade civil, que se estabelece no parágrafo único do artigo 927[23]. Pode-se, aqui, talvez refletir se essa mudança

---

17. Art. 187. Também comete ato ilícito o titular de um direito que, ao exercê-lo, excede manifestamente os limites impostos pelo seu fim econômico ou social, pela boa-fé ou pelos bons costumes

18. Sobre a atualidade dessa visão ver, por exemplo, BELLIS, Kouroch. Contrat et responsabilité civile: pour un système juste en droit des obligations, *Révue juridique Themis de l'Université de Montreal*, v. 52, 2018, p. 291 ss.

19. Ver, por exemplo, VINEY, G. Les Conditions de la Responsabilité. Paris: LGDJ, 2006, p. 441.

20. Cf. FRADERA, Véra Jacob de. L'influence de la doctrine française dans l'actuel code civil brésilien. In *Mélanges en l'honneur de Camille Joffret-Spinosi*. Paris: Dalloz, 2014, p. 664 ss.

21. Enunciado 37: "A responsabilidade civil decorrente do abuso do direito independe de culpa e fundamenta--se somente no critério objetivo-finalístico". Para uma visão crítica, cf., por exemplo, REINIG, Guilherme Henrique Lima; CARNAÚBA, Daniel Amaral. Abuso de direito e responsabilidade por ato ilícito, https://www.conjur.com.br/2017-out-16/direito-civil-atual-abuso-direito-culpa-responsabilidade-civil.

22. Ver, por exemplo, BECK, U. *Sociedade de Risco*: rumo a uma outra modernidade. São Paulo: Editora 34, 2010. p. 1 e ss (no original, *Risikogesellschaft: auf dem Weg in eine andere Moderne*. München: Beck Verlag 1986); ARGIROFFI, Alessandro; AVITABILE, Luisa. *Responsabilità, Rischio, Diritto e Postmoderno – Percorsi di Filosofia e fenomenologia giuridica e morale*. Torino: Giappicheli Editore, 2008. p. 1 e ss.

23. "Art. 927...
    Parágrafo único. Haverá obrigação de reparar o dano, independentemente de culpa, nos casos especificados em lei, ou quando a atividade normalmente desenvolvida pelo autor do dano implicar, por sua natureza, risco para os direitos de outrem."

paradigmática no sistema brasileiro de responsabilidade civil - a presença do risco como fator de imputação – não poderia ser acompanhada de uma vinculação entre a responsabilidade civil e o contrato de seguro, a fim de que este deixasse de ser apenas uma conveniência para o particular, alcançando o patamar de necessidade e obrigatoriedade, a fim de resguardar a potencial vítima do dano, da concretização de eventos futuros, passíveis de afetá-lo de forma substancial no plano econômico, ou mesmo existencial[24].

A par do reconhecimento da estatura do risco, verifica-se o acolhimento da responsabilidade objetiva no sistema da codificação, o que vai ao encontro da função primária do código como fator de centralidade do sistema jurídico de direito privado[25]. Não somente o modelo de responsabilidade objetiva se insere no citado parágrafo único do artigo 927, qualificado como um exemplo de cláusula geral[26], como também está presente no disposto no artigo 931, no caso de danos decorrentes de produtos postos em circulação por empresários individuais e empresas.

Também aqui se trata de dispositivo que suscitou incisivo questionamento doutrinário[27], decorrente, em linhas gerais, da anterioridade e proeminência de soluções existentes no Código de defesa do consumidor, especialmente diante da parte relativa à responsabilidade por defeito do produto e da previsão do artigo 17.

Certo é que a inserção da previsão do artigo 931 também representa o reconhecimento do papel central da codificação civil, na esfera de disciplina das relações jurídicas de direito privado, cuja disciplina não se esgota no grande oceano das relações de direito do consumidor. Nesse sentido, reconhecida a aguda crítica sobre a formulação do artigo 931, a afirmação da responsabilidade objetiva do empresário e da empresa possui um papel a desempenhar[28], configurando ao menos uma previsão normativa demonstrativa de um nova concepção jurídica no direito brasileiro, a partir da qual se tem ciência de que, de um lado, o sujeito jurídico empresário está sujeito à responsabilidade objetiva independentemente da espécie de relação jurídica de direito privado e, de outro, há que se ter no código civil as soluções nucleares para o direito privado – abstraindo a possibilidade de existência de um código empresarial.

Vê-se, em essência, muito embora não se desconsidere o influxo crítico da doutrina sobre essa premissa metodológica, que a perspectiva de imputação da responsabilidade objetiva decorreu de uma filosofia norteadora do coordenador da

---

24. NOVEMBER, Andràs; NOVEMBER, Valérie. Risque, assurance et irreversibilité. *Revue européenne des sciences sociales*, 2004. p. 1 e ss.

25. Ver, por exemplo, COUTO E SILVA, Clóvis. Direito Civil em perspectiva histórica e visão de futuro, *Revista da Ajuris*, v. 40, 1987, pg. 128 ss.

26. Cf., por exemplo, TARTUCE, Flavio. A Cláusula geral de responsabilidade objetiva nos dez anos do Código civil de 2002. *Revista Jurídica Luso Brasileira*, n. 3, 2015, p. 1 ss.

27. CARNAÚBA, Daniel Amaral. Para que serve o artigo 931? Considerações críticas sobre um dispositivo inútil. http://genjuridico.com.br/2021/10/18/artigo-931-do-codigo-civil/#:~:text=A%20tese%20de%20que%20o,931%5B112%5D.

28. Para um balanço crítico, ver, por exemplo, WESENDONCK, Tula. Artigo 931 do Código civil: Repetição ou inovação? *Revista Direito Civil Contemporâneo*, v. 3, 2015, p. 141 ss.

codificação[29], ao pretender invocar um conceito sociológico, 'de estrutura social'[30] para a solução de um problema de direito civil.

A esse respeito, pode-se, primeiramente, indagar se Miguel Reale não resgata aqui a sua preocupação com a visão dogmática do direito e a necessidade de conciliação entre o 'sentido tensional da experiência jurídica'[31], na medida em que há necessidade de equacionamento entre os polos de certeza e evolução.

Além disso, cabe também aqui ponderar se essa visão do codificador não se encontra próxima de vozes reconhecidas da doutrina brasileira atual, que vislumbram na noção de solidariedade social um dos princípios justificadores da responsabilidade civil contemporânea[32].

B) O dano moral no direito civil brasileiro: da abertura ao fechamento do sistema?

A partir do confronto entre a atual redação do artigo 186 e a do artigo 159 do código civil de 1916, verifica-se que o Código de 2002 teve a preocupação de incluir expressamente a menção ao dano moral, sem estabelecer qualquer restrição a sua incidência[33].

Em princípio, pode-se sustentar que se tratou de alteração meramente formal, mas o certo é que ao tempo da elaboração da codificação civil existia hesitação jurisprudencial acerca dessa possibilidade, sendo relevante a previsão sobre o dano moral no novo código[34].

A disciplina do dano moral há que ser confrontada, porém, com a previsão constante na Constituição, que efetivamente introduziu o dano moral no direito brasileiro. Com efeito, o exame do artigo 5º, da Constituição Federal, de 1988, revela uma conexão entre os danos morais e os direitos da personalidade, tanto no seu inciso V[35], como no inciso X[36], de modo que apenas nestes casos haveria a sua incidência.

---

29. "Da mesma forma, o princípio da socialidade nos leva a apreciar a responsabilidade civil de uma forma diferente. Não nos perdemos, porém, numa discussão cerebrina, e muitas vezes de difícil solução, envolvendo responsabilidade subjetiva ou responsabilidade subjetiva". Cf. REALE, Miguel. *O projeto de Código Civil. Situação atual e seus problemas fundamentais*. São Paulo: Saraiva, 1986, p. 10.

30. "Da mesma forma diremos que resultará, à vista do juiz e da jurisprudência, a responsabilidade toda vez que houver uma estrutura sócio-econômica que ponha em risco, por sua natureza, os direitos e interesses de terceiros, daqueles com os quais esta estrutura entra em contato – às vezes sem nem sequer ter qualquer benefício direto ou indireto da sua operabilidade". Cf. REALE, Miguel, *O projeto de Código Civil. Situação atual e seus problemas fundamentais*. São Paulo: Saraiva, 1986, p. 11.

31. Cf. REALE, Miguel. *O Direito como experiência*. São Paulo: ed. Saraiva, 1992, p. 140 ss.

32. Nesse sentido ver ROSENVALD, Nelson; BRAGA NETTO, Felipe. Responsabilidade civil e solidariedade social: potencialidades de um diálogo. In: GUERRA, Alexandre Dartanhan de Mello. *Estudos em homenagem a Clóvis Beviláqua por ocasião do centenário do Direito civil codificado no Brasil*. São Paulo: Escola Paulista de Magistratura, 2018, v. 1, p. 393 ss.

33. Ver, por exemplo, FACCHINI, Eugênio. Da Responsabilidade civil no novo código. *Revista do TST*, Brasília, 2010, p. 17 ss.

34. REALE, Miguel. *O projeto de Código Civil. Situação atual e seus problemas fundamentais*, cit., p. 92.

35. No art. 5º, V, se prevê que é garantido o direito de resposta, proporcional ao agravo, bem como o ressarcimento por dano material, moral ou à imagem.

36. "Art. 5º, X – são invioláveis a intimidade, a vida privada, a honra e a imagem das pessoas, assegurado o direito a indenização pelo dano material ou moral decorrente de sua violação".

A partir da entrada em vigor da Constituição Federal, verifica-se a plena aceitação da figura do dano moral no ordenamento jurídico brasileiro, que havia sido, como referido acima, objeto de intensa discussão no direito brasileiro[37]. Esta circunstância encontra respaldo na promulgação do Código de defesa do consumidor, em 1990, que expande o reconhecimento do dano moral para as relações de consumo. Além disso, a jurisprudência traça a nítida distinção entre o dano material e o moral[38]. Nesse contexto, há quem sustente a possibilidade de que ele possa ser enquadrado como direito fundamental[39].

A partir dessa premissa, uma pergunta surge a respeito da extensão da aplicabilidade do dano moral: pode a parte lesada pelo inadimplemento pleitear o ressarcimento de um dano moral?[40]

Frente ao questionamento, a resposta corrente no direito brasileiro consiste em que o inadimplemento não configura lesão suficiente para se configurar como um prejuízo indenizável. No que diz respeito ao tema tratado, exige-se que, para a quebra da relação obrigacional contratual acarretar o dano moral, apresente-se um abalo psíquico da parte que ultrapasse o limite da tolerabilidade, como uma ofensa a direito da personalidade ou à dignidade da pessoa humana[41].

Nesse contexto, apresenta-se, por exemplo, a recusa indevida de internação ou prestação de serviço hospitalar pelo seguro de saúde. Em tais situações, o dano que a parte sofre não se limita ao simples rompimento do contrato: essa ruptura gera consequências diretas, seja na sua saúde, seja na sua esfera psicológica[42].

Desse modo, observa-se que para a aceitação da indenização do dano moral na hipótese de inadimplemento do contrato deve-se analisar cada caso, a fim de verificar se a quebra da relação contratual pode resultar em prejuízos que ultrapassem o limite da tolerabilidade e, com isso, viabilizar essa reparação[43].

---

37. Ver, por exemplo, MONTEIRO FILHO, Carlos Edison Rêgo. Elementos de Responsabilidade civil por dano moral. Rio de Janeiro: Renovar, 2000, p. 1 ss.
38. Essa distinção é traçada pela Súmula 37, do Superior Tribunal de Justiça, cujo teor é: "são cumuláveis as indenizações por dano material e moral originárias do mesmo fato".
39. Cf. LUTSKY, Daniela. *A reparação de danos imateriais como direito fundamental*. Porto Alegre: ed. Livraria dos Advogados, 2012.
40. ANDRADE. André Gustavo Corrêa de. Dano moral em caso de descumprimento de obrigação contratual. *Revista de Direito do Consumidor*, São Paulo, v. 53, n. 44, 2005, p. 54 ss.
41. Ver, por exemplo, a orientação constante no REsp n. 1.651.957-MG, Rel. Min. Nancy Andrighi, j. 16.03.2017: "Conforme o reiterado entendimento desta Corte, o simples inadimplemento contratual não enseja, por si só, dano moral indenizável, cujo reconhecimento implica mais do que os dissabores de um negócio frustrado".
42. OLIVA, M. Dano moral e inadimplemento contratual nas relações de consumo. *Revista de Direito do Consumidor*, São Paulo, v. 93, n. 2103, p. 13-28, mai./jun. 2014. PDF. Disponível em: http://rtonline.com.br. Acesso em: 07 out. 2019.
43. O tema no direito brasileiro ganhou nova dimensão em face da circunstância de algumas administrações públicas em regiões brasileiras passarem a atrasar o salário de seus funcionários públicos. Discutiu-se se essa espécie de inadimplemento por parte do ente estatal configuraria dano moral para os funcionários automaticamente (*in re ipsa*) ou seria examinar cada caso concreto. A tese prevalente em alguns Estados tem sido pela necessidade de examinar caso a caso. Cf. IRDR 70081131146, do Tribunal de Justiça do RS, j. 28 out. 2019.

Observa-se, portanto, que muito embora a orientação contida no artigo 186, do Código civil, e, portanto, geral a todo o sistema, não contemplasse qualquer restrição estabelecida *prima facie*, o contraste com as hipóteses expressamente indicadas no citado artigo 5º, X, da Constituição Federal, restringiram a sua incidência.

Essa percepção, que afasta o dano moral do campo da responsabilidade contratual, representa, na verdade, um relativo fechamento do sistema, e pode configurar, em contrariedade à visão originária da codificação, uma barreira para o lesado.

C) A Equidade na Responsabilidade civil: expressão de um sistema aberto no direito privado brasileiro?

Relativamente aos sujeitos passíveis de responsabilização civil, sobressai a normativa sobre o incapaz, prevista no artigo 928[44], que configura uma alteração do Código civil de 2002 relativamente ao Código civil de 1916.

Vislumbra-se, aqui, uma vez mais, a concepção jurídica do codificador, pois ao mesmo tempo que se inova relativamente à matéria, resgata-se a tradição do nosso ordenamento de direito civil na medida em que o tema da responsabilidade civil do incapaz já havia sido objeto de regulamentação na Consolidação das Leis Civis, de Teixeira de Freitas, no artigo 808[45].

A esse respeito[46], cabe destacar que o tema já fora objeto de tratativa pelo Projeto de Clóvis Beviláqua: inicialmente, equiparou-se o menor ao maior, para o efeito de ser responsabilizado na esfera extracontratual, qualquer que fosse sua idade. Durante a tramitação do projeto, porém, limitou-se a solução aos menores entre 14 e 21 anos. Ao final, dispôs-se no modo estabelecido no art. 156 do Código Civil de 1916: a equiparação só abrangeria os menores púberes, de idade entre 16 e 21 anos.

A disposição contemplada pelo art. 928 do Código civil segue, portanto, uma tendência presente em importantes ordenamentos jurídicos contemporâneos: a de, por um lado, reconhecer que a responsabilidade civil deve ambicionar uma efetiva tutela da vítima, ampliando as chances de que esta obtenha o ressarcimento pelo prejuízo sofrido; de outro, amparar aquele que se conduz sem o necessário discernimento, na medida em que este fator é reconhecido como pressuposto de uma responsabilidade civil integral.

A referência à responsabilidade do incapaz, disciplinada no artigo 928, do Código civil, conduz, necessariamente, a uma questão presente em toda a matéria

---

44. "Art. 928. O incapaz responde pelos prejuízos que causar, se as pessoas por ele responsáveis não tiverem obrigação de fazê-lo ou não dispuserem de meios suficientes.

    Parágrafo único. A indenização prevista neste artigo, que deverá ser eqüitativa, não terá lugar se privar do necessário o incapaz ou as pessoas que dele dependem".

45. Art. 808. "Serão igualmente obrigados à satisfação do damno, posto que não possam ser punidos: § 1º: os menores de quatorze anos; (....).

46. Para o que segue ver FACCHINI NETO, Eugênio; ANDRADE, Fábio Siebeneichler de. Notas sobre a indenização equitativa por danos causados por incapazes: tendência ou excepcionalidade no sistema da responsabilidade civil no Direito brasileiro? *Revista Brasileira de Direito Civil*, vol. 13, 2017, p. 93 ss.

da responsabilidade civil: a relevância do papel da equidade. Consoante se verifica no citado artigo 928, faz-se expressa menção ao uso da equidade para a fixação da indenização nessa hipótese.

A equidade como metodologia para a fixação da indenização aparece em questões centrais da estrutura da responsabilidade civil, sendo exemplo relevante a sua previsão no parágrafo único do artigo 944: estabelece o legislador nesse dispositivo que "se houver excessiva desproporção entre a gravidade da culpa e o dano, poderá o juiz reduzir, eqüitativamente, a indenização".

Relativamente a essa matéria também se apresentam inúmeros questionamentos doutrinários desde a vigência do Código civil de 2002[47], sendo o foco aqui pontuar a observância de que possui o juiz a disponibilidade de utilizar a equidade, na hipótese de "desproporção" entre a gravidade da culpa frente ao dano causado.

Da mesma forma, pode-se apontar a previsão constante do parágrafo único do artigo 953: está autorizado expressamente o Juiz a fixar, equitativamente, o valor da indenização, nas hipóteses de injúria, difamação e calúnia, caso o ofendido não puder provar o prejuízo material.

É possível aqui, frente a este ponto, suscitar a invocação da equidade e seu papel em diversas questões relativas à matéria da responsabilidade civil, com a relevância dada por Miguel Reale à função da interpretação, entendida esta, em essência, como um ato de compreensão de sentido[48]. Ao mesmo tempo, sublinha que a liberdade do juiz se desenvolve 'problematicamente', na medida em que o processo interpretativo está situado entre os parâmetros de liberdade e objetividade[49].

Nesse contexto, sobressai a importância atribuída por ele ao pensamento de Tulio Ascarelli nesse particular[50], sendo este um autor que sobremaneira contribuiu em examinar a teoria da interpretação e a relevância da codificação na doutrina nacional, tendo, entre tantas reflexões, reconhecido que o intérprete exerce função criadora[51], bem como afirmado que a interpretação da lei deve, de um lado, atender às disposições de justiça e equidade, "aproveitando os conhecimentos econômicos e sociológicos", a fim de adaptar o direito de modo continuo, sem se afastar, por outro lado, do ideal de certeza"[52].

---

47. Ver, por exemplo, MONTEIRO FILHO, Carlos Edison Rêgo. Artigo 944 do Código civil: o problema da mitigação do princípio da reparação integral. *R. Dir. Proc. Geral*, 2008, v. 63, Rio de Janeiro, p. 69 ss.; FACCHINI NETO, Eugênio. Da Responsabilidade civil no novo código. *Revista do TST*, Brasília, 2010, v. 76, p. 17ss.
48. Ver REALE, Miguel. *O Direito como experiência*, cit., p. 235, 243 ss.
49. Cf. REALE, Miguel. *O Direito como experiência*, cit., p. 244.
50. Nesse sentido, ver REALE, Miguel. A Teoria da interpretação segundo Tulio Ascarelli. *Revista da Faculdade de Direito*, Universidade de São Paulo, 1979, v. 74, p. 195 ss.
51. Ver ASCARELLI, Tulio. A Ideia de Código no Direito Privado e a Tarefa da Codificação. In: *Problemas das Sociedades Anônimas e direito comparado*. São Paulo: editora Saraiva, 2ª ed., 1969, p. 45, 66.
52. ASCARELLI, Tulio. A Ideia de Código no Direito Privado e a Tarefa da Codificação. In: *Problemas das Sociedades Anônimas e direito comparado*. São Paulo: editora Saraiva, 2ª ed., 1969, p. 69.

Observa-se que o fundamento filosófico contido no âmbito da Responsabilidade civil no Código de 2002 convive, plenamente, com a referência presente na doutrina atual, que vislumbra no pensamento jurídico contemporâneo a 'revalorização da equidade no sentido aristotélico de justiça do caso concreto, a partir da observância de deveres de argumentação[53]'.

Pontua-se, em síntese, que a referência à equidade no âmbito da responsabilidade civil consiste em expressão do perene debate sobre a necessidade de contraposição à noção tradicional de fechamento do sistema jurídico, a fim de valorizar um sistema aberto, ou mesmo móvel[54], pensamento defendido pelo jurista W. Willburg[55], que não perdeu em absoluto relevância no cenário moderno[56], especialmente no âmbito da responsabilidade civil.

IV. CONCLUSÃO

O singelo panorama aqui traçado aponta que a estrutura estabelecida para a responsabilidade civil no Código civil de 2002 permite, plenamente, um exercício de diálogo com as ideias contemporâneas. Trata-se, em essência, de uma vitalidade que se pode considerar como fundamental para uma obra como a codificação civil, ainda mais quando ela completa vinte anos de promulgação.

É certo que se poderia cogitar na codificação civil uma alteração mais profunda, uma visão mais estritamente vinculada ao pensamento constitucional, mas pode-se afirmar, diante do rico desenvolvimento estabelecido no Brasil pela Corte constitucional, pela jurisprudência superior e pela doutrina nacional, na esfera da responsabilidade civil – e no direito privado em geral - que a preservação de soluções tradicionais na codificação civil brasileira não se constituiu em impedimento a essa evolução, tendo mesmo servido de estímulo e de instrumento para o estágio atual de florescimento do direito civil brasileiro!

Houve, portanto, um diálogo crítico que correspondeu ao espírito de tradição e à aspiração de renovação jurídica constante, que sempre norteou a noção jurídica e a visão de mundo do codificador e do jurista Miguel Reale!

---

53. Nesse sentido ver ROSENVALD, Nelson; BRAGA NETTO, Felipe. Responsabilidade civil e solidariedade social: potencialidades de um diálogo. In: GUERRA, Alexandre Dartanhan de Mello. *Estudos em homenagem a Clóvis Beviláqua por ocasião do centenário do Direito civil codificado no Brasil*, Escola Paulista de Magistratura, 2018, v. 1, p. 404;
54. Ver, por exemplo, ANDRADE, Fábio S. de. *Da Codificação*: crônica de um conceito. Porto Alegre: Livraria do Advogado, 1997, p. 117ss; COSTA FILHO, Venceslau Tavares. A Morte e a morte da concepção sistemática do direito. *Revista de informação legislativa*, 2011, v. 189, p. 147 ss.
55. WILLBURG, W. Zusammenspiel der Kräft um Aufbau des Schuldrechts. Archiv *für die Civilistische Praxis*, v. 163,1964, p. 343-379.
56. Ver, por exemplo, KOZIOL, Helmut. Das Bewegliche System – die goldene Mitte für Gesetzgebung und dogmatik. *Austrian Law Journal*, 2017, v. 3, p. 160ss.

V. REFERÊNCIAS BIBLIOGRÁFICAS

ANDRADE, André Gustavo Corrêa de. Dano moral em caso de descumprimento de obrigação contratual. *Revista de Direito do Consumidor*, São Paulo, v. 53, n. 44, 2005, p. 54-65.

ANDRADE, Fábio S. de. *Da Codificação*: crônica de um conceito. Porto Alegre: Livraria do Advogado, 1997.

ARGIROFFI, Alessandro; AVITABILE, Luisa. *Responsabilità, Rischio, Diritto e Postmoderno - Percorsi di Filosofia e fenomenologia giuridica e morale*. Torino: Giappicheli Editore, 2008.

ASCARELLI, Tulio. A Ideia de Código no Direito Privado e a Tarefa da Codificação. In *Problemas das Sociedades Anônimas e direito comparado*. São Paulo: editora Saraiva, 2. ed., 1969.

BECK, U. *Sociedade de Risco*: rumo a uma outra modernidade. São Paulo: Editora 34, 2010. (no original, *Risikogesellschaft: auf dem Weg in eine andere Moderne*, München, 1986).

BELLIS, Kouroch. Contrat et responsabilité civile: pour un système juste en droit des obligations. *Révue juridique Themis de l'Université de Montreal*, v. 52, 2018.

CALMES, Sylvia. *Du príncipe de la protection de la confiance légitime em droit allemand, communautaire et français*. Paris: Dalloz, 2001.

CARNAÚBA, Daniel Amaral. Para que serve o artigo 931? Considerações críticas sobre um dispositivo inútil. Disponível em: http://genjuridico.com.br/2021/10/18/artigo=931--do-codigo-civil/#:~:text-A%20tese%20de%20que%20o,931%5B112%5D. Acesso em abr. 2022.

COSTA FILHO, Venceslau Tavares. A Morte e a morte da concepção sistemática do direito. *Revista de informação legislativa*, v. 189, 2011.

COUTO E SILVA, Almiro do. Princípio da segurança jurídica no direito administrativo brasileiro. Enciclopédia jurídica da PUC-SP. Celso Fernandes Campilongo, Alvaro de Azevedo Gonzaga e André Luiz Freire (Coords.). Tomo: Direito Administrativo e Constitucional. Vidal Serrano Nunes Jr., Maurício Zockun, Carolina Zancaner Zockun, André Luiz Freire (Coord. de tomo). São Paulo: Pontifícia Universidade Católica de São Paulo, 2017. Disponível em: https://enciclopediajuridica. pucsp.br/verbete/17/edicao-1/principio-da-seguranca-juridica-no-direito-administrativo-brasileiro. Acesso: mar. 2022.

COUTO E SILVA, Clóvis. Direito Civil em perspectiva histórica e visão de futuro, *Revista da Ajuris*, 1987, v. 40, p. 128 ss.

COUTO E SILVA, Clóvis. Miguel Reale Civilista. *Revista dos Tribunais*, v. 672, 1991, p. 53 ss.

FACCHINI NETO, Eugênio. Da Responsabilidade civil no novo código. *Revista do TST*, Brasília, 2010, v. 76, p. 17ss.

FACCHINI NETO, Eugênio; ANDRADE, Fábio Siebeneichler de. Notas sobre a indenização equitativa por danos causados por incapazes: tendência ou excepcionalidade no sistema da responsabilidade civil no Direito brasileiro? *Revista Brasileira de Direito Civil*, v. 13, 2017, p. 93 ss.

FACCHINI, Eugênio. Da Responsabilidade civil no novo código. *Revista do TST*, Brasília, 2010, p. 17 ss.

FRADERA, Véra Jacob de. L'influence de la doctrine française dans l'actuel code civil brésilien. In *Mélanges en l'honneur de Camille Joffret-Spinosi*. Paris: Dalloz, 2014, p. 664 ss.

KOZIOL, Helmut. Das Bewegliche System – die goldene Mitte für Gesetzgebung und dogmatik. *Austrian Law Journal*, v. 3, 2017, p. 160ss.

LAFER, Celso. Direito e poder na reflexão de Miguel Reale. *Revista da Faculdade de Direito*, Universidade de São Paulo, v. 76, 1981, p. 205 ss.

LUTSKY, Daniela. *A reparação de danos imateriais como direito fundamental*. São Paulo, 2012.

MARTINS COSTA, Judith. Culturalismo e Experiência no novo código civil. *Revista dos Cadernos de pós-graduação em direito – PPGDir/UFRGS*, v. 2, n. 4, 2018, p. 435 ss.

MONTEIRO FILHO, Carlos Edison Rêgo. Artigo 944 do Código civil: o problema da mitigação do princípio da reparação integral. *R. Dir. Proc. Geral*, v. 63, 2008, Rio de Janeiro, p. 69 ss.

MONTEIRO FILHO, Carlos Edison Rêgo. *Elementos de Responsabilidade civil por dano moral*. Rio de Janeiro: Renovar, 2000.

NOVEMBER, Andràs; NOVEMBER, Valérie. Risque, assurance et irreversibilité. *Revue européenne des sciences sociales*, 2004. p. 1 e ss.

OLIVA, M. Dano moral e inadimplemento contratual nas relações de consumo. *Revista de Direito do Consumidor*, São Paulo, v. 93, n. 2103, p. 13-28, maio/jun. 2014. PDF. Disponível em: http://rtonline. com.br. Acesso em abr. 2022.

OPPETIT, Bruno. *Philosophie du droit*. Dalloz, Paris, 1999, p. 31.

REALE, Miguel. A Teoria da interpretação segundo Tulio Ascarelli. *Revista da Faculdade de Direito*, Universidade de São Paulo, 1979, v. 74, p. 195 ss.

REALE, Miguel. *Figuras da Inteligência Brasileira*. São Paulo: Editora Siciliano, 1994.

REALE, Miguel. Gény na cultura jurídica brasileira. *Quaderni Fiorenti per il pensiero giuridico moderno*, v. 20, 1991, p. 351 ss.

REALE, Miguel. *O Direito como experiência*. São Paulo: ed. Saraiva, 1992.

REALE, Miguel. *O projeto de Código Civil. Situação atual e seus problemas fundamentais*. São Paulo: Saraiva, 1986.

REALE, Miguel. *Revogação e anulamento do ato administrativo*. São Paulo: Ed. Forense, 1968.

REINIG, Guilherme Henrique Lima; CARNAÚBA, Daniel Amaral. Abuso de direito e responsabilidade por ato ilícito. Disponível em: https://www.conjur.com.br/2017-out-16/direito-civil-atual-abuso--direito-culpa-responsabilidade-civil. Acesso em: abr. 2022.

ROSENVALD, Nelson; BRAGA NETTO, Felipe. Responsabilidade civil e solidariedade social: potencialidades de um diálogo. In: GUERRA, Alexandre Dartanhan de Mello. *Estudos em homenagem a Clóvis Beviláqua por ocasião do centenário do Direito civil codificado no Brasil*. São Paulo: Escola Paulista de Magistratura, 2018.

SÉGLARD, Dominique. Présentation à Carl SCHMITT. Les trois types de pensée juridique. Paris: Puf, 2015.

TARTUCE, Flavio. A Cláusula geral de responsabilidade objetiva nos dez anos do Código civil de 2002. *Revista Jurídica Luso Brasileira*, 2015, n. 3, p. 1 ss.

VINEY, G. *Les Conditions de la Responsabilité*. Paris: LGDJ, 2006.

WESENDONCK, Tula. Artigo 931 do Código civil: Repetição ou inovação? *Revista Direito Civil Contemporâneo*, v. 3, 2015, p. 141 ss.

WILLBURG, W. Zusammenspiel der Kräft um Aufbau des Schuldrechts. *Archiv für die Civilistische Praxis*, v. 163,1964, p. 343-379.

WILSON MELO DA SILVA
RESPONSABILIDADE CIVIL E OS BENS DA ALMA[1]

Marcelo de Oliveira Milagres

Professor Associado de Direito Civil na UFMG

Sumário: 1. Biografia – 2. Produção geral do autor – 3. Contribuições à responsabilidade civil: a reparação do dano moral – 4. Considerações finais – 5. Referências bibliográficas.

1. BIOGRAFIA

Recebi, com elevada honra e imensa preocupação, o convite para escrever sobre a importância do Professor Wilson Melo da Silva no estudo da responsabilidade civil. A honra e a preocupação se devem à grandeza do homenageado.

Na graduação da Faculdade de Direito da Universidade Federal de Minas Gerais (UFMG), sua *alma mater*, tive a oportunidade de conhecer o Professor Wilson Melo da Silva por meio da leitura de sua tese de cátedra de Direito Civil intitulada "Dano Moral e sua Reparação", defendida em 1949.

A leitura desse memorável trabalho, que resultou na obra *O dano moral e sua reparação*, com várias publicações pela editora Forense, foi indicada aos estudantes, dentre os quais me encontrava na década de 1990, por Lucia Massara, reconhecida Professora de Direito Civil também da UFMG.

A Professora Lucia Massara, que teve a oportunidade de conviver com o Professor Wilson Melo na Procuradoria do Município de Belo Horizonte, na Faculdade de Direito da UFMG e, também, no escritório dele, inclusive datilografando seus trabalhos, destacou o elevado talento do mestre nas letras jurídicas. Era um homem de extrema cultura, dominava o alemão, o francês e o inglês. Os inúmeros e variados livros que ele importava eram objeto de leitura e de ricas anotações a lápis na margem direita[2]. Wilson Melo era um profissional da advocacia e do magistério, extremamente exigente com seus alunos.

Na elaboração dessa singela homenagem, em rica entrevista com a Professora Lucia Massara, recebi várias aulas datilografadas de Wilson Melo, que denotam sua elevada organização e inigualável compromisso com o magistério. Em esquema intitulado "Da empreitada", de n. 22, inicia sua aula com as seguintes preocupações:

---

1. A elaboração dessa homenagem contou com a rica e gentil contribuição das Professoras Lucia Massara e Nanci de Melo e Silva.
2. Em seus escritos, são recorrentes, dentre outras, citações de Jean Carbonier, Ripert, Messineo, Aubry e Rau, Windscheid, Von Tuhr, Demongue, Barassi, Carnelutti, Dalloz.

"Responsabilidade civil pelos danos ocorridos a terceiros durante os trabalhos da empreitada. De quem seria ela? Do dono da obra? Do empreiteiro? Construtor? De ambos?" Sempre instigando a capacidade crítica dos alunos.

Wilson Melo da Silva nasceu no Município mineiro de São João Del-Rei. Frequentou o seminário no Município de Mariana, de lá saindo para cursar Direito na Faculdade de Direito da UFMG, onde chegou a percorrer a carreira do magistério, culminando com o título de Professor Catedrático de Direito Civil.

O Professor Wilson Melo, além da paixão pela sala de aula, teve também importante participação na vida da Faculdade de Direito da UFMG[3], da qual foi Diretor. Em seu mandato, buscou implementar autonomia e obter instalações adequadas ao curso de doutorado. Em 1966, foi eleito representante da Faculdade Direito no Conselho Universitário.

O homenageado era casado com a Senhora Juvencina Melo da Silva, com quem teve seis filhos, sendo a primogênita, Nanci de Melo e Silva, Juíza do Trabalho e Professora Universitária, graduada pela Faculdade de Direito da UFMG, onde também concluiu o mestrado e o doutorado.

Entrevistada, a Professora Nanci destacou o magistério, a advocacia e a literatura como grandes paixões do pai. Homem culto, de vasta e cobiçada biblioteca, em cujos livros fazia anotaçõea a lápis, conforme confirnado pela filha Nanci.

A cultura do Professor Wilson Melo, leitor e conhecedor da obra de Alphonsus de Guimarães, conduziu-o naturalmente à Academia Mineira de Letras. Em 1971, pela Imprensa Oficial de Minas Gerais, publicou a obra *O simbolismo e Alphonsus de Guimarães*. A capa dessa festejada obra contou com os desenhos da sua filha Virginia Lucia de Melo Silva.

Wilson Melo teve grande amizade com Amílcar de Castro, o jurista e Ministro do Supremo Tribunal Federal Orozimbo Nonato e o engenheiro, jornalista e político Otacílio Negrão de Lima, tendo sido Prefeito de Belo Horizonte.

Faleceu em 1987, em Belo Horizonte.

2. PRODUÇÃO GERAL DO AUTOR

Na *Revista da Faculdade de Direito da UFMG*, foram publicados vários artigos do Professor Wilson Melo, com destaque para "Direito de propriedade, bem-comum e socialização do direito" (n. 4-1964), "As águas comuns" (n. 12, 1972), "A cláusula revisionista nos ajustes" (n. 12, 1961), "O dano estético" (n. 1, 1962), "considerações em torno das declarações de vontade" (n. 3, 1951), "conflito das leis no tempo" (n. 8-11, 1971), "cheques falsos" (n. 15, 1975), "pessoas jurídicas" (n. 6, 1966) e "A

---

3. A Faculdade de Direito da Universidade Federal de Minas Gerais (UFMG), cujo primeiro Diretor foi Afonso Pena e, por isso, é carinhosamente chamada de a Casa de Afonso Pena, completa, neste ano, 130 anos.

culpa contra a legalidade, a culpa comum e a responsabilidade civil automobilística no transporte de passageiros" (n. 13, 1973).[4]

Também pela UFMG publicou o livro *A responsabilidade civil por danos a terceiros nas empreitadas* (1968).

Publicou também, pela editora Saraiva, com várias edições, os livros *Da responsabilidade automobilística* e *Responsabilidade sem culpa*.

A principal obra do Professor Wilson Melo, sem dúvida, foi sua tese de cátedra, que resultou no livro *O dano moral e sua reparação*. No prefácio da 1ª edição, José de Aguiar Dias não economizou elogios ao trabalho: "obra de consciência e de inteligência, de paciência e de coragem, o que tudo significa que tem o selo da paixão, naquilo que o termo significa devotamento à missão do jurista e do intelectual".

Tratemos dessa relevante contribuição ao estudo da responsabilidade civil.

3. CONTRIBUIÇÕES À RESPONSABILIDADE CIVIL: A REPARAÇÃO DO DANO MORAL

Hoje, não há dúvidas de que abalos a bens e a coisas possam produzir consequências extrapatrimoniais suscetíveis de indenização. No amplo espectro dos denominados danos extrapatrimoniais, podemos afirmar a existência de danos morais (individuais e coletivos[5], diretos e reflexos), da autonomia do dano à imagem, do dano estético[6] e do dano pela privação de uso.

Além disso, há a possibilidade do sempre discutido dano existencial (*danno esistenziale*) e do dano moral de natureza contratual. Wilson Melo já afirmava que o "descumprimento de obrigações contratuais pode, perfeitamente, em certas e determinadas circunstâncias, ao mesmo tempo em que causar prejuízos materiais, econômicos, motivar, também, danos morais, indenizáveis por via da lógica, se é que se admite a reparação de tais danos."[7]

O reconhecimento de múltiplos danos decorre da dinamicidade da vida de relação com as mais diversas ofensas e suas consequências.

Segundo o homenageado, o termo dano (*danno, dommage*) "possui uma significação ampla de lesões, tanto do patrimônio material, quanto do patrimônio moral."[8] A concepção de dano deve abranger, "sempre, amplamente, no seu conceito, toda espécie de lesão sofrida pelo sujeito de direito, seja em seus bens avaliáveis em dinheiro, seja naqueles outros condizentes com seus puros sentimentos morais de afeição [...]."[9]

---

4. A íntegra desses artigos pode ser acessada no endereço: https://revista.direito.ufmg.br
5. STJ, Recurso Especial n. 1.737.412/SE, Rel. Nancy Andrighi, j. 05 dez. 2019.
6. Súmula 387 do STJ: É lícita a cumulação das indenizações de dano estético e dano moral.
7. SILVA, Wilson Melo da. *O dano moral e sua reparação*. 3. ed. Rio de Janeiro: Forense, 1999, p. 638.
8. SILVA, Wilson Melo da. *O dano moral e sua reparação*. 3. ed. Rio de Janeiro: Forense, 1999, p. 76.
9. SILVA, Wilson Melo da. *O dano moral e sua reparação*. 3. ed. Rio de Janeiro: Forense, 1999, p. 487.

Um dos grandes contributos da obra de Wilson Melo foi reconhecer, no final da década de 40, esse dano de cunho extrapatrimonial e discutir suas consequências e, principalmente, as formas de tutela. A sua tese contribuiu para a atual redação do art. 5º, incisos V e X, da Constituição da República de 1988, assim como do art. 186 do Código Civil.

No início da sua tese, definem-se danos morais como "lesões sofridas pelo sujeito físico ou pessoal natural de direito em patrimônio ideal, entendendo-se por patrimônio ideal, em contraposição ao patrimônio material, o conjunto de tudo aquilo que não seja suscetível de valor econômico".

Busca-se, de antemão, superar o aparente paradoxo. Como mensurar possível desdobramento econômico em razão de uma ofensa a um bem não suscetível de avaliação em pecúnia? O aparente dilema parece nos conduzir à inquietação de Michael J. Sandel: "o que o dinheiro não compra?"[10]

Segundo Wilson Melo da Silva, " a função do dinheiro na reparabilidade dos danos morais, exibiria, ordinariamente, um caráter apenas satisfatório, dada a real impossibilidade, objetiva, da harmonização de coisas heterogêneas como seriam dor e dinheiro, insuscetíveis, por isso mesmo, de uma equipolência ou de uma real avaliação, tal como sói ocorrer nas hipóteses dos danos meramente econômicos."[11]

O autor, com muita técnica, busca diferenciar a causa da consequência. É possível um abalo a uma coisa (matéria) produzir consequências extrapatrimoniais da mesma forma que um abalo a um bem (imaterial) pode proporcionar consequências patrimoniais. Segundo ele, "os reflexos patrimoniais do dano moral, ou *danos morais indiretos,* não passam de danos materiais, comuns. A causa dos danos morais pode ser, não raro, uma causa moral. Negar isso seria negar a evidência, seria contrariar a realidade de cada dia. Uma causa moral pode determinar gravíssimos prejuízos econômicos, assim como causas materiais podem dar origem a danos morais da mais pura espécie".[12]

O homenageado cita, à guisa do exemplo de Demongue, que o dano consistente na "destruição de cartas de família, materializariam, por certo, um lídimo valor moral, muito embora os papeis, nos quais as cartas tivessem sido escritas, não chegassem a representar, propriamente, um dano econômico apreciável".[13] Como bem afirmado pelo autor, as "causas dos danos materiais não hão de ser sempre, forçosamente, materiais também. A confusão advém, aí, do fato de que, *comumente,* as causas morais geram, também, além de danos morais, verdadeiros danos patrimoniais, como nas hipóteses de calúnia, da difamação, dos ferimentos físicos."[14]

---

10. Cf. SANDEL, Michael J. *O que o dinheiro não compra:* os limites morais do mercado. Trad. Clóvis Marques. Rio de Janeiro: Civilização Brasileira, 2016.
11. SILVA, Wilson Melo da. *O dano moral e sua reparação.* 3. ed. Rio de Janeiro: Forense, 1999, p. 123.
12. SILVA, Wilson Melo da. *O dano moral e sua reparação.* 3. ed. Rio de Janeiro: Forense, 1999, p. 8.
13. SILVA, Wilson Melo da. *O dano moral e sua reparação.* 3. ed. Rio de Janeiro: Forense, 1999, p. 185.
14. SILVA, Wilson Melo da. *O dano moral e sua reparação.* 3. ed. Rio de Janeiro: Forense, 1999, p. 385.

O próprio STJ já reconheceu (Resp. 1.250.997/SP, Rel. Min. Marco Buzzi, j. 05 fev. 2013) que furto a cofre de banco (dano à coisa) pode ensejar prejuízos extrapatrimoniais (danos morais).

Não há dúvida de que devemos evitar o prejuízo, o injusto, a ofensa e, por conseguinte, a continuidade de eventual lesão. Daí a proeminência das tutelas preventiva e inibitória. Ocorrendo a lesão, deve-se reparar, ressarcir o prejuízo. Nesse âmbito, destacam-se as tutelas reparatória e ressarcitória. Algumas vezes, não se afigura possível a reparação ou o desejado *retorno ao estado anterior*. Nessa situação, temos a tutela compensatória e/ou punitiva.

Ao comentar as diretrizes do direito alemão para a fixação do *quantum* indenizatório, Wilson Melo da Silva afirma que esse valor deve ser denominado *compensação*, e não *indenização*, porquanto, "na questão dos danos morais, não se tarifa o preço da dor e nem busca a impossível equivalência entre o dinheiro e o sofrimento".[15]

Em face das críticas da época sobre a impossibilidade dessa equivalência, o que afastaria a possibilidade de pretensões por danos extrapatrimoniais, o autor conclui: "Se não é possível dar-se o equitativo, que se não cometa a injustiça de nada se dar. Isso seria premiar a ofensa e não estigmatizá-la. E quanto ao arbítrio do juiz, este sempre existiu e existirá no direito dos homens. É contingência necessária e decorre da própria imperfeição, substancial, da humanidade. Qualquer decisão, verse ela sobre danos materiais exclusivamente, ou não, traz sempre, consigo, a marca do arbítrio judicial. A decisão perfeita, ideal a que todos tendemos, é qualquer coisa de utópico e de inatingível."[16] A dificuldade de fixação do valor da indenização não pode ser sinônimo de impossibilidade.

A questão do denominado dano moral não é a equivalência – ou não – da consequência da lesão e o valor econômico decorrente (*pretium doloris*), mas a devida tutela dos bens de natureza extrapatrimonial. Wilson Melo, na sua obra, destaca a importância da tutela específica. A resposta econômica, segundo o autor, "não chega constituir uma reparação ideal, é, na falta de solução melhor, pelo menos uma solução possível."[17] "Os danos morais, tanto quanto possível, devem ser reparados *in natura*, na forma da *compensatio lucri cum damno*, afastada, aí, qualquer ideia de dinheiro."[18]

As ideias de Wilson Melo floresceram. Segundo o Enunciado 589, aprovado na VII Jornada de Direito Civil, "a compensação pecuniária não é o único modo de reparar o dano extrapatrimonial, sendo admitida a reparação *in natura*, na forma de retração pública ou outro meio".

---

15. SILVA, Wilson Melo da. *O dano moral e sua reparação*. 3. ed. Rio de Janeiro: Forense, 1999, p. 68.
16. SILVA, Wilson Melo da. *O dano moral e sua reparação*. 3. ed. Rio de Janeiro: Forense, 1999, p. 143.
17. SILVA, Wilson Melo da. *O dano moral e sua reparação*. 3. ed. Rio de Janeiro: Forense, 1999, p. 152.
18. SILVA, Wilson Melo da. *O dano moral e sua reparação*. 3. ed. Rio de Janeiro: Forense, 1999, p. 468.

A ideia de danos de ordem moral vem se ampliando, subsistindo a tese de extensão de alguns direitos de personalidade às pessoas jurídicas, nos termos do art. 52 do Código Civil brasileiro e do entendimento consolidado na Súmula 227 do Superior Tribunal de Justiça.[19]

Philippe Malaurie[20] também atribui à pessoa jurídica atributos extrapatrimoniais (nome, domicílio, nacionalidade e imagem), em que pese a pertinente e sempre atual observação do professor Wilson Melo da Silva sobre essa estranha anomalia:[21]

> Que as pessoas jurídicas sejam, passivamente, responsáveis por danos morais, compreende-se. Que, porém, ativamente, possam reclamar as indenizações, conseqüentes deles, é absurdo. O patrimônio moral decorre dos bens da alma e os danos que dele se originam seriam, singelamente, danos da alma, para usar da expressão do evangelista São Mateus, lembrada por Fischer e reproduzida por Aguiar Dias. Os alicerces sobre que se firmam os danos morais são puramente espirituais. E as lesões do patrimônio ideal dizem respeito à capacidade afetiva e sensitiva, qualidades apenas inerentes aos seres vivos.[22]

Originariamente, a ideia de dano moral pressupõe ofensa aos bens inerentes e irrenunciáveis da pessoa natural. A propósito, o teor do Enunciado 286, aprovado na IV Jornada de Direito Civil, segundo o qual "os direitos da personalidade são direitos inerentes e essenciais à pessoa humana, decorrentes de sua dignidade, não sendo as pessoas jurídicas titulares de tais direitos".

Outro relevante ponto é saber se a legitimidade para a pretensão indenizatória seria limitada ao ofendido ou, ainda, se haveria a possibilidade de transmissão dessa pretensão.

Sobre a sucessão *mortis causa* do direito à indenização por dano moral, Yvone Lambert-Faivre e Stéphanie Porchy-Simon sustentam a possibilidade de três teses: a intransmissibilidade, a plena transmissibilidade e a transmissibilidade limitada.[23] Apontam, contudo, a existência de decisões judiciais que reconheceram somente a possibilidade de os herdeiros continuarem pretensão indenizatória por dano moral proposta pelo ofendido, tratando-se, pois, de sucessão processual.

O Superior Tribunal de Justiça já entendeu também que, em pretensão de indenização por danos morais, os herdeiros da vítima carecem de legitimidade ativa *ad causam*.[24]

Segundo Wilson Melo da Silva:

> Outra conseqüência da regra que só manda reparar o dano moral quando o mesmo exista efetivamente é que, dado seu caráter eminentemente subjetivo, jamais se transferiria ativamente a terceiros, seja pela cessão comum, seja pelo jus hereditatis. [...] Os danos morais dizem respeito ao

---

19. BRASIL. STJ. Súmula 227 – A pessoa jurídica pode sofrer dano moral.
20. MALAURIE, Philippe. *Le personnes:* la protection des mineurs et des majeurs. 4. éd. Paris: Defrénois, 2009. p. 206-219.
21. SILVA, Wilson Melo da. *O dano moral e sua reparação.* 3. ed. Rio de Janeiro: Forense, 1999. p. 466.
22. SILVA, Wilson Melo da. *O dano moral e sua reparação.* 3. ed. Rio de Janeiro: Forense, 1999. p. 650.
23. FAIVRE, Yvonne Lambert; SIMON, Stéphanie Porchy. *Droit du dommage corporel:* systèmes d'indemnisation. 6. éd. Paris: Dalloz, 2009. p. 257-261.
24. BRASIL. STJ. Resp. 302029/RJ, Rel. Min. Nancy Andrigui, j. 29 maio 2001.

foro íntimo do lesado. Seu patrimônio ideal é marcadamente individual, e seu campo de incidência o mundo interior de cada um de nós. [...] Os bens morais são inerentes à pessoa, incapazes, por isso, de subsistir sozinhos. [...] Não existe pois, o *jus hereditatis* relativamente aos danos morais, tal como acontece com os danos puramente patrimoniais.[25]

Ainda que se defenda a não incidência do art. 943 do Código Civil brasileiro aos danos morais[26], não há como olvidar o conteúdo do parágrafo único do art. 12 do mesmo Código, que trata da *projeção* post mortem *dos bens da personalidade*. Sobreleva notar a decisão no Recurso Especial n. 521697/RJ, da relatoria do Ministro Cesar Asfor Rocha, assim ementada:

> Civil. Danos morais e materiais. Direito à imagem e à honra de pai falecido. Os direitos da personalidade, de que o direito à imagem é um deles, guardam como principal característica a sua intransmissibilidade. Nem por isso, contudo, deixa de merecer proteção a imagem e a honra de que falece, como se fossem coisas de ninguém, porque elas permanecem perenemente lembradas nas memórias, como bens imortais que se prolongam para muito além da vida, estando até acima desta, como sentenciou Ariosto. Daí porque não se pode subtrair dos filhos o direito de defender a imagem e a honra de seu falecido pai, pois eles, em linha de normalidade, são os que mais se desvanecem com a exaltação feita à sua memória, como são os que mais se abatem e se deprimem por qualquer agressão que lhe possa trazer mácula. Ademais, a imagem de pessoa famosa projeta efeitos econômicos para além de sua morte, pelo que os seus sucessores passam a ter, por direito próprio, legitimidade para postularem indenização em juízo, seja por dano moral, seja por dano material.[27]

Ressalte-se, nesse diapasão, a possibilidade da indenização por dano moral por ricochete ou *préjudice d'affection*,[28] podendo as pessoas ligadas à vítima, por laços de afetividade, postular compensação pela repercussão dos efeitos do evento danoso na esfera pessoal. Tal direito pode ser extraído, igualmente, de interpretação teleológica do art. 948, II, do Código Civil.[29]

Wilson Melo da Silva reconheceu a possibilidade do dano moral reflexo. Segundo ele, "o amigo, o parente próximo ou afastado, a própria concubina, se lesados em seu patrimônio moral pelo evento causador do dano, todos eles poderão pleitear a reparação. Não vemos, sinceramente, motivo algum racional para se estabelecer uma limitação à regra, determinando-se que tal direito só assista aos parentes da vítima ou a essa ou àquela pessoa exclusivamente."[30] Mais adiante, concluiu: "todos os que sofreram efetivamente o dano têm direito à reparação."[31]

Não se pode, contudo, desconhecer os limites desse dano moral reflexo. Segundo o STJ (Recurso Especial n. 1.076.160/AM, Rel. Min. Luis Felipe Salomão, j. 10 abr.

---

25. SILVA, Wilson Melo da. *O dano moral e sua reparação*. 3. ed. Rio de Janeiro: Forense, 1999. p. 648-649.
26. Quanto à possibilidade de transmissibilidade da pretensão indenizatória, destaca-se o Enunciado 453: "o direito de exigir reparação a que se refere o art. 943 do Código Civil abrange inclusive os danos morais, ainda que ação não tenha sido iniciada pela vítima".
27. BRASIL. STJ. Recurso Especial n. 521697/RJ, Rel. Min. Cesar Asfor Rocha, j. 16 fev. 2006.
28. BRUN, Philippe. *Responsabilité civile extracontractuelle*. 2. éd. Paris: Litec, 2009. p. 141-142
29. Cf.: BRASIL. STJ, Resp. 160125/DF, Rel. Min. Sálvio de Figueiredo, j. 23 mar. 1999.
30. SILVA, Wilson Melo da. *O dano moral e sua reparação*. 3. ed. Rio de Janeiro: Forense, 1999, p. 349.
31. SILVA, Wilson Melo da. *O dano moral e sua reparação*. 3. ed. Rio de Janeiro: Forense, 1999, p. 357.

2012), "o noivo não possui legitimidade ativa para pleitear indenização por dano moral pela morte da noiva, sobretudo quando os pais da vítima já intentaram ação reparatória na qual lograram êxito [...]".

Como se vê, Wilson Melo da Silva anteviu muitas das discussões atuais.

4. CONSIDERAÇÕES FINAIS

Wilson Melo da Silva, com sua elevada técnica, competência e sensibilidade, contribuiu, decisivamente, para o reconhecimento dos danos de natureza extrapatrimonial.

A sua tese de cátedra de Direito Civil da Faculdade de Direito da Universidade Federal de Minas Gerais inspirou e inspira várias gerações na continuada construção do dano moral.

Como afirmado pelo homenageado, o "Direito é vida e, não, mera abstração".[32] "Um direito violado, pois, existe sempre, no caso dos danos morais. Se os efeitos são imateriais e se há dificuldade na reparação deles, isto não implica a inexistência dessa violação e desse direito lesado."[33]

A regra do *neminem laedere* alcança os danos extrapatrimoniais. Segundo o autor, "devemos e podemos esperar que se nos respeite não apenas naquilo que *temos*, mas, também, naquilo que *somos*."[34] A dificuldade da reparação ou compensação de tais danos não é fundamento da sua negação. De igual modo, não há um critério perfeito ou exato para a reparação dos danos patrimoniais.

As lições de Wilson Melo da Silva ultrapassaram os limites do tempo. A coragem com que enfrentou, em plena metade do Século XX, o árduo tema do dano moral demonstra que dificuldade não é sinônimo de impossibilidade quando se tem organização, trabalho, dedicação, seriedade e competência. E a profissão de fé do autor se firmou como uma certeza: a tese da reparabilidade dos bens não econômicos "se constitui numa das mais avançadas conquistas do mundo jurídico contemporâneo."[35]

5. REFERÊNCIAS BIBLIOGRÁFICAS

FAIVRE, Yvonne Lambert; SIMON, Stéphanie Porchy. *Droit du dommage corporel*: systèmes d'indemnisation. 6. éd. Paris: Dalloz, 2009.

MALAURIE, Philippe. *Le personnes*: la protection des mineurs et des majeurs. 4. éd. Paris: Defrénois, 2009.

SANDEL, Michael J. *O que o dinheiro não compra*: os limites morais do mercado. Trad. Clóvis Marques. Rio de Janeiro: Civilização Brasileira, 2016.

SILVA, Wilson Melo da. *O dano moral e sua reparação*. 3. ed. Rio de Janeiro: Forense, 1999.

---

32. SILVA, Wilson Melo da. *O dano moral e sua reparação*. 3. ed. Rio de Janeiro: Forense, 1999, p. 173.
33. SILVA, Wilson Melo da. *O dano moral e sua reparação*. 3. ed. Rio de Janeiro: Forense, 1999, p. 344.
34. SILVA, Wilson Melo da. *O dano moral e sua reparação*. 3. ed. Rio de Janeiro: Forense, 1999, p. 558.
35. SILVA, Wilson Melo da. *O dano moral e sua reparação*. 3. ed. Rio de Janeiro: Forense, 1999, p. 679

CONTRIBUTO DE SAN TIAGO DANTAS PARA O SISTEMA DE RESPONSABILIDADE CIVIL

Daniel Ustárroz

Doutor em Direito Civil (UFRGS). Professor de Direito Civil (PUC-RS)

"E agora terminarei, tomando um compromisso com os meus novos alunos, nos quais prefiguro as gerações que passarão sob o meu magistério. Prometo-lhes que esta cadeira que hoje assumo, eu a exercerei com amor e com indeclinável entusiasmo. Hei de amá-la, como sempre se ama o que se custou a conquistar". (San Tiago Dantas, epílogo de seu Discurso, proferido em 30 de agosto de 1940, ao tomar posse na cadeira de Direito Civil da Faculdade Nacional de Direito da Universidade do Brasil)

Sumário: 1. A riqueza da vida pública de San Tiago Dantas – 2. Noções de responsabilidade civil na obra de San Tiago Dantas – 3. Referências bibliográficas.

1. A RIQUEZA DA VIDA PÚBLICA DE SAN TIAGO DANTAS

Francisco Clementino de San Tiago Dantas nasceu no Rio de Janeiro, em 30 de agosto de 1911. Nessa mesma Cidade, faleceu em 6 de setembro de 1964. Ao longo de suas cinco décadas de existência, participou ativamente da vida pública brasileira.

Com efeito, muito jovem, formou-se em Direito na Faculdade Nacional de Direito, em 1932. Neste mesmo ano, torna-se professor interino de Legislação e Economia Política no Curso de Arquitetura da Escola Nacional de Belas Artes, sendo efetivado através de concurso em 1937.[1] Tornou-se Doutor em Direito Civil com a tese "Conflitos de Vizinhança e sua Composição" (1939).[2]

Dentre tantos outros cargos e missões relevantes, San Tiago Dantas foi professor catedrático de Direito Civil da Universidade do Brasil (hoje Universidade Federal do Rio de Janeiro), professor de Direito Romano da Universidade Católica do Rio de Janeiro, primeiro diretor e um dos fundadores da Faculdade Nacional de Filosofia (1941-1945), professor visitante na Sorbonne (1946) e Universidade de Montevidéu (1938).[3]

---

1. https://www.direitoeeconomia.org.br/fotobiografia-de-san-tiago-dantas/.
2. *O conflito de vizinhança e sua composição.* Rio de Janeiro: Borsoi, 1939.
3. Foi também jornalista, proprietário e diretor do Jornal do Commercio do Rio de Janeiro e diretor do Banco Moreira Salles.

Transcrevo dois parágrafos, de seu célebre discurso "Renovação do Direito", proferido na sessão magna de 25 de outubro de 1941 comemorativa do cinquentenário da Faculdade Nacional de Direito, os quais ilustram a personalidade:

> "destino de uma Faculdade é o destino do Direito a que ela serve. E se os que consideram a ordem jurídica vinculada a um certo pensamento político têm motivos para olhar, repassados de tristeza, a era presente como um tempo de decadência jurídica, aqueles que conhecem a independência ideológica da nossa ciência só o podem considerar como tempo de ascensão, de inquietação fecunda, em que o jurista vê processar-se aos seus olhos, sob o escalpelo da sua crítica, a vertiginosa elaboração de um sistema novo de Direito Positivo, no qual se venham exprimir o espírito e as exigências do mundo de hoje".

> "é a confiança, o entusiasmo do trabalho, o que experimentamos nesta data, quando vemos a nossa cinqüentenária Faculdade cruzar os mares novos e difíceis da Política contemporânea, cônscia da importância crescente de sua missão. Os nossos juristas têm o seu olhar voltado para a renovação do Direito, e reprovando todo academismo, em que a mentalidade científica corre sempre o risco de se estagnar, aqui estão investigando, articulando, experimentando o novo, e procurando ligá-lo, uni-lo ao antigo, porque é um dos princípios cardiais da cultura jurídica – o esforço para garantir a continuidade das instituições" (p. 18).

Em outro discurso histórico, "Novos Rumos do Direito", proferido em 12 de dezembro de 1945, na cerimônia de colação de grau dos bacharéis da Faculdade Nacional de Direito, San Tiago Dantas respondia a seguinte questão: "de onde vem a maior e mais séria ameaça ao prestígio do Direito, no mundo em que vivemos?":

> "Por mim, não hesito em afirmar que vem da própria cultura jurídica. Tem sido a grande culpa dos juristas de hoje- não apenas entre nós, mas em todos os países – não assumirem uma posição avançada na revisão dos conceitos dogmáticos e no ajustamento da ciência às novas realidades legislativas e às superiores exigências da reforma social. Apegada a estruturas que exprimem, no Direito Público ou Privado, as condições econômicas e espirituais de determinadas épocas, a cultura jurídica não se lançou à procura das formas novas, e vendo-as brotar desordenadamente na legislação empírica, forjada pelas circunstâncias, via de regra desdenhou o seu estudo sistemático e o seu julgamento teórico. Daí resultou a falsa opinião, muito generalizada nos meios técnicos, burocráticos e mesmo populares, de que a evolução legislativa e a solução de problemas hão de ser obtidas "contra o Direito", isto é, vencendo as resistências, superando os obstáculos que a mentalidade jurídica opõe à rápida decisão e ao pleno esclarecimento das coisas. Daí resultou, também, um mal du siècle dos juristas: uma espécie de saudosismo, que, não concebendo facilmente a ciência jurídica adequada à sua época, sonha uma época adequada à sua ciência jurídica".

Seus discursos dialogavam com a realidade social. E a sua aproximação com a política era natural. Manifestou o seu amor pela democracia em diversos contextos históricos, salientando a importância de conservá-la em nosso país:

> "Se há um dever da consciência jurídica brasileira, que se possa considerar primordial, é esse de colocar o nosso país a salvo de toda ditadura. Poderão variar amplamente as características do regime futuro; deverá, mesmo, nele ser respeitada a necessidade que temos de manter elevada a um alto nível a autoridade do Poder Executivo; mas a consciência jurídica não deve deixar que se abram fendas na muralha de suas convicções democráticas" (Novos Rumos para o Direito)

Em 1955, ingressou no Partido Trabalhista Brasileiro (PTB). A sua posição política ("só o regime democrático é compatível com o Direito") adentrou no Congresso Nacional, quando eleito deputado federal por dois mandatos sucessivos, pelo Estado de Minas Gerais (legislaturas de 1959-1963 e 1963-1967).[4] Enquanto vice-presidente da Comissão de Constituição e Justiça da Câmara dos Deputados, foi encarregado de elaborar o projeto de criação do novo Estado da Guanabara, em que se transformaria a cidade do Rio de Janeiro depois da transferência da capital para Brasília em 21 de abril de 1960. A Lei nº 3.752 é conhecida como "Lei San Tiago Dantas".[5]

Chegou a ser nomeado, em agosto de 1961, pelo Presidente Janio Quadros embaixador junto à Organização das Nações Unidas (ONU). E, ao se despedir da Câmara dos Deputados, proferiu um discurso histórico, no qual anunciou a sua particular preocupação com a legalidade.[6]

Segundo as suas românticas palavras, "nem os totalitarismos da direita, com o seu primarismo feroz e com a sua violência posta a serviço de interesses particulares, nem o totalitarismo da esquerda, procurando implantar em uma democracia, métodos de ação direta que na verdade dão ensejo a uma ditadura aparentemente temporária, mas na verdade de duração indefinida, nenhum dos dois logrará mais vencer na pujante comunidade política que formamos essa vocação democrática, que temos demonstrado em tantas oportunidades". Ainda: "a causa da paz, a causa das Nações Unidas, não pode deixar de apresentar-se ao espírito de qualquer homem público como uma imperativa convocação".

No entanto, não chegou a assumir o cargo, em virtude da renúncia do Presidente: "em 22 de agosto de 1961, foi nomeado pelo Presidente Jânio Quadros Embaixador do Brasil na ONU, mas, devido à renúncia de Jânio três dias depois, não chegou a assumir o cargo e tampouco pôde reassumir o mandato parlamentar".[7]

No Governo João Goulart, que assumiu a presidência em 7 de setembro de 1961, San Tiago Dantas foi escolhido para a pasta das Relações Exteriores, na qual permaneceu até 1962.[8] Dentre os feitos, promoveu a aproximação diplomática do Brasil com a União Soviética.

Considerado por Afonso Arinos[9], o "mais inteligente e culto" defensor do "humanismo teórico-socialista", San Tiago Dantas era admirador de Franklin Roosevelt:

---

4. Site Oficial da Câmara dos Deputados. https://www2.camara.leg.br/atividade-legislativa/plenario/discursos/escrevendohistoria/discursos-em-destaque/serie-brasileira/decada-1960-69/biografia-san-tiago-dantas. Dados bibliográficos também obtidos no site de sua Fundação: https://www.santiagodantas.com.br/vida/quem-foi-san-tiago-dantas/. Acesso em 16 jan. 2022.
5. Site da Fundação Getulio Vargas. https://cpdoc.fgv.br/producao/dossies/JK/glossario/lei_santiago_dantas.
6. Áudio do discurso disponível em Despedida da Câmara (áudio) » San Tiago Dantas.
7. Disponível em: https://www2.camara.leg.br/atividade-legislativa/plenario/discursos/escrevendohistoria/discursos-em-destaque/serie-brasileira/decada-1960-69/biografia-san-tiago-dantas.
8. Vida política detalhada no site da Fundação Getúlio Vargas, link: https://cpdoc.fgv.br/producao/dossies/Jango/biografias/san_tiago_dantas. Acesso em 15 jan. 2022.
9. Escrito de 7 de setembro de 1964, segundo volume de memórias "A escalada", de Afonso Arinos de Melo Franco. Está reproduzido na obra editada pela Forense: "Palavras de um professor". 2. ed. Rio de Janeiro: Forense, 2001.

"O sentido da vida desse grande homem vincula as vossas carreiras mais do que todas as profissões de fé. Foi Roosevelt um profeta do mundo futuro, nesse sentido de que a sua vida aponta caminhos, não só de reforma da ordem social interna, como da convivência internacional. Sua profunda intuição dos problemas e reações morais do povo fazia com que sua política tivesse o que podemos chamar o "dom da atualidade", e o seu poder de liderança ficará nos anais da história política como exemplo perfeito de ascendência pessoal isenta de cesarismo. Sua obra social ficará sendo um esboço inacabado, mas portentoso, de coordenação coletiva das atividades econômicas, sem sacrifício do princípio da liberdade. Sua obra internacional valerá definitivamente, como vencimento de uma etapa da história americana, em que aquele povo predestinado pôde encontrar, para o seu imenso potencial de energia humana e de riquezas, uma distinção universal. Assim como a Revolução Francesa deu à França um destino universal, que até então coubera apenas a Roma, a guerra de 1939-1945 conferiu sentimento semelhante aos Estados Unidos. O espírito de Franklin Roosevelt-sob o qual vos quisestes abrigar ao ingressardes na vida pública – é, assim, aliança com o povo, ideal de vida em comum para as nações, e compromisso de refazer a ordem social interna sobre a base do trabalho, da segurança econômica para todos e da liberdade de consciência e de opinião".[10]

Em vista de sua relevante colaboração ao mundo do direito, da economia e das relações exteriores, periodicamente, as suas obras são reeditadas[11] e o seu pensamento resgatado.[12] No campo do Direito, é inestimável o valor histórico da obra "Palavras de um Professor", que reúne 13 discursos do autor.[13]

Ainda, organizações civis conservam a sua memória. Por ilustração, a sua família mantém um rico site, com discursos históricos e suas principais obras disponíveis para download.[14] Tem sede em Brasília o Instituto San Tiago Dantas de Direito e Economia, o qual se constitui em "um centro de debates e pesquisas (think tank) que promove, sob o ângulo internacional, reflexões destinadas ao desenvolvimento do Brasil". Através de seu site e eventos, almeja o "intercâmbio, a integração e a harmonização de conhecimentos entre as áreas do Direito, da Economia e das Relações Internacionais".[15] O instituto é presidido pelo advogado Adacir Reis.

Essa ampla experiência repercute em seus textos jurídicos, nos quais exaltava a socialidade como um guia na resolução dos conflitos pelos profissionais.

2. NOÇÕES DE RESPONSABILIDADE CIVIL NA OBRA DE SAN TIAGO DANTAS

Questões hoje típicas de responsabilidade civil já se encontram em uma de suas primeiras obras, que lhe rendeu a titularidade da cátedra de direito civil (O conflito de vizinhança e sua composição[16]). Observe-se a seguinte indagação:

---

10. Palavras de um professor, p. 33.
11. Merece destaque a obra San Tiago Dantas: coletânea de textos sobre política externa, organizada por Cristina Buarque de Hollanda e Renato Lessa, publicada pela Fundação Alexandre de Gusmão, 2009. Também: *Escritos políticos*: 1929-1945. DUTRA, Pedro (Org.). São Paulo: Singular, 2016.
12. Atualidade de San Tiago Dantas. MOREIRA, Marcílio Marques; NISKIER, Arnaldo e REIS, Adacir (Orgs.). 2. ed. São Paulo: Lettera, 2007.
13. "Palavras de um professor". 2. ed. Rio de Janeiro: Forense, 2001.
14. Disponível em: https://www.santiagodantas.com.br.
15. Disponível em: https://www.direitoeeconomia.org.br.
16. O conflito de vizinhança e sua composição, p. 181.

"pode acontecer que o proprietário de uma fábrica seja condenado a indenizar aos seus vizinhos a desvalorização que aos respectivos prédios acarretam os incômodos industriais. Suponhamos que a indenização é calculada e paga de uma só vez, e que, decorrido algum tempo, os progressos técnicos revelam meios de evitar os danos tidos por inevitáveis, no momento da indenização. Tem o proprietário prejudicado direito de pedir que doravante os incômodos sejam prevenidos?"

Em artigos e pareceres, enfrentou temas específicos, como os critérios para a responsabilização do Estado por "danos de guerra", justificando que o sacrifício de alguns em favor do interesse geral não poderia ficar sem reparação: "está, porém, no princípio geral de Justiça comutativa, que manda distribuir o sacrifício pelos que dele tiram benefício, a razão primeira em que assenta a indenização dos danos de guerra. ´Omnium contributione sarciatur quod pro omnibus datum est`, já postulavam os romanos (de lege Rhodia de iactu, Dig., XIV, 2, fr. 1). E de nada se pode dizer melhor do que da guerra, que o sacrifício pessoal ou patrimonial imposto a alguns, no interesse da defesa ou da vitória, aproveita a todos os cidadãos e, por conseguinte, deve ser por todos repartido".[17]

A sua obra fundamental, a respeito de teoria geral do direito civil e responsabilidade civil, é a edição histórica "Programa de Direito Civil", que sintetiza as suas aulas proferidas na Faculdade Nacional de Direito entre 1942- 1945[18].

O seu estilo de docência conjugava teoria e análise de casos (hipotéticos e reais). No discurso, "Em Defesa do Direito", proferido a 21 de dezembro de 1957, explicava a preferência pela metodologia do estudo de casos[19]:

"O estudo dos casos, longe de ter um cunho puramente prático, ou de servir de ilustração concreta a afirmações feitas pelo expositor, constitui um método de ensino, que se caracteriza por substituir a preleção expositiva de institutos e conceitos pelo próprio desenvolvimento do raciocínio jurídico. Formar o raciocínio jurídico, isto é, colocar o estudante em face do conflito de interesses e habilitá-lo a procurar por si mesmo a solução, fazê-lo descobrir as normas jurídicas adequadas e suscitar os conceitos e teorias para torná-las inteligíveis, esse é o método por excelência de ensinar o Direito e formar o jurista. As teorias, as doutrinas dos escritores não se aprendem de maneira útil e viva, senão quando a elas recorremos sob a sugestão imperiosa do caso a resolver. Memorizadas, ou mesmo incluídas numa exposição

---

17. Danos de Guerra, p. 112. O raciocínio empreendido por San Tiago Dantas nessa construção é semelhante à utilizado pelo Supremo Tribunal Federal ao fixar a tese de repercussão geral pela responsabilidade civil do Estado diante de profissional de imprensa ferido em situação de tumulto durante cobertura jornalística. Tema 1055, "É objetiva a Responsabilidade Civil do Estado em relação a profissional da imprensa ferido por agentes policiais durante cobertura jornalística, em manifestações em que haja tumulto ou conflitos entre policiais e manifestantes. Cabe a excludente da responsabilidade da culpa exclusiva da vítima, nas hipóteses em que o profissional de imprensa descumprir ostensiva e clara advertência sobre acesso a áreas delimitadas, em que haja grave risco à sua integridade física" (RE 1209429, Tribunal Pleno. DJE 20 out. 2021.

18. Disponível em: https://www.santiagodantas.com.br/wp-content/uploads/programa_de_direito_civil-I-OCR.pdf.

19. In: Palavras de um Professor, p. 38.

sistemática, de nada valem, não são instrumentos de trabalho para o jurista, e não há exagero em dizer que sua utilidade se esgota no dia em que o aluno faz delas uma exposição conscienciosa na presença do professor".[20]

Sobre a ilicitude, principiava o capítulo específico com a seguinte lição:

"O ato ilícito é o tema a seguir tratado. O conceito de ilicitude é um dos mais gerais que se encontram dentro do direito e, a rigor, pode-se dizer que ele abrange, na sua extrema generalidade, não só os fundamentos do direito privado, como os fundamentos de direito público. Que é o ilícito? Que é a ilicitude? Ilícito é tudo aquilo que é contrário ao direito. Toda conduta do homem que fere o direito, objetivamente considerado, é uma conduta ilícita. De maneira que inúmeras e comuníssimas são as formas sob que pode deparar-se a ilicitude. Se tiver de definir-se o sentido fundamental da ordem jurídica, chegar-se-á, até mesmo, a conclusão de que a ordem jurídica tem um duplo sentido: proteger o lícito e reprimir o ilícito. Quer dizer: proteger a atividade do homem que se explica de acordo com o direito; reprimir a atividade do homem que se explica contrariamente ao direito".[21]

Por considerar demasiadamente ampla a definição, propunha classificações e outros conceitos, afinal "um conceito tão lato de ilicitude não se presta ao trabalho dogmático". Fiel ao momento histórico em que viveu, explicava da seguinte forma a distinção entre o ilícito civil e penal: "nos seus efeitos jurídicos, o ilícito penal e o ilícito civil são completamente diversos. A um se reprime, mandando compor os prejuízos do ofendido; ao outro se reprime, mandando expiar uma pena que não beneficia a ninguém e quando tiver de aproveitar a alguém, é ao Estado. Em que reside, porém, essa diferença de um ilícito e do outro? Sabe-se que, no ilícito penal, entende-se que o principal ofendido com o ato que se praticou, foi a própria coletividade, foi a sociedade alarmada pelo ato contrário ao direito que praticou o criminoso e, por essa razão, a natureza da pena não é particular, é pública, precisamente porque ela representa um direito da sociedade de reprimir os atos que a ofendem, os atos que põem em perigo o meio comum".

---

20. Em outro escrito, justificava a "reorientação do ensino no sentido da formação do próprio raciocínio jurídico, em lugar do simples conhecimento sistemático das instituições, corresponde à necessidade de pragmatizarmos, nos dias de hoje, a educação jurídica, despindo-a de seu caráter ornamental e descritivo. Precisamos levar o Direito ao tecido das relações sociais, reimpregnar dele os problemas que a sociedade submete ao controle de outras técnicas, como as que lhe são fornecidas pela Ciência Econômica e pela novel Ciência da Administração, de modo que o Direito não se alheie a qualquer problema social, e tenha sob sua orientação última todos os critérios engendrados para resolvê-los" (*Palavras de um Professor*, p. 63).

21. Op. cit., p. 341. Coerentemente com suas outras obras, conceituava o ilícito como "a transgressão de um dever jurídico. Não há definição mais satisfatória para o ilícito civil. O ilícito civil é a transgressão de um dever jurídico. Desde o momento em que aquele sobre quem pesava um dever jurídico o transgride, cometeu um ilícito, ilícito civil, pois o ilícito penal só ocorre se o dever jurídico for imposto pela lei penal. Ora, o dever jurídico pode resultar de duas fontes: em alguns casos ele resulta da própria lei, da própria norma jurídica: é a norma jurídica que declara que cai sobre tais e tais indivíduos um determinado dever; outras vezes, pelo contrário, o dever jurídico resulta da própria vontade dos indivíduos. São eles que criam, para si, voluntariamente, certos deveres jurídicos, contraindo obrigações, contraindo esses compromissos voluntários que os atos jurídicos são capazes de gerar" (p. 346).

Todavia, de maneira inovadora para a ciência jurídica brasileira, se apercebia que o principal objetivo do direito civil, no século XX, deveria ser proteger o lesado (e não punir o "culpado"): "ora, sabe-se que, enquanto o Direito penal, cada dia, se aferra mais à personalidade do agente, para fazer realmente do agente não só o ponto de imputação do delito, como o ponto de imputação da pena, o Direito Civil, pelo contrário, tem um interesse capital em alargar a imputação da ilicitude. O interesse aqui não é responsabilizar, para ficar-se no exemplo há pouco fornecida, do motorista do ônibus, que albalroou; o interesse é responsabilizar a companhia, que manda o ônibus trafegar. De maneira que essa necessidade de dilatar a responsabilidade, além dos limites do agente do ato danoso, já os romanos o sentiam, embora não com a nitidez e com a flexibilidade da dogmática moderna, e, por isso, talvez, é que surgiu, no Direito romano, aquela atormentada figura das quasi delicta" (p. 349).

Nesse sentido, enfatizava que a responsabilidade civil não poderia ficar refém da perquirição de culpa, ao menos em relação às atividades que usualmente geram risco de danos para as pessoas: "os automóveis, ônibus, etc., atropelam continuamente pessoas e se vai subordinar a indenização, à vítima a pesquisa prévia sobre a culpa das companhias, não se indenizará senão uma parcela mínima de casos. A tendência do direito, em geral, é para: em todos os casos, reconhecer responsabilidade, mesmo quando, não há culpa. Não está ainda na legislação brasileira, embora já seja a regra para as estradas de ferro. E neste caso, costuma-se dizer que a responsabilidade também não se pode fundar na culpa; funda-se no risco que as companhias fazem correr os pedestres e que elas, por isso, têm que ressarcir" (p. 361).

Muito interessante, na obra de San Tiago Dantas, é a meditação acerca da teoria do abuso do direito, a qual não se encontrava expressamente no Código Civil de 1916. Assim sintetizava a questão: "Tem-se, portanto, freqüentemente, na vida social, casos em que uma pessoa traz prejuízo à outra no exercício de um direito, mas o exercício deste direito, em vez de se fazer para aqueles fins, em vista dos quais, o direito foi tutelado pela norma, é feito, ou com o escopo de prejudicar a outrem, ou com uma finalidade manifestamente antissocial. Deve-se, então, perguntar, se dentro desses casos, cumpre manter o princípio de que o exercício do direito tolhe a ilicitude do ato, ou se, pelo contrário, em tais casos, apesar do exercício do direito, a atividade é ilícita. Este é que é o problema que se conceitua sob o nome de problema do abuso do direito". (p. 366)

Ainda: "ora, se considerar-se o exercício do direito, mesmo quando ele tem o escopo puramente malicioso, está-se colocando o direito em contradição consigo mesmo. Está-se colocando o direito de um indivíduo em contraposição com as finalidades da ordem jurídica ou, por outra, está-se fazendo do direito um instrumento da injustiça. Nesse sentido é que os antigos formularam aquela epígrafe, tantas vezes invocada, summum ius summa iniuria. Que atitude se deve tomar perante o problema do abuso do direito?"

Após analisar diversas teorias, San Tiago Dantas considera a de Raymond Saleilles como a mais adequada à quadro normativo brasileiro, por enfatizar a identificação da finalidade: "outra teoria, que merece atenção especial, pois parece ser aquela que se coaduna com o direito positivo pátrio, deve-se ao Saleilles e é interessante observar que Saleilles a desenvolveu no seu livro sobre a teoria das obrigações. Saleilles construiu a teoria do seguinte modo: "para compreender-se bem o que é abuso do direito, precisa-se partir de que o direito tem sempre uma finalidade, em razão da qual, a norma jurídica o protege. Por que razão se protege o pátrio poder? Para que o pai eduque o filho. Por que razão se protege a livre concorrência? Para que as empresas, as firmas, possam, cada uma delas, servir melhor ao público e obter maiores lucros. Por que razão se dá ao patrão o direito de admitir e despedir empregados? Para que escolha melhores empregados e assim por diante. Todas as situações jurídicas, que se conceituam como direito subjetivo, são reconhecidas e protegidas pela norma, tendo em vista uma finalidade, que se poderá chamar, a finalidade econômica e social do direito. Todas as vezes em que o direito é exercido, segundo estas finalidades, está dentro de seus quadros teleológicos. Acontece, porém, que o titular de um direito, em vez de exercê-lo no sentido destas finalidades, o faz no sentido de finalidade contrária, contrastando, expressamente, com a finalidade para a qual o direito foi instituído. Tem-se, então, o exercício anti-social do direito e este exercício anti-social é que se conceitua como abuso do direito. Abuso do direito nada mais é do que o exercício anti-social do direito" (p. 372).

A seguir, arrolou exemplos nos quais a teoria do abuso do direito poderia ser arguida e aplicada com utilidade para a sociedade: (a) o pai que exerce o poder familiar "não no interesse da educação do filho, mas no interesse de sua própria situação financeira ou, apenas, para satisfazer os seus instintos de crueldade; (b) a empresa que tem a liberdade de contratar quaisquer funcionários, porém resiste a admitir trabalhadores sindicalizados; (c) o dumping, quando os produtos e serviços são colocados no mercado "a preço vil, graças ao que, um concorrente, financeiramente forte, vence aqueles que não podem aguentar muito tempo o regímen de tal preço".

A consideração globalizada do fenômeno jurídico, com a atenção para os efeitos das ações das pessoas na vida social, é apreendida em sua obra. Por ilustração, explicando a missão do juiz ao fixar o interdito proibitório, assim se manifesta:

"o que o ameaçado pede ao juiz é que proíba a outrem a execução da turbação de que se sente ameaçado. Pede ao juiz que dirija, ainda, uma proibição àquele de quem se espera a agressão. Mas esta proibição, simplesmente, teria uma eficácia quase que moral, pois, afinal de contas, o agressor poderia transgredi-la e, depois, teria o ameaçado de lançar mão dos interditos de manutenção ou de recuperação, sem que esta medida preliminar tivesse tido qualquer eficácia própria, de modo que o interdito de proibição se completa com aquilo que se chama o preceito, que é o segundo característico. Preceito é uma pena pecuniária que o juiz comina, no ato de proibição, para o caso desta ser transgredida. Esta indenização prévia não é uma liquidação de perdas e danos, por isso que, naquele instante, não se pode saber ainda a extensão que terá o prejuízo causado pela violação, mas guarda uma certa relação de quantidade com o que, provavelmente, seria o prejuízo tido pelo autor. Daí poder o juiz recusar uma cominação muito alta todas as vezes em que percebe que a coisa não corresponde a um dano provável de tanto valor. Pode, por isso, reduzir o preceito" (pp. 87-88).

Harmonizar os interesses seria uma das principais missões do intérprete.[22] No caso da responsabilidade civil, identificar a adequada "compensação", conforme explica o autor: "toda lesão do direito gera uma responsabilidade. Sempre que se verifica uma lesão do direito, isto é, sempre que se infringe um dever jurídico correspondente a um direito, a primeira conseqüência que daí advém, para o autor da lesão, é a responsabilidade que, por sua vez, é um dever jurídico de quem o lesou, em relação à pessoa lesada e tendente a compensar a lesão que se verificou"[23].

As lúcidas lições de San Tiago Dantas, proferidas em contextos históricos muito delicados, de instabilidade, nacionalismos exacerbados, divisão dos povos, como o pós-Guerra, os mandatos de Getúlio Vargas, Janio Quadros e João Goulart, de Guerra Fria, servem de bússola para enfrentar outros desafios contemporâneos.

Pelo seu mérito, o conjunto da obra permanece atual. E concluo com um seu alerta, para que os civilistas mantenham os olhos voltados à realidade, no seu diuturno trabalho:

"Caberá à ciência do Direito Civil registrar as alterações profundas que os tempos de hoje parecem estar trazendo não só à vida do Estado, mas à vida do povo. No seu trabalho de síntese e sistematização das instituições novas, reconhecendo a abdicação de certos princípios e entronização de outros, concedendo uma alteração de sistema, abolindo um aforismo, identificando ou separando dois institutos, vai o civilista executando a paciente alquimia de que sai transformada a substância da sociedade."[24]

3. REFERÊNCIAS BIBLIOGRÁFICAS.

DANTAS, San Tiago. O conflito de vizinhança e sua composição. Rio de Janeiro: Borsoi, 1939.

DANTAS, San Tiago. Programa de Direito Civil: Parte Geral. Aulas proferidas na Faculdade Nacional de Direito [1942- 1945]. Rio de Janeiro: Editora Rio – Sociedade Cultural Ltda., 1977.

DANTAS, San Tiago. Programa de Direito Civil, v. 2: Contratos. Aulas proferidas na Faculdade Nacional de Direito [1942- 1945]. Rio de Janeiro: Editora Rio – Sociedade Cultural Ltda., 1978.

DANTAS, San Tiago. Programa de direito civil, v. 3: Direito das coisas. Rev. do texto e anotações de José Gomes de Bezerra Câmara. Atualização de Laerson Mauro. Rio de Janeiro: Editora Rio, 1979.

DANTAS, San Tiago. Direitos de família e das sucessões. Rio de Janeiro: Forense, 1991.

DANTAS, San Tiago. Renovação do direito. In: Palavras de um professor. 2. ed. Rio de Janeiro: Forense, 2001.

---

22. "Por exemplo, quando há conflitos de interesses no domínio das simples relações privadas, em que sentido atua a norma jurídica? Atua no sentido de se garantir o equilíbrio entre os interesses dos indivíduos, para que um não possa mais do que o outro, para que o conflito se componha em termos de equilíbrio e de responsabilidade." Direitos de Família e das Sucessões, p. 101.
23. Programa de direito civil III: Direito das coisas, p. 139.
24. Discurso proferido a 30 de agosto de 1940 ao tomar posse da cadeira de Direito Civil da Faculdade Nacional de Direito da Universidade do Brasil. Disponível em: https://www.santiagodantas.com.br/wp-content/uploads/DISCURSO-DE-POSSE-1.pdf.

DANTAS, San Tiago. *Novos rumos do direito*. In: Palavras de um professor. 2. ed. Rio de Janeiro: Forense, 2001.

DANTAS, San Tiago. *Em defesa do direito*. In: Palavras de um professor. 2. ed. Rio de Janeiro: Forense, 2001.

DANTAS, San Tiago. *A educação jurídica e a crise brasileira*. 2. ed. Rio de Janeiro: Forense, 2001.

DANTAS, San Tiago *Danos de Guerra*. In: Problemas de direito positivo. 2. ed. Rio de Janeiro: Forense.

CAIO MÁRIO E A RESPONSABILIDADE CIVIL

Carlos Edison do Rêgo Monteiro Filho

Professor Titular de Direito Civil da UERJ. Doutor em direito civil e mestre em direito da cidade pela Faculdade de Direito da UERJ. Vice-presidente do Instituto Brasileiro de Estudos da Responsabilidade Civil – IBERC. Procurador do Estado do Rio de Janeiro. Advogado e parecerista em temas de direito privado.

Leonardo de Campos Melo

Advogado. Mestre em Direito Civil pela Faculdade de Direito da UERJ.

Mestre (LLM) em Arbitragem pelo Centro de Arbitragem Internacional da American University (Washington, D.C.). Autor de livros e artigos, no Brasil e no exterior, sobre Arbitragem e Direito Civil. Foi Professor da Pós-Graduação da PUC-Rio.

Sumário: 1. Breve biografia de Caio Mário da silva Pereira – 2. Produção geral do autor – 3. Caio Mário e a responsabilidade civil – 4. Referências.

1. BREVE BIOGRAFIA DE CAIO MÁRIO DA SILVA PEREIRA

O título do capítulo de abertura deste artigo anuncia a inglória tarefa dos autores, que se viram instados a, em poucas páginas, apresentar fatos marcantes na vida do Professor Caio Mário da Silva Pereira. O desafio é ainda maior quando se combina a longevidade do biografado, que cruzou a fronteira dos 90 anos, com a intensidade de sua vida profissional e acadêmica. Naturalmente, diversas e relevantes informações do biografado foram omitidas dos parágrafos seguintes, dada a necessária observância às orientações estabelecidas pela organização desta obra coletiva.[1]

Caio Mário nasceu em Belo Horizonte, em 09.03.1913. Filho mais velho de Leonídia e Leopoldo Pereira (este em seu segundo casamento, pai de 12 filhos no total), respeitado professor, filólogo, latinista e literato – tradutor de clássicos latinos, como a *Eneida*, de Virgílio, e os *Anais*, de Tácito –, Caio Mário aprendeu com seu pai, desde tenra idade, lições fundamentais de história, geografia, português, latim e francês, determinantes à sua diferenciada formação humanista.

Com o falecimento precoce de seu pai, Caio Mário, recém entrado na vida universitária, obteve emprego na Revista Forense, encarregando-se de copiar acórdãos, familiarizando-se, precocemente, com a linguagem jurídica. Cursou, a partir de 1931, a então Faculdade de Direito de Minas Gerais, onde foi aluno de grandes mestres, com destaque para Orozimbo Nonato, responsável pelo despertar, no jovem estudante,

---

1. A maior parte dos fatos, descritos no primeiro capítulo deste artigo, foi extraída da obra autobiográfica *Algumas Lembranças*, publicada por Caio Mário em 2001.

do interesse especial pelo Direito Civil. Bacharelou-se em 1935, e nos anos seguintes foi professor de língua portuguesa e francesa no Colégio Estadual de Minas Gerais. Também nesse período inicial pós-formatura, frequentou a banca de advocacia do renomado Jair Lins (filho do Ministro Edmundo Lins, do Supremo Tribunal Federal), onde, atento, observou o seu Mestre e amigo exercer com brilhantismo o seu nobre ofício. Poucos anos após formado, constituiu seu próprio escritório, e nele permaneceu ativo, em expediente diário, até completar 85 anos.

Em 1937, com o advento do Estado Novo e de sua Constituição, a "Polaca", Caio Mário escreveu artigo intitulado "O Direito Civil na Constituição de 10 de Novembro", tornando-se, segundo a historiadora Lucília de Almeida Neves, mais um desafeto explícito do regime totalitário de Getúlio Vargas[2], que outrora apoiara enquanto ainda entusiasmado pela Aliança Liberal. Em 1943, subscreveu o Manifesto dos Mineiros, documento formal de condenação ao Estado Novo e da luta pela restauração das liberdades civis no país.

Em 1950, com a tese "Lesão nos Contratos Bilaterais", conquistou a cátedra de Professor Titular de Direito Civil da então Faculdade de Direito de Minas Gerais. Em 1952, tornou-se doutor em Direito Civil Comparado pela mesma Universidade (federalizada naquele mesmo ano, tornando-se a atual UFMG). Em 1953, em Paris, aprofundou seus estudos em cursos com renomados juristas, dentre os quais René David.

Caio Mário exerceu relevantes cargos públicos. Entre 1960 e 1963, foi Consultor Geral da República, Advogado Geral do Estado de Minas Gerais e seu Secretário de Segurança Pública. Nos anos seguintes, foi Chefe de Gabinete do Ministro da Justiça, Milton Campos, e nessa posição participou ativamente do intenso movimento de reforma dos Códigos na década de 1960. Posteriormente, foi Chefe de Gabinete do Ministro da Educação, Pedro Aleixo.

Foram muitas as suas contribuições para o aperfeiçoamento legislativo do país, em diferentes esferas federativas, com destaque para os anteprojetos, de sua autoria, da Lei de Condomínios e Incorporações (1964) e do Código de Obrigações (1963), e foi parte integrante da Comissão Revisora do Anteprojeto de Código Civil de Orlando Gomes (1963).

Em 1970, mudou-se para o Rio de Janeiro, tornando-se Professor Titular de Direito Civil e Romano da UFRJ e Professor Catedrático de Direito Civil Comparado, onde lecionou até se aposentar, na década de 1980.

No biênio 1975/1977, em período conturbado da história do país, Caio Mário assumiu a Presidência do Conselho Federal da OAB. Naqueles anos, e nos que se seguiram, a OAB teve papel central na luta contra as graves violações aos direitos humanos e no processo de redemocratização e reestabelecimento das garantias constitucionais. Dois eventos marcaram a sua presidência.

---

2. NEVES, Lucília. In: Apresentação II à obra *Algumas Lembranças*, de Caio Mário da Silva Pereira (Rio de Janeiro: Forense, 2001, p. XIX).

O primeiro deles foi a luta da OAB por manter sua independência em face ao Regime Militar. Em uma primeira investida, foram proferidos Decretos com o objetivo de subordinar a OAB ao Ministério do Trabalho. Ato contínuo, também tentou-se submeter a OAB a prestar contas ao Tribunal de Contas da União. Caio Mário, como presidente do Conselho Federal, foi convocado a depor e prestar esclarecimentos sobre a natureza jurídica da entidade. O embate com o Poder Executivo foi intenso e longo, mas se encerrou com parecer definitivo do então Consultor-Geral da República, Luís Rafael Mayer, também fundado em estudo publicado por Caio Mário em 1974, encerrando de vez a investida do Regime Militar sobre a OAB.

O segundo evento tem relação direta com as criminosas práticas de tortura ocorridas nos porões da ditadura em São Paulo. Logo que tomou posse como Presidente do Conselho Federal, Caio Mário recebeu denúncias de práticas de tortura por agentes do Regime Militar, porém desacompanhadas de provas e detalhamentos mais precisos, a justificar a atuação contundente e efetiva por parte da OAB. Em resposta, diversas pessoas (muitas delas vítimas de tortura) prepararam um corajoso e substancioso documento, entregue a Caio Mário em outubro de 1975, com a descrição de numerosos métodos de tortura de dezenas de presos políticos detidos no Presídio Barro Branco, São Paulo, o qual também continha a indicação nominal de centenas de policiais e militares diretamente envolvidos nas crueldades narradas, encabeçada pelo comandante do DOI-CODI/SP, o então major Carlos Alberto Brilhante Ustra. Dentre os 34 signatários da carta estão nomes que ocuparam cargos políticos relevantes na história recente do país, como José Genuíno Neto e Paulo de Tarso Vannuchi. Ato contínuo, Caio Mário deu ciência formal desses eventos (via ofícios numerados) às maiores autoridades da República, incluindo o Chefe do Gabinete Civil da Presidência da República, o Supremo Tribunal Federal, o Senado Federal e Câmara dos Deputados. O documento gerou enorme mal-estar ao Regime, dentro e fora do país, como, mais recentemente, revelado pela Comissão Nacional da Verdade.[3] Posteriormente, muitos dos signatários da carta-denúncia enviaram

---

3. "O SNI, em informação de 1976, também preocupado com a repercussão do documento, atacou a OAB: `Esta entidade está atuando dentro do esquema subversivo, programado pelo MCI, e executado pelos seus sequazes no BRASIL. Este órgão, já infiltrado pelos comuno-esquerdistas, fugindo à ética que alega na sua representação, divulgou ao mesmo tempo e através do seu presidente, à imprensa estrangeira – objetivando a agitação e a desmoralização dos órgãos de segurança do País, no exterior – o documento que estava enviando ao Gab Civ Da Presidência Da República. O jornal "The Miami Rerald/Eua" [sic], na sua edição de 04 Dez 75, publicou o artigo "Presos Falam De Tortura No Brasil", onde acrescenta que o Presidente da OAB havia liberado o documento citado e que também o estava remetendo ao Presidente Ernesto Geisel e ao Congresso Nacional [...] Esta má fé caracteriza a posição do seu presidente CAIO Mário Da Silva Pereira, elemento esquerdista e anti-revolucionário, bem como de seu vice-presidente Heleno Fragoso, militante comunista e notório defensor de presos subversivos, [...]. (Trata-se da Informação confidencial 022/16/AC/76, da Agência Central do Serviço Nacional de Informações (COMISSÃO NACIONAL DA VERDADE. Estado ditatorial militar: coesão interna a qualquer custo. s/d)´"
   Fonte: *"Bagulhão": A voz dos presos políticos contra os torturadores. O Documento de 1975 que foi a primeira denúncia pública contra os agentes da ditadura militar.* Comissão da Verdade do Estado de São Paulo – Rubens Paiva. Disponível em https://www.al.sp.gov.br/repositorio/bibliotecaDigital/20480_arquivo.pdf>. Acesso em: 13 mar. 2022.

uma placa de madeira a Caio Mário, contendo um desenho feito com guimbas de cigarros, agradecendo-lhe as providências tomadas e o destino dado àquele que é considerado o primeiro documento de denúncia formal de atos de tortura praticados durante a Ditadura Militar.[4]

Nas décadas de 1980 e 1990, Caio Mário passou a dedicar-se, exclusivamente, à sua atividade de parecerista, dando resposta às inúmeras consultas recebidas, oriundas de todo o país.

Em 1999, Caio Mário recebeu, da Universidade de Coimbra, o título de Doutor Honoris Causa. Em 2001, tomou posse na Academia Mineira de Letras, na Cadeira 21, ocasião em que lançou seu livro de memórias intitulado "Algumas Lembranças".

Caio Mário participou ativamente da vida acadêmica internacional, tendo sido membro titular da Academie Internationale de Droit Comparé (Paris), da Société de Legislation Comparée (Paris), da Academia Brasileira de Letras Jurídicas, da Sociedad Argentina de Derecho Comparado (Buenos Aires). Foi copresidente Honorário do Instituto Luso-Brasileiro de Direito Comparado (Lisboa-Rio de Janeiro).

Foi agraciado com diversas honrarias, destacando-se a Medalha Teixeira de Freitas, do Instituto dos Advogados do Brasil (1962), e a Medalha de Mérito, pela Ordem dos Advogados de Portugal (1983).

Caio Mário faleceu em 27.01.2004, aos 90 anos.

2. PRODUÇÃO GERAL DO AUTOR

A produção acadêmica de Caio Mário se estende por quase 70 anos, desde o período de estudante de direito, no início da década de 1930, quando publicou seu primeiro artigo na Revista Forense, até pouco antes de sua morte, em 2004. Escreveu inúmeras dezenas de artigos e estudos aprofundados, tratando de temas de direito privado e público, no Brasil e no exterior.

Listam-se, a seguir os seus principais livros, conhecidos por estudantes e profissionais do Direito, e reiteradamente citados na jurisprudência brasileira:

Instituições de Direito Civil (em 6 Volumes)

I.   Teoria Geral do Direito Civil (1960)
II. Teoria Geral das obrigações (1962)
III. Contratos, Declaração Unilateral de Vontade, Responsabilidade Civil (1964)
IV. Direitos Reais (1966)
V.   Direito de Família (1968)
VI. Direito de Sucessões (1972)
Reconhecimento da Paternidade e seus Efeitos (1947,)

---

4. Os documentos envolvendo a carta-denúncia dos presos políticos de São Paulo encontram-se, hoje, em exposição/arquivo no Museu do Conselho Federal da Ordem dos Advogados, em Brasília.

Lesão nos Contratos (1955)

Pareceres do Consultor Geral da República (1963)

Anteprojeto do Código de Obrigações (1963)

Membro da Comissão Revisora do Anteprojeto de Código Civil de Orlando Gomes (1963).

Anteprojeto da Lei de Condomínios e Incorporações (1964)

Condomínios e Incorporações (1975)

Reformulação da Ordem Jurídica e Outros Temas (1980)

Responsabilidade Civil (1989)

Algumas Lembranças (2001)

Direito Civil: Alguns Aspectos de sua Evolução (2002)

Obras póstumas:

Pareceres: Obrigações e Contratos (2012)

Comentários ao Código Civil de 2002 (em 3 volumes)

I.   Parte Geral (2015)

II. Obrigações (2016)

III. Contratos, Títulos de Créditos, Declaração Unilateral de Vontade, Responsabilidade Civil (em fase de edição)

Por sua relevância ao tema objeto do capítulo seguinte, destaca-se a obra "Responsabilidade Civil", publicada por Caio Mário aos 76 anos, no auge de sua maturidade de jurista.

3.   CAIO MÁRIO E A RESPONSABILIDADE CIVIL

Enormes foram as transformações da responsabilidade civil nos últimos cem anos. Louis Josserand, em clássico trabalho sobre a evolução da responsabilidade civil, já observava que "nessa matéria, a verdade de ontem não é mais a de hoje que deverá, por sua vez, ceder o lugar à de amanhã".[5] Caio Mário, em suas diversas atividades como jurista, desde sua formatura em 1935 até o início do século XXI, presenciou as profundas modificações funcionais e estruturais ocorridas na disciplina, protagonizando algumas delas.

A rigor, a obra do Professor, tomada em seu conjunto, reflete cada metamorfose ocorrida, como se vê, por exemplo, de suas Instituições de Direito Civil, em seis volumes publicados entre 1960 e 1972. Da clássica coleção, não constava volume próprio exclusivamente voltado à disciplina da responsabilidade: a abordagem fora desenvolvida originariamente na parte final do terceiro volume, como último lufo

---

5. JOSSERAND, Louis. Evolução da responsabilidade civil. In. *Revista Forense*, v. LXXXVI, a. XXXVIII, abril de 1941, p. 548.

do direito obrigacional na sequência de livro dedicado sobretudo ao estudo dos contratos – teoria geral e espécies.

Diante do fenômeno da multiplicação dos danos que se intensificou no fim do século anterior, e da consequente expansão das fronteiras da responsabilidade civil, o Professor, na vanguarda doutrinária, cuidou de, logo no final da década de 1980, elaborar livro próprio, dedicado exclusivamente à matéria. Confiram-se suas palavras de abertura da apresentação da obra:

> Como professor e como advogado, como examinador de teses para concursos e como parecerista, como conferencista e como autor do 'Anteprojeto de Código das Obrigações', tenho-me largamente defrontado com a responsabilidade civil. Dada sua frequência na problemática social e sua incidência no cotidiano das especulações, as minhas observações pessoais confirmam o que de muito mais alto enunciam os irmãos Mazeud, em obra que se fez mundialmente clássica no direito moderno, segundo os quais a tendência absorvente da responsabilidade civil quase que a torna 'centro das atividades jurídicas'.[6]

Em verdade, Caio Mário, em suas atividades acadêmicas e profissionais, contribuiu ativamente para os avanços do direito da responsabilidade civil, constituindo-se em esteio doutrinário, farol a iluminar as turbulências engendradas pela rapidez das transformações ditadas pelo surgimento das novas tecnologias, como se passará a ver. Para tanto, mostrou-se fundamental sua sólida formação humanista, objeto de desenvolvimento no item 1 deste trabalho. Trata-se de doutrinador que fez valer as palavras de Pietro Perlingieri, segundo as quais "a formação do jurista, mais do que qualquer outro pesquisador, é inseparável da sua mais complexa experiência de homem"[7], e que se pautou pelo constante diálogo com os demais atores do cenário jurídico, o legislador e os tribunais, na busca incessante de um ordenamento jurídico justo, harmônico e unitário.[8]

Dentre tais contribuições, em linha de aproximação doutrinal com o legislador, uma das mais relevantes foi a inclusão do artigo 916 no Anteprojeto do Código de Obrigações de 1963, que estabelecia que "o dano moral será ressarcido, independentemente do prejuízo material". Trata-se de relevantíssima inovação, tendo em vista que poucos anos depois, em 1966, o Supremo Tribunal Federal, em acórdão paradigmático de relatoria do Ministro Aliomar Baleeiro, daria o primeiro passo rumo à reparabilidade dos danos extrapatrimoniais no direito brasileiro.[9] Com a

---

6. PEREIRA, Caio Mário da Silva. *Responsabilidade civil*. 11. ed. Atualizado por Gustavo Tepedino. Rio de Janeiro: Forense, 2016, p. XI.
7. PERLINGIERI, Pietro. *O direito civil na legalidade constitucional*. Rio de Janeiro: Renovar, 2008, p. 43.
8. Sobre a necessária percepção do outro como, a um só tempo, igual e diferente, para que a partir daí se realize o princípio da isonomia, confira-se o seguinte excerto: "Do Código à Constituição, a igualdade como exigência ética expressou, no Direito, a diferença com o respeito à diversidade. Igualdade e ausência de discriminação assentaram-se na relação da igualdade com direitos fundamentais, preservando-se, por imperativo, na igualdade a diferenciação" (FACHIN, Luiz Edson. *Direito civil*: sentidos, transformações e fim. Rio de Janeiro: Renovar, 2015, p. 54).
9. STF, Tribunal Pleno, RE 59.940/SP. Rel. Min. Aliomar Baleeiro. Como registramos em passagem anterior, identificamos nesse julgado verdadeiro *leading case*, confira-se: "O *leading case* da reparação do dano moral

não conversão em lei do Anteprojeto do professor Caio Mário, a legislação pátria reconheceria a plena compensação dessa espécie de dano somente após mais de duas décadas, quando da promulgação da Constituição da República de 1988.

Outro avanço significativo encampado pelo Anteprojeto do Código de Obrigações de Caio Mário em relação ao Código de 1916, e posteriormente aproveitado pelo Código Civil de 2002, estabeleceu-se com a previsão de imputação de responsabilidade por risco, em paralelo à que se tem com lastro no fator culpa do agente. Na exposição de motivos do referido Anteprojeto, o Professor afirma que "a ideia de culpa nunca poderá ser abolida da problemática da responsabilidade civil", todavia, logo na sequência anota que "ela é hoje insuficiente para conter todo o plano da reparação", a justificar assim a inclusão de uma cláusula geral de responsabilidade objetiva no artigo 935 do referido Anteprojeto, segundo a qual "aquele que cria um perigo, em razão de sua atividade ou profissão, pela natureza delas, ou dos meios empregados, está sujeito à reparação do dano que causar, salvo se provar que adotou todas as medidas idôneas a evitá-lo" – o teor do preceito parece revelar a fonte inspiradora do parágrafo único do artigo 927 do atual Código Civil.[10]

Ainda no campo das inovações legislativas propostas pelo Anteprojeto de 1963 e aproveitadas pelo Código de 2002, não se pode deixar de mencionar a consagração do abuso de direito, com amplas e profundas implicações práticas. Sobre o tema, escreveu o Professor na exposição de motivos do Anteprojeto: "O abuso de direito tornou-se hoje, depois de vencer a luta capitaneada por Marcel Planiol, ideia triunfante. O condicionamento do exercício dos direitos à ideia de uma limitação tornou-se indispensável à paz e à harmonia social". Na sequência, contextualiza criticamente o problema: "Nas épocas de extremo individualismo, como foi o período clássico do direito romano, ou a exacerbação da economia no século passado, não se cogitava da frenação dos egoísmos. Cada um poderia levar às últimas consequências a manifestação de suas faculdades". E, em posição de vanguarda científica, conclui

---

no Supremo deu-se em acórdão de 1966, cujo relator, Ministro Aliomar Baleeiro, após exaustiva pesquisa jurisprudencial a servir de base à admissibilidade do recurso extraordinário, conferiu o direito de ressarcimento aos pais que perderam duas crianças de 9 e 4 anos de idade em acidente no qual a culpa foi atribuída a uma empresa de ônibus. Frise-se que a decisão reformada considerava culpada a empresa e, portanto, reconhecia que a conduta da transportadora dera causa à morte dos menores, imputando-lhe expressamente a responsabilidade por estes infortúnios. Contudo, não lhe atribuía igualmente o dever de indenizar, sob o entendimento de que inexiste na hipótese prejuízo econômico, mas tão somente a dor moral dos pais: 'o dano moral só seria indenizável (...) se ocasionasse também dano material, pois menor é fonte de despesa e não de receita. Não se indeniza a conjectura do auxílio possível no futuro, mas só a perda certa, efetiva e atual' – afirmou-se em um trecho do acórdão recorrido. Mas a decisão sucumbiu: o ministro Baleeiro deu provimento ao recurso, acompanhado à unanimidade pelos demais, contrariando assim a posição até então amplamente majoritária nos tribunais de nosso país, sob o fundamento de que a indenização do dano extrapatrimonial se faz ínsita no sistema de responsabilidade civil consagrado no Código Civil de 1916". (MONTEIRO FILHO, Carlos Edison do Rêgo. *Responsabilidade contratual e extracontratual*: contrastes e convergências no direito civil contemporâneo. Rio de Janeiro: Processo, 2016, p. 111-113).

10. CC, art. 927, parágrafo único: "Haverá obrigação de reparar o dano, independentemente de culpa, nos casos especificados em lei, ou quando a atividade normalmente desenvolvida pelo autor do dano implicar, por sua natureza, risco para os direitos de outrem".

em bela passagem marcada por perspectiva funcional: "É preciso atentar em que a ordem jurídica não as concede ao homem para a satisfação ilimitada de seu gozo, o que ela tem em vista é a coexistência pacífica. E para obtê-la, há de fixar fronteiras à utilização dos direitos subjetivos".[11]

Em sua atuação como doutrinador, a contribuição de Caio Mário no âmbito da responsabilidade contratual não foi de menor monta. Mais especificamente, em sua tese de cátedra apresentada em 1950, que posteriormente deu origem ao clássico da literatura jurídica brasileira intitulado "Lesão nos Contratos", o Mestre já demonstrava preocupação com o problema da paridade entre os contratantes e do equilíbrio econômico dos contratos, que viria a se tornar um dos eixos centrais do regime das relações patrimoniais. Nas palavras do próprio professor:

> Quando duas pessoas ajustam um negócio, pode acontecer que ambas sejam iguais civil e economicamente, por isso mesmo capazes de autolimitação de suas vontades, e então a avença que cheguem a concluir participa da natureza livre dos contratantes; mas pode também ocorrer que elas se achem em desigualdade manifesta, de tal forma que uma está em posição de inferioridade em relação à outra, ensanchando a esta aproveitar-se da desigualdade para tirar proveito exagerado de sua condição, e sacrificar-lhe o patrimônio.
>
> Analisando este ajuste, não à luz dos princípios comuns de direito positivo, mas sob o foco ideal daquele anseio de justiça, ou, mais precisamente, da regra de conduta moral que deve nortear as ações humanas, chega-se à conclusão de que o negócio pode ser juridicamente perfeito, mas será moralmente repugnante. Deve o direito fechar então os olhos a este aspecto da vida, ou, ao revés, cumpre-lhe interferir para disciplinar o proveito das partes contratantes? Aí temos a questão da justiça no contrato, ou seja, o problema da lesão.[12]

Sobressai, na tese de Caio Mário, a extraordinária compreensão do ordenamento jurídico em perspectiva unitária, tendo em vista as conexões que estabelece inclusive entre dispositivos civis e penais. Assim é que buscou fundamentar a invalidade de contratos celebrados lesivamente em diálogo de fontes com disposições normativas que dispõem sobre crimes contra a economia popular e com a chamada Lei da Usura, dado que o Código Civil de 1916 não continha previsão específica sobre o instituto da lesão nos contratos, que só viria a ser explicitamente consagrada no plano legal com o advento do Código de Defesa do Consumidor e do Código Civil de 2002.[13] Aliás, o Anteprojeto do Código de Obrigações de 1963 tentou suprir essa lacuna do Código de 1916 ao incluir, dentre os defeitos do negócio jurídico, a lesão e o estado de perigo, a revelar a preocupação do Mestre com o equilíbrio e a justiça contratuais.

Para além disso, no Capítulo destinado à extinção dos contratos, o Anteprojeto de 1963 reservou seção à onerosidade excessiva, conferindo a seguinte redação a seu

---

11. PEREIRA, Caio Mário da Silva. *Anteprojeto de Código de Obrigações*. Rio de Janeiro: Sérgio Fragoso, 1964, p. 38.
12. PEREIRA, Caio Mário da Silva. *Lesão nos contratos*. 5. ed. Rio Janeiro: Forense, 1993, p. IX-X.
13. PERLINGIERI, Pietro. *O direito civil na legalidade constitucional*. Rio de Janeiro: Renovar, 2008, p. 629: "entender a norma não é, e nem pode ser, o resultado da exegese puramente literal, mas é individualização da sua lógica e da sua justificação axiológica; e isso é impossível sem levar em conta o restante do ordenamento e dos princípios que o sustentam".

artigo 358: "nos contratos de execução diferida ou sucessiva, quando, por força de acontecimento excepcional e imprevisto ao tempo de sua celebração, a prestação de uma das partes venha a tornar-se excessivamente onerosa, capaz de gerar para ela grande prejuízo e para a outra parte lucro exagerado, pode o juiz, a requerimento do interessado, declarar a resolução do contrato". Posteriormente, o Código Civil de 2002 aproveitou a orientação, positivando-a em seu artigo 478.

Nas fronteiras da responsabilidade contratual, importante mencionar estudo elaborado por Caio Mário sobre furto de veículo em estacionamento de estabelecimentos comerciais e análogos. Antes mesmo da entrada em vigor do Código de Defesa do Consumidor, que consagrou a responsabilidade objetiva do fornecedor de produtos e serviços, Caio Mário, com base em refinada argumentação fulcrada na teoria da guarda, reconhecia a responsabilidade dos estabelecimentos comerciais por violação do contrato de depósito do veículo deixado a seus cuidados: "o proprietário, sem deixar de sê-lo, transfere momentaneamente a guarda do veículo, mediante a relação contratual do depósito, ficando o restaurante, como depositário, sujeito a reparar o dano, no caso de ser o veículo furtado".[14] Posto que com sutis variações, mais uma vez seu posicionamento encontrou eco na jurisprudência predominante do Superior Tribunal de Justiça, conforme entendimento refletido no verbete 130 da Súmula (editada em 1995): "A empresa responde, perante o cliente, pela reparação de dano ou furto de veículo ocorridos em seu estacionamento".

Ao se debruçar sobre a caudalosa produção intelectual de Caio Mário, percebe-se sua preocupação em conciliar o Direito com as exigências da realidade, afastando construções ensimesmadas e conceitualismos vazios. Ao enxergar o direito como instrumento de promoção da justiça, imprimiu em toda sua obra significado transcendente, de profícua aplicabilidade aos tempos correntes[15]. Isso se reflete não apenas na legislação – de que são exemplos a edição da Lei n° 4.591/1964 (condomínio e incorporações), que tomou como base anteprojeto de sua autoria, e a incorporação de várias de suas sugestões ao texto do Código Civil de 2002, como se pôde notar nos parágrafos precedentes – como também na projeção de sua produção científica em expressiva quantidade de decisões judiciais por todo o país. Em singela pesquisa na ferramenta de busca jurisprudencial do Superior Tribunal de Justiça, por exemplo, acusam-se mais de mil e quinhentas citações do professor em julgados do Tribunal, entre acórdãos e decisões monocráticas.

Profundo conhecedor da experiência jurídica estrangeira, deixou como legado relevantíssimas lições de direito comparado em sua obra, marcada pela investigação de cada ordenamento com base em todos os seus formantes, em perspectiva crítica e tomando como premissa as peculiaridades históricas e regionais que condicionam o

---

14. PEREIRA, Caio Mário da Silva. *Responsabilidade civil*. 11. ed. Atualizada por Gustavo Tepedino. Rio de Janeiro: Forense, 2016, p. 315.

15. Em termos semelhantes, v. nossa "Nota do atualizador", intitulada *Homenagem a Caio Mário da Silva Pereira*. In: PEREIRA, Caio Mário da Silva. *Instituições de direito civil: direitos reais*. V. IV. 28ª ed. Atualizada por Carlos Edison do Rêgo Monteiro Filho. Rio de Janeiro: Forense, 2022, p. XI.

fenômeno jurídico.[16] Bem compreendia o Mestre que o trabalho do comparatista não se resume à mera transposição de textos normativos, como deixou claro na exposição de motivos do Anteprojeto do Código de Obrigações de 1963, na qual afirmou que "o material legislativo exógeno não pode vir servilmente copiado e decalcado", para, na sequência, explicar que do direito comparado "cuidei de extrair daí a útil orientação, e aí bater a boa inspiração".[17]

Caio Mário, ao longo de sua atuação profissional, mostrou-se modelo do que temos denominado doutrinador colaborativo[18], pilar fundamental na construção do ordenamento jurídico "essencialmente mutável, relativa e historicamente determinado".[19] Senhor de seu tempo, ativo e altivo, escapou ao comodismo dos conceitualismos para produzir conhecimento e interpretação em função aplicativa, na plena concretização da eficácia social da academia.[20-21] Caio Mário, ostentando a raríssima combinação de eminente civilista e exímio advogado, comprometido com o rigor dos conceitos e com a aplicação justa e prática do direito, guiou-nos, neste plano, por mais de meio século, no seguro assentar das raízes dogmáticas da responsabilidade civil. Ainda hoje, passados quase vinte anos de seu falecimento, seu vasto legado permanece a nos guiar.

---

16. "Com o transcorrer das experiências históricas, institutos, conceitos, instrumentos, técnicas jurídicas, embora permaneçam nominalmente idênticos, mudam de função, de forma que, por vezes, acabam por servir a objetivos diametralmente opostos àqueles originais" (PERLINGIERI, Pietro. *O direito civil na legalidade constitucional*. Rio de Janeiro: Renovar, 2008, p. 141).

17. PEREIRA, Caio Mário da Silva. *Anteprojeto de Código de Obrigações*. Rio de Janeiro: Sérgio Fragoso, 1964, p. 7.

18. MONTEIRO FILHO, Carlos Edison do Rêgo. Reflexões metodológicas: a construção do observatório de jurisprudência no âmbito da pesquisa jurídica. In: *Rumos contemporâneos do direito civil*. Belo Horizonte: Fórum, 2017, p. 46-47: "Doutrinador colaborativo na construção da solução dos casos concretos, essa parece ser a função nuclear do professor de direito no mundo contemporâneo. Além de compilar dados, impõe-se que trabalhe sobre o torrencial volume de feitos disponíveis a fim de extrair, em perspectiva crítica e propositiva, a função dos institutos e a *ratio decidendi* compatível com os valores máximos do elenco axiológico do ordenamento jurídico, participando assim do processo de individualização do ordenamento jurídico às circunstâncias fáticas. De igual modo, deve-se afastar do papel de mero observador voyeur, que assiste passivamente – de fora, sem ser visto – o desenrolar da história, e apoia-se na formulação de classificações e abstrações intelectuais que não correspondem ao mundo real – *rectius*, aos conflitos em concreto".

19. MONTEIRO FILHO, Carlos Edison do Rêgo. Reflexões metodológicas: a construção do observatório de jurisprudência no âmbito da pesquisa jurídica. In: *Rumos contemporâneos do direito civil*. Belo Horizonte: Fórum, 2017, p. 37.

20. "Daí a distinção essencial entre conhecimento-interpretação em função histórica e meramente recognitiva e conhecimento-interpretação em função aplicativa: uma voltada a reconstruir aquilo que foi com respeito absoluto dos fatos e da sua avaliação histórica sem considerações estranhas à época; a outra voltada a aplicar aquilo que foi prescrito para fatos sucessivos, isto é, individuando o dado normativo em função do futuro" (PERLINGIERI, Pietro. *O direito civil na legalidade constitucional*. Rio de Janeiro: Renovar, 2008, p. 66).

21. "É no magistério – sempre uma obra aberta – o lugar de pensar e dizer da importância de valores existenciais, da necessidade de pensar juridicamente o problema do acesso às riquezas e da essencialidade de um patrimônio mínimo. Da proteção merecida pelo não proprietário, e da relevância dos direitos fundamentais. Da imprescindível necessidade da superação de categorias antigas e arcaicas e da criação de novas categorias para novas realidades" (CORTIANO JUNIOR, Eroulths. Ensino jurídico e titularidades: o lugar do professor, In: TEPEDINO, Gustavo (Org.). *Direito civil contemporâneo*: novos problemas à luz da legalidade constitucional. São Paulo: Atlas, 2008, p. 355).

4. REFERÊNCIAS

ATHENIENSE, Aristóteles. *Caio Mário*: talento e coragem. Disponível em: http://www.direitonet.com. br/. Acesso em: 20 dez. 2021.

"*BAGULHÃO: A voz dos presos políticos contra os torturadores. O Documento de 1975 que foi a primeira denúncia pública contra os agentes da ditadura militar*". Comissão da Verdade do Estado de São Paulo – Rubens Paiva. Disponível em: https://www.al.sp.gov.br/repositorio/bibliotecaDigital/20480_arquivo.pdf. Acesso em: 13 mar. 2022.

BARBOSA MOREIRA, Carlos Roberto. Caio Mário e a Revisão de sua maior obra. *Revista Forense*, v. 368, jul.-ago. 2003, p. 431-440.

BARBOSA MOREIRA, Carlos Roberto. *Homenagem ao Professor Caio Mário da Silva Pereira*. Discurso (de paraninfo) proferido em 09.01.1998, na cerimônia de colação de grau da Turma CAIO MÁRIO DA SILVA PEREIRA na PUC-Rio.

CORTIANO JUNIOR, Eroulths. Ensino jurídico e titularidades: o lugar do professor, In: TEPEDINO, Gustavo (Org.). *Direito civil contemporâneo*: novos problemas à luz da legalidade constitucional. São Paulo: Atlas, 2008.

FACHIN, Luiz Edson. *Direito civil*: sentidos, transformações e fim. Rio de Janeiro: Renovar, 2015.

FIUZA, Ricardo. O Centenário de Nascimento do Grande Mestre Caio Mário da Silva Pereira. *Revista da Academia Mineira de Letras*, Ano 91, v. LXIV, jan.-fev.-mar. 2013, p. 55-57.

JOSSERAND, Louis. Evolução da responsabilidade civil. In. *Revista Forense*, v. LXXXVI, a. XXXVIII, abr. 1941.

MAZEUD, Henri; MAZEUD, Léon. *Traité théorique et pratique de la responsabilité civile délictuelle et contractuelle*, v. 1. Paris: Montchrestien, 1955.

MONTEIRO FILHO, Carlos Edison do Rêgo. Reflexões metodológicas: a construção do observatório de jurisprudência no âmbito da pesquisa jurídica. In: *Rumos contemporâneos do direito civil*. Belo Horizonte: Fórum, 2017.

MONTEIRO FILHO, Carlos Edison do Rêgo. *Responsabilidade contratual e extracontratual*: contrastes e convergências no direito civil contemporâneo. Rio de Janeiro: Processo, 2016.

PEREIRA, Caio Mário da Silva. *Anteprojeto de Código de Obrigações*. Rio de Janeiro: Sérgio Fragoso, 1964.

PEREIRA, Caio Mário da Silva. *Lesão nos contratos*. 5. ed. Rio Janeiro: Forense, 1993.

PEREIRA, Caio Mário da Silva. *Entrevista à Revista Trimestral de Direito Civil*. Ano 1, v. 1, jan./mar. 2000. Rio de Janeiro: Padma Editora.

PEREIRA, Caio Mário da Silva Pereira. *Algumas Lembranças*. Rio de Janeiro: Forense, 2001.

PEREIRA, Caio Mário da Silva Pereira. *Direito Civil*: alguns aspectos de sua Evolução. Rio de Janeiro: Forense, 2001.

PEREIRA, Caio Mário da Silva. *Responsabilidade civil*. Atualizado por Gustavo Tepedino. Rio de Janeiro: Forense, 2016.

PEREIRA, Caio Mário da Silva. *Instituições de direito civil: direitos reais. v. IV.* 28. ed. Atualizada por Carlos Edison do Rêgo Monteiro Filho. Rio de Janeiro: Forense, 2022.

PERLINGIERI, Pietro. *O direito civil na legalidade constitucional*. Rio de Janeiro: Renovar, 2008.

TEIXEIRA, Sálvio de Figueiredo. *Aspectos da Contribuição de Caio Mário ao Direito Civil Brasileiro*. Disponível em: https://www.stj.jus.br/publicacaoinstitucional/index.php/ informativo/author/ proofGalleyFile/435/393. Acesso em :13 mar. 2022.

LIMONGI FRANÇA

Nelson Rosenvald

Professor do corpo permanente do Doutorado e Mestrado do IDP/DF. Procurador de Justiça do Ministério Público de Minas Gerais. Pós-Doutor em Direito Civil na *Università Roma Tre* (IT-2011). Pós-Doutor em Direito Societário na Universidade de Coimbra (PO-2017). Visiting Academic, Oxford University (UK-2016/17). Professor Visitante na Universidade Carlos III (ES-2018). Doutor e Mestre em Direito Civil pela Pontifícia Universidade Católica de São Paulo – PUC-SP. Presidente do Instituto Brasileiro de Estudos de Responsabilidade Civil – IBERC.

Sumário: 1. Breve biografia – 2. Produção de Limongi França – 3. Limongi França e a responsabilidade contratual.

1. BREVE BIOGRAFIA

Rubens Limongi França nasceu em Guaratinguetá – então conhecida como a Atenas do Vale do Paraíba (SP) – em 15 de outubro de 1927, justamente a data em que se celebra o dia do Professor, vaticinando a trajetória daquele que se tornaria titular da Faculdade de Direito da Universidade de São Paulo. Bacharel em direito de 1950 pela Faculdade Paulista de Direito, da PUC de São Paulo, assistente (1952), doutor em direito em 1959 e regente de direito civil (1960). Estende suas atividades didáticas à Faculdade de Direito da Universidade de São Paulo, vindo a ser livre-docente (1963), regente dos cursos de direito civil no período de 1964 a 1977, tendo regido também o de Direito Romano. A partir de 1973 torna-se Professor do curso de Pós-Graduação.[1]

Destaca-se também como professor convidado, membro de comissões examinadoras de várias Universidades brasileiras, jurista militante e Procurador de l. Categoria da Previdência Social. Notabilizou-se como conferencista nacional e internacional, decano dos doutores da Pontifícia Universidade Católica de São Paulo, Professor Catedrático "Honoris Causa" da *Universidad Nacional Mayor de San Marcos* (Lima, Peru), Titular da Academia Paulista de Letras Jurídicas, Professor das escolas superiores de magistratura e de advocacia, Sócio de honra do Instituto dos Advogados, do Instituto de Direito de Autor e Fundador do Instituto de Direito Comparado Luso-Brasileiro.

---

1. Sintetizando o início de sua caminhada, transcrevemos as palavras de Limongi França por ocasião de sua posse na Academia Brasileira de Letras Jurídicas, "ela começou numa ensolarada manhã vale-paraibana, de março de 1943, quando, na alacridade dos quinze anos, havendo-me despedido de pais, irmãos, parentes, amigos, conhecidos, da plataforma de um vagão da Central do Brasil, ouvi o sino daquela estação, – no dizer de Homero Senna – "de tijolinhos vermelhos" para logo secundado pelo longo e último apito da locomotiva, que, num atritar estrídulo de trilhos e de rodas, pronto se fez em marcha e, na primeira curva, em presságio pungente e resoluto, cobriu de cinzento fumo a silhueta das torres da Matriz, o colar sinuoso e luciluzente do sereno Rio e o vulto azul e alcantilado da Mantiqueira". Colhido em 18 jan. 2022 de https://www.revistas.usp.br/rfdusp/article/view/66885/69495

Como coroação de sua carreira de escritor, professor e devotado cultor do Direito, Limongi França tomou posse da cadeira nº 11 na Academia Brasileira de Letras Jurídicas (cujo patrono é Alfredo de Vilhena Valladão) em 16 de outubro de 1979, sob o olhar da mais numerosa assistência reunida em toda a vida da Academia. Na saudação ao novo Acadêmico, o Professor Haroldo Valladão aludiu à sua profícua carreira docente e literária, ao seu espirito inovador, dizendo: "Fostes sois e sereis o genuíno e valoroso combatente de nossas hostes, um jurista eficaz – paradigma – do grego como acadêmico o que prega e realiza, o que abre novas veredas e retifica as existentes, critica e altera, construindo".[2]

Não apenas se tornou um dos protagonistas do direito civil brasileiro, porém da ciência do direito como um todo – notadamente na Teoria Geral do Direito Civil – tendo publicado mais de 400 trabalhos – com cerca de 40 livros – com destaque para a "Enciclopédia Saraiva do Direito", composta de 78 volumes e, em suas palavras, "a síntese do pensamento jurídico nacional". Limongi França foi verdadeiramente um "executivo do direito".[3]

Transcendendo o direito, publicou coletâneas de poesia, e obras que viajam por Castro Alves[4], a simbologia das cores e a cromoterapia e à cura pelas mãos. Como se não fosse suficiente, como artista, criou mais de 100 telas e 30 esculturas, muitas pautadas em sua fé religiosa, reproduzindo a sua gente e suas origens na cidade de Frei Galvão.

Limongi França faleceu em 18 de setembro de 1999, pouco antes de completar 72 anos de idade. Deixou 7 filhos e um séquito de discípulos.

2. PRODUÇÃO DE LIMONGI FRANÇA

Ainda muito jovem e quartanista de direito, iniciou a sua faceta de jurista, por ocasião de concurso promovido entre universitários por ocasião das comemorações do centenário de Rui Barbosa (1949), com a obra "A Proteção Possessória dos Direitos Pessoais e o Mandado de Segurança".

---

2. Assim encerra a sua fala o Professor Haroldo Valladão" "Só posso exprimir a minha admiração pela vossa sábia personalidade, vos oferecendo a divisa que adotei para minha vida cultural, que está perfeita na vossa: "Nulla dies sine linea nec schola". Nulo é o dia em que não escrevo uma linha, nem dou uma aula. Recebei-a: é vossa". Colhido em 18 jan. 2022 de https://www.revistas.usp.br/rfdusp/article/view/66885/69495.
3. Em discurso de Flávio Marcondes Velloso, reproduzido por ocasião do falecimento de Limongi França, para além dos seus conhecidos atributos e virtudes, em razão de sua impressionante capacidade de trabalho, o autor lembra de sua alcunha de "executivo do Direito" por seus pares, como é o caso do professor Goffredo da Silva Telles Júnior, o qual publicou a sua Folha Dobrada, em que presta, às páginas 900 e 901, a sua consideração ao labor de Limongi França, confessando ter dele transformado em quadro uma sua missiva, para tomar sempre dela inspiração. In: *Brevíssimas notas póstumas em homenagem ao Professor Doutor R. Limongi França.*
4. No texto intitulado "Castro Alves em São Paulo e na sua Faculdade de Direito" (transcrição de oração oficial proferida na faculdade de direito da USP em 1997) Limongi Franca expõe a sua passagem pelo Largo de São Francisco. https://www.revistas.usp.br/rfdusp/article/view/67384.

O tratado, sobre o "Nome da Pessoa Natural" – monografia de mais de 600 páginas, foi a sua tese de doutorado (1956/59, PUC-SP).[5] Na sequência, publica o "Direito Natural e Direito Positivo", divisor de águas do pensamento jurídico nacional (1961). A carreira acadêmica alcança o ápice com a tese de livre-docência para a Faculdade de Direito da Universidade de São Paulo, com o tema, "Princípios Gerais do Direito" (1966), obra na qual o autor aclara a sua etiologia histórica e cogita dos seus problemas concretos no direito brasileiro à luz do art. 4 da atual LINDB.[6]

Obra de fôlego é o "Manual de Direito Civil" em seis tomos (1965-1969), compreensivo de toda matéria, sendo o sexto tomo dedicado às Obrigações Extracontratuais. Destaque-se o tratamento concedido na Parte Geral do Direito Civil, aos direitos da personalidade, época em que o tema era solenemente ignorado pela doutrina. Como percucientemente anotado por Nestor Duarte, conquanto somente o Código Civil de 2002 viesse a tratar de modo sistemático dos direitos da personalidade, eles já haviam sido considerados por Rubens Limongi França, dentro do que chamou doutrina especial dos direitos privados da personalidade. Define-os como "as faculdades jurídicas cujo objeto são os diversos aspectos da própria pessoa do sujeito, bem assim as suas emanações e prolongamentos" e aponta a omissão da lei da época e dos autores no tratado dos aspectos privados dos direitos da personalidade com "as conseqüentes sanções de natureza civil, quer no que concerne à proibição dos atos lesivos, quer no setor do ressarcimento dos danos causados, com fundamento na responsabilidade civil", propondo um rol de direitos privados da personalidade".[7]

Aponte-se ainda as "Instituições de Direito Civil" – obra gestada a partir de 1953 – onde pioneiramente congloba "todo o Direito Civil num só volume" (palavras do autor) com poucos mais de 1.000 páginas. Assim principia a orelha da capa da edição de 1988: "Estas *Instituições de direito civil,* o autor começou a escrevê-las há cerca de sete lustros, para que fossem a obra dos seus vinte e cinco anos, posto que a dos vintes anos, direitos pessoais e mandado de segurança, já havia sido escrita e premiada em 1949".[8]

---

5. Ali desenvolve conceitos inéditos no direito brasileiro: "O nome, de modo geral, é elemento indispensável ao próprio conhecimento, porquanto é em tôrno dêle que a mente agrupa a série de atributos pertinentes aos diversos indivíduos, o que permite a sua rápida caracterização e o seu relacionamento com os demais. De circunstâncias que tais, não discrepa o nome civil das pessoas físicas, porque é através dêle que os respectivos titulares são conhecidos e se dão a conhecer". Do nome civil das pessoas naturais. 3. ed. São Paulo: Ed. RT, 1975. p. 22.

6. Esses problemas são "primacialmente quatro: I: o do fundamento, quer dizer, do 'porquê', da razão jurídica pela qual ditos princípios assumem a condição de regra coercitiva; II – o da natureza dos mesmos, através de cujo exame procuraremos elucidar o quê eles vêm a ser na ordem das coisas"; III – o da sua especificação, isto é, das várias categorias jurídicas que são abrangidas pelo respectivo conceito; e, finalmente, IV – o da sua técnica de aplicação , do modo pelo qual esses princípios, alevantados à posição de norma obrigatória, podem e devem atuar 'in concreto', à face das controvérsias não solucionadas em lei". Princípios gerais de direito, 2. Ed, São Paulo, RT, 1971, p. 16.

7. DUARTE, Nestor. Ideias de Rubens Limongi França. *Revista dos Tribunais,* v. 921/2012, p. 25-34,| jul. 2012 DTR\2012\44817.

8. *Instituições de direito civil,* São Paulo, RT, 1988.

Limongi Franca publicou monografias relevantes em variadas áreas do direito: O Mandado de Segurança; A Posse no Código Civil; Direito Intertemporal Brasileiro;[9] O Direito, a Lei e a Jurisprudência (1974)[10]; A Lei do Divórcio Comentada e Documentada (1978), Questões práticas de direito civil (1982), "Brocardos Jurídicos",[11] dentre várias outras, aqui ilustrativamente referidas.

Na obra "Formas e Aplicação do Direito Positivo", Limongi Franca criticou a expressão "fontes do direito", optando pela denominação: "formas de expressão do direito", pois servindo a palavra "fonte" para designar o fulcro gerador de alguma coisa, o objeto que se tem pela frente são os modos, de expressão do Direito e não as suas fontes de produção.[12] Estas ideias foram consolidadas e amplificadas no livro "Hermenêutica Jurídica", oportunidade em que propõe distinguir em meio a "outras fontes", um grupo específico que seria dos "atos sociais de fato, com força jurídica, a saber, o direito costumeiro, de modo geral, o costume judiciário e o 'standard jurídico'."[13]

Além de exímio autor de obras jurídicas, gestou a já mencionada "Enciclopédia Saraiva do Direito" (1977), não apenas a "epopeia das Letras Jurídicas Nacionais" (nas palavras de Limongi), como a mais extensa enciclopédia jurídica do mundo, com cerca de 25.000 verbetes. Idealizada, planejada e coordenada por Limongi França, autor de 273 verbetes, com a coautoria de um grupo de aproximadamente 400 juristas, que legou um notável acervo à Ciência do Direito. A sua aptidão executiva como coordenador de importantes repertórios e enciclopédias jurídicas também foi demonstrada quando da criação da Revista de Direito Civil, Imobiliário, Agrário e Empresarial.

---

9. Nestor Duarte pontua que o estudo do direito intertemporal consiste em obra da mais alta envergadura, onde Limongi França "Dividiu a matéria por fases históricas, classificando-as como embrionária, pré-científica e científica. Colocou as posições doutrinárias, discorreu sobre a formação do direito intertemporal brasileiro, fez a análise dogmática e ofereceu o conceito de direito adquirido". Ideias de Rubens Limongi França. *Revista dos Tribunais*, v. 921/2012, p. 25-34, jul. 2012 DTR\2012\44817

10. De forma cirúrgica Limongi França constata que no "o poder judiciário realmente não é órgão legiferante, não lhe sendo dado outorgar preceitos a seu bel-prazer, sob pena de perpetrar aqueles *monstra legum* de que falava Vico" In O direito, a lei e a jurisprudência, São Paulo, RT, 1974, p. 202.

11. Esclarece que não só para o conhecimento do direito têm importância os brocardos jurídicos, "não é menor o seu significado, no que tange à aplicação prática do direito positivo... pois não é forçada a aproximação entre a noção de brocardo jurídico e a de princípios geral do direito... e podem ser erigidos à categoria de verdadeiras formas de expressão do direito positivo, com a correspondente eficácia vinculativa". *Brocardos Jurídicos, as regras de Justiniano*. 2. Ed. São Paulo, RT, 1969.

12. "Com efeito, a lei, o costume etc. não geram, não criam, não produzem o Direito. O que gera o Direito são as necessidades sociais e a vontade humana. É esta que, tomando conhecimento das imposições inadiáveis da realidade sócio-jurídica, se serve da organização política da nação, o Estado, para criar as leis. Do mesmo modo, já no terreno dos fatos (em contraposição ao do direito constituído) é ainda a vontade humana, conglomerada na Consciência Popular que cria o costume. Assim, realmente, as fontes do Direito propriamente ditas são o arbítrio humano e o Direito Natural. O Estado e a Consciência popular (ou o Povo) são apenas as causas instrumentais da elaboração do Direito. Ao passo que a lei, o costume etc., são os modos, as formas, os meios técnicos de que lança mão a vontade humana para, através do Estado e da Consciência Popular, externar, dar a conhecer, objetivar o direito suscitado pelas imposições naturais da vida em sociedade". In *Formas e aplicação do direito positivo*. São Paulo: Ed. RT, 1969. p. 21.

13. Hermenêutica Jurídica. 7. Ed. São Paulo, Saraiva, 1999, p. 222.

Por ocasião de seu falecimento, a Professora de direito civil da USP, Dayse Gogliano (por ele orientada no mestrado e doutorado) lembrou que "O que se admira em Rubens Limongi França, entre tantos dons, tocantes e marcantes, é a sua excepcional capacidade de trabalho, a sua mentalidade organizada, que faz do seu "Manual" obra conceitual e sistematizada, por primazia. O 'Direito Intertemporal' é a própria História do Direito ali decantada. Onde o caos persiste, onde a ilusão tal qual a miragem do deserto faz supor uma verdade, Rubens Limongi França nos leva e conduz à simplicidade, à objetividade, à clareza, por fim à beleza do Direito, completamente desvelada daquilo que ele graciosamente chama de 'pôt pourri' de coquetel de pseudociência do Direito, dos comentadores-leguleios, daqueles que pensam que o Direito se resume na lei".[14]

3. LIMONGI FRANÇA E A RESPONSABILIDADE CONTRATUAL

Em sede de responsabilidade civil – negocial ou extranegocial – Limongi França ostenta como principais produções as obras: a) Contratos e obrigações extracontratuais (v.4, T.2 de seu Manual de Direito civil); b) rescisão de contrato e inaplicabilidade de normas processuais a assuntos de direito material (RT 556:41); c) obrigação de fazer e indenização por danos (RT, 590:47); d) a responsabilidade civil no Código do Japão, comparado com a do Brasil (Revista da Fac. De Direito da Universidade de Uberlândia, 14(1):65); e) as raízes da responsabilidade aquiliana (Revista da Academia Brasileira de Letras Jurídicas, n. 1, p. 54); f) "La Unificación del Derecho Obligacional y infractual Latinoamericano", em edição trilíngue – espanhol, português e francês (Revista dos Tribunais 1977).[1516]

Não tive a felicidade de ser aluno de Limongi França. Todavia, tal como a metáfora de Dworkin do "chain novel", pela qual os capítulos de um romance se encadeiam em um *continuum* na qual os novos textos prosseguem de forma lógica e justificada os capítulos pregressos, a ele sou particularmente grato por sua clarividência ao questionar o modelo clássico da cláusula penal.

---

14. GOGLIANO, Dayse. "...O Direito Natural em Rubens Limongi França assume particular importância. É o Direito Natural clássico, despido do racionalismo abstrato, eidético e extremado do jusnaturalismo. É aquele justo de Aristóteles e do inigualável Cícero'" por natureza e por lei "como pilar sobre o qual se pode edificar uma Ciência Jurídica. No seu entender o Direito deve estar sempre a serviço do homem. O Direito deve comungar com todas as ciências. Diz: 'A prata da casa é muito boa' quando se refere aos "turistas" do Direito que buscam doutrina alienígena, sem base e sem fundamento. In, *ao nosso querido Rubens Limongi França*, por ocasião de seu falecimento.

15. Em visão avançada, Limongi França exorta a integração jurídica da América Latina "em razão de variados e significativos fatores, como a afinidade substancial dos respectivos sistemas, bem assim, no campo do direito privado e, particularmente do obrigacional e contratual, a identidade e, quando não, a analogia das causas eficientes". *La Unificación del Derecho Obligacional y infractual Latinoamericano*, São Paulo, RT, 1976, p. 86.

16. Para além das referidas obras, não se olvide que no livro "Pareceres de direito civil e processual civil" (São Paulo, Saraiva, 1989), Limongi França aborda várias temáticas relacionadas à responsabilidade contratual e extracontratual.

Em minha tese de doutorado de 2007 na PUC/SP, atrevi-me a dar um passo adiante no caminho pavimentado pelo Professor das Arcadas em sua obra "Teoria e prática da cláusula penal", de 1988.

A evolução do sentido da finalidade da cláusula penal nas nações herdeiras do sistema romano se deu de forma muito próxima, em nível de legislação e doutrina. Examinando o posicionamento dos grandes nomes do nosso direito privado, percebemos que, em comum, há uma defesa veemente do sistema unitário da cláusula penal, mediante o exercício de dupla função. A natureza eclética da pena convencional seria resumida em uma conjugação de seu escopo de garantir o cumprimento da obrigação principal acrescido à finalidade de pré-liquidar as perdas e danos.[17]

Com efeito, raras são as monografias no Brasil sobre a cláusula penal. Talvez isso possa se explicar pelo relativo consenso doutrinário sobre a sua natureza, modalidades e o seu acento primordialmente ressarcitório, legitimado pelo dogma da incoercibilidade da vontade dos particulares. Nesse contexto, a cláusula penal se traveste em um modelo de natureza híbrida na qual assume perfil unitário e bifuncional, como um misto de sanção e indenização, capaz de, simultaneamente, antecipar a liquidação dos danos e compelir o devedor a adimplir.[18] Um modelo com preponderância para uma outra função –, mas sempre abstrato; uma roupagem em que não há espaço para aberturas criativas hábeis a adaptar o perfil funcional da pena convencional às finalidades eleitas pelos contratantes; enfim, um modelo monolítico de cláusula penal que não mais se adapta à hipercomplexidade das relações privadas vigentes e as diretrizes do Código Civil de 2002.

Com exceção de alguns pequenos desvios em favor de um ou outro escopo da cláusula penal – e, especificamente, da abertura preconizada por Limongi França –, a doutrina nacional gerada a partir do Código Civil de 1916 imputou-lhe natureza mista. Construiu-se uma figura unitária capaz de albergar as características de sanção compulsória e indenização, sem que nenhum autor justificasse o predomínio de uma ou outra finalidade da pena convencional com espeque na circunstância concreta, mas apenas em pontos de vista dogmáticos, ligados à tradição e à origem do modelo jurídico.

---

17. Antônio Pinto Monteiro cita Carbonnier, que espirituosamente afirma ter a finalidade compulsória da pena se convertido em mero souvenir da stipulatio poena do direito romano. A função coercitiva seria sempre aleatória, pois a estipulação de uma pena vincularia o credor à soma convencionada, impedindo-o de obter qualquer reparação pelo dano excedente. Essa construção de mais de dois séculos perdura nos modelos francês, italiano, português e brasileiro. Enfim, ainda se sustenta no arquétipo latino (MONTEIRO, Antônio Pinto. Cláusula penal e indemnização, p. 391).

18. Jorge Cesa Ferreira da Silva pondera que "talvez influenciada pelo movimento histórico de extinção das penas de natureza civil, a doutrina viu e acostumou-se a ver na cláusula penal um instituto unitário, mas de função dúplice ou híbrida: ela seria um misto de pena e de indenização. Por um lado, ela coage psicologicamente, atuando para que o devedor, temeroso dos efeitos da cláusula penal, pague corretamente. Por outro lado, caso houvesse inadimplemento, os danos já estariam pré-liquidados, de modo que o credor não precisaria ocupar-se com a demonstração da existência de prejuízo e do montante deste, o que lhe poupa muito trabalho e, por outro lado, torna seu crédito mais efetivo. Como dito: um instituto com função dúplice ou híbrida" (*Inadimplemento das obrigações*, p. 237).

Múcio Continentino,[19] autor de clássica monografia sobre a cláusula penal, paradoxalmente, não se manifestou sobre o tema. Porém, fez questão de destacar a abalizada posição de Lacerda de Almeida, autor que localiza o desiderato da cláusula penal em duas propriedades: "a) estimular o credor ao cumprimento da obrigação, mediante a ameaça de pagar a importância da pena, e nisto participa da natureza da pena em geral; b) servir de sucedâneo da indemnização de perdas e interesses, dispensando o processo da respectiva liquidação."

Apesar de distinguir entre o fim e a utilidade da cláusula penal, Clóvis Beviláqua também se posiciona de forma eclética: "O fim da cláusula é reforçar a obrigação, dando ao credor um meio pronto de coagir o devedor a cumpri-la, no tempo e pela forma devida. A sua utilidade é determinar previamente as perdas e danos".[20]

E não é só. Tito Fulgêncio enfatiza o caráter de pré-avaliação da cláusula penal, inserindo o papel de reforço em termos de eventualidade: "A cláusula penal é uma cominatória tecnicamente dita e a sua função primordial consiste na pré-liquidação convencional do prejuízo do credor. Essa avaliação prévia constitui, a um tempo, claramente, um meio indireto de constrangimento".[21]

Serpa Lopes[22] também percebe a cláusula penal de forma híbrida, como meio de reforço da obrigação principal e pré-estimativa de perdas e danos. Porém, influenciado pelas ideias do jurista uruguaio Jorge Peirano Faccio, deixa escapar a fagulha de uma surpreendente constatação: "Mas, teoricamente apreciada, a cláusula penal estaria a merecer uma categoria autônoma, distinta, atento que de sua estrutura constam elementos radicalmente incompatíveis com a pena ou com a ideia de ressarcimento".[23]

Outro autor clássico que inova com relação aos seus congêneres é Carvalho de Mendonça. Após confirmar o consenso da doutrina quanto à bifuncionalidade da cláusula penal, conclui no seguinte sentido: "A distinção dos fins para que é estipulada a pena convencional é prática, pois que os seus efeitos variam com eles".[24]Ou seja, apesar não admitir a existência de cláusulas penais distintas com finalidades autônomas, o autor se rende à constatação de que as finalidades de ressarcimento e de coerção merecem maior consideração sob o ponto de vista de suas eficácias.

Pontes de Miranda[25] é outro entusiasta da prevalência da função de pré-liquidação de danos. Ele observa que "uma das funções mais prestantes da cláusula penal é assentar a indenizabilidade de danos no caso de não ser pecuniária ou ser de difícil avaliação a prestação prometida".

---

19. CONTINENTINO, Múcio. *Da cláusula penal no direito brasileiro*, p. 27.
20. BEVILÁCQUA, Clóvis. *Código civil dos Estados Unidos do Brasil comentado*, v. 4, p. 64.
21. FULGÊNCIO, Tito. *Das modalidades das obrigações*, p. 395.
22. SERPA LOPES, Miguel Maria de. *Curso de direito civil*: obrigações em geral, v. II, p. 156.
23. FACCIO, Jorge Peirano. *La cláusula penal*. Bogotá: Temis, 1982. As idéias desse autor serão apreciadas ao longo trabalho.
24. CARVALHO DE MENDONÇA. *Tratado geral dos títulos de crédito*, p. 121.
25. PONTES DE MIRANDA. *Tratado de direito privado*, t. XXVI, § 3.112, p. 60.

A rigor, os civilistas que dominaram o último quartel do século XX, com alguma variação em favor da prevalência do elemento indenizatório ou do sancionatório, não discordam ao se filiarem ao sistema unitário.

Após Múcio Continentino, o único autor que ousou enfrentar como monografista o tema da cláusula penal foi Limongi França. Não apenas coletou vasto histórico sobre o tema, como cuidou de sugerir uma orientação, pela qual a cláusula penal exerceria três funções de modo simultâneo. "Não constitui apenas reforço da obrigação, nem somente pré-avaliação dos danos, nem, ainda que excepcionalmente, tão-só uma pena. Reveste-se conjuntamente dessas três feições".[26]

Mesmo adotando a orientação eclética, Limongi França realiza uma decisiva colocação: "É preciso distinguir a natureza da essência da cláusula penal, isto é, o elemento sem o qual ela deixaria de existir, enquanto categoria em si mesma... a essência da cláusula penal está em significar um reforço, uma garantia, da execução exata da obrigação a que está adstrita".[27] Assim, com supedâneo na liberdade contratual, admite uma cláusula penal *stricto sensu*, com feição punitiva, "trata-se de espécie de cláusula penal atípica, que não possui bases legais", mas que não encontra impedimentos quanto à sua existência, validade e eficácia.[28]

Nenhum outro civilista pátrio foi tão preciso no diagnóstico da cláusula penal, como esse autor, a ponto de concluir que se não houver o elemento de reforço, a cláusula penal "deixa de existir de modo próprio e atuante".[29] Tão somente observamos que ao invés de se referir ao termo "natureza", deveria o autor ter adotado o vocábulo "função", pois a essência de um modelo jurídico é a sua própria natureza.

Natureza e função possuem acepções distintas: aquela se localiza no campo estrutural e corresponde ao fundamento do instituto da cláusula penal, qual seja, a ideia de garantia do cumprimento da obrigação. Ninguém duvida disto. Em outro sentido, prepondera a investigação da função da cláusula penal. Afinal, a grande controvérsia da matéria concerne à identificação do objetivo e desiderato das partes ao inserir a cláusula penal no negócio jurídico.[30]

Atualmente, conceituamos a cláusula penal como uma convenção acessória que acopla uma pena privada ao inadimplemento de uma obrigação. O objeto da cláusula penal é a promessa de uma pena convencional. Uma promessa do devedor ao seu credor de lhe pagar uma prestação no caso de inadimplemento absoluto ou mora. Trata-se de uma estipulação negocial aposta a uma obrigação, em que qualquer das partes, ou

---

26. FRANÇA, Rubens Limongi. *Teoria e prática da cláusula penal*, p. 157.
27. FRANÇA, Rubens Limongi. *Teoria e prática da cláusula penal*, p. 158.
28. FRANÇA, Rubens Limongi. *Teoria e prática da cláusula penal*, p. 205
29. FRANÇA, Rubens Limongi. *Teoria e prática da cláusula penal*, p. 159.
30. Caio Mário da Silva Pereira não se aprofunda no tema, mas, mesmo reconhecendo que os juristas sustentam a bifuncionalidade da cláusula penal, é enfático ao enunciar que "a finalidade essencial da pena convencional, a nosso ver, é o reforçamento do vínculo obrigacional, e é com esse caráter que mais assiduamente se apõe a obrigação. A pré-liquidação do id quod interest aparece, então, como finalidade subsidiária" (PEREIRA, Caio Mário da Silva. *Instituições de direito civil*, v. II, p. 146).

uma delas apenas, compromete-se a efetuar certa prestação em caso de ilícita inexecução da obrigação principal. Sua função de constranger, pressionar e inibir o devedor recalcitrante e inerte a satisfazer a prestação, demonstra a opção do ordenamento pelo adimplemento como princípio e o declínio da reparação do dano, sobejando em caráter residual e subsidiário para o momento patológico do inadimplemento.[31]

No mesmo sentido, examinando uma decisão do Tribunal Supremo da Espanha, que não entendeu como cláusula penal aquela em que os acionistas de uma empresa perderiam suas ações se não adimplissem os dividendos passivos, Limongi França opôs sua irresignação, por considerá-la como uma pena que preenche todas as funções básicas da cláusula penal sendo a caducidade um acessório do inadimplemento que no caso consistia na promessa do acionista que aderia ao contrato de sociedade, "a saber, de abrir mão do direito acionário, em não executando os dividendos passivos".[32]

A mudança de rumo no tocante à funcionalidade da cláusula penal no direito brasileiro – antecipada pioneiramente por Limongi França – recebeu o impulso fundamental da obra de Antônio Pinto Monteiro.[33]

Em 2019 Marcelo Matos Amaro da Silveira[34] publicou a sua dissertação de mestrado pela Universidade de Lisboa, tratando das penas privadas convencionais na perspectiva do direito português e brasileiro. O autor analisou a cláusula penal pelo prisma dualista, examinando a função específica de cada modelo: a cláusula penal *stricto sensu* e a cláusula penal como liquidação antecipada de danos. Esperamos que este novo capítulo da metáfora Dworkiana do "Romance em cadeia" possa iluminar as escolhas dos escritores subsequentes.

---

31. ROSENVALD, Nelson. Cláusula penal – *a pena privada nas relações negociais*. 2. Ed, Indaiatuba, Foco, 2020, p 35. "No estágio atual de evolução da doutrina brasileira, permanece a oscilação dos autores quanto à determinação da função da cláusula penal. Para uns predomina a finalidade indenizatória, sendo a sancionatória meramente eventual. Para outros, prevalece o inverso, sendo a prefixação de danos secundária diante do intuito de constranger o devedor ao fiel cumprimento da obrigação. Esse modus operandi da cláusula penal é empobrecedor e asfixiante, pois sua bitola unitária e bifuncional encerra as várias possibilidades que a autonomia negocial possa lhe imprimir. Nessa linha de raciocínio, seja qual for a motivação da estipulação da cláusula penal, reparação ou sanção, para fins de qualificação de regime, nada muda em sua modelagem jurídica e nas consequências práticas decorrentes do ilícito negocial. As repercussões serão invariavelmente aquelas elencadas abstratamente nos arts. 408 a 416 do Código Civil. Não é possível, porém, aderir à concepção abstrata tradicionalmente emprestada à cláusula penal. Um único modelo jurídico não pode, simultaneamente, atuar como indenização e sanção. Cogitar de uma "indenização sancionatória" é uma contradição em termos. Valorada a função que as partes desejam imprimir à cláusula penal, podemos delinear suas diversas eficácias, conforme seja ela uma cláusula penal em sentido estrito ou uma cláusula de fixação antecipada de perdas e danos".
32. FRANÇA, Rubens Limongi. *Teoria e prática da cláusula penal*, p. 173.
33. "O inadimplemento por causa imputável ao devedor, confere ao credor o direito de optar pela exigência da pena convencionada em lugar da prestação devida, que aquela substitui. E o devedor não pode, feita essa opção, opor-se a ela com oferecimento da prestação inicial. Tal como não pode impedir o credor de continuar a exigir o cumprimento desta, oferecendo-se a prestar a pena, se não for essa a vontade do primeiro" (MONTEIRO, Antônio Pinto. Cláusula penal e indemnização, p. 104).
34. SILVEIRA, Marcelo Matos Amaro da. *Cláusula penal e sinal*, GZ Edit, 2019. Conforme expõe o autor, "Em Portugal, grande parte dos doutrinadores modernos parecem ter acolhido a visão dualista preconizada por PINTO MONTEIRO. No Brasil, tal noção incialmente apresentada por LIMONGI FRANÇA e mais recentemente desenvolvida por ROSENVALD, parece ainda um pouco embrionária, mas já é reconhecida por alguma doutrina". Op. cit., p. 25.

CLÓVIS DO COUTO E SILVA E SUA CONTRIBUIÇÃO PARA A RESPONSABILIDADE CIVIL

Eugênio Facchini Neto

Doutor em Direito Comparado pela *Università Degli Studi di Firenze*. Mestre em Direito Civil pela USP. Professor titular dos cursos de graduação, mestrado e doutorado em Direito da Pontifícia Universidade Católica do Rio Grande do Sul. Ex-Diretor da Escola Superior da Magistratura/AJURIS. Desembargador no Tribunal de Justiça do RS. E-mail: eugenio.facchini@pucrs.br.

Flaviana Rampazzo Soares

Mestre e Doutora em Direito pela PUC-RS. Especialista em Direito Processual Civil. Advogada e Professora.

Sumário: 1. Introdução – 2. As contribuições de Clóvis do Couto e Silva para o direito das obrigações – 3. Aportes de Couto e Silva para a responsabilidade civil – 4. Conclusão – 5. Referências.

1. INTRODUÇÃO

O Rio Grande do Sul ofereceu ao Brasil vários grandes juristas. Um dos seus maiores, porém, foi Clóvis do Couto e Silva, mercê de seu legado à legislação brasileira, à literatura jurídica pátria[1], à advocacia e ao programa de pós-graduação da

---

1. Dentre suas principais obras, citam-se: *A Obrigação como Processo*. São Paulo: José Bushatsky Editor, 1976; *Comentários ao Código de Processo Civil*, v. XII, t. I e II. São Paulo: Revista dos Tribunais, 1977 e 1982, respectivamente; *Les Principes fondamentaux de la responsabilité en droit brésilien et comparé – Cours assuré à la Faculté de droit et de sciences politiques de St Maur*, Paris, 1988 (a tradução e impressão dessa obra está sendo providenciada pela Profª Vera Maria J. de Fradera); *Weltwirtschafsordnung: Die Christliche Alternative zum Marxismus* (e coll.). Bonn: Union de Fribourg Institut international de sciences politiques et sociales, 1973; *Legal Orders and Economies*. In: Filosofia del Derecho y Filosofia Economica y Politica – Memoria del X Congreso Mundial Ordinario de Filosofia del Derecho y Filosofia Social, v. VII. México: Ed. Universidad Autonoma de Mexico, 1982; *O Princípio da Boa-Fé no Direito Civil Brasileiro e Português*. In: Estudos de Direito Civil Brasileiro e Português. São Paulo: Revista dos Tribunais, 1980; *O Direito Civil Brasileiro em Perspectiva Histórica e Visão de Futuro*. Revista dos Tribunais, v. 628, p. 7; *Les Groupes de sociétés*. In: Le livre des journées, v. 11, Paris: Société de législation comparée, 1990; *Para uma História dos Conceitos no Direito Civil e no Direito Processual Civil – a Atualidade do Pensamento de Otto Karlowa e de Oskar Bullow*. Revista do Processo, v. 37, São Paulo; *O Conceito de Empresa no Direito Brasileiro*. In: Revista Ajuris, v. 37, Porto Alegre; *A Teoria da Base do Negócio Jurídico no Direito Brasileiro*. In: Revista dos Tribunais, v. 655, p. 7; *Miguel Reale, Civilista*. In: Revista dos Tribunais, v. 672, p. 53; *O Conceito de Dano no Direito Brasileiro e Comparado*. In: Revista dos Tribunais, v. 667, p. 7; *O Princípio da Boa-Fé e as Condições Gerais dos Negócios*. In: Condições Gerais dos Contratos Bancários e a Ordem Pública Econômica, col. «Anais Juridicos», Curitiba, 1988. Essa listagem consta da "Nécrologie: Clovis do Couto e Silva (1930-1992)", publicada na *Revue internationale de droit compare*, v. 45, n. 1, Janvier-mars 1993. p. 175-177, escrita pelas suas discípulas, professoras Judith Martins-Costa e Véra Maria Jacob de Fradera. A lista completa da bibliografia do Prof. Clóvis do Couto e

Faculdade de Direito da Universidade Federal do Rio Grande do Sul (UFRGS), por ele idealizado e concretizado.

Leitor compulsivo, nascido na capital do Rio Grande do Sul em seis de setembro de 1930 e falecido aos 61 anos de idade, em vinte e um de maio de 1992, Couto e Silva era um profundo conhecedor do direito europeu e da *Common Law*, palestrando em várias universidades europeias, a convite dos melhores mestres, com quem entretinha laços pessoais. Figuradamente, Couto e Silva foi a ponte entre aquelas tradições e o Brasil, aqui divulgando muitas ideias antecipadas no direito estrangeiro e lá enunciando as nuances do direito brasileiro.

Corria nas veias de Clóvis um DNA jurídico, filho que era de um grande advogado gaúcho, Waldemar do Couto e Silva, tendo como irmãos mais velhos dois outros notáveis juristas, Paulo e Almiro. O primeiro se destacou como exímio advogado, ao passo que Almiro, além de uma bem-sucedida carreira como Procurador do Estado do RS, consagrou-se como notável administrativista[2], criando verdadeira Escola na UFRGS.

Couto e Silva foi convidado pelo Prof. Miguel Reale para integrar a Comissão encarregada de elaborar o anteprojeto de Código Civil, sendo-lhe atribuída a missão de redigir o Livro relativo ao Direito de Família. Algumas de suas ideias foram acolhidas inclusive pelo legislador constituinte e incorporadas ao texto da Constituição de 1988, como o princípio da igualdade entre os cônjuges. Também colaborou com José Carlos Moreira Alves em alguns tópicos da Parte Geral, sendo dele a sugestão de se estender às pessoas jurídicas, no que coubesse, a proteção dos direitos de personalidade.[3]

Sua paixão, porém, era o ensino, especialmente o de pós-graduação, tendo ele idealizado, implementado e coordenado de forma inigualada desde então, o primeiro curso de Mestrado em Direito no Rio Grande do Sul, junto à UFRGS. Mais do que alunos, encantou e formou discípulos, criando uma escola de excelência.

Um desses discípulos foi Ruy Rosado de Aguiar Júnior, a quem orientou em sua dissertação de mestrado, posteriormente publicada sob o nome "Extinção dos Contratos por Incumprimento do Devedor"[4]. Ruy Rosado, à época do prematuro falecimento de Couto e Silva, era Desembargador no Tribunal de Justiça do Rio Grande do Sul (TJRS), tendo proferido uma derradeira homenagem ao grande professor, diante do seu esquife junto ao Salão Nobre da sua amada Faculdade de Direito, em 21.05.1992. Dela extrai-se um fragmento que revela o impacto do Mestre sobre seus alunos:

Silva consta em MARTINS-COSTA, Judith; JACOB DE FRADERA, Véra (Orgs.). *Estudos de direito privado e processual civil*: em homenagem a Clóvis do Couto e Silva. São Paulo: Revista dos Tribunais, 2014. p. 19.

2. Sobre os irmãos Couto e Silva, v. FRADERA, Vera M. Jacob de. Almiro do Couto e Silva, os três irmãos advogados e o Direito. *Conjur*, 02.05.2018. Disponível em https://www.conjur.com.br/2018-mai-02/vera--fradera-almiro-couto-silva-tres-irmaos-direito. Acesso em 23 jan. 2022.

3. Sobre essas contribuições, veja-se "Nécrologie: Clovis do Couto e Silva (1930-1992)", cit.

4. A primeira edição é de 1991. A segunda, pela Editora Aide, é de 2003.

Durante anos, dias e dias, passou por esta Casa o fulgor de sua inteligência invulgar. Durante anos, dias e dias, nós, os que tivemos o privilégio de ser seus alunos, admiramos o brilho de sua imensa erudição. Durante esse tempo todo, sentou-se à nossa frente para ensinar o Direito do mundo.

Onde ele estivesse, na sala de aula desta Província, ou na Cátedra de uma Universidade europeia, ali estava, com ele, a mais atualizada informação sobre o Direito, a mais abrangente e lúcida explicação dos nossos temas.

Não se preocupava em ensinar, tão só. Exigia a excelência acadêmica. Punha suas lições em níveis tão elevados que obrigava a todos, pela palavra exigente e pelo exemplo, que superássemos as deficiências pessoais, estimulando o esforço, espicaçando o espírito, mostrando horizontes insuspeitados.

Embora tenha partido cedo, Couto e Silva deixou um legado de grande valor, em vários setores do direito civil. Neste texto, serão referidos os contributos mais relevantes do referido jurista ao direito das obrigações e à responsabilidade civil.

2. AS CONTRIBUIÇÕES DE CLÓVIS DO COUTO E SILVA PARA O DIREITO DAS OBRIGAÇÕES

Apesar de ser um intelectual completo, profundo conhecedor da música clássica, paixão compartilhada com seus dois irmãos, no campo do direito, Couto e Silva dedicou a sua atenção ao direito das obrigações. Aquela que talvez tenha sido sua maior contribuição – a obra *"A obrigação como processo"* – foi escrita em 1964, para concurso de cátedra junto à Faculdade de Direito da UFGRS, embora só tenha sido publicada em 1976.[5]

Nessa obra da sua relativa juventude, um já maduro autor reconhece, pioneiramente, o princípio da boa-fé objetiva como pressuposto no Código Civil de 1916. Afirmou o mestre que "a boa fé, como proposição fundamental de direito, tem vigência e aplicação, independentemente de haver sido recebida como artigo expresso de lei", sendo categoria pertencente aos princípios, que existem antes e independentemente da sua adoção por uma regra de direito, sendo então denominado como 'princípio pré-positivo'[6] e mecanismo de "controle corretivo do direito estrito"[7], inclusive por meio das suas três principais funções (interpretação, criação de deveres e limitação ao exercício de direitos ou de posições jurídicas), em variados tipos de obrigações e em todas as fases das respectivas relações.

Para reforçar a importância da boa-fé, refere que ela tem uma "função harmonizadora, conciliando o rigorismo lógico dedutivo da ciência do direito do século passado com a vida e as exigências éticas atuais, abrindo 'janelas para o ético'" (citando J. Esser). Refere, ainda, que "num sistema jurídico concebido, não como uma 'Geschlossenheit', como um mundo fechado, mas sim como algo com aberturas por

---

5. COUTO E SILVA, Clóvis Veríssimo do. *A obrigação como processo*. São Paulo: José Bushatsky, Ed., 1976.
6. COUTO E SILVA, Clóvis Veríssimo do. *A obrigação como processo*, cit., p. 34.
7. COUTO E SILVA, Clóvis Veríssimo do. O Princípio da Boa-Fé no Direito Civil Brasileiro e Português. In: *Estudos de Direito Civil Brasileiro e Português*: I Jornada luso-brasileira de direito civil. São Paulo: Revista dos Tribunais, 1980. p. 53.

onde penetram os princípios gerais que o vivificam, não se poderá chegar a uma solução concreta apenas por processo dedutivo ou lógico-matemático"[8].

Além da noção de boa-fé, que posteriormente foi aprofundada magistralmente por uma de suas principais discípulas, Judith Martins-Costa, em sua tese de doutoramento junto à USP[9], Couto e Silva divulgou a noção de obrigação como um encadeamento dinâmico, que envolve uma relação de cooperação entre as partes, de modo que "credor e devedor não ocupam mais posições antagônicas, dialéticas e polêmicas"[10].

Por força da boa-fé objetiva, criam-se deveres concretos de conduta, para os figurantes das relações jurídicas. Essa compreensão lança tentáculos na responsabilidade civil, pois a violação de deveres laterais de conduta pode ser caracterizada como um ato ilícito, tanto na fase pré-contratual, quanto na fase contratual e na pós-contratual, integrando a categoria do ato ilícito indenizante (conquanto outras pretensões igualmente possam ser exercidas pelo prejudicado).

Outra de suas geniais contribuições foi tornar clara "a separação entre a fase do nascimento e desenvolvimento dos deveres e a do adimplemento", segundo a qual "nas obrigações que não se endereçam à transmissão de propriedade, o adimplemento é realizado no plano do direito obrigacional"; já quando se trata de adimplemento que importe em transmissão de propriedade, "a fase do adimplemento se desloca, então, para o plano do direito das coisas"[11].

A ideia de encadeamento obrigacional tendente a um determinado resultado pode ter como base as próprias lições do direito processual civil, cuja vinculação considerava valiosa e produtiva, tanto que em 1985 publicou o importante artigo intitulado "Para uma história dos conceitos no direito civil e no direito processual civil (a atualidade do pensamento de Otto Karlowa e de Oskar Bülow)", no qual traça relevante debate a respeito da vontade na formação e na validade dos negócios jurídicos, bem como dos traços distintivos destes em relação aos atos jurídicos *stricto sensu*.

No referido texto, afirmou que os conceitos "são realidades do modo jurídico, do mundo do pensamento, embora não se constituam em mera substância; são em certa medida, realidades funcionais, não submetidas a uma causalidade semelhante à do mundo da natureza", o que se encaixa, *v. g.*, na diferença entre causalidade natural e causalidade jurídica na responsabilidade civil.

Da *Common Law,* o jurista divulgou as noções de *substantial performance* (teoria do adimplemento substancial), de *acts for necessaries*[12] (por ele incorporado no

---

8. COUTO E SILVA, Clóvis Veríssimo do. *A obrigação como processo*. Rio de Janeiro: Editora FGV, 2007. p. 42.
9. Trata-se de obra seminal sobre o tema: MARTINS-COSTA, Judith. *A Boa-Fé no Direito Privado*. 2ª tiragem. São Paulo: Revista dos Tribunais, 2000.
10. COUTO E SILVA, Clóvis Veríssimo do. *A obrigação como processo*, cit., p. 19-20.
11. COUTO E SILVA, Clóvis Veríssimo do. *A obrigação como processo*, cit., p. 44.
12. Outro de seus discípulos, Adalberto Pasqualotto, publicou há alguns anos um excelente estudo (A importância dos conceitos na construção da dogmática: uma homenagem a Clóvis do Couto e Silva. *Revista*

conceito de atos existenciais[13]), e de *anticipated breach of contract*, que analisa comparativamente com o similar instituto germânico da *violação antecipada do contrato*[14], tratado pioneiramente por Hermann Staub, em 1902.

Sobre as fontes das obrigações, Couto e Silva repassa as classificações acolhidas no direito romano clássico, no direito romano *justinianeu* e no direito francês, apresentando sua classificação quinaria. Segundo o jurista gaúcho, as obrigações teriam suas fontes no negócio jurídico, nos atos em sentido estrito, nos atos-fatos (estes divididos em contato social e atos existenciais), atos de direito público formativos de direito privado e fontes com suporte fático normado[15].

Uma das grandes contribuições do Prof. Clóvis do Couto e Silva foi a divulgação da noção de contato social. Segundo ele, "existem diferenças ontológicas quanto aos deveres que promanam de um negócio jurídico e os necessários ao tráfego social. Os que têm por fundamento um ato jurídico são deveres concretos dirigidos a determinadas pessoas. O fundamento da responsabilidade contratual tem seu ponto de gravidade no descumprimento desses deveres concretos."[16]

Jurídica Luso-Brasileira, Ano 3 (2014), n. 9, p. 7155-7181) sobre algumas das notáveis contribuições de Clóvis para o direito obrigacional brasileiro, dentre as quais a conferência "O princípio da boa-fé no direito brasileiro e português", posteriormente publicada nos *Estudos de direito civil brasileiro e português: I Jornada luso-brasileira de direito civil* (São Paulo: Revista dos Tribunais, 1980). Dentre elas, refere suas reflexões sobre "as questões postas pelo tráfego de massa", referindo que "na Alemanha, o primeiro a falar no assunto foi Günther Haupt, em 1941, denominando de relações contratuais fáticas três grupos de casos: as prestações de serviços do tráfego de massa, as sociedades de fato criadas pela colaboração decorrente de um contrato ineficaz e o contato social, que compreendia situações heterogêneas, tais como a *culpa in contrahendo* e o transporte de cortesia. Em nenhum desses casos se poderia invocar um contrato como fundamento das pretensões jurídicas, apenas uma situação de fato. Clóvis do Couto e Silva demonstra que no *common law* o problema relativo a algumas prestações essenciais à normalidade da vida era tratado sob a denominação de *contracts for necessaries*. Dizia-se, no direito inglês, que uma criança (sujeito de direitos desprovido de capacidade jurídica) podia contrair dívida, obrigando-se *not because she has agreed, but because she has been supplied*. Este era o pensamento de Cheshire e Fifoot, que entendiam ter o ato da criança natureza obrigacional, não sendo sua fonte, porém, a vontade. A questão que se punha era saber se era possível atribuir à vontade um papel relevante nesses casos. A resposta positiva indicaria que o ato praticado é um negócio jurídico; a resposta negativa iria no sentido da prática de simples ato-fato. Nesta hipótese, a vontade de praticar o ato não é considerada, havendo "cisão entre o negócio jurídico e a sua função." A função torna-se autônoma e a obrigação deriva diretamente do fornecimento, não da vontade. Resultando a obrigação do fornecimento, antes que ele ocorresse não haveria responsabilidade e, por conseguinte, o fornecedor poderia recusar-se a prestar. Todavia, em se tratando de ato existencial (dependendo, portanto, da essencialidade do que era fornecido), poderia haver para o fornecedor obrigação de contratar."

13. No seu "*A obrigação como processo*", Clóvis refere que "os atos de tipo existencial referem-se às necessidades básicas do indivíduo, tais como alimentação, vestuário, água etc. Ninguém poderá pensar em anulá-los desde que se realizem dentro de moldes normais e adequados, sob a alegação, por exemplo da incapacidade de uma das partes" (op. cit., p. 92).

14. Tema esse abordado na dissertação de mestrado de outro aluno do Programa de Pós-Graduação de Direito da UFRGS, Jorge Cesa Ferreira da Silva, publicado sob o título *A boa-fé e a violação positiva do contrato*. Rio de Janeiro/São Paulo: Renovar, 2007.

15. COUTO E SILVA, Clóvis Veríssimo do. *A obrigação como processo*, cit., p. 84-96.

16. "Dever de indenizar", publicado em 1967 na Revista de Jurisprudência do TJRGS, ano II, n. 6, e reproduzido em FRADERA, Vera Maria Jacob de (Org.). *O Direito Privado brasileiro na visão de Clóvis Do Couto E Silva*. Porto Alegre: Livr. do Advogado Ed., 1997, p. 198.

Já o contato social, no sentido técnico entendido como englobante de todos os efeitos jurídicos que pressupõem uma determinada situação das partes na vida em sociedade, cuja consequência é a necessidade de se reconhecer a existência de um modelo mais geral de fatos produtores de deveres e direitos, pode ensejar muitos deveres genéricos, os quais, apesar de se dirigirem a todos indistintamente, por vezes "guardam semelhança com os deveres que têm como fonte uma relação negocial", como os deveres de "vigilância, de guarda, ou proteção, que são também encontradiços em figuras contratuais determinadas".[17]

Outra distinção importante e de efeitos práticos, que o jurista auxiliou a divulgar, foi a do interesse contratual positivo e do interesse negativo. Por vezes, em razão do inadimplemento imputado à outra parte, o credor poderia pleitear a reparação de ambos os interesses, como ocorre, por exemplo, no caso do descumprimento de uma obrigação de dar, em que o pedido de perdas e danos estaria fundado no art. 1.059 do CC/16 (art. 402 do atual Código Civil), que prevê que "as perdas e danos devidas ao credor, abrangem além do que ele efetivamente perdeu, o que razoavelmente deixou de lucrar". Por vezes, porém, o credor poderia apenas postular o interesse negativo, como nos casos de responsabilidade pré-contratual, ou seja, "o que efetivamente perdeu ou gastou, na confiança da realização do negócio, e não o que deixou de lucrar".[18]

Couto e Silva preocupava-se com os movimentos da economia e suas repercussões no direito (o que hoje é chamado de "análise econômica do direito"), como, por exemplo, quando publicou um artigo no qual tratou dos impactos da inflação, a corrosão da moeda e as técnicas de controle inflacionário, explorando a interligação entre política, economia e direito[19].

Expostas as principais lições deste importante jurista gaúcho, notadamente no direito obrigacional, o próximo tópico abordará especificamente os seus ensinamentos na responsabilidade civil.

3. APORTES DE COUTO E SILVA PARA A RESPONSABILIDADE CIVIL

Embora o capítulo precedente tenha abordado algumas questões de responsabilidade civil que envolvem o direito das obrigações, neste serão expostas as principais contribuições do jurista no campo específico da responsabilidade civil.

Relativamente ao nexo de causalidade, Couto e Silva entendia, como quase a totalidade dos juristas brasileiros de sua geração, que o fundamento acolhido pelo

---

17. "Dever de indenizar", publicado em 1967 na Revista de Jurisprudência do TJRGS, ano II, n. 6, e reproduzido em FRADERA, Vera Maria Jacob de (Org.). *O Direito Privado brasileiro na visão de Clóvis Do Couto E Silva*. Porto Alegre: Livr. do Advogado Ed., 1997, p. 198.
18. "Dever de indenizar", publicado em 1967 na Revista de Jurisprudência do TJRGS, ano II, n. 6, e reproduzido na coletânea organizada pela professora Vera M. J. de Fradera, p. 199.
19. COUTO E SILVA, Clóvis. O planejamento na economia brasileira. *Revista de Informação Legislativa*. Brasília. A. 28, n. 109, jan./mar. 1991. p. 43-60.

Código Civil de 1916 era o da causalidade adequada[20]. Sempre atento às lições do direito comparado, já em 1967 afirmava que "correm à conta do agente a circunstância de ser débil, física ou organicamente, a vítima".[21] Com isso, divulgava no Brasil a noção muito aceita no direito comparado e que no âmbito da *Common Law* é referida com a expressão: *the tortfeasor must take his victim as he finds him.*

Assim, por exemplo, aplicando-se a regra, se alguém, em meio a uma discussão, empurra seu interlocutor, que cai e quebra o braço, responde por esta consequência. Se, porém, essa vítima vem a falecer durante o trajeto até o pronto-socorro de fraturas, em razão de um acidente de trânsito, dir-se-á que não há um nexo de causalidade adequado entre o empurrão e a morte, pois, de acordo com aquilo que normalmente se observa no mundo fenomênico, um empurrão é hábil a causar escoriações, contusões e até a fratura de algum osso, mas não a morte de alguém.

Todavia, a exceção alteraria essa conclusão. Suponha-se que alguém possui uma malformação congênita, pela qual sua calota craniana não completou seu crescimento e, portanto, parte do cérebro é envolto apenas por tecido não protegido por osso. Imagine-se, agora, que tenha sido esta a pessoa empurrada que, ao cair, bate com a cabeça em uma pedra pontiaguda, que lhe atinge a parte desprotegida do cérebro, causando-lhe a morte. Uma pessoa 'normal' não teria morrido, mas ela, em razão de sua debilidade orgânica, acabou morrendo. Nessa hipótese, responderá o agressor pelo evento morte, mesmo que, abstratamente falando, na generalidade dos casos, um empurrão naquelas circunstâncias não teria causado a morte de alguém.

Em outro precioso artigo publicado em 1991, Couto e Silva expôs questões inovadoras ao direito brasileiro. Distinguiu a noção naturalista da noção normativa de dano, referindo que "não se deve pensar que o princípio da reparação se submeta unicamente a um conceito puramente naturalista do dano. A noção de reparação é comandada pela norma jurídica". Mais adiante, acrescenta que "a norma jurídica seleciona uma fração do fato social para transformá-lo numa situação jurídica"[22].

Couto e Silva desvincula-se da noção de prejuízo como um menoscabo a um *bem,* para aproximá-la da ideia do *interesse* juridicamente protegido, ao sustentar a importância da noção jurídica de interesse, por ser determinante na extensão do dano a ser indenizado, além de desvincular a patrimonialidade ínsita ao vocábulo *bem,* o que se coaduna com o seu entendimento de reparabilidade dos danos extrapatrimo-

---

20. Um quarto de século mais tarde, ao preferir palestra na Argentina, posteriormente recolhida na obra *Daños* (Buenos Aires: Ed. Depalma, 1991), com o nome de "Responsabilidad alternativa y acumulativa", Clóvis volta a defender a causalidade adequada como sendo a melhor teoria para explicar o nexo de causalidade jurídica (p. 238 da versão recolhida na coletânea da Profa. Dra. Vera M. J. de Fradera).

21. Como referido em artigo denominado "*Dever de indenizar*", publicado em 1967 na *Revista de Jurisprudência do TJRGS,* ano II, n. 6, e reproduzido na coletânea organizada pela professora Vera M. J. de Fradera, p. 194 e 195.

22. COUTO E SILVA, Clóvis V. do. O conceito de dano no Direito brasileiro e comparado. *Revista dos Tribunais,* ano 80, v. 667, maio/1991, p. 219.

niais, ou danos à pessoa, sabendo-se que a pessoa em seus interesses imateriais não tem preço, tem dignidade. [23]

Couto e Silva pôs em pauta os danos à pessoa, os quais considerava "um dos aspectos mais importantes da responsabilidade civil"[24]. Tanto tinha razão que, nos anos subsequentes, o tema passou a ser aprofundado pela doutrina brasileira.

O jurista afirmava que, se a noção de dano fosse simplesmente um conceito naturalista, as leis da física forneceriam as regras próprias à fixação dos limites do dano indenizável, de sorte que "há uma noção física e uma noção jurídica de dano." No caso do direito brasileiro, esclareceu que, tal como o modelo francês, havia uma cláusula geral no art. 159 (do Código Civil de 1916), complementada – e limitada – pelas disposições restritivas dos artigos 1.045-1061 e 1.536-1.553 do mesmo CC. Referiu que a legislação civil protege os direitos de propriedade *lato sensu*, mas, nessa acepção, não se inclui a proteção do *patrimônio*[25], embora questione a razão dessa opção. [26]

Nesse mesmo artigo, ele deu a conhecer ao público brasileiro a noção de "perda de uma chance", oriunda da jurisprudência francesa e ainda desconhecida entre nós na ocasião[27] [28]. Igualmente, apontou as deficiências normativas pátrias em matéria

---

23. COUTO E SILVA, Clóvis V. do. O conceito de dano no Direito brasileiro e comparado. *Revista dos Tribunais*, ano 80, v. 667, maio/1991, p. 220-221.

24. COUTO E SILVA, Clóvis V. do. O conceito de dano..., p. 227.

25. Embora ele não tenha desenvolvido a ideia nesse artigo, é de se imaginar que estava ele se referindo à discussão, não travada entre nós naquela época, entre danos patrimoniais e danos puramente econômicos. Esses, ao contrário daqueles, não atingem objetos de direito de propriedade, mas sim interesses puramente econômicos, como a diminuição do patrimônio, sem que tenha havido dano à propriedade em si. O emblemático caso *De Chirico* permite identificar do que se trata: "Um rumoroso caso italiano foi julgado pela Corte de Cassação em 1983, envolvendo o tema de dano puramente econômico no contexto que ora se está abordando. Trata-se do caso conhecido como *De Chirico* (o nome completo do caso era *Failla c. Paskwer [vedova De Chirico]*). Giorgio De Chirico (1888-1978) foi um importante pintor grego, naturalizado italiano, considerado um dos precursores do movimento surrealista. Obteve ainda em vida notável reconhecimento e suas obras eram muito valorizadas. Um colecionador, interessado em adquirir de um *marchand* uma obra que lhe era atribuída, dirigiu-se ao próprio De Chirico e lhe indagou se a obra era mesmo sua. Ele não só confirmou a autoria, como apôs uma segunda assinatura sua à obra. Posteriormente, porém, constatou-se que a obra era falsa. O comprador, então move uma ação judicial contra a viúva do pintor (sra. Paskwer). Nesse caso, a Corte de Cassação, acolhendo a pretensão, afirmou que é considerado injusto o dano que atinge não só um objeto material de direito de propriedade, mas também a integridade genérica do patrimônio. Era o caso, pois a obra em si (coisa objeto de propriedade) não foi danificada, mas o valor do patrimônio do comprador foi depreciado, com a desvalorização da obra adquirida, ao ser descartada a autoria. Na verdade, o autor não poderia ajuizar uma ação de responsabilidade contratual contra a viúva De Chirico porque não havia comprado dela (nem do espólio) o quadro. Interpretando o art. 2043 do CC italiano, a Corte de Cassação não queria abdicar do pressuposto de que a reparabilidade dos prejuízos sofridos dependeria da violação de um direito subjetivo absoluto, razão pela qual acabou por admitir a existência de um direito absoluto à integridade do patrimônio". FACCHINI NETO, Eugênio. Expandindo as fronteiras da responsabilidade civil: danos puramente econômicos. *Revista de Direito Civil Contemporâneo*. v. 27. ano 8. p. 113-160. São Paulo: Ed. RT, abr./jun. 2021.

26. COUTO E SILVA, Clóvis V. do. O conceito de dano no Direito brasileiro e comparado. *Revista dos Tribunais*, ano 80, v. 667, maio/1991, p. 220-221.

27. COUTO E SILVA, Clóvis V. do. O conceito de dano..., p. 221-222.

28. Posteriormente tema da dissertação de um dos mais brilhantes juristas da segunda geração de egressos do Curso de Mestrado em Direito da UFRGS. Trata-se de SILVA, Rafael. Peteffi da. *Responsabilidade Civil*

de tutela de interesses metaindividuais (citando o caso norte-americano do *Texas Gulph Sulphur*), e a necessidade de um mecanismo processual que pudesse proteger mais eficazmente os interesses coletivos, embora tivesse aclamado as iniciativas então recentes do Código de Defesa do Consumidor e da Lei 7.427/87.

O jurista ora homenageado foi precursor ao apontar para a *prevenção* como "importante princípio em matéria de responsabilidade civil" [29], a qual veio a ser amplamente desenvolvida no direito ambiental, distinguindo-a da função punitiva, como os *exemplary damages* da *Common Law*, os quais considerou como inaceitáveis perante o direito pátrio.

Quanto aos danos morais, foi visionário ao reconhecer que as limitações do CC/16 não impediriam a sua compensabilidade, tendo em vista que a Constituição Federal de 1988, especialmente pelas normas incluídas no art. 5º, inc. V e X, deveria ser interpretada como tendo trazido ao direito brasileiro o "princípio da reparação de um dano moral com generalidade"[30]. Como sempre, trouxe exemplos do direito comparado para demonstrar que também o Código Civil alemão (BGB) continha dispositivos restritivos a respeito da compensabilidade dos danos morais, mas que a jurisprudência daquele país ampliou a tutela aquiliana dos referidos danos para fora dos casos previstos na lei, por meio de uma interpretação conforme a constituição, ilustrada pelo célebre caso *Herrenreiter*, de 1968.

O visionário jurista mostrou a sua perspicácia ao associar direito processual ao direito material em matéria de danos, quando sustentou que "a proteção aos direitos de personalidade se realiza, sobretudo, por meio de ações cominatórias preventivas, para evitar a prática de ato lesivo, e repressivas, para fazer cessar a ofensa já cometida" [31] o que aproxima a sua lição à difundida função preventiva da responsabilidade civil.

No mesmo artigo, Couto e Silva divulgou a figura francesa do *préjudice d'agrément*, identificada como "perda das atividades de lazer", explicitada pela impossibilidade da vítima "de realizar atividades esportivas e culturais". Referiu que essa figura não fora acolhida no direito brasileiro, "muito embora a reparação ampla do dano extrapatrimonial devesse permitir esse tipo de indenização", a partir "de uma interpretação ampla do art. 5º, X, da CF", que deveria abarcar também o "dano juvenil", como espécie desses "novos danos"[32]. Todas essas figuras de novos danos eram praticamente desconhecidas no Brasil, naquele período.

E, em uma época em que ainda inexistiam monografias brasileiras sobre nexo de causalidade no âmbito da responsabilidade civil extracontratual, Couto e Silva

---

pela perda de uma chance. São Paulo: Atlas, 2006. Sua excelente dissertação foi orientada pela Profª Judith Martins-Costa.
29. COUTO E SILVA, Clóvis V. do. O conceito de dano..., p. 225.
30. COUTO E SILVA, Clóvis V. do. O conceito de dano..., p. 232.
31. COUTO E SILVA, Clóvis V. do. O conceito de dano..., cap. 2.2, segundo parágrafo.
32. COUTO E SILVA, Clóvis V. do. O conceito de dano..., p. 233.

introduziu um interessante debate sobre responsabilidade alternativa e cumulativa.[33] Após referir a franciscana regulação do nexo causal nos códigos latinos, abordou o peculiar dispositivo do BGB alemão, incluído na segunda parte do §830, segundo o qual, se várias pessoas podem ser autoras do dano, ou se uma pessoa poderia ter sido a autora do dano, mas sem se saber precisamente quem o causou, todas estas pessoas respondem solidariamente.

Esta seria a base, no direito alemão, para o desenvolvimento da causalidade lá chamada de "alternativa".[34] Para ilustrá-la, referiu um caso julgado pelo TJRS, envolvendo responsabilidade contratual. Três empresas foram sucessivamente autorizadas, mediante contrato, a explorar um reflorestamento, podendo de lá abater e extrair árvores para beneficiamento. Acontece que essas empresas cortaram um número muito superior de árvores do que que estavam autorizadas. Mas não se sabia quais delas havia superado a quota contratual. O TJRS decidiu que se não se sabe quem cortou o excesso de árvores, mas se sabe que foi uma das três empresas, e, assim, todas elas responderiam solidariamente[35]. Destacou, na sequência, que do referido acórdão foi interposto recurso extraordinário ao Supremo Tribunal Federal, que reformou a decisão, embora em julgamento não unânime[36], afirmando

---

33. Tratava-se de palestra proferida na Argentina e posteriormente recolhida na obra *Daños* (Buenos Aires: Ed. Depalma, 1991), com o nome de "Responsabilidad alternativa y acumulativa". Outro de seus discípulos que cursou o Mestrado por ele coordenado junto à UFRGS, Vasco Della Giustina, então desembargador no TJRS e posteriormente convocado para atuar no STJ por largos anos, acabou escolhendo esse tema como sua dissertação de mestrado (posteriormente publicada – DELLA GIUSTINA, Vasco. *Responsabilidade civil dos grupos*. Rio de Janeiro: Aide Ed., 1991).

34. Esse problema não é desconhecido no direito francês, sobre o qual já tivemos oportunidade de escrever (FACCHINI NETO, Eugenio. Desenvolvimento, tendências e reforma da responsabilidade civil na França: ruptura ou continuidade na busca de sempre ampliar a tutela da pessoa? *civilistica.com*. Ano 10, n. 2, 2021, p. 25/26): "Por vezes, diante de dificuldades para resolver problemas ligados ao nexo causal, o legislador francês intervém, buscando facilitar a situação da vítima. Foi o que ocorreu com acidentes de caça – atividade tradicional na França. O problema se colocava quando, em uma batida de caça, mais de um caçador disparava simultaneamente, mas apenas o chumbo de uma arma atingia uma vítima, sem que se pudesse demonstrar qual o caçador que disparara o tiro. A uma posição inicial, que desacolhia demandas indenizatórias por ausência de prova do nexo causal (C. Cass., Civ. 2., 4.01.1957; C. Cass., Crim., 22.03.1966), a jurisprudência desenvolveu expedientes técnicos para possibilitar a responsabilização, como a ideia de uma *faute commune,* ou por uma forçada ideia de *garde en commun* das coisas que causaram o dano, até chegar a ideia de uma responsabilidade por danos causados em grupo. Posteriormente, porém, criou-se um fundo indenizatório para cobrir tais danos pela lei de 11.07.1966. Refira-se que no projeto de reforma da responsabilidade civil, em tramitação no Parlamento francês desde 2017, pretende-se dar ao art. 1240, alínea 1, do Código Civil a seguinte redação: "Quando a lesão corporal é causada por pessoa indeterminada entre pessoas identificadas, agindo em conjunto ou realizando uma atividade similar, cada uma é responsável pela integralidade do dano, salvo se provar que o dano não poderia ter sido causado por ela". E a segunda alínea complementa: "Os responsáveis responderão entre si na proporção da probabilidade de cada um ter causado o dano" – Sobre esses desenvolvimentos, veja-se, também, TERRÉ, François; SIMLER, Philippe; LEQUETTE, Yves; CHÉNEDÉ, François. *Droit Civil – Les Obligations*. 12. ed. Paris: Dalloz, 2019, p. 1165-1168.

35. TJRS. 3 Câmara Cível. Apelação Cível n. 21.062, j. em 08 nov. 1973. Ementa: "Venda de pinheiros. Número certo. Réus que, comprovadamente cortaram a mais. Dever de indenizar. Desconhecendo-se qual dos réus praticou o ilícito, há solidariedade. Arts. 904 e 1.518 do Código Civil. Agravo no auto do processo desacolhido, procedência parcial da ação".

36. RTJ/STF, v. 82, T. III, p. 954-968.

que "se não se prova quem cortou as árvores, nenhuma pessoa responde", pois o sistema de responsabilidade civil, segundo esse acórdão, teria adotado a lógica do tudo ou nada[37].

Ainda no tema da causalidade, mencionou o caso *Sindel v. Abbott Laboratories,* como outro exemplo de causalidade alternativa, mas pela lógica da participação no mercado (*Market share liability)*, embora ciente de que tal teoria não era amplamente aceita nem mesmo nos Estados Unidos. Couto e Silva aproveita essa lógica para apresentar um exemplo que poderia ser resolvido a partir da 'participação no mercado': imagine-se que bovinos pertencentes a vários donos penetrem em campo alheio e acarretem danos à plantação. Suponha-se que fossem cinco cabeças de um proprietário, três de outro e duas de um terceiro proprietário. Qual a proporção de dano efetivamente causado por cada animal? Impossível saber. Adotando-se a lógica da participação proporcional, no entanto, tal como no caso Sindel, poder-se-ia apresentar uma boa solução jurídica ao problema[38].

Couto e Silva, no mesmo artigo que explora os contornos conceituais de dano, refere um incipiente movimento dogmático relativo ao nexo causal, que ultrapassa a noção de uma causalidade real em direção de uma causalidade "suposta"[39], o que antecipa a ideia de "responsabilidade pressuposta", objeto de conhecida obra da Professora Giselda Hironaka[40].

Outra das grandes contribuições de Couto e Silva diz respeito a uma visão de conjunto que aproxima as noções de obrigações contratuais das obrigações ditas extracontratuais. Para ele, o ato ilícito e o contrato podem ensejar obrigações que, avaliadas tecnicamente, possuem uma estrutura equivalente, voltada a uma mesma finalidade, que é a "satisfação do interesse do credor". As vontades dos figurantes na relação jurídica advinda de um ato lícito, no entanto, podem dotar de variabilidade a finalidade dessa relação, enquanto que na obrigação oriunda de um ato ilícito a pretensão da vítima é reparatória[41].

E prossegue, identificando na noção de *contato social* um elemento unificador da responsabilidade contratual e extracontratual:

> Uma das constatações fundamentais do direito das obrigações moderno é a progressiva aproximação entre a responsabilidade delitual e contratual. Esta aproximação resulta da consideração de suporem os dois tipos de responsabilidade uma lesão a deveres preexistentes. Há um novo desenvolvimento de deveres, provenientes do fato de que a fonte comum, tanto das obrigações

---

37. COUTO E SILVA, Clóvis V. do. O conceito de dano..., p. 237-239.
38. COUTO E SILVA, Clóvis V. do. O conceito de dano..., p. 241.
39. COUTO E SILVA, Clóvis V. do. O conceito de dano..., p. 240.
40. HIRONAKA, Giselda Maria F. Novaes. *Responsabilidade Pressuposta*. Belo Horizonte: Del Rey, 2005.
41. Tradução supervisionada pela Profª Vera M. Jacob de Fradera, de um curso ministrado por Clóvis, sob o título *Les Principes fondamentaux de la responsabilité en droit brésilien et compare*, junto à *Faculté de droit et de sciences politiques de St Maur* (Universidade de Paris XII), em Paris, em 1988, e que atualmente se encontra no prelo.

contratuais quanto das delituais, poderia ser o contato social, conduzindo à conclusão de que a vida em sociedade exige de todos o respeito aos direitos alheios e de terceiros.[42]

Para Couto e Silva, o contato social manifesta-se no direito (embora seja considerado uma categoria sociológica) por meio de figuras como, por exemplo, a *culpa in contrahendo*.

> "Há alguns anos, um grande número de autores passou a referir-se ao contato social como fattispecie própria à responsabilidade pré-contratual. Poderíamos, facilmente, generalizar esta noção por considerá-la fattispecie comum aos contratos e aos delitos, atribuindo-lhe um grande valor sistemático. O contrato seria uma forma voluntária, qualificada, do contato social; a outra forma seria o delito. Um e outro supõem, como notório, o fato de se viver em sociedade, revelando esse fato a possibilidade de serem estabelecidos contatos sociais."[43]

Como visto, Couto e Silva aplicou a noção de contato social ao direito das obrigações, empregando-a como *fattispecie* dos negócios, dos delitos civis e dos ditos "atos existenciais" (relações contratuais de fato) para sistematizar as fontes de relação obrigacional e as espécies constituintes do direito das obrigações e que refletem na responsabilidade civil em diversos aspectos, como na responsabilidade pré-negocial, nos contornos probatórios e no prazo prescricional, que é uma questão ainda sob intensos debates no direito brasileiro.

A partir dos ensinamentos de Couto e Silva se estabelece, por exemplo, que o fundamento da obrigação de indenizar na responsabilidade pré-negocial não reside no delito civil, mas, sim, na violação da boa-fé objetiva decorrente do elevado grau de contato social entre os negociadores, os quais, embora não estejam vinculados por deveres de prestação, estão enlaçados pelo dever de proteção que assenta o imperativo de conduta de acordo com a boa-fé, mesmo na fase das tratativas.

A confiança depositada por uma parte em outra decorre de uma relação social juridicamente qualificada que, embora não alcance o *status* de negócio jurídico, é assentada na legítima crença no outro, parceiro pré-negocial, quanto à promessa implícita de cumprimento do pactuado e de que os comportamentos serão adotados segundo o que se supõe que seja o agir de uma pessoa honesta e leal, e a retidão desse agir é tanto maior quanto mais elevado for o grau de contato social com veste jurídica, a demonstrar que a relação estabelecida não é ocasional ou contingencial, trata-se de uma justa expectativa que, se for quebrada, pode ensejar a responsabilização de quem a quebrou, quanto a quem tenha experimentado dano em razão deste rompimento.

---

42. Os trechos foram extraídos da tradução supervisionada pela Profª Vera M. Jacob de Fradera, de um curso ministrado por Clóvis, sob o título *Les Principes fondamentaux de la responsabilité en droit brésilien et compare*, junto à *Faculté de droit et de sciences politiques de St Maur* (Universidade de Paris XII), em Paris, em 1988, e que atualmente se encontra no prelo.

43. Os trechos foram extraídos da tradução supervisionada pela Profª Vera M. Jacob de Fradera, de um curso ministrado por Clóvis, sob o título *Les Principes fondamentaux de la responsabilité en droit brésilien et compare*, junto à *Faculté de droit et de sciences politiques de St Maur* (Universidade de Paris XII), em Paris, em 1988, e que atualmente se encontra no prelo.

Não se trata de um dever jurídico de atender ao que a outra parte espera, mas do surgimento de deveres que demandam um agir mediante representações, sob cobertura juscivilista, e aceitáveis por serem legitimamente esperadas, norteadas pela boa-fé objetiva e conectadas com situações de confiança.

Enunciados os aspectos essenciais quanto ao valoroso contributo de Couto e Silva à responsabilidade civil, parte-se para as notas conclusivas deste texto.

4. CONCLUSÃO

Exposto o breve traçado dos principais espaços construídos por Clóvis do Couto e Silva nos campos das obrigações e da responsabilidade civil, cabem algumas notas conclusivas, as quais passam pela constatação de que o notável jurista homenageado por meio deste texto demonstrou como poucos que o direito conecta diferentes saberes e é capaz de oferecer soluções baseadas em concatenações por vezes imperceptíveis à primeira vista.

Couto e Silva trouxe ao direito privado uma visão funcional permeada pelo encadeamento dinâmico, técnico, coerente e coordenado das relações e das situações jurídicas. A sua dedicação ao estudo e ao desenvolvimento teórico do princípio prescritivo da boa-fé objetiva foi enorme passo ao atendimento dos justos interesses e expectativas dos partícipes de um processo obrigacional e à adequada compreensão dessa figura jurídica, inclusive quanto aos seus impactos na seara da responsabilidade negocial, que acabou também por impactar a responsabilidade aquiliana.

O jurista teve enorme papel na substituição dos eixos da *culpa* para o *dano* e do *agente* para a *vítima* na responsabilidade civil, tendo sido capaz de apresentar novos horizontes nesta importante área do direito, antevendo pontos que foram grandemente impactados posteriormente, inclusive pela Constituição Federal de 1988, como a temática dos danos extrapatrimoniais.

Couto e Silva, além de inegavelmente ter sido um insigne jurista visionário, deixou como grande legado o resgate do sentido ético-social das manifestações cobertas pelo Direito, o qual indelevelmente pautou a sua vida e a sua obra.

5. REFERÊNCIAS

COUTO E SILVA, Clóvis Veríssimo do. *A Obrigação como Processo*. São Paulo: José Bushatsky Editor, 1976.

COUTO E SILVA, Clóvis Veríssimo do. *Comentários ao Código de Processo Civil*, v. XII, t. I. São Paulo: Revista dos Tribunais, 1977.

COUTO E SILVA, Clóvis Veríssimo do. O Princípio da Boa-Fé no Direito Civil Brasileiro e Português. In: *Estudos de Direito Civil Brasileiro e Português*: I Jornada luso-brasileira de direito civil. São Paulo: Revista dos Tribunais, 1980.

COUTO E SILVA, Clóvis Veríssimo do. *Comentários ao Código de Processo Civil*, v. XII, t. II. São Paulo: Revista dos Tribunais 1982.

COUTO E SILVA, Clóvis Veríssimo do. O planejamento na economia brasileira. *Revista de Informação legislativa.* Brasília. A. 28, n. 109, jan./mar. 1991.

COUTO E SILVA, Clóvis Veríssimo do. O Direito Civil Brasileiro em Perspectiva Histórica e Visão de Futuro. *Revista dos Tribunais,* v. 628.

COUTO E SILVA, Clóvis Veríssimo do. Para uma História dos Conceitos no Direito Civil e no Direito Processual Civil – a Atualidade do Pensamento de Otto Karlowa e de Oskar Bullow. *Revista do Processo,* v. 37, São Paulo.

COUTO E SILVA, Clóvis Veríssimo do. O Conceito de Empresa no Direito Brasileiro. *Revista Ajuris,* v. 37, Porto Alegre.

COUTO E SILVA, Clóvis Veríssimo do. A Teoria da Base do Negócio Jurídico no Direito Brasileiro. *Revista dos Tribunais,* v. 655.

COUTO E SILVA, Clóvis Veríssimo do. Miguel Reale, Civilista. *Revista dos Tribunais,* v. 672.

COUTO E SILVA, Clóvis Veríssimo do. O Conceito de Dano no Direito Brasileiro e Comparado. *Revista dos Tribunais,* v. 667.

COUTO E SILVA, Clóvis Veríssimo do. O Princípio da Boa-Fé e as Condições Gerais dos Negócios. In: *Condições Gerais dos Contratos Bancários e a Ordem Pública Econômica,* col. «Anais Juridicos», Curitiba, 1988.

COUTO E SILVA, Clóvis Veríssimo do. Responsabilidad alternativa y acumulativa. In: *Daños.* Buenos Aires: Ed. Depalma, 1991.

DELLA GIUSTINA, Vasco. *Responsabilidade civil dos grupos.* Rio de Janeiro: Aide Ed., 1991.

FACCHINI NETO, Eugênio. Expandindo as fronteiras da responsabilidade civil: danos puramente econômicos. *Revista de Direito Civil Contemporâneo.* v. 27. ano 8. p. 113-160. São Paulo: Ed. RT, abr./jun. 2021.

FACCHINI NETO, Eugenio. Desenvolvimento, tendências e reforma da responsabilidade civil na França: ruptura ou continuidade na busca de sempre ampliar a tutela da pessoa? *civilistica.com.* Ano 10, n. 2, 2021.

FERREIRA DA SILVA, Jorge Cesa. *A boa-fé e a violação positiva do contrato.* Rio de Janeiro/São Paulo: Renovar, 2007.

FRADERA, Vera Maria Jacob de (Org.). *O Direito Privado brasileiro na visão de CLÓVIS DO COUTO E SILVA.* Porto Alegre: Livr. do Advogado Ed., 1997.

FRADERA, Vera M. Jacob de. Almiro do Couto e Silva, os três irmãos advogados e o Direito. *Conjur,* 02.05.2018. Disponível em https://www.conjur.com.br/2018-mai-02/vera-fradera-almiro-couto--silva-tres-irmaos-direito. Acesso em 23 jan. 2022.

HIRONAKA, Giselda Maria F. Novaes. *Responsabilidade Pressuposta.* Belo Horizonte: Del Rey, 2005.

MARTINS-COSTA, Judith. *A Boa-Fé no Direito Privado.* 2ª tiragem. São Paulo: Revista dos Tribunais, 2000.

PASQUALOTTO, Adalberto. A importância dos conceitos na construção da dogmática: uma homenagem a Clóvis do Couto e Silva. *Revista Jurídica Luso-Brasileira,* Ano 3 (2014), nº 9, p. 7155-7181.

SILVA, Rafael. Peteffi da. *Responsabilidade Civil pela perda de uma chance.* São Paulo: Atlas, 2006.

TERRÉ, François; SIMLER, Philippe; LEQUETTE, Yves; CHÉNEDÉ, François. *Droit Civil – Les Obligations.* 12. ed. Paris: Dalloz, 2019.

A RESPONSABILIDADE CIVIL COMO INSTITUTO FUNDAMENTAL DO SISTEMA JURÍDICO: PREITO AOS ESCÓLIOS INDISPENSÁVEIS DO PROFESSOR DOUTOR RENAN LOTUFO

Fernando Rodrigues Martins

Doutor e Mestre em Direito (PUC-SP). Professor Adjunto IV da Universidade Federal de Uberlândia. Investigador científico no Max Planck Hamburgo (Alemanha). Diretor Presidente do Instituto Brasileiro de Política e Direito do Consumidor (BRASILCON). Promotor de Justiça em Minas Gerais.

Sumário: 1. Para compreender Renan Lotufo: trajetória acadêmica e institucional – 2. Pesquisa produzida e atividade realizada – 3. O revigoramento da responsabilidade civil: estrutura-função--valor – 4. Considerações finais – 5. Referências bibliográficas.

1. PARA COMPREENDER RENAN LOTUFO: TRAJETÓRIA ACADÊMICA E INSTITUCIONAL

O Professor Doutor Renan Lotufo é personalidade de extrema relevância no aperfeiçoamento do Direito brasileiro, quer pelas vias acadêmicas, quer pelas vias pragmáticas. Em ambas se destacou com singularidade, extravasando o padrão da normalidade da maioria dos estudiosos e operadores. Foi, sem dúvida, figura humana essencial para desenvolvimento do conhecimento jurídico nacional, sem prejuízo da intensa e escorreita distribuição da justiça, enquanto membro da judicatura paulista.

No plano acadêmico, após a formação universitária na Faculdade de Direito do Largo de São Francisco em 1963, período inclusive em que visitou a Alemanha, iniciou logo em 1974 pós-graduação *stricto sensu* na Pontifícia Universidade Católica de São Paulo obtendo título de mestre já em 1976 com a dissertação *"situações jurídicas tributárias"*, sob a orientação do renomado publicista Geraldo Ataliba.

Já o doutoramento se deu em 1994, na mesma instituição, desta feita na órbita do direito privado com a tese *'questões relativas ao mandato'*, com regência segura do (amigo) Professor Doutor José Manoel de Arruda Alvim. O distanciamento temporal entre os níveis de titulação tem razão lógica: o exercício da nobre função de Desembargador perante o Tribunal de Justiça de São Paulo que exigia árdua atenção de inúmeros feitos em trâmite pelo grau recursal.

É importante salientar que naquela época, a despeito de já superada a dicotomia entre direito público e direito privado, a realização de pós-graduações em âmbitos diferenciados proporcionou enorme fortalecimento na área de *teoria geral do direito*, onde a contribuição do Professor Doutor Renan Lotufo é invulgar, conseguindo com facilidade proporcionar a interface entre a dogmática com a filosofia, epistemologia e metodologia do Direito.

Também é significativo relembrar que exerceu o magistério na Pontifícia Universidade Católica de São Paulo entre 1974 a 2014, sendo que em 1996 abraçava definitivamente as disciplinas de direito civil constitucional, contratos, obrigações, responsabilidade civil e teoria geral do direito, todas na pós-graduação. Daí número significativo e qualificado de orientandos, que se tornaram na integralidade não só admiradores, mas seguidores permanentes.

As atividades acadêmicas ganhavam volume de pesquisa, produção e estudos na medida em que os conteúdos eram intercalados semestralmente, permitindo aos discípulos o acompanhamento das aulas e o máximo aproveitamento das exposições do culto Professor por cada cadeira. Ao final, todos eram brindados com perspectiva sistêmica quanto aos institutos jurídicos explorados e evidenciados, dado que as manifestações levavam em conta a harmonização entre normas, fatos, valores, sem se descurar de teorias vertidas em grandes debates, geralmente provocados com apoio dos ilustres assistentes em sala de aula.

Todo esse manancial de informações, adicionados a elemento diferenciador: os cadernos com textos enriquecedores distribuídos no início dos dias letivos recheados com doutrina estrangeira pertinente. Característica única entre os demais docentes era a solicitação de leituras e fichamentos prévios às preleções, promovendo rico conhecimento através de disputados temas desenvolvidos por autores portugueses, italianos, franceses, espanhóis e alemães, consolidando o compromisso com a visão comparatista e internacional.

Registre, aliado a isso, as frequências de inúmeros alunos e ouvintes provenientes de diversos Estados e geralmente das mais variadas ocupações institucionais, o que proporcionou sem dúvida a expansão do aprendizado em sala de aula e, com o tempo, os respectivos amadurecimentos. Esse era o objetivo do Professor Doutor Renan Lotufo: fazer da cultura jurídica uma 'rampa' solidária de lançamento dos discípulos rumo ao conhecimento (crítico) do Direito.

Na função judicante, quer no extinto Tribunal de Alçada e depois perante o Tribunal de Justiça, ambos de São Paulo, o agraciado manteve 'cuidado de ourives' com os direitos dos litigantes que ali aportavam em seus conflitos. Sabedor que a missão de fazer justiça é penosa e extremamente exigente de atenção, não se satisfazia com meras argumentações retóricas, senão antes mesmo de interpretar a lei, se dispunha a conhecer e interpretar o fato.

Compreendia, com nítido acerto, que o Direito não é ciência especulativa ou meramente ponto de elocubração. O direito, especialmente o direito civil, tem por função atender o dia a dia, o quotidiano, solver pontos conflitantes, prestar estabilidade às relações e transformar, quando possível, as pessoas no atendimento à dignidade humana. Com efeito, a provocação (irritação) advinda do fato ou da sociedade é essencial para a movimentação do sistema jurídico, o que equivale dizer: nada melhor que o caso concreto para a evolução e integralidade do Direito.

Esses critérios nortearam o julgador em inúmeros julgamentos, com destaque à responsabilização civil do Estado pela '*faute du service*' (TJSP – 1ª Câmara – 21-12-93, RJTJESP 156/90) ou no festejado julgado na AC 193.648-1 em que admitiu ao nascituro a investigação de paternidade, consolidando a teoria concepcionalista referente à imprescindível pesquisa biológica aos concebidos e ainda não nascidos. Verdadeiro avanço jurisprudencial, na medida que emprestava ao direito uma visão acolhedora e de diversidade, própria da dignidade humana.[1]

2. PESQUISA PRODUZIDA E ATIVIDADE REALIZADA

É comum verificarmos determinados operadores do direito, geralmente ocupantes de cargos públicos (membros da magistratura, ministério público, defensorias públicas etc.) com vastíssimo volume de produção acadêmica, o que remete à autoria de inúmeros livros, artigos, capítulos de livros publicados, apresentações, palestras, conferências, participações em congressos, entre outras atividades.

Em resposta à determinada indagação quanto à criação bibliográfica até então empreendida, o Professor Doutor Renan Lotufo nos emprestou certa narrativa excepcional e sincera: "*não tive muito tempo para escrever, minha atividade na judicatura exigia pleno atendimento às demandas das partes*".

Entretanto, a despeito da sólida dedicação e eficiência em seguidos anos de magistratura vertidos à distribuição de justiça no Estado de São Paulo, o notável docente destacou-se por invejável realização bibliográfica (livros, artigos e demais textos) de extrema envergadura para o desenvolvimento do conhecimento jurídico nacional e internacional.

Em 2001, publicava a tese de doutoramento pela editora Saraiva, sob o título "*questões relativas ao mandato, procuração e representação*". Na condição de obra jurídica, o sumário aborda o histórico do mandato, o mandato no Direito estrangeiro, o mandato no Direito brasileiro, o instituto da representação e a procuração, ainda concluindo com o mandato judicial.[2]

No ano seguinte, quando o Código Civil de 2002 ainda não entrava em vigência, publicou pela Editora Revista dos Tribunais um curso da parte geral já adiantando

---

1. BRASIL. TJSP. Investigação de paternidade – ilegitimidade ativa – inocorrência – nascituro – representação processual pela mãe – personalidade jurídica – condição de existência – nascimento com vida – irrelevância – capacidade de estar em juízo existente – Proteção ao nascimento e à gestante, ademais, expressamente prevista na Lei 8.065/90 – Recurso não provido. Ao nascituro assiste capacidade para ser parte. O nascimento com vida investe o infante na titularidade da pretensão de direito material, até então apenas uma expectativa resguardada" (TJSP, Relator Renan Lotufo – Apelação Cível 193.648-1 – Indaiatuba – 14.09.93, in JUIS – Jurisprudência Informatizada Saraiva, CD-ROM 16, 2º Trimestre/99).
2. LOTUFO, Renan. *Questões relativas ao mandato, procuração e representação*. São Paulo: Editora Saraiva, 2001.

as futuras modificações que estavam próximas.[3] Tratava-se de coletânea onde outros autores (inclusive a Profa. Maria Alice Zaratin Lotufo, sua esposa) enfrentavam demais ramos disciplinares da nova codificação.

No âmbito do reconhecimento do direito civil na juridicidade constitucional, acompanhando em parte a experiência italiana e alguns outros investigadores brasileiros, coordenou e publicou em 1.999, também antes da entrada em vigor do Código Civil de 2002, obra referência intitulada *Direito Civil Constitucional*.[4] O desenvolvimento desta temática de ordem sistêmica, mais tarde, proporcionaria a continuidade em dois outros grandes títulos: *direito civil constitucional – caderno II* (2001)[5] e direito civil constitucional – caderno III (2002).[6] As edições de referidos '*cadernos*' (apelido carinhoso definido pelos alunos) foram de capital significado para a reconstrução do direito civil e direito privado, inserindo no âmbito da civilidade, os valores fundamentais da Constituição Federal de 1988.

Com a vigência do Código Civil em 2003 e em conjunto com o Professor Doutor Giovanni Ettore Nanni, coordenou obras coletivas com especial relevo aos institutos jurídicos modificados na nova codificação, versando sobre teoria geral[7], obrigações[8] e contratos.[9] Sendo que mais tarde também em parceira na organização de títulos publicou obras em comemoração aos 20 anos do Código de Defesa do Consumidor[10] e 10 anos do Código Civil.[11]

No campo da teoria geral do direito, matéria que lecionava com gosto na pós-graduação, sempre proporcionou estudos com autores de reconhecida projeção e prestígio internacional (Hans Kelsen, Claus-Wilhelm Canaris, Konrad Hesse, Theodor Viehweg, Franz Bydlinski, Norberto Bobbio, Pietro Perlingieri, Eduardo García Máynez, Luís Recasens Siches, Tércio Sampaio Ferraz Júnior entre tantos outros). E nesta seara editou excelentes obras coletivas na qualidade de organizador, com destaque aos *Cadernos de Teoria Geral do Direito* [12], *Lacunas do Ordenamento Jurídi-*

---

3. LOTUFO, Renan. *Curso avançado de direito civil: parte geral*. São Paulo: Revista dos Tribunais, 2002.
4. LOTUFO, Renan. *Direito Civil Constitucional*. São Paulo: Max Limonad, 1999. Esta obra contém escritos dos seguintes autores: Carlos Alberto Goulart Ferreira, Carlyle Popp, Giovanni Ettore Nanni, Joelma Ticianelli, Luiz Carlos dos Santos Gonçalves e Miguel Horvath Júnior.
5. LOTUFO, Renan. *Direito Civil Constitucional*: Caderno II. Curitiba: Juruá, 2001. Eis os autores que compõem a obra coletiva: Alexandre Malfatti, Arnaldo Moraes Godoy, Ercias Rodrigues de Souza, Erik Frederico Gramstrup, Francisco Eduardo Loureiro, Giovanni Ettore Nanni, Rodrigo Porto Lauand, Rosângelo Rodrigues de Miranda e Rubens Berti.
6. LOTUFO, Renan. *Direito Civil Constitucional*: Caderno III. São Paulo: Malheiros, 2002.
7. LOTUFO, Renan; NANNI, Giovanni Ettore (Coord.). *Teoria geral do direito civil*. São Paulo: Atlas, 2008
8. LOTUFO, Renan; NANNI, Giovanni Ettore (Coord.). *Obrigações*. São Paulo: Atlas, 2011
9. LOTUFO, Renan; NANNI, Giovanni Ettore (Coord.). *Teoria geral dos contratos*. São Paulo: Atlas, 2011.
10. LOTUFO, Renan; MARTINS, Fernando Rodrigues (Coord.). *20 anos do Código de Defesa do Consumidor*. São Paulo: Editora Saraiva, 2011
11. LOTUFO, Renan; NANNI, Giovanni Ettore; MARTINS, Fernando Rodrigues (Coord.). *Temas relevantes do direito civil contemporâneo*: reflexões sobre os 10 anos do Código Civil. São Paulo: Atlas, 2012.
12. LOTUFO, Renan. *Cadernos de teoria geral do Direito*. Curitiba: Juruá, 2000. Entre os coautores estavam: João Carlos Garcia, Luiz Carlos dos Santos Gonçalves, Maria Luiza Bueno de Godoy, Wagner Ginotti Pires, Ricardo Regis Laraia, Carlyle Popp.

co^{13}, *A validade e a eficácia das normas jurídicas*[14] e *Sistema e Tópica Interpretação do Ordenamento*[15] de utilíssimas leituras e com múltiplas citações. Tudo isso a desenhar a capacidade multidisciplinar do ilustrado jurista.

Esta síntese referente à preferência do Professor Doutor Renan Lotufo quanto às obras coletivas decorria de certa causa subjacente: *o estímulo aos alunos*. O ponto de partida era justamente incentivá-los às letras jurídicas, não apenas para projeção pessoal, mas essencialmente para, através deles e com eles, promover as cátedras, divulgar a ciência juridica e dar visibilidade e sustentabilidade ao conteúdo das disciplinas lecionadas.

Não à toa que ombreou junto à Editora Saraiva a famosa 'Coleção Prof. Agostinho Alvim', homenagem feita ao seu dileto Professor e a quem muito admirou pela condução do Livro I da Parte Especial (Obrigações) na comissão de elaboração do Código Civil. Esta coleção, por ele coordenada, tinha como finalidade a publicação das dissertações de mestrado e teses de doutorado significativas ao direito privado, então renovado pela codificação que estava a viger e contou com quase cinquenta obras inéditas, tratando de responsabilidade civil, contratos, negócios jurídicos, morte digna, direitos da personalidade, propriedade, sucessões, obrigações, família, dignidade humana. Em suma, tópicos indispensáveis para o fortalecimento do direito privado na legalidade constitucional.

Essa preocupação do Professor Doutor Renan Lotufo com os discentes era significativa e diferente, pois poucos orientadores participavam tão ativamente das publicações dos escritos finais dos orientados. A coleção foi verdadeiro sucesso, tanto que alunos de outros professores e de programas de pós-graduação de demais universidades igualmente obtiveram êxito em participar da coletânea, já que o essencial era o conteúdo a ser divulgado e o empoderamento do discente. O que comprova o espírito solidário do homenageado.

Já septuagenário, decidiu trilhar o caminho dos grandes civilistas: elaborar, escrever e difundir seus comentários ao Código Civil, notadamente aproveitando a efeméride da recente codificação que estava a surgir (Lei 10.406/02). Entre os anos de 2002 e 2003 conseguiu a inédita façanha de inserir no mercado editorial dois volumes: o primeiro tratando da parte geral[16] e o segundo das obrigações.[17] Já o terceiro volume (contratos) chegaria em 2016 às livrarias jurídicas.[18] Os dois primeiros

---

13. LOTUFO, Renan. *Lacunas do ordenamento jurídico*. São Paulo: Editora Manole, 2005. Este volume contém artigos dos ilustres juristas: Aldemiro Dantas, Alexandre David Malfatti, Elizeu Amaral Camargo.
14. LOTUFO, Renan. *A validade e a eficácia das normas jurídicas*. São Paulo: Editora Manole, 2005. Subscrevem os artigos: Carlos Henrique Bezerra Leite, Paulo Roberto Lyrio Pimenta, Carlos Pelá.
15. ; LOTUFO, Renan. *Sistema e tópica na interpretação do ordenamento*. São Paulo: Saraiva, 2006. Com os seguintes coautores: Márcia de Oliveira Ferreira Aparício, Luiz Felipe Amaral Calabró, Gisele Santos Fernandes Góes, Ana Paula Oriola de Raeffray, Mônica Aguiar, Alexis Augusto Couto de Brito.
16. LOTUFO, Renan. *Código Civil Comentado*: Parte Geral – arts. 1 a 232. v. 1. São Paulo: Editora Saraiva, 2002.
17. LOTUFO, Renan. *Código Civil Comentado*: Obrigações – arts. 233 a 420. v.2 São Paulo: Editora Saraiva, 2003.
18. LOTUFO, Renan. *Código Civil Comentado*: Contratos. São Paulo: Editora Saraiva, 2016.

volumes tiveram sucessivas reedições, comprovando a aceitação dos profissionais e estudantes quanto à doutrina desenvolvida. Ao todo, comentou e analisou do art. 1º ao art. 853 do Código civil, não conseguindo, infelizmente, concluir os comentários quanto aos demais dispositivos.

Na vida acadêmica do Professor Doutor Renan Lotufo há ainda o destaque às conferências e palestras. Orador calmo, entretanto, sólido e didático nos argumentos, capaz de conduzir os ouvintes ao esclarecimento e consenso. Quando da vigência do Código Civil de 2002 prestou enorme valia ao sistema jurídico viajando para diversas localidades do país para explicar a metodologia, as diretrizes e as principais mudanças das disposições prestes a viger. Com singular percuciência conseguia transformar as intricadas questões dogmáticas em manifestações mais compreensíveis aos ouvintes, promovendo a legitimação dos institutos. Muitas foram as vezes em que fora ovacionado pela atenta plateia que, a partir das claras explanações, compreendia no direito um sistema de transformação social.

Por fim, na produção acadêmica se destacou pela noção de unidade do círculo de conhecimento. Não tardou, antes mesmo de 2008, em fundar o Instituto de Direito Privado (IDiP), entidade sem fins lucrativos, responsável por estudos e divulgação de temas de direito privado, sem prejuízo do diálogo com as demais ciências. O IDiP publicou cinco obras coletivas e até os dias atuais promove encontros e seminários sobre os mais diversos temas.

3. O REVIGORAMENTO DA RESPONSABILIDADE CIVIL: ESTRUTURA-FUNÇÃO-VALOR

O Professor Doutor Renan Lotufo foi capaz de analisar e investigar os novos rumos do direito privado, sem se descurar da dogmática até então já consolidada. Tratava de preservar no âmbito do sistema jurídico a experiência adquirida, buscando adequações frente às inovações sociais, a fim de evitar a 'falta de fôlego' do Direito.[19] Evidente que ordens, costumes e relações já arraigados no seio comunitário devem ser preservados, adaptando-se o direito às situações ainda incertas e em evolução.

Essa atuação em muito se deu fortemente no campo da responsabilidade civil que, a despeito da origem no Direito Romano, se expandiu ao longo das quadras temporais e dos avanços da humanidade, sempre readequando-se[20] enquanto instituto jurídico conforme as irritações sociais, políticas e econômicas.[21]

---

19. LOTUFO, Renan. Da oportunidade da codificação civil. *Revista do Advogado*, 48/19-30. São Paulo, Associação dos Advogados de São Paulo, 2002.
20. VINEY, Geneviève. *Les metamorfoses de la responsabilité*. Paris: Universitaires de France, 1997.
21. Facchini Neto, Eugênio. Da responsabilidade civil no novo Código. In: SARLET, Ingo Wolfgang. *O novo Código Civil e a Constituição*. Porto Alegre: Livraria do Advogado, 2006.

Em suas aulas, textos[22] e estudos é possível verificar a menção aos estudiosos clássicos[23] como aos autores contemporâneos[24], o que comprova o aprendizado como *passado* e *presente* e a preocupação com *futuro*.

Na investigação da responsabilidade civil em aspecto estático e ante a nova codificação soube desenvolver, como poucos, observações pertinentes sobre os elementos ou pressupostos estruturantes do instituto. Tome-se no exemplo da culpa. Mesmo diante da forte carga da imputação pelo risco, característica marcante dos tempos hodiernos e das leis dirigistas, insistia na relevância da culpa por diversos motivos fundantes. A culpa como *controle social* na medida em que vincula a noção de reparação como resposta à consciência coletiva[25], a culpa como *censura* ao comportamento do lesante pelo desprezo que a lei exige de todos[26]. Nas aulas salientava sobre o desdobramento da culpa: como *violação de dever de cuidado* (aspecto objetivo) e como *cognição ou previsão dos efeitos da ação ou omissão* (aspecto subjetivo). Sem prejuízo de, corretamente, insistir na utilidade da classificação da culpa, especialmente a considerar o respectivo papel na fixação da *indenizabilidade* (CC, art. 944, parágrafo único).[27]

Ainda no aspecto estático da responsabilidade civil, o 'dano' ganhava envergadura dogmática, entretanto sem se desprender totalmente do instituto, ao contrário do que ocorreu na doutrina espanhola que assumia noção mutante quanto à matéria (tratando-a como 'direito de danos')[28]. Nos textos e aulas, o Professor Doutor Renan Lotufo compreendia o dano em contextualização e no contorno de premissas essenciais: i – a centralidade da pessoa no sistema jurídico impõe o dano como lesão ao interesse juridicamente tutelado, rompendo a chamada teoria da diferença[29]; ii – o surgimento de novos tipos de danos; iii – o dano há de ser cabalmente reparado e compensado.

Em memorável escrito publicado na Revista de Direito do Consumidor em 2002 e republicado em Doutrinas Essenciais de Responsabilidade Civil em 2011 se

---

22. Advirta-se, porém, que não há monografia específica sobre responsabilidade civil, senão artigos e capítulos de livros.
23. DIAS, José de Aguiar. *Da responsabilidade civil*. 10 ed. Rio de Janeiro: Forense, 1995. Pontes de Miranda, Francisco Cavalcanti. *Tratado de direito privado*. Rio de Janeiro: Borsoi, 1958. t. XXIII. SILVA, Wilson Melo da. *Responsabilidade sem culpa*. 2 ed. São Paulo: Saraiva, 1974. TRIMARCHI, Pietro. *Rischio e responsabilità oggetiva*. Milano: Giuffrè, 1961. LIMA, Alvino. *Culpa e risco*. 2 ed. rev. e atual. Atualização Ovídio Rocha Barros Sandoval. São Paulo: RT, 1999. Savatier, René. *Traité de la Responsabilité Civile em Droit Français*: civil, administratif, professionnel, procédural. Deuxième Édition. Paris: Librairie dénérale de droit et de jurisprudence, 1951. Tome I.
24. CASTRONUOVO, Carlos, *La nuova responsabilità civile*. Milano: Giuffré, 1997. VINEY, Geneviève. *Traité de Droit Civil*: Introduction à la Responsabilité. Paris: Librairie Générale de Droit et de Jurisprudence, 1996. RODOTÀ, Stefano. *Il problema della responsabilità civile*. Milano: Giuffré, 1967.
25. LOTUFO, Renan. A responsabilidade civil e o papel do juiz. In: *Responsabilidade civil*: estudos em homenagem ao professor Ruy Geraldo Camargo Viana. Rosa Maria de Andrade Nery e Rogério Donnini. São Paulo: Revista dos Tribunais, 2009, p. 455.
26. LOTUFO, Renan. A responsabilidade civil e o papel do juiz. In: *Responsabilidade civil*: estudos em homenagem ao professor Ruy Geraldo Camargo Viana. Rosa Maria de Andrade Nery e Rogério Donnini. São Paulo: Revista dos Tribunais, 2009, p. 455.
27. LOTUFO, Renan. *Código Civil Comentado*: Parte Geral – arts. 1 a 232. v. 1. São Paulo: Editora Saraiva, 2002, p. 250.
28. DÍEZ-PICAZO, L. *Derecho de daños*. Madrid: Civitas. 1999.
29. MENEZES CORDEIRO, António. *Tratado de direito civil português*: direito das obrigações. Coimbra: Almedina, 2010. vol. 2, t. 3, p. 745.

constata a sólida formação sobre o dano, nos termos das premissas acima verificadas, quando disserta: *"Por outro lado o princípio de que nenhum dano deve ficar sem reparação evidencia a aplicação, também no tocante às bagagens do passageiro [...] A tendência da doutrina moderna é exatamente nesse sentido, ou seja, de se verificar que limitações decorrentes do próprio tipo de responsabilidade não podem, nem devem, inibir o direito à total reparação do dano"*.[30]

Também o Professor Doutor Renan Lotufo difundiu a responsabilidade civil pelo viés dinâmico. Atribuía funções à responsabilidade civil. Não cogitava apenas da perspectiva reparatória ou ressarcitória acudido pelo liberalismo oitocentista. Logo trataria da *função compensatória*[31], adensando-a aos direitos da personalidade[32], inclusive avançando na possibilidade de danos extrapatrimoniais às pessoas jurídicas.[33] Igualmente encarava os debates sobre a *função punitiva* da responsabilidade civil, em parte não aceita pela doutrina nacional.

A abordagem funcional tem elevada carga contributiva[34], já que desnuda o caráter prospectivo e promocional do direito, permitindo modelos jurídicos que não sejam neutros[35], planejamentos normativos estratégicos, auxílio a setores sociais específicos, atendimento a agentes designados constitucionalmente.

Essa abordagem não se confunde com a racionalidade teleológica (fim) da responsabilidade civil. Enquanto *função* é instrumento para se chegar a determinado fim, *finalidade* é o objetivo a ser alcançado. As inúmeras finalidades da responsabilidade civil (retorno ao '*status quo ante*', reequilíbrio da situação jurídica, proteção a bem jurídico determinado, atendimento às legítimas expectativas etc.) encontram nas funções as técnicas e modelos adequados para a satisfação emoldurada pelo ordenamento.

Os estudos referentes à responsabilidade civil no Brasil ganharam forte projeção pelo estímulo do Professor Doutor Renan Lotufo ainda quanto aos *valores fundamentais*. Na abordagem civil constitucional[36] o estimado mestre percebia que

---

30. LOTUFO, Renan. O contrato de transporte de pessoas no novo Código Civil. *Revista de Direito do Consumidor*. v. 43. São Paulo: Revista dos Tribunais, 2002, p. 205-214. E arremata: "Aliás, no direito italiano chegou-se à declaração de inconstitucionalidade da limitação indenizatória prevista no transporte aéreo, em face do direito que a pessoa humana tem de receber um ressarcimento certo e adequado pelo dano à sua integridade. Foi a Decisão 132, de 06.05.1985".

31. LOTUFO, Renan. *Código Civil Comentado*: Parte Geral – arts. 1 a 232. v. 1. São Paulo: Editora Saraiva, 2002, p. 52.

32. LOTUFO, Renan. O pioneirismo de Clóvis Beviláqua quanto ao Direito Civil Constitucional. *Revista dos Tribunais*, São Paulo, v. 768, p. 747-750, 1999.

33. LOTUFO, Renan. Dano Moral da Pessoa Jurídica. *Revista Brasileira de Direito Comparado*, v. 25, p. 283-306, 2004.

34. BOBBIO, Norberto. *Da estrutura à função*. Trad. Daniela Beccaccia Versiani. Barueri: Manole, 2007. p. 270. Na advertência: "nessa concepção funcionalista do direito, o jurista perdia o caráter tradicional do dogmático e assumia o caráter do engenheiro ou construtor voltado para a tarefa de organizar a sociedade em expansão e evolução, disciplinando-a juridicamente".

35. Pugliatti, S. *La prorietà nel nuovo diritto*. Milano: Giuffrè, 1954. p. 300. Com a advertência: "Un tipo strutturale è strumento per sé neutro, utilizzabile per il conseguimento di diversi fini".

36. LOTUFO, Renan. A Evolução do Direito Privado Constitucional. *Revista da Escola Paulista de Magistratura*, v. 8, p. 07-23, 2007.

a responsabilidade civil contribuiria com bastante *efetividade* aos direitos e deveres fundamentais inseridos na Constituição Federal.

Lecionava que a tutela da pessoa humana exige a imediata reparação patrimonial e a compensação extrapatrimonial em caso de dano (*o dano é o mal proibido pelo direito*). Igualmente explicava que a inserção constitucional do solidarismo-ético impunha ao ofensor *solidarizar-se* com a vítima, reparando ou minorando as consequências da conduta. Consequentemente, a maior intervenção do Estado se faz necessária para equilíbrio das relações, inclusive na fixação de modelos de responsabilidade objetiva, com a indicação de riscos das atividades, perigos e nocividades.

O *alterum non laedere* dos brocardos romanos, ganhando dimensão constitucional solidária, valorativa e promocional, possibilitou renovação constante da responsabilidade civil como instituto jurídico marcadamente apto e vocacionado à dignidade humana. São suas as palavras, novamente ao tratar do contrato de transporte: "*a disposição do art. 734 do CC/2002 está conforme o conteúdo constitucional que se refere às pessoas, ao ser humano como valor fundamental e à vida como merecedora de proteção especial*".[37]

4. CONSIDERAÇÕES FINAIS

O grande volume de conhecimento e leitura, bem como a capacidade de visualização teórica do Direito propiciaram ao Professor Doutor Renan Lotufo a enorme sagacidade de apuração dos limites e desafios do sistema jurídico, a constante atenção para a pesquisa acadêmica e a extrema didática em lecionar e distribuir saberes.

Para a responsabilidade civil foi além de muitos outros docentes. Desencadeou corretamente a exploração do instituto no âmbito da teoria geral, amoldando o instituto à filosofia, sociologia, à multidisciplinariedade e garantido hermenêutica promocional às vítimas de danos. Um exemplo para todos nós.

5. REFERÊNCIAS BIBLIOGRÁFICAS

BOBBIO, Norberto. *Da estrutura à função*. Trad. Daniela Beccaccia Versiani. Barueri: Manole, 2007.

CASTRONUOVO, Carlos. *La nuova responsabilità civile*. Milano: Giuffré, 1997.

DIAS, José de Aguiar. *Da responsabilidade civil*. 10 ed. Rio de Janeiro: Forense, 1995.

DÍEZ-PICAZO, L. *Derecho de daños*. Madrid: Civitas. 1999.

FACCHINI NETO, Eugênio. Da responsabilidade civil no novo Código. In: Sarlet, Ingo Wolfgang. *O novo Código Civil e a Constituição*. Porto Alegre: Livraria do Advogado, 2006.

LIMA, Alvino. *Culpa e risco*. 2 ed. rev. e atual. Atualização Ovídio Rocha Barros Sandoval. São Paulo: RT, 1999.

LOTUFO, Renan. A Evolução do Direito Privado Constitucional. *Revista da Escola Paulista de Magistratura*, v. 8, p. 07-23, 2007.

---

37. LOTUFO, Renan. O contrato de transporte de pessoas no novo Código Civil. *Revista de Direito do Consumidor*, v. 43. São Paulo: Revista dos Tribunais, 2002, p. 205-214.

LOTUFO, Renan. A responsabilidade civil e o papel do juiz. In: *Responsabilidade civil*: estudos em homenagem ao professor Ruy Geraldo Camargo Viana. Rosa Maria de Andrade Nery e Rogério Donnini. São Paulo: Revista dos Tribunais, 2009.

LOTUFO, Renan. *A validade e a eficácia das normas jurídicas*. São Paulo: Editora Manole, 2005.

LOTUFO, Renan. *Cadernos de teoria geral do Direito*. Curitiba: Juruá, 2000.

LOTUFO, Renan. *Código Civil Comentado*: Obrigações – arts. 233 a 420. v. 2 São Paulo: Editora Saraiva, 2003.

LOTUFO, Renan. *Código Civil Comentado*: Parte Geral – arts. 1 a 232. v. 1. São Paulo: Editora Saraiva, 2002.

LOTUFO, Renan. *Código Civil Comentado*: Parte Geral – arts. 1 a 232. v. 1. São Paulo: Editora Saraiva, 2002.

LOTUFO, Renan. *Curso avançado de direito civil*: parte geral. São Paulo: Revista dos Tribunais, 2002.

LOTUFO, Renan. Da oportunidade da codificação civil. *Revista do Advogado*, 48/19-30. São Paulo: Associação dos Advogados de São Paulo, 2002.

LOTUFO, Renan. Dano Moral da Pessoa Jurídica. *Revista Brasileira de Direito Comparado*, v. 25, p. 283-306, 2004.

LOTUFO, Renan. *Direito Civil Constitucional*: Caderno II. Curitiba: Juruá, 2001.

LOTUFO, Renan. *Direito Civil Constitucional*: Caderno III. São Paulo: Malheiros, 2002.

LOTUFO, Renan. *Direito Civil Constitucional*. São Paulo: Max Limonad, 1999.

LOTUFO, Renan. *Lacunas do ordenamento jurídico*. São Paulo: Editora Manole, 2005.

LOTUFO, Renan. O contrato de transporte de pessoas no novo Código Civil. *Revista de Direito do Consumidor*. v. 43. São Paulo: Revista dos Tribunais, 2002

LOTUFO, Renan. O pioneirismo de Clóvis Beviláqua quanto ao Direito Civil Constitucional. *Revista dos Tribunais*, São Paulo, v. 768, 1999.

LOTUFO, Renan. *Questões relativas ao mandato, procuração e representação*. São Paulo: Editora Saraiva, 2001.

LOTUFO, Renan. *Sistema e tópica na interpretação do ordenamento*. São Paulo: Saraiva, 2006

LOTUFO, Renan; MARTINS, Fernando Rodrigues (Coord.). *20 anos do Código de Defesa do Consumidor*. São Paulo: Editora Saraiva, 2011.

LOTUFO, Renan; NANNI, Giovanni Ettore (Coord.). *Obrigações*. São Paulo: Atlas, 2011.

LOTUFO, Renan; NANNI, Giovanni Ettore (Coord.). *Teoria geral do direito civil*. São Paulo: Atlas, 2008.

LOTUFO, Renan; NANNI, Giovanni Ettore (Coord.). *Teoria geral dos contratos*. São Paulo: Atlas, 2011.

LOTUFO, Renan; NANNI, Giovanni Ettore; MARTINS, Fernando Rodrigues (Coord.). *Temas relevantes do direito civil contemporâneo*: reflexões sobre os 10 anos do Código Civil. São Paulo: Atlas, 2012.

MENEZES CORDEIRO, António. *Tratado de direito civil português*: direito das obrigações. Coimbra: Almedina, 2010. v. 2, t. 3.

PONTES DE MIRANDA, Francisco Cavalcanti. *Tratado de direito privado*. Rio de Janeiro: Borsoi, 1958. t. XXIII.

PUGLIATTI, S. *La prorietà nel nuovo diritto*. Milano: Giuffrè, 1954.

RODOTÀ, Stefano. *Il problema della responsabilità civile*. Milano: Giuffré, 1967.

SAVATIER, René. *Traité de la Responsabilité Civile em Droit Français*: civil, administratif, professionnel, procédural. Deuxième Édition. Paris: Librairie dénérale de droit et de jurisprudence, 1951. Tome I.

SILVA, Wilson Melo da. *Responsabilidade sem culpa*. 2 ed. São Paulo: Saraiva, 1974.

TRIMARCHI, Pietro. *Rischio e responsabilità oggetiva*. Milano: Giuffrè, 1961.

VINEY, Geneviève. *Les metamorfoses de la responsabilité*. Paris: Universitaires de France, 1997.

VINEY, Geneviève. *Traité de Droit Civil* – Introduction à la Responsabilité. Paris: Librairie Générale de Droit et de Jurisprudence, 1996.

RUY ROSADO E A RESPONSABILIDADE CIVIL

Adalberto Pasqualotto

Professor Titular de Direito das Obrigações e Direito do Consumidor da Escola de
Direito e PPGD da PUCRS.

Sumário: 1. Dados biográficos – 2. Produção geral e contribuição de Ruy Rosado para a teoria da decisão judicial – 3. Conclusão – 4. Referências.

1. DADOS BIOGRÁFICOS

Ruy Rosado de Aguiar Júnior nasceu em Iraí, RS, em 30 de abril de 1938. Faleceu em Porto Alegre, em 24 de agosto de 2019, aos 81 anos.

Graduou-se em Ciências Jurídicas e Sociais pela Faculdade de Direito da Universidade Federal do Rio Grande do Sul em 1961. Fez especialização em Direito Penal (1975) e mestrado em Direito Civil (1990) pela mesma instituição e pós-graduação em Direito Comunitário pela École Nationale de La Magistrature de France, Paris (1997).

Sua carreira pública começou como Promotor de Justiça (na época, Promotor Público) no Ministério Público do Estado do Rio Grande do Sul, em 1963. Em 1980, já como Procurador de Justiça, foi nomeado Juiz do extinto Tribunal de Alçada do Rio Grande do Sul. Em 1985, foi promovido a Desembargador do Tribunal de Justiça do Rio Grande do Sul, tendo desempenhado a função de Corregedor-Geral da Justiça. Assumiu o cargo de Ministro do Superior Tribunal de Justiça em 1994, no qual se aposentou em 2003.

Foi Coordenador da Justiça Federal e Diretor do Centro de Estudos Judiciários da Justiça Federal. Participou da criação dos Juizados Especiais Cíveis e Criminais da Justiça Estadual, da qual foi Supervisor, e da Justiça Federal.

Lecionou nas Faculdades de Direito de Santo Ângelo, RS, da Unisinos e da UFRGS, na qual se aposentou, em 1994. Desempenhou as funções de Diretor da Escola Superior da Magistratura da Associação dos Juízes do Rio Grande do Sul – AJURIS e de Diretor da Escola Nacional da Magistratura.

Foi um dos organizadores das Jornadas de Direito Civil e Direito Comercial, eventos promovidos pelo Centro de Estudos Judiciários, órgão do Conselho da Justiça Federal. Depois que se aposentou no STJ, passou a atuar como advogado parecerista e como árbitro na Câmara de Comércio Internacional de Paris, na Câmara de Comércio Brasil-Canadá em São Paulo e na Câmara de Conciliação e Arbitragem da Fundação Getúlio Vargas, em São Paulo, na Câmara de Arbitragem, Mediação e

Conciliação do CIERGS/FIERGS e na Câmara de Conciliação, Mediação e Arbitragem da FEDERASUL, em Porto Alegre.

Foi autor de livros e artigos jurídicos, publicados no Brasil e no exterior. Era 2º Vice-Provedor da Santa Casa de Misericórdia de Porto Alegre e membro eleito do Conselho Superior do Instituto dos Advogados do Rio Grande do Sul – IARGS.

Sua carreira pública começou no Ministério Público do Rio Grande do Sul, de onde saiu para ser Juiz no extinto Tribunal de Alçada, em 1980. Até então havia dedicado sua atenção de modo mais especial ao direito penal e ao processo civil. Concentrou-se no direito civil a partir do mestrado, que concluiu em 1990, na Universidade Federal do Rio Grande do Sul, sob a orientação de Clóvis do Couto e Silva. Na magistratura, especialmente como desembargador do Tribunal de Justiça, cargo que exerceu de 1985 a 1994, consolidou uma larga jurisprudência sobre a boa-fé, especialmente nos contratos. Foi como desembargador estadual que Ruy Rosado chamou a atenção do país. Ao ser nomeado Ministro do STJ, abriu a mesma senda renovadora que já trilhara no tribunal gaúcho. A sua chegada ao STJ coincide com a subida dos primeiros recursos versando sobre a aplicação do Código de Defesa do Consumidor, que entrara em vigor em março de 1991, três anos antes da sua posse. As posições que veio a assumir no âmbito das relações de consumo resultaram da sua maturidade como julgador e da sua concepção de justiça, o que só valoriza os avanços que proporcionou à consolidação do CDC.

2. PRODUÇÃO GERAL E CONTRIBUIÇÃO DE RUY ROSADO PARA A TEORIA DA DECISÃO JUDICIAL

Membro do Ministério Público; magistrado e Ministro do Superior Tribunal de Justiça; advogado; árbitro; Professor. Sem maiores adjetivações, esta é a síntese das funções exercidas por Ruy Rosado de Aguiar Júnior. Muitos dos que o conheceram preferiam chamá-lo simplesmente de Professor, pelo tanto que extraíam de suas lições, não só as jurídicas, como também as de correção na sua vida de relação, marcada pela amabilidade, sua forma natural e espontânea de apresentação. Foi chamado, com razão, de renovador do direito privado brasileiro;[1] reconhecido "não apenas como um dos melhores ministros dos 30 anos de história do STJ, mas como um dos maiores juristas de todos os tempos".[2]

A carreira no Ministério Público, especialmente numa época que essa instituição era quase exclusivamente voltada para a persecução criminal, fez com que Ruy

---

1. MIRAGEM, Bruno. *Ruy Rosado de Aguiar Júnior*: renovador do direito privado brasileiro (1938-2019). Disponível em: https://www.abdireitocivil.com.br/artigo/ruy-rosado-de-aguiar-junior-renovador-do-direito-privado-brasileiro-1938-2019/. Acesso em: 07 mar. 2022.
2. Do discurso do Ministro Paulo de Tarso Sanseverino, na abertura da Jornada Ruy Rosado (Brasília, 02 dez. 2019). Disponível em: https://www.stj.jus.br/sites/portalp/Paginas/Comunicacao/Noticias/Reconhecimento-do-STJ-marca-inicio-da-jornada-em-homenagem-ao-ministro-Ruy-Rosado.aspx. Acesso em: 70 mar. 2022.

Rosado se voltasse para o direito penal, disciplina que começou a lecionar em 1973. Fruto desse magistério, escreveu *Aplicação da pena*, cuja primeira publicação ocorreu em 1986, como folheto, pela Revista de Jurisprudência do Tribunal de Justiça do Rio Grande do Sul. Seguiram-se sucessivas edições em livro, sendo a última (5ª edição) publicada em 2013.

A grande virada na carreira de Ruy Rosado ocorreu a partir de 1988, quando ingressou no curso de Mestrado da Faculdade de Direito da Universidade Federal do Rio Grande do Sul. Então já era magistrado, o que determinou o seu interesse em voltar-se para o processo civil (que também chegou a lecionar) e o direito civil. Na UFRGS, conheceu Clóvis do Couto e Silva,[3] que orientou a sua dissertação sobre extinção dos contratos por incumprimento do devedor, que foi publicada em 1991.[4] Foi sob a influência de Clóvis do Couto e Silva que se aproximou da visão, então inovadora, das obrigações como um processo relacional e cooperativo entre credor e devedor, destinado ao cumprimento e imantado pela boa-fé.[5] Ainda como desembargador do TJRS, teve oportunidade de proferir julgamentos que se tornaram conhecidos por implementarem a boa-fé como critério definidor do justo. Decisões, inovadoras à época, fundamentaram-se em *culpa in contrahendo*,[6] *venire contra factum próprio*[7] e adimplemento substancial.[8]

---

3. Em entrevista a Jorge Cesa Ferreira da Silva, publicada na Revista de Direito Civil Contemporâneo, disse Ruy Rosado sobre Clóvis do Couto e Silva: "Quando eu estava no Tribunal de Justiça, na 5ª Câmara Cível, é que o Prof. Clóvis do Couto e Silva organizou o Curso de Mestrado em Direito na UFRGS. Ele instalou o Mestrado, e me inscrevi para aprender com ele Direito das Obrigações"; (...) "tudo que eu fiz depois, em direito civil, devo a ele, à orientação dele, às ideias dele". FERREIRA DA SILVA, Jorge Cesa. Entrevista com Ruy Rosado de Aguiar Jr. *Revista de Direito Civil Contemporâneo*, n. 2, v. 3, p. 355-374, São Paulo, abr.-jun. 2015. Disponível em: http://www.ruyrosado.com.br/upload/site_producaointelectual/208.pdf. Acesso em: 07 mar. 2022.
4. AGUIAR JÚNIOR, Ruy Rosado de. *Extinção dos contratos por incumprimento do devedor*: resolução. Rio de Janeiro: Aide, 1991. Novas edições em 2003 e 2004.
5. A obra fundamental de Clóvis do Couto e Silva. *A obrigação como processo*, fora publicada em 1976.
6. "Contrato. Tratativas. 'Culpa in contrahendo'. Responsabilidade civil. Responsabilidade da empresa alimentícia, industrializadora de tomates, que distribui sementes, no tempo do plantio, e então manifesta a intenção de adquirir o produto, mas depois resolve, por sua conveniência, não mais industrializá-lo, naquele ano, assim causando prejuízo ao agricultor, que sofre a frustração da expectativa de venda da safra, uma vez que o produto ficou sem possibilidade de colocação" (TJRS. 5ª Câmara Cível. Apelação Cível 591.028.295. Rel. Des. Ruy Rosado de Aguiar Júnior. j. 06 jun. 1991. Disponível em: https://www.tjrs.jus.br/novo/buscas-solr/?aba=jurisprudencia&q=591028295&conteudo_busca=ementa_completa. Acesso em: 14 fev. 2022).
7. "Venire contra factum proprium. Contrato. A vendedora de loja de vestuário, que auxilia o comprador nos primeiros dias da nova administração e assina pedidos de novas mercadorias, não pode depois cancelar todos os pedidos ainda não recebidos, assim inviabilizando a normal continuidade do negócio, sem que para isso tenha motivo razoável" (TJRS. 5ª Câmara Cível. Apelação Cível 589.073.956. Rel. Des. Ruy Rosado de Aguiar Júnior. j. 19 dez. 1989. Disponível em: https://www.tjrs.jus.br/novo/buscas=-solr/?aba=jurisprudencia&q-589073956&conteudo_busca=ementa_completa. Acesso em: 14 fev. 2022).
8. "Contrato. Resolução. Adimplemento substancial. O comprador que pagou todas as prestações de contrato de longa duração, menos a última, cumpriu substancialmente o contrato, não podendo ser demandado por resolução" (TJRS. 5ª Câmara Cível. Apelação Cível nº 588.012.666. Rel. Des. Ruy Rosado de Aguiar Júnior. J. 19/12/1989. Disponível em: https://www.tjrs.jus.br/novo/buscas=-solr/?aba=jurisprudencia&q-588012666&conteudo_busca=ementa_completa. Acesso em: 14 fev. 2022).

Ao deixar o tribunal do Rio Grande do Sul, Ruy Rosado levou para o Superior Tribunal de Justiça uma bagagem considerável como julgador e encontrou um clima propício para continuar desenvolvendo o seu trabalho inovador. Era 1994, a grande novidade legislativa era o Código de Defesa do Consumidor – CDC, que teve expressivo impacto no sistema geral do direito das obrigações, na razão direta da defasagem do Código Civil de 1916. Ocorreu, naquele período, uma verdadeira inversão metodológica, apontada por Ruy Rosado: "Quando surgiu o Código de Defesa do Consumidor, em 1990, veio com ele uma nova visão do mundo negocial, e os princípios que esse Código adotou terminaram influenciando a interpretação e a aplicação do sistema civil".[9] O novel Ministro do STJ tornou-se o líder de uma jurisprudência inovadora, que teve no CDC um ponto de apoio e de partida.[10] Nem por isso deixou de decidir contrariamente à aplicação do CDC, quando era o caso, tal como ocorreu no REsp 187.502-SP, julgado em 18/02/1999, ao decidir que "[N]ão é relação de consumo a que se estabelece entre os condôminos, relativamente às despesas para manutenção e conservação do prédio e dos seus serviços".

---

9. AGUIAR JÚNIOR, Ruy Rosado de. O novo Código Civil e o Código de Defesa do Consumidor: pontos de convergência. *Revista de Direito do Consumidor*, v. 48, 2003, p. 56.

10. No STJ, Ruy Rosado atuou em 220 processos como relator, em matérias versando sobre o Código de Defesa do Consumidor. Algumas dessas decisões serviram de precedentes da Súmula 297 (O Código de Defesa do Consumidor é aplicável às instituições financeiras). Em outros, definiu que existe relação de consumo entre o poupador e o banco nos depósitos em caderneta de poupança (Recursos Especiais números 226.921-SP, 19 abr. 2001; 175.746-SP, 26 nov. 2002). O mesmo raciocínio (a remuneração indireta do fornecedor) serviu de base para afirmar que "[A] emissora de televisão presta um serviço e como tal se subordina às regras do Código de Defesa do Consumidor", pois "se beneficia com a audiência e em razão da qual aufere renda"(Resp 436.135-SP, 17 jun. 2003). O Min. Ruy Rosado também liderou o entendimento de que se aplica o CDC aos contratos de *leasing* (Recursos Especiais números 331.787-RS, 21 maio 2002; 383.276-RJ, 18 jun. 2002) e nesses contratos acabou prevalecendo a sua posição de distribuir por metade, entre arrendador e arrendatário, a desvalorização cambial do Plano Real. No REsp 219.184-RJ, 26 out. 1999, ficou definido que a inscrição do devedor de inadimplente em cadastro de devedores como represália à propositura de ação revisional é causa de dano moral. Também são causa de dano moral: Também devem ser sustados os efeitos dos registros e protestos feitos contra os devedores com base em contratos de dívida que estavam *sub judice*, segundo decisão do Min. Ruy Rosado (REsp 213.580-RJ, 05 ago. 19999). Se a ação dos devedores pleiteia, com argumentação verossímil, o reconhecimento da nulidade do título, que teria sido preenchido com valores excessivos, o registro no cadastro de devedores pode ser cancelado (REsp 168.934-MG, 24 jun. 1998). Em outro acórdão, foi decidido que a administração do cadastro deve informar ao inscrito todo registro que dele faz. A omissão da administração do cadastro em informar alterações no registro (Recursos Especiais 285.401-SP, 19/04/2001; 448.010-SP, 06 out. 2003), o aponte por dívida inexistente (REsp 273.250-CE, 07 dez. 2000) e a omissão do banco credor em verificar se houve efetiva baixa do nome do devedor no cadastro, ainda que a tenha requerido (REsp 443.415-ES, 06 mar. 2003). Decisões também conduzidas pelo Min. Ruy Rosado (Recursos Especiais números 434.699-RS, 10 set. 2002; 254.407-SP, 19 out. 2000) culminaram na Súmula 304 (É abusiva a cláusula contratual de plano de saúde que limita no tempo a internação hospitalar do segurado). A Súmula 308 (A hipoteca firmada entre a construtora e o agente financeiro, anterior ou posterior à celebração da promessa de compra e venda, não tem eficácia perante os adquirentes do imóvel) também teve contribuição de julgados do Min. Ruy Rosado (Recursos Especiais números 401.252-SP, 28 maio 2002; 410.306-DF, 27 out. 2002).

Em outras matérias, teve igual destaque, por exemplo, ao decidir que modificações substanciais do mercado devem ser suportadas igualmente pelos contratantes, por força da boa-fé objetiva.[11]

Nada disso teria sido possível sem a compreensão de Ruy Rosado sobre a função do juiz nas democracias modernas e no estado de direito. Em dois artigos memoráveis, ele deixou notável contribuição à teoria da decisão judicial.

O primeiro artigo foi publicado em 1989.[12] Nele afirmou que o primeiro compromisso do juiz é com a justiça. Se o sistema é injusto, não há como julgar, porque cada decisão é um modo de efetivação do sistema: "Sempre que possível, [o juiz] fica com a lei e trabalha com ela usando dos recursos que a linguagem lhe oferece"; ou julga contra a lei, se a considera injusta. Uma lei se caracteriza como injusta quando viola as finalidades da instituição social que regula, quando for contra a equidade ou quando a solução por ela preconizada acarretar consequências sociais inadmissíveis. Estando inserido na sociedade, o juiz interpreta a consciência social e dá eficácia à lei. A criação da norma para o caso concreto é um ato de razão – porque exige o conhecimento dos elementos fáticos, valorativos e normativos do caso – e de vontade, por implicar uma escolha entre as alternativas decisórias possíveis. Vê o juiz como um ser concreto e contingente, sofrendo, como qualquer pessoa, a atuação de fatores emocionais, psíquicos e circunstanciais, sentindo o efeito de suas convicções ideológicas, e devendo ainda refletir sobre as consequências reais que decorrerão da sua decisão. É influenciado pela lei aplicável, pelos princípios do sistema jurídico – que é aberto, comportando argumentação. Normas com vagueza semântica dão espaço ao juiz para atribuir à lei o conteúdo que considera o mais adequado, residindo aí a sua atividade eminentemente criadora. O método da sentença, afirma, é o empírico-dialético: o juiz parte do conhecimento dos fatos e do comportamento sob exame, apreendendo o seu valor positivo ou negativo; confronta-o com a norma individualizada, com o ordenamento jurídico global e com as consequências possíveis. Vai e vem nesse percurso, percebendo novas nuances, até intuir claramente a decisão a tomar, que consistirá em uma estrutura unitária indissolúvel, constituída pelos fatos escolhidos como relevantes e as respectivas provas, o método interpretativo adotado e os valores selecionados, "tudo formando um conjunto que somente se explica e se compreende em função da solução escolhida".

O segundo artigo, de 2006, aborda a responsabilidade política e social dos juízes nas democracias modernas.[13] Ruy Rosado afirma que, no estado democrático, "o

---

11. COMPRA E VENDA. Laranja. Preço. Modificação substancial do mercado. O contrato de compra e venda celebrado para o fornecimento futuro de frutas cítricas [laranja] não pode lançar as despesas à conta de uma das partes, o produtor, deixando a critério da compradora a fixação do preço. Modificação substancial do mercado que deveria ser suportada pelas duas partes, de acordo com a boa-fé objetiva (art. 131 do CComercial). Recurso conhecido e provido. Recurso Especial 256.456-SP. Ministro Ruy Rosado de Aguiar, Presidente e Relator. 22 de março de 2001.

12. AGUIAR JÚNIOR, Ruy Rosado de. Interpretação. *AJURIS*, Porto Alegre, ano 16, n. 45, p. 7-20, mar. 1989.

13. AGUIAR JÚNIOR, Ruy Rosado de. Responsabilidade política e social dos Juízes nas democracias modernas. In: SLAIBI FILHO, Nagib; COUTO, Sergio (Coord.). *Responsabilidade civil*: estudos e depoimentos no centenário do nascimento de José de Aguiar Dias, 1906-2006. Rio de Janeiro: Forense, 2006. p. 382-408.

juiz assume o compromisso de exercer o poder estatal de acordo com os princípios orientadores do ordenamento jurídico que o investiu no cargo e de onde lhe advém a força da decisão". O descumprimento desse dever implicaria duas espécies de responsabilidade: a jurídica e que não pode ser confundida com a perda de liberdade decisória, como é próprio de regimes autoritários, e a social, que tem natureza ética. Em relação à primeira, afirma haver um vazio legislativo, uma vez que a lei só prevê a responsabilidade dos Ministros do STF. A responsabilidade social consiste no dever do juiz em atender a expectativa social de exercício do cargo coerentemente com a base democrática que anima a sociedade. A "aceitabilidade do resultado" pelo corpo social seria o limitador da subjetividade do juiz ao decidir no caso concreto, por isso a importância da publicidade do processo e da fundamentação das sentenças. Afirma que a decisão judicial não é resultado da aplicação mecânica da lei, mas também rejeita o poder judicial discricionário, como defendido pelos positivistas, que permite ao juiz se transformar em eventual legislador. Por isso, critica a teoria pura do direito, em que pese a sua importante contribuição para a compreensão científica do direito, porque a estrutura formal poderia ser preenchida por qualquer norma, justa ou injusta, democrática ou não. Vai encontrar em Dworkin um sedimento para o seu raciocínio, entendendo que a aplicação dos princípios permite ao magistrado encontrar e justificar as suas decisões, mediante um juízo crítico que demonstre a coerência de decisão com sistema. Assim, de um lado, fica limitada a influência das convicções particulares do juiz, enquanto, de outra parte, se comprova que o juiz não é neutro, porque, entre os princípios aplicáveis, escolherá aquele "que creia seja o melhor para atender ao espírito de unidade do sistema". Para afastar as críticas de circularidade (os avanços do juiz seriam sempre limitados aos contornos do sistema) e de compromisso ideológico do juiz, Ruy Rosado complementa a sua tese com a contribuição de Sheldon Leader: a decisão judicial deve ser estruturada em duas etapas, sendo a primeira a fixação das regras aplicáveis ao caso, de acordo com o direito estabelecido, e a segunda, a definição dos princípios incidentes, que poderão ser antagônicos, mas orientarão o julgamento. Nessa última etapa, acrescenta ele às teorias citadas, o juiz deve orientar-se pelas normas constitucionais que definem os objetivos e os fins do Estado. Em um Constituição como a brasileira, fértil na enumeração de regras, princípios e políticas, conclui, "o juiz só aplica a lei injusta se quiser". Ilustrou muito bem a importância que conferiu aos princípios quando escreveu:

> O princípio da dignidade da pessoa, pelo qual se repersonalizou o nosso direito, é tão valioso e tão fecundo que fica sem sentido permitir que uma relação ofenda a dignidade humana, e não possa o juiz ou a autoridade pública atuar para proteger o direito violado ou ameaçado de violação apenas porque falta uma lei.[14]

---

14. AGUIAR JÚNIOR, Ruy Rosado de. O Direito das Obrigações na contemporaneidade. In: Plínio Melgaré (Org.). *O Direito das Obrigações na contemporaneidade: estudos em homenagem ao Ministro Ruy Rosado de Aguiar Júnior.* Porto Alegre: Livraria do Advogado, 2014, p. 13.

Outra nota que não pode ficar em branco é que Ruy Rosado foi o idealizador das Jornadas de Direito Civil, promovidas pelo Conselho da Justiça Federal, que se consolidaram como um fórum avançado de debates do direito civil brasileiro (depois abrangendo por outros ramos, como o processo civil e o direito comercial), que se desdobram periodicamente até os nosso dias.

A seguir, uma síntese das contribuições de Ruy Rosado à responsabilidade civil.

1. Contribuições de Ruy Rosado à responsabilidade civil: em doutrina e na jurisprudência.

Tanto no âmbito da doutrina quanto no da jurisprudência, Ruy Rosado de Aguiar Júnior legou contribuições notáveis à evolução da responsabilidade civil no Brasil.

Sobre a perda de uma chance, ele escreveu texto de grande profundidade, com minucioso exame da doutrina nacional e de outros países, e também de diversas decisões dos principais tribunais do país. Delineou com precisão as delimitações entre a perda de chance e outras situações indenizáveis, como lucros cessantes (situados no futuro, enquanto na perda de chance a possibilidade de vantagem é atual), eliminação de um projeto de vida (eventualmente substituível e personalíssimo, diferentemente da perda de chance, que pode não se repetir, embora possa ser comum a várias pessoas), risco (situação criada pelo agente, enquanto na perda de chance se trata de uma realidade existente). Assemelhou, porém, a perda de chance à frustração da expectativa de contratar, que é típica da *culpa in contrahendo*.[15]

Escrevendo sobre consentimento informado, Ruy Rosado afirmou que a responsabilidade do médico, como profissional liberal, subordina-se ao Código de Defesa do Consumidor, aplicando-se a teoria dinâmica da prova para impor a ele a demonstração de que "agiu de acordo com as exigências legais e regulamentares a fim de se liberar da reparação do dano que eventualmente tenha decorrido da falta de informação", lembrando que a inversão do ônus da prova é autorizada pelo CDC. Identificou no dever de informar do médico o seu mais relevante dever acessório, sendo dever principal a prática do ato médico. O direito do paciente em ser informado tem fundamento na dignidade da pessoa humana. Analisou as diversas situações de intervenção médica em que se faz exigível o dever de informar, e também os diversos modos de expressão do consentimento, pelo paciente ou por terceiro responsável.[16]

Outro artigo luminar tratou da responsabilidade civil do médico, em que abordou temas como a natureza da obrigação do médico (normalmente, obrigação de meios, inclusive, na cirurgia estética, citando como de resultado a transfusão de sangue, a vacinação e exames biológicos), a prova da culpa (admitindo a carga

---

15. AGUIAR JÚNIOR, Ruy Rosado de. Novos danos na responsabilidade civil. A perda de uma chance. In: SALOMÃO, Luís Felipe; TARTUCE, Flávio (Coord.). Direito civil: diálogos entre a doutrina e a jurisprudência. São Paulo: Atlas, 2018. p. 439-474.

16. AGUIAR JÚNIOR, Ruy Rosado de. Consentimento informado. In: GODINHO, Adriano Marteleto; LEITE, George Salomão; DADALTO, Luciana (Coord.). Tratado brasileiro sobre o direito fundamental à morte digna. São Paulo: Almedina, 2017. p. 339-362.

dinâmica), medicina coletiva (atribuindo ao anestesista a prática de ato destacável, e assim individualizando a sua responsabilidade frente à do cirurgião, bem como individualizada é a responsabilidade de um médico em relação aos demais da mesma equipe, a menos que haja relação de subordinação), a atuação do médico em hospitais públicos (regida, em princípio, pela responsabilidade administrativa, mas admitindo a exoneração do Estado, uma vez provada a regularidade na prestação do serviço) e nos planos de saúde (imputa responsabilidade solidária às administradoras pelos atos de médicos e hospitais que elas credenciam, diferentemente daquelas que dão liberdade de escolha ao paciente, apenas reembolsando as suas despesas), as cirurgias para mudança de sexo (ressaltando a tendência da sua aceitação e o dever de omissão da sua ocorrência no registro civil) e a causalidade (questão que "tem sido sempre um tormento para a doutrina e também para os tribunais", para a qual contribui o reconhecimento da perda de uma chance).[17]

Escreveu ainda sobre a responsabilidade civil de empresários e administradores,[18] responsabilidade civil no direito de família,[19] responsabilidade civil do Estado pelo exercício da função jurisdicional,[20] responsabilidade civil no Código Civil,[21] indenização por violação de direitos de propriedade intelectual,[22] responsabilidade civil pela informação[23] e responsabilidade civil do auditor independente.[24]

Entre os casos de maior repercussão julgados por Ruy Rosado, ainda como Desembargador do Tribunal de Justiça do Rio Grande do Sul, encontra-se aquele que ficou conhecido como o caso dos tomates. Uma indústria alimentícia, fabricante de molhos de tomate, distribuiu sementes de tomate aos agricultores da região, como fazia anualmente, com a promessa de adquirir a safra para industrialização. Em determinado ano, sem aviso prévio, a fábrica suspendeu as compras, causando frustração

---

17. AGUIAR JÚNIOR. Ruy Rosado de. Responsabilidade civil do médico. In: NERY JUNIOR, Nelson; NERY, Rosa Maria de Andrade (Org.). *Responsabilidade civil*: direito fundamental à saúde: atividades de prestação de serviços médicos e de saúde, serviços médicos, serviços hospitalares, risco, meio ambiente. São Paulo: Revista dos Tribunais, 2010. v. 5. (Doutrinas essenciais). p. 507-541.

18. AGUIAR JÚNIOR, Ruy Rosado de. Responsabilidade civil de empresários e administradores. In: COELHO, Fábio Ulhoa (Coord.). *Tratado de direito comercial*: obrigações e contratos empresariais. São Paulo: Saraiva, 2015. v. 5. p. 21-49.

19. AGUIAR JÚNIOR, Ruy Rosado de. Responsabilidade civil no direito de família. In: AUGUSTIN, Sérgio (Coord.). *Dano moral e sua quantifação*. 4. ed. rev. e ampl. Caxias do Sul, RS: Plenum, 2007. p. 301-313.

20. AGUIAR JÚNIOR, Ruy Rosado de. A responsabilidade civil do Estado pelo exercício da função jurisdicional no Brasil. Interesse Público: *Revista bimestral de direito público*, Belo Horizonte, ano 9, n. 44, p. 67-99, jul./ago. 2007.

21. AGUIAR JÚNIOR, Ruy Rosado de. Responsabilidade civil no novo código civil. *Revista do Tribunal de Contas [do] Estado do Rio Grande do Sul*, Porto Alegre, n. 36, p. 91-96, out. 2005. Número especial: a administração pública no novo código civil, 2. ed. Conferências.

22. AGUIAR JÚNIOR, Ruy Rosado de. Indenização por violação de direitos de propriedade intelectual. *Boletim da ABPI, Rio de Janeiro*, n. 56, p. 4-7, ago. 2004. Matéria com partes da palestra proferida em 15 jul. 2004.

23. AGUIAR JÚNIOR, Ruy Rosado de. A responsabilidade civil pela informação. *Informativo Jurídico da Biblioteca Ministro Oscar Saraiva*, Brasília, DF, v. 8, n. 2, p. 136-152, jul./dez. 1996.

24. AGUIAR JÚNIOR, Ruy Rosado de. Responsabilidade civil do auditor independente. In: BENETTI, Giovana et al. (Org.). *Direito, cultura, método*: leituras da obra de Judith Martins-Costa. Rio de Janeiro: GZ, 2019. p. 554-574.

e prejuízo aos agricultores, que não tinham outra colocação para o produto colhido. O acórdão, relatado por Ruy Rosado, reconheceu a existência de contrato entre a empresa fabril e os agricultores, tendo aquela se comportado de modo a caracterizar a *culpa in contrahendo*. Por conseguinte, foi condenada a indenizar os agricultores por metade do valor estimado, uma vez que parte da safra acabou sendo absorvida por empresa congênere, às instâncias da ré.[25]

Em caso em que o devedor havia pago todas as parcelas de um contrato de longa duração, com exceção da última, foi bloqueado o acesso do credor à resolução, mediante o entendimento de que houvera adimplemento substancial da obrigação.[26]

Em outro julgamento, versando sobre interpretação do contrato, foi assentado que "[O] contratante não pode se valer de uma cláusula mal redigida, para fazer interpretação contrária à boa-fé e ao bom senso".[27]

Também merece destaque o caso em que a proprietária e vendedora de uma pequena loja de vestuário, depois de auxiliar o comprador nos seus primeiros dias de administração, cancelou pedidos de compra de novas mercadorias, inviabilizando a normal continuidade do negócio. A decisão, que condenou a vendedora a indenizar o comprador, fundamentou-se na boa-fé, mais especificamente em *venire contra factum próprio*.[28] Todos esses casos pertencem à passagem de Ruy Rosado pelo TJRS.

Já como Ministro do Superior Tribunal de Justiça, ele deu realce a diversos julgamentos, muitos dos quais se tornam referências nas respectivas matérias. Seguem algumas sínteses:

---

25. Contrato. Tratativas. "culpa in contrahendo". Responsabilidade civil. Responsabilidade da empresa alimentícia, industrializadora de tomates, que distribui sementes, no tempo do plantio, e então manifesta a intenção de adquirir o produto, mas depois resolve, por sua conveniência, não mais industrializá-lo, naquele ano, assim causando prejuízo ao agricultor, que sofre a frustração da expectativa de venda da safra, uma vez que o produto ficou sem possibilidade de colocação. Provimento em parte do apelo, para reduzir a indenização à metade da produção, pois uma parte da colheita foi absorvida por empresa congênere, às instâncias da re. Voto vencido, julgando improcedente a ação. (Apelação Cível 591028725, Quinta Câmara Cível, Tribunal de Justiça do RS, Relator: Ruy Rosado de Aguiar Júnior, Julgado em: 06 jun. 1991).
26. contrato. Resolução. Adimplemento substancial. O comprador que pagou todas as prestações de contrato de longa duração, menos a última, cumpriu substancialmente o contrato, não podendo ser demandado por resolução. Ação de rescisão julgada improcedente e procedente a consignatória. Apelo provido em parte, apenas relativamente aos honorários. (Apelação Cível 588012666, Quinta Câmara Cível, Tribunal de Justiça do RS, Relator: Ruy Rosado de Aguiar Júnior, Julgado em: 12 abr. 1988).
27. TJRS. Quinta Câmara Cível. Apelação Cível 588023440. Rel. Des. Ruy Rosado de Aguiar Júnior, julgado em: 07 jun. 1988.
28. Boa-fé. Contrato. O princípio da boa-fé impõe deveres anexos, de acordo com a natureza do negócio e a finalidade pretendida pelas partes. Entre eles se encontra a obrigação da vendedora de pequena loja de vestuário não cancelar pedidos já feitos, com o que inviabilizaria o negócio e frustraria a justa expectativa do comprador. Venire contra factum proprium. Contrato. A vendedora de loja de vestuário, que auxilia o comprador nos primeiros dias da nova administração e assina pedidos de novas mercadorias, não pode depois cancelar todos os pedidos ainda não recebidos, assim inviabilizando a normal continuidade do negócio, sem que para isso tenha motivo razoável. ação indenizatória julgada procedente. Apelo provido em parte, para reduzir a indenização. (Apelação Cível, n. 589073956, Quinta Câmara Cível, Tribunal de Justiça do RS, Relator: Ruy Rosado de Aguiar Júnior, Julgado em: 19 dez. 1989).

- O fornecedor de um produto industrializado (massa de tomate, no caso) também responde pela qualidade da embalagem, ainda que esta seja fabricada por outra empresa; caso em que a consumidora havia cortado o dedo ao abrir a lata que abre por despressurização. Foi rejeitado o argumento de que, nesse tipo de embalagem, o perigo é latente e o dano decorre de mau uso.[29]

- A operadora de viagens é solidariamente responsável com os prestadores de serviços por ela contratados. Um hóspede se jogou na piscina de um hotel descendo pelo escorregador. A profundidade era rala e ele bateu a cabeça no cimento, ficando tetraplégico.[30]

- Também foi decretada a solidariedade da operadora de viagens no caso em que ocorreu um incêndio em embarcação que transportava turistas no litoral da Bahia e que não estava equipada com coletes salva-vidas. Os turistas foram obrigados a se lançar ao mar, sendo resgatados por outro barco que providencialmente passava pelo local. Pelo mesmo fundamento da solidariedade, a operadora de viagem que contratara o barco para o passeio foi obrigada a indenizar o dano moral dos passageiros.[31]

- Foi imputada responsabilidade por dano moral a laboratório que informou falsamente ao paciente o resultado positivo de um exame indicativo de doença grave, apesar da ressalva de que poderia ser necessário exame complementar. A ressalva permitiu a redução do valor reparatório, mas não afastou a responsabilidade do laboratório, porque, como afirmado no acórdão, "[S]e não for assim, todo laboratório que inserir uma ressalva a respeito da veracidade das conclusões de seus laudos estaria isento de responder pelos erros de sua investigação".[32]

- O disparo de alarme de furto, causado por mau funcionamento do equipamento eletrônico acarreta a responsabilidade civil do estabelecimento comercial por dano moral. O consumidor sofre constrangimento por ser abordado em público e submetido à revista dos funcionários, ainda que estes se mostrem gentis e mantenham comportamento adequado para as circunstâncias.[33]

- No caso de defeitos que afetem a solidez e a segurança da obra, é aplicável a regra especial de responsabilidade civil do construtor, ou seja, o prazo-garantia de cinco anos instituído no Código Civil, que constitui regra especial frente ao Código de Defesa do Consumidor.[34] Portanto, não é o caso de decadência, mas de prescrição quinquenal. Na lição do acórdão, "trata-se sempre [nos casos de problemas com a solidez ou a segurança da construção] de uma pretensão indenizatória, sujeita a prescrição, e não de direito formativo, com prazo decadencial. Logo, não há nenhuma razão para que incida no caso dos autos [inundações periódicas que ocorriam no apartamento do autor da ação indenizatória] o disposto no art. 26, II, do CDC".[35]

- O "Show do milhão", programa de televisão que incentivava a participação dos telespectadores em concurso de perguntas e respostas, foi objeto de julgamento em razão de prática considerada abusiva. Os interessados em participar do programa, desenvolvido ao vivo, deveriam adquirir uma revista que veiculava o cupom de inscrição. Não bastava, entretanto, preencher o formulário e remetê-lo à emissora de TV, como era divulgado. A emissora submetia os subscritores dos

---

29. REsp 234.964-SP, 16 dez. 1999.
30. REsp 287.849-SP, 17 abr. 2001, maioria.
31. REsp 291384-RJ, 15 maio 2001.
32. REsp 401.592-DF, 16 maio 2002.
33. REsp 327.679-SP, 04 dez. 2001.
34. A incidência de norma externa ao Código de Defesa do Consumidor é conforme ao seu art. 7º, "caput". A doutrina do diálogo das fontes, desenvolvida no Brasil por Cláudia Lima Marques, justifica a aplicação da regra mais favorável ao consumidor; m concurso normativo em que as normas concorrentes não derrogam, necessariamente, umas às outras. V. MARQUES, Cláudia Lima. Três tipos de diálogos entre o Código de Defesa do Consumidor e o Código Civil de 2002: superação das antinomias pelo 'diálogo das fontes'. In: *Código de Defesa do Consumidor e o Código Civil de 2002: convergências e assimetrias*. Roberto Pfeiffer e Adalberto Pasqualotto, coordenadores. São Paulo: Revista dos Tribunais, 2005.
35. REsp 411.535-SP, 20 ago. 2002.

cupons selecionados a um teste por telefone, sem regras transparentes. O acórdão determinou a suspensão do teste pelo telefone, afirmando que a sua realização consumava a "venda de uma ilusão, em proveito de alguns e em prejuízo de quem acredita estar concorrendo efetivamente a um prêmio". Incidentalmente, foi reconhecido que "[A] emissora de televisão presta um serviço e como tal se subordina às regras do Código de Defesa do Consumidor", pois "se beneficia com a audiência e em razão da qual aufere renda".[36]

Uma síntese dos principais julgados do Ministro Ruy Rosado no STJ está disponível na internet,[37] assim como a lista completa de sua bibliografia.[38]

3. CONCLUSÃO

Generosidade e sabedoria podem ser duas palavras-síntese para retratar os aspectos mais marcantes que Ruy Rosado de Aguiar Júnior deixou em todos os que tiveram a ventura de conhecê-lo. Ficam para a posteridade as suas obras, testemunhando a passagem entre nós de um jurista avançado, consciente do seu papel social, e impregnado de um humanismo autêntico, que o tornava digno pela dignidade que aos outros dedicava.

4. REFERÊNCIAS

AGUIAR JÚNIOR, Ruy Rosado de. A responsabilidade civil pela informação. Informativo Jurídico da Biblioteca Ministro Oscar Saraiva, Brasília, DF, v. 8, n. 2, p. 136-152, jul./dez. 1996.

AGUIAR JÚNIOR, Ruy Rosado de. *Extinção dos contratos por incumprimento do devedor*: resolução. Rio de Janeiro: Aide, 1991. Novas edições em 2003 e 2004.

AGUIAR JÚNIOR, Ruy Rosado de. Indenização por violação de direitos de propriedade intelectual. *Boletim da ABPI*, Rio de Janeiro, n. 56, p. 4-7, ago. 2004. Matéria com partes da palestra proferida em 15 jul. 2004.

AGUIAR JÚNIOR, Ruy Rosado de. Responsabilidade civil no novo código civil. Revista do Tribunal de Contas [do] Estado do Rio Grande do Sul, Porto Alegre, n. 36, p. 91-96, out. 2005. Número especial: a administração pública no novo código civil, 2. ed. Conferências.

AGUIAR JÚNIOR, Ruy Rosado de. Responsabilidade política e social dos Juízes nas democracias modernas. In: SLAIBI FILHO, Nagib; COUTO, Sergio (Coord.). *Responsabilidade civil: estudos e depoimentos no centenário do nascimento de José de Aguiar Dias, 1906-2006*. Rio de Janeiro: Forense, 2006. p. 382-408.

AGUIAR JÚNIOR, Ruy Rosado de. Responsabilidade civil no direito de família. In: AUGUSTIN, Sérgio (Coord.). Dano moral e sua quantificação. 4. ed. rev. e ampl. Caxias do Sul, RS: Plenum, 2007. p. 301-313.

AGUIAR JÚNIOR, Ruy Rosado de. A responsabilidade civil do Estado pelo exercício da função jurisdicional no Brasil. Interesse Público: Revista bimestral de direito público, Belo Horizonte, ano 9, n. 44, p. 67-99, jul./ago. 2007.

---

36. REsp 436.135-SP, 17 jun. 2003.
37. STJ. Superior Tribunal de Justiça. *Coletânea de Julgados e Momentos Jurídicos dos Magistrados no TFR e no STJ*, n. 45, 2005. Disponível em: https://www.stj.jus.br/publicacaoinstitucional/index.php/coletanea/article/view/1783/1706. Acesso em: 70 mar. 2022.
38. AGUIAR, Ruy Rosado de. *Sociedade Individual de Advocacia*. Produção intelectual. Disponível em: http://www.ruyrosado.com.br/producao-intelectual. Acesso em: 07 mar. 2022.

AGUIAR JÚNIOR, Ruy Rosado de. Responsabilidade civil do médico. In: NERY JUNIOR, Nelson; NERY, Rosa Maria de Andrade (Org.). Responsabilidade civil: direito fundamental à saúde: atividades de prestação de serviços médicos e de saúde, serviços médicos, serviços hospitalares, risco, meio ambiente. São Paulo: Revista dos Tribunais, 2010. v. 5. (Doutrinas essenciais). p. 507-541.

AGUIAR JÚNIOR, Ruy Rosado de O Direito das Obrigações na contemporaneidade. In: Plínio Melgaré (Org.). *O Direito das Obrigações na contemporaneidade: estudos em homenagem ao Ministro Ruy Rosado de Aguiar Júnior.* Porto Alegre: Livraria do Advogado, 2014, p. 13.

AGUIAR JÚNIOR, Ruy Rosado de. Consentimento informado. In: GODINHO, Adriano Marteleto; LEITE, George Salomão; DADALTO, Luciana (Coord.). Tratado brasileiro sobre o direito fundamental à morte digna. São Paulo: Almedina, 2017. p. 339-362.

AGUIAR JÚNIOR, Ruy Rosado de. Responsabilidade civil de empresários e administradores. In: COELHO, Fábio Ulhoa (Coord.). Tratado de direito comercial: obrigações e contratos empresariais. São Paulo: Saraiva, 2015. v. 5. p. 21-49.

AGUIAR JÚNIOR, Ruy Rosado de. Novos danos na responsabilidade civil. A perda de uma chance. In: SALOMÃO, Luís Felipe; TARTUCE, Flávio (Coord.). Direito civil: diálogos entre a doutrina e a jurisprudência. São Paulo: Atlas, 2018. p. 439-474.

AGUIAR JÚNIOR, Ruy Rosado de. Responsabilidade civil do auditor independente. In:

BENETTI, Giovana et al. (Org.). Direito, cultura, método: leituras da obra de Judith Martins-Costa. Rio de Janeiro: GZ, 2019. p. 554-574.

COUTO E SILVA, Clóvis V. *A obrigação como processo.* São Paulo: José Bushatsky, 1976.

FERREIRA DA SILVA, Jorge Cesa. Entrevista com Ruy Rosado de Aguiar Jr. *Revista de Direito Civil Contemporâneo,* nº 2, vol. 3, p. 355-374, São Paulo, abr.-jun. 2015. Disponível em: http://www.ruyrosado. com.br/upload/site_producaointelectual/208.pdf. Acesso em: 07 mar. 2022.

MARQUES, Cláudia Lima. Três tipos de diálogos entre o Código de Defesa do Consumidor e o Código Civil de 2002: superação das antinomias pelo 'diálogo das fontes'. In: *Código de Defesa do Consumidor e o Código Civil de 2002*: convergências e assimetrias. PFEIFFER, Roberto e PASQUALOTTO, Adalberto (Coord.). São Paulo: Revista dos Tribunais, 2005.

SANSEVERINO, Paulo de Tarso. Discurso na abertura da Jornada Ruy Rosado (Brasília, 02 dez. 2019). Disponível em: https://www.stj.jus.br/sites/portalp/Paginas/Comunicacao/Noticias/Reconhecimento-do-STJ-marca-inicio-da-jornada-em-homenagem-ao-ministro-Ruy-Rosado.aspx. Acesso em: 07 mar. 2022.

CARLOS ALBERTO BITTAR
E A RESPONSABILIDADE CIVIL

Antonio Carlos Morato

Advogado. Professor Associado do Departamento de Direito Civil da Faculdade de
Direito da Universidade de São Paulo (USP). Membro do IBERC.

Sumário: 1. Biografia de Carlos Alberto Bittar – 2. Produção geral do autor – 3. Carlos Alberto Bittar
e a relevância de sua obra para a responsabilidade civil – 4. Referências; 4.1 Livros; 4.2 Capítulos
de Livros; 4.3 Artigos – 4.4 Decisões Judiciais; 4.5 Textos Legais.

1. BIOGRAFIA DE CARLOS ALBERTO BITTAR

Carlos Alberto Bittar nasceu em 1939 em Paraíba do Sul (RJ), filho de Salim
Wadih Bittar e Alice Mor Bittar. Foi um jurista na mais adequada acepção do termo,
autor de inúmeras obras e advogado militante (o que sempre enfatizou nos livros
publicados[1]), além de magistrado que integrou com brilho o antigo 1º Tribunal de
Alçada Civil do Estado de São Paulo (1º TAC) honrando a classe dos advogados como
seu representante por meio do quinto constitucional.

Exerceu o cargo de Conselheiro do Instituto dos Advogados de São Paulo (IASP),
integrou o Conselho Nacional de Direito Autoral (CNDA) de 1980 a 1984, foi membro
do Conselho de Contribuintes, Coordenador Geral do *"Forum do Cidadão"* na OAB/
SP, além de participar como membro efetivo de entidades nacionais e estrangeiras
de pesquisa jurídica como o *Instituto Interamericano de Derecho de Autor* (IIDA) e
a *Association Henri Capitan para a promoção, difusão e modernização dos direitos de
tradição civilista.*

Na carreira acadêmica que desenvolveu em diversas instituições obteve idên-
tico destaque, uma vez que foi professor de Direito Civil, Direito de Autor e Direito
do Consumidor na Faculdade de Direito da Universidade de São Paulo (USP) e de
Direito Comercial na Faculdade de Direito da Pontifícia Universidade de São Paulo
(PUC-SP), disciplina que lecionou igualmente no Êxito, curso preparatório para
concursos públicos, além de Coordenador do Curso de Especialização em Direito
Empresarial das Faculdades Metropolitanas Unidas (FMU), o que evidencia sua
notável didática tanto na graduação como na pós-graduação[2].

---

1. O apreço que tinha pela sua atuação prática (*"advogado militante e consultor de empresas em São Paulo"*) foi
demonstrado em várias obras, entre as quais podemos destacar *O Direito de Autor nos meios modernos de
comunicação* e *A Lei de Direitos Autorais na jurisprudência.*
2. As informações que transcrevemos foram obtidas nas obras publicadas pelo professor, bem como pelo
Requerimento 1863/93, de autoria do Deputado Estadual Afanásio Jazadji (publicado no Diário Oficial do

Formado pela Faculdade de Direito da Universidade de São Paulo (USP) em 1962, nela ingressou como professor em 1977 após obter seu título de mestre (1976) e, em seguida, doutor (1978) e livre-docente (1982), para coroar sua carreira por meio da tese para professor titular em memorável concurso realizado em 1993, no qual se tornou o primeiro (e até o momento o único) Professor Titular em Direito de Autor no Departamento de Direito Civil[3].

Cumpre observar seu fascínio pelo Direito de Autor, ainda que transitasse com maestria e tivesse vasto conhecimento e experiência docente em todas as disciplinas anteriormente mencionadas.

Ressalte-se, a esse respeito, a erudita aula que ministrou em seu concurso para Professor Titular denominada "*Autonomia científica do Direito de Autor*" e que foi publicada posteriormente na Revista da Faculdade de Direito da Universidade de São Paulo[4].

Carlos Alberto Bittar vislumbrava, ainda no início dos anos 90, os desafios ocasionados pela disseminação da inteligência artificial[5], que tantos debates suscita no mundo contemporâneo, ao prever que "*em projeção para o futuro, podemos afirmar que haverá contínua ampliação do espectro do Direito de Autor, com a inserção de novas formas de comunicação de textos, de imagens e de sons*", pois "*entendemos que o século XXI será o século do conhecimento e dos serviços, com a introdução, no cenário da relações humanas, de robôs inteligentes e de mecanismos de difusão de criações intelectuais (como os de transmissão a laser, que permitem comunicar texto completo de enciclopédia em segundos).*"[6].

Estado de São Paulo em 29 de junho de 1993) que o saudou pela posse como Juiz do 1º Tribunal de Alçada Civil do Estado de São Paulo no dia 17 de junho de 1993 e, por fim, em artigo publicado pela Professora Silmara Juny de Abreu Chinellato na Revista da Faculdade de Direito da Universidade de São Paulo (CHINELLATO, Silmara Juny de Abreu. Carlos Alberto Bittar: o autor e sua obra. *Revista da Faculdade de Direito*, Universidade de São Paulo, v. 93, p. 531-533, 1998. p. 532).

3. Defendendo a tese "Reparação civil por danos morais" aprovada com louvor em concurso realizado em 1993 (CHINELLATO, Silmara Juny de Abreu. Carlos Alberto Bittar: o autor e sua obra. *Revista da Faculdade de Direito*, Universidade de São Paulo, v. 93, p. 531-533, 1998. p. 532).

4. BITTAR, Carlos Alberto. Autonomia científica do direito de autor. *Revista da Faculdade de Direito*, Universidade de São Paulo, v. 89, p. 87-98, 1994.

5. "(3) A inteligência artificial é uma família de tecnologias em rápida evolução, capaz de oferecer um vasto conjunto de benefícios económicos e sociais a todo o leque de indústrias e atividades sociais. Ao melhorar as previsões, otimizar as operações e a repartição de recursos e personalizar as soluções digitais disponibilizadas às pessoas e às organizações, a utilização da inteligência artificial pode conferir importantes vantagens competitivas às empresas e contribuir para progressos sociais e ambientais, por exemplo, nos cuidados de saúde, na agricultura, na educação e na formação, na gestão das infraestruturas, na energia, nos transportes e logística, nos serviços públicos, na segurança, na justiça, na eficiência energética e dos recursos e na atenuação das alterações climáticas e adaptação às mesmas. (4) Ao mesmo tempo, em função das circunstâncias relativas à sua aplicação e utilização específicas, a inteligência artificial pode criar riscos e prejudicar interesses públicos e direitos protegidos pela legislação da União. Esses prejuízos podem ser materiais ou imateriais." (*UNIÃO EUROPEIA. Proposta de Regulamento do Parlamento Europeu e do Conselho que estabelece regras harmonizadas em matéria de inteligência artificial (Regulamento Inteligência Artificial) e altera determinados atos legislativos da União (COM/2021/206)*. Bruxelas: Comissão Europeia, 2021. Disponível em: https://eur-lex.europa.eu/legal-content/PT/TXT/HTML/?uri=CELEX:52021PC0206&from=EN. Acesso em: 22 abr. 2022.).

6. BITTAR, Carlos Alberto. Autonomia científica do direito de autor. *Revista da Faculdade de Direito*, Universidade de São Paulo, v. 89, 1994. p. 97-98.

CARLOS ALBERTO BITTAR E A RESPONSABILIDADE CIVIL

Igualmente merece destaque, em sua biografia, a exemplar dedicação à família, reconhecida por todos que o conheciam e demonstrada pelas dedicatórias que integravam a maioria de suas obras em que sua esposa Rosa Wanda Bianca Bittar era mencionada especificamente ou como a *"musa de sempre"*[7], bem como o carinho dedicado aos seus filhos Carlos Alberto, Carla e Eduardo também homenageados em seus textos.[8]

É oportuno destacar a carreira de seus filhos Carlos Alberto Bittar Filho, Eduardo Carlos Bianca Bittar e Carla Bianca Bittar por meio de seus estudos no curso de pós-graduação na Faculdade de Direito da USP.

Carlos Alberto Bittar Filho é doutor em Direito Civil (2000), escreveu diversos artigos, sendo um destacado Procurador do Estado de São Paulo e Carla Bianca Bittar é advogada e pesquisadora com mestrado em Direitos Humanos (2012).

Eduardo Carlos Bianca Bittar é advogado e um renomado jus-filósofo, obteve os títulos de doutor (1999) e livre-docente (2003) em Filosofia do Direito, sendo autor de livros, capítulos de livros e artigos, além de atualizador de diversas obras de seu pai (enquanto outras foram atualizadas por seu irmão Carlos Alberto), leciona na Faculdade de Direito da Universidade de São Paulo, na qual é professor associado do Departamento de Filosofia do Direito.

Infelizmente, apesar de sua marcante trajetória, Carlos Alberto Bittar faleceu prematuramente aos 57 anos em 5 de maio de 1997 e, se estivesse entre nós, seguramente, continuaria a contribuir com o Direito por meio de valiosos votos como magistrado, pelos livros, artigos e a admirável dedicação à docência que levou à sua escolha como paraninfo – pelos alunos da turma do período matutino de 1988[9] – da Faculdade de Direito da Universidade de São Paulo, reconhecimento que muito o alegrou.

2. PRODUÇÃO GERAL DO AUTOR

As pesquisas de Carlos Alberto Bittar evidenciam seu preparo intelectual e o contínuo interesse por temas pouco explorados na época em que a eles se dedicou, o

---

7. Dedicatória: "*À musa de sempre*" (BITTAR, Carlos Alberto. *Direito dos contratos e dos atos unilaterais*. Rio de Janeiro: Forense Universitária, 1990).

8. Dedicatórias: "*A meus filhos Carla, Eduardo Carlos e Carlos Alberto e a Rosa Wanda, musa eterna, todos, pelo estímulo e pela colaboração emprestada à consecução deste trabalho*" (BITTAR, Carlos Alberto. *A Lei de Direitos Autorais na jurisprudência*. São Paulo: Revista dos Tribunais, 1988); "*Dedico este livro a meus filhos Carla, Carlos Alberto e Eduardo Carlos, que formaram a equipe de apoio para consecução material dos originais*" (BITTAR, Carlos Alberto. *Curso de Direito Autoral*. Rio de Janeiro: Forense, 1988)

9. Como é possível depreender de sua dedicatória (agradecendo a escolha como paraninfo aos alunos do período matutino da turma de 1988 ("*Dedico esta edição aos bacharéis da turma de 1988 da Faculdade de Direito da USP, curso diurno, que me honraram como Paraninfo nas solenidades de sua formatura*") na obra *Direito de Autor* (que foi a 2ª edição do *Curso de Direito Autoral*) (BITTAR, Carlos Alberto. *Direito de Autor*. 2. ed. Rio de Janeiro: Forense Universitária, 1994)) e de seu artigo *A reforma oficial do ensino jurídico no Brasil*, no qual afirmou que: "Experiência nesse sentido efetivamos, com a interessada e produtiva turma de bacharelandos de 1988, do curso diurno de nossa tradicional Faculdade, com efeitos extremamente satisfatórios, haja visto o nível dos trabalhos então oferecidos, muitos dos quais foram depois publicados, em livros, em coletâneas e em periódicos especializados." (BITTAR, Carlos Alberto. A reforma oficial do ensino jurídico no Brasil. *Revista da Faculdade de Direito*, Universidade de São Paulo, v. 90, p. 85-88, 1995. p. 86-87).

que foi expresso em numerosas obras, seja em cursos (*Curso de Direito Civil* e *Curso de Direito Autoral*, sendo este posteriormente denominado como *Direito de Autor*) ou em trabalhos sobre temas específicos resultantes de sua atividade como docente e pesquisador (*Responsabilidade Civil: teoria & prática, Contratos Civis, Contratos Comerciais, Teoria e prática da Concorrência Desleal, A Lei do Software e seu regulamento*).

Destacam-se ainda as publicações pela editora Revista dos Tribunais (na qual publicou a maior parte de suas obras ao lado da editora Forense Universitária) que resultaram de suas pesquisas para a obtenção da titularidade (*Reparação civil por danos morais* – 1993), da livre-docência (*Responsabilidade Civil nas atividades nucleares* – 1985), do doutorado (*Direito de Autor na obra publicitária* – 1981) e do mestrado (*Direito de Autor na obra feita sob encomenda* – 1977).

Foi coordenador de textos que resultaram dos cursos que promoveu na pós-graduação da Faculdade de Direito da Universidade de São Paulo (*Responsabilidade civil médica, odontológica e hospitalar, Direitos do Consumidor, Os Direitos da Personalidade, O Direito de Família e a Constituição de 1988, O Direito Civil na Constituição de 1988, Os contratos de adesão e o controle de cláusulas abusivas*), assim como autor de capítulos de livros (como *Responsabilidade Civil nas atividades perigosas* na obra *Responsabilidade Civil: doutrina e jurisprudência* coordenada por Yussef Said Cahali) e artigos publicados em revistas jurídicas, entre as quais destacamos a *Revista da Faculdade de Direito da Universidade de São Paulo*, a *Revista dos Tribunais*, a *Revista de Direito do Consumidor* e a *Revista de Informação Legislativa do Senado Federal*.

Seu interesse pelo Direito e sua experiência como docente e pesquisador o conduziram a propor, no ano de 1986, a reforma do currículo da Faculdade de Direito em texto que revelou sua inquietação com problemas que permanecem até 2022, explicitando sua aguda percepção quanto à necessidade de harmonia entre as nações e da existência de sérios conflitos entre grupos sociais.

Em suas palavras, "*vivemos a era da utilização do átomo, da tecnologia sofisticada, das comunicações por satélites e das viagens espaciais, c o m desafios cada vez mais agudos à inteligência e à sensibilidade humanas. Mas assistimos também a grandes choques ideológicos e políticos, a indagações sobre o futuro do homem e seu dimensionamento na Terra, a especulações sobre o equilíbrio nas relações entre as diferentes nações e grupos sociais.*".[10]

Igualmente, ao comentar a Portaria 1.886, de 30 de dezembro de 1994[11], que foi editada pelo Ministério da Educação e instituiu as monografias de conclusão de curso, além de estabelecer outras exigências, asseverou que "*não se pode mais, com efeito, cogitar de ensino puramente teórico, ou puramente prático, pois ambos acabam*

---

10. BITTAR, Carlos Alberto. Reforma do currículo da Faculdade de Direito. *Revista da Faculdade de Direito*, Universidade de São Paulo, v. 81, p. 117-146, 1986. p. 119.
11. BRASIL. Portaria nº 1.886, de 30 de dezembro de 1994. *Fixa as diretrizes curriculares e o conteúdo mínimo do curso jurídico*. Conselho Nacional de Educação. Ministério da Educação e do Desporto. Disponível em: https://www.oabrn.org.br/arquivos/LegislacaosobreEnsinoJuridico.pdf. Acesso em: 20 mar. 2022.

por acarretar distorções na formação do bacharel, que, como os demais diplomados em curso superior, tem de ser pessoa dotada de conhecimentos próprios, consciente e integrada ao mundo em que vive."[12].

Há plena coerência entre a produção intelectual de Carlos Alberto Bittar e as reflexões que apresentou para o aprimoramento dos cursos jurídicos no Brasil, uma vez que constitui relevante contribuição que não deve ser negligenciada em razão da preponderância – tanto na academia como nos tribunais – de seus estudos em Direito Civil, Direito Comercial, Direito de Autor e Direito do Consumidor.

3. CARLOS ALBERTO BITTAR E A RELEVÂNCIA DE SUA OBRA PARA A RESPONSABILIDADE CIVIL

A produção geral de Carlos Alberto Bittar, relatada no tópico anterior, certamente o credenciou a analisar a Responsabilidade Civil tanto de forma sistêmica como específica, desde a classificação dos danos até a responsabilidade civil nas atividades nucleares, sendo reconhecidamente um pioneiro no tema.

Em suas aulas, que tivemos a honra de acompanhar na pós-graduação da Faculdade de Direito da Universidade de São Paulo, era possível constatar o rigor metodológico que o levava a *repudiar* a inserção da culpa como *pressuposto* da responsabilidade civil, evidenciando a necessidade de que – ao lado do risco – fosse considerada simplesmente como um *fundamento*, uma vez que considerá-la como pressuposto inviabilizaria qualquer justificativa coerente para a responsabilidade civil objetiva.

A esse respeito, ensinou que *"dois são os fundamentos para a responsabilização do agente: a) a culpa e b) o risco, o primeiro que inspirou a construção da teoria e, o segundo, proveniente das transformações operadas na sociedade"*, *"à luz do ingresso de elementos carregados de perigo na vida diária, sob a preocupação maior de amparo às vítimas de acidentes por eles provocados"*, sendo que *"o primeiro fundamento ingressou nos Códigos – inclusive o nosso – com atenuações trazidas pela técnica de presunção de culpa, para atender a anseios da justiça social, enquanto que o segundo vem sendo inserido em leis especiais sobre atividades consideradas perigosas"*.[13]

Cumpre ressaltar que, mesmo que a tendência de objetivação da responsabilidade civil tenha sido prevista por Carlos Alberto Bittar[14], atualmente dispomos de solução mais ampla e adequada em norma infraconstitucional por meio da cláusula

---

12. BITTAR, Carlos Alberto. A reforma oficial do ensino jurídico no Brasil. *Revista da Faculdade de Direito*, Universidade de São Paulo, v. 90, 1995. p. 86.

13. BITTAR, Carlos Alberto. *Responsabilidade civil: teoria & prática*. 2. ed.. Rio de Janeiro: Forense Universitária, 1990. p. 29-30.

14. Carlos Alberto Bittar examinou com acuidade a repercussão constitucional nesse campo, posto que "a Constituição de 1988 edita, dentro da tendência de objetivação da responsabilidade civil, várias regras em que adota a diretriz da responsabilidade sem culpa, instituindo assim o risco como fundamento da teoria em questão. Com isso, esse princípio será inscrito na futura codificação privada, sufragando-se a tese da responsabilidade objetiva nas atividades perigosas". Concluiu o professor, dizendo que a teoria do risco, ao lado da culpa, passaria "a compor o Código como esteio de responsabilidade no campo privado e, também,

geral de responsabilidade civil[15] estabelecida pelo artigo 927, parágrafo único do Código Civil de 2002[16], que confere maior poder ao magistrado.

A tendência de objetivação da responsabilidade civil[17] é um fato constatado por Silmara Juny de Abreu Chinellato que tanto laborou ao lado de Carlos Alberto Bittar na Faculdade de Direito da Universidade de São Paulo.

Destacamos ainda a contribuição de Carlos Alberto Bittar para o estudo da responsabilidade objetiva na obra *Responsabilidade civil nas atividades nucleares*, na qual assinalou que *"basta, pois a exploração da atividade, para que, em caso de acidente nuclear, venha o explorador a ser responsabilizado"* e *"responde civilmente o explorador, portanto, pelo simples e puro acionamento e pelo posterior desenvolvimento da atividade nuclear"*, sendo afastada *"na ocorrência de acidente nuclear, qualquer conotação de ilicitude ou de ingerência subjetiva na ação"*[18].

Entre os estudos que desenvolveu quanto à responsabilidade civil é paradigmática a análise que efetuou na obra *Reparação civil por danos morais*, na qual defendeu o valor de desestímulo como meio adequado para inibir os lesantes e, com isso, modelar condutas por meio de um efeito punitivo.

Para Carlos Alberto Bittar, *"a indenização por danos morais deve traduzir-se em montante que represente advertência ao lesante e à sociedade de que não se aceita o comportamento assumido, ou o evento lesivo advindo. Consubstancia-se, portanto, em importância compatível com o vulto dos interesses em conflito, refletindo-se, de modo expressivo, no patrimônio do lesante, a fim de que sinta, efetivamente, a resposta da ordem jurídica aos efeitos do resultado lesivo produzido. Deve, pois, ser quantia economicamente significativa em razão das potencialidades do patrimônio do lesante."*[19]

---

no plano da responsabilidade do Estado (arts. 21, XXIII, "c" e 37, § 6º)" (BITTAR, Carlos Alberto. *O Direito Civil na Constituição de 1988*. 2. ed.. São Paulo, Revista dos Tribunais, 1991).

15. GODOY, Claudio Luiz Bueno de. *Responsabilidade civil pelo risco da atividade: uma cláusula geral no Código Civil de 2002*. São Paulo: Saraiva, 2009.

16. Art. 927. Aquele que, por ato ilícito (arts. 186 e 187), causar dano a outrem, fica obrigado a repará-lo. Parágrafo único. Haverá obrigação de reparar o dano, independentemente de culpa, nos casos especificados em lei, ou quando a atividade normalmente desenvolvida pelo autor do dano implicar, por sua natureza, risco para os direitos de outrem. (BRASIL. Lei 10.406, de 10 de janeiro de 2002. Institui o Código Civil. Disponível em: http://www.planalto.gov.br/ccivil_03/leis/2002/l10406compilada.htm. Acesso em: 20 mar. 2022).

17. "A tendência à objetivação da responsabilidade civil atende à sociedade pós-moderna, sociedade de massa e globalizada, caracterizada pelos riscos da produção e do desenvolvimento, nos quais se inclui a tecnologia, que tornam mais vulneráveis as pessoas, possíveis vítimas. A quarta era dos direitos, conforme denomina Norberto Bobbio, ou era da técnica, no dizer de Hans Jonas, traz uma responsabilidade diferenciada aos produtores de tecnologia, imputando-lhes indenizar os lesados sem indagação de culpa, bastando a comprovação do nexo causal entre o ato ou fato lesivo e o dano. Prestigia a vítima, parte mais fraca, seguindo a tendência da legislação em vários âmbitos, ao reconhecer expressamente que o menos forte será protegido de modo expresso." (CHINELLATO, Silmara Juny de Abreu. Tendências da responsabilidade civil no direito contemporâneo: reflexos no Código de 2002. In: DELGADO, Mário Luiz; ALVES, Jones Figueiredo. (Org.). Novo Código Civil: questões controvertidas. v. 5. São Paulo: Método, 2006).

18. BITTAR, Carlos Alberto. *Responsabilidade civil nas atividades nucleares*. São Paulo: Revista dos Tribunais, 1985. p. 188-189.

19. BITTAR, Carlos Alberto. *Reparação civil por danos morais*. 2. ed.. São Paulo: Revista dos Tribunais, 1994. p. 220.

Em *"Contornos Atuais do Direito do Autor"* discorreu sobre *"A indenizabilidade de danos morais e patrimoniais no plano Autoral"* e incluiu, em sua análise, os critérios para a indenização, a definição do *"quantum"* e a desnecessidade de prova do prejuízo do dano moral.[20]

Assinalou que *"a mais complexa questão nessa matéria está na estipulação do quantum a pagar, dada a extensão do respectivo cenário fático e à falta de indicadores legais"* a fim de demonstrar que *"doutrina e jurisprudência têm traçado rumos para a sua determinação, a partir das premissas de que: a) a definição do dano moral independe da prova do prejuízo; b) o valor a pagar deve ser fixado, conforme assinalamos, de forma a desestimular novas investidas contra os direitos autorais; c) na perícia, devem atuar pessoas habilitadas na área correspondente; e d) o critério de indenização deve respeitar as circunstâncias do caso".*[21]

Em seu *Curso de Direito Autoral* afirmou que *"a ação de responsabilidade civil assume, em verdade, nessa área, extraordinário relevo quando perpetrada a violação, intentando repor, para o lesado, as perdas sofridas, tanto no plano patrimonial quanto moral, como, aliás, pacificamente se reconhece em doutrina e em jurisprudência."*[22].

Concluímos este texto destacando que, mesmo que tenhamos o escopo de enfatizar a relevância da contribuição de Carlos Alberto Bittar para o estudo da Responsabilidade Civil existirá sempre o risco de alguma omissão diante de sua vastíssima obra, realmente admirável se considerarmos o curto período em que esteve entre nós.

Em nossa conclusão, entre tantas homenagens, ressaltamos algumas que representaram seus indubitáveis méritos como jurista, sendo a primeira a que foi recebida no Superior Tribunal de Justiça (STJ), por meio do voto do Ministro Sálvio de Figueiredo Teixeira no Recurso Especial 61.721 (95/0010473-3) SP, proferido no ano de 1997, o mesmo em que faleceu o ilustre jurista que aqui recordamos.

Naquela ocasião, em litígio que versava sobre Direito de Autor, afirmou o Ministro Sálvio de Figueiredo Teixeira: *"Carlos Alberto Bittar, de tão saudosa memória para quantos conheceram seu extraordinário talento para o direito, enfrentando a contradição da lei, salientou que deveria o tema ser aferido em cada caso. Diz ele que 'não se concebe possa, a priori, ser aceita essa exceção, cumprindo analisar-se a situação no caso concreto, para inferir-se a intenção das partes, à luz da respectiva negociação' (Direito de Autor, 2a ed., Forense Universitária, 1994, na 77, p. 71)."*[23].

---

20. BITTAR, Carlos Alberto. *Contornos atuais do Direito de Autor*. São Paulo: Revista dos Tribunais, 1992. p. 201-203.
21. BITTAR, Carlos Alberto. *Contornos atuais do Direito de Autor*. São Paulo: Revista dos Tribunais, 1992. p. 203.
22. "Na reparação de danos, em que devem ser observados todos os princípios próprios (em que se destaca o da responsabilidade integral, ou seja, que impõe o total ressarcimento do lesado, para propiciar-lhe plena satisfação de seus interesses, como anotamos na primeira parte de nosso livro 'Responsabilidade civil nas atividades nucleares', São Paulo, Editora Revista dos Tribunais, 1985) devem ser enunciadas, com clareza, as ofensas havidas, de índole moral ou patrimonial, fundando-se a ação, conforme o caso, em relação contratual ou extracontratual" (BITTAR, Carlos Alberto. *Curso de Direito Autoral*. Rio de Janeiro: Forense, 1988. p. 162).
23. CIVIL. DIREITOS AUTORAIS. OBRA ARTÍSTICA. Papel Marmorizado. Reprodução. Necessidade de Autorização. Arts. 80 e 81 da Lei 5.988/73. Revogação pela Convenção de Berna. Recurso Especial. Pre-

A segunda, recebida por meio do artigo *"Carlos Alberto Bittar: o autor e sua obra"*, foi efetuada por Silmara Juny de Abreu Chinellato, atualmente professora titular e, na época, sua assistente nos cursos de pós-graduação na Faculdade de Direito da USP, tendo destacado a contribuição do homenageado para os estudos da Responsabilidade Civil no país, em especial a responsabilidade civil nas atividades nucleares:

> Conheci Carlos Alberto Bittar, em 1976, na Comissão de Redação da Enciclopédia Saraiva do Direito, coordenada pelo professor Rubens Limongi França. O autor era, naquela época, mestre em Direito Civil, advogado e iniciava carreira de professor, na Faculdade de Direito da Universidade de São Paulo. A partir de então pude acompanhar sua trajetória brilhante, firme em seus objetivos, caracterizada por notável e dedicada capacidade de trabalho. A produção intelectual é das mais vastas entre os autores brasileiros e bastante diversificada nos assuntos que enfrenta, com maestria, como por exemplo: Direito de Autor, Direitos da Personalidade, Responsabilidade Civil - em seus vários aspectos, inclusive nas atividades nucleares.

A terceira homenagem, oriunda da escolha como patrono da turma de 1998 da Faculdade de Direito da Universidade de São Paulo, foi agradecida por Eduardo Carlos Bianca Bittar em eloquente discurso em nome da família:

> Não diferentemente de outros destacados mestres da área jurídica, rememoramo-lo em função de tudo o que fez em pouco mais de meio século de vida. Meio século é insuficiente para muitas coisas, mas não o foi para Carlos Alberto Bittar proclamar sua fidelidade ao Direito, seu amor pelo ensino, sua dedicação ao ideal de Justiça. E esta mesma força, que o esteve a guiar nas atividades profissionais, foi bastante para se entregar, como parcimonioso pai e como inspirado marido, à sua família. É deste patrono que estamos a falar: um h o m e m que atrás de si deixou um rastro que é impossível de ser desconsiderado. Ao final de sua vida foram: 1) 48 livros escritos (15 dos quais em colaboração com outros autores e 33 outros de sua autoria); 2) 209 artigos nas mais diversas fontes de pesquisa jurídica do país, com ênfase para a efetividade dos direitos humanos nos campos dos direitos da personalidade humana, da criação artística e do consumidor; 3) 1.506 verbetes nominados e inominados na Enciclopédia Saraiva do Direito... além de 21 turmas da Faculdade de Direito formadas sob seus olhos e com seus ensinamentos e, em especial, esta 171ª. Mas, é mais pela sua presença humana, e não de jurista, que seu nome é relembrado. Creio que pela condição de amoroso mestre e de gentil servidor da causa de muitos é que ora se inscreve, indelevelmente, seu nome em conjunção com o nome desta Turma das Arcadas.

Por fim, o Diretório Acadêmico da Faculdade de Direito do Centro Universitário da Fundação Armando Alvares Penteado (FAAP) homenageou o professor e passou a ser denominado como *"Diretório Acadêmico Carlos Alberto Bittar"*, o que simboliza o reconhecimento de uma vida voltada ao ensino do Direito.

Sem dúvida alguma, o legado de Carlos Alberto Bittar para o Direito brasileiro foi inestimável, seja pela extensa e original contribuição teórica que o levou ao

---

questionamento. Inocorrência. Recursos Desacolhidos. A Convenção de Berna, ratificada pelo Brasil por meio do Decreto 75.699, de 6.75, ab-rogou os arts. 80 e 81 da Lei 5.988/73, no sentido de ser necessária a autorização do autor de obra artística para a sua reprodução, não sendo de se aplicar a regra segundo a qual pela simples aquisição são transferidos os direitos de reprodução. (Superior Tribunal de Justiça – STJ. REsp 61.721 SP 1995/0010473-3. Relator: Ministro Sálvio de Figueiredo Teixeira. Data de Julgamento: 25 ago. 1997. T4 – Quarta Turma, Data de Publicação: DJ 29 set. 1997 p. 48210).

CARLOS ALBERTO BITTAR E A RESPONSABILIDADE CIVIL **311**

merecido reconhecimento em vida como influente jurista e professor vocacionado, seja por meio da paradigmática atuação prática na advocacia e na magistratura, que o credenciou como um modelo a ser seguido pelos colegas e pelos inúmeros alunos, entre os quais me incluo como seu orientando de 1995 a 1997[24] e a quem presto mais esta singela homenagem.

4. REFERÊNCIAS

4.1 Livros

BITTAR, Carlos Alberto. *Responsabilidade civil nas atividades nucleares*. São Paulo: Revista dos Tribunais, 1985.

BITTAR, Carlos Alberto. *A Lei de Direitos Autorais na jurisprudência*. São Paulo: Revista dos Tribunais, 1988.

BITTAR, Carlos Alberto. *Curso de Direito Autoral*. Rio de Janeiro: Forense, 1988.

BITTAR, Carlos Alberto. *Direito dos contratos e dos atos unilaterais*. Rio de Janeiro: Forense Universitária, 1990

BITTAR, Carlos Alberto. *Responsabilidade civil: teoria & prática*. 2. ed.. Rio de Janeiro: Forense Universitária, 1990.

BITTAR, Carlos Alberto. *O Direito Civil na Constituição de 1988*. 2. ed.. São Paulo, Revista dos Tribunais, 1991.

BITTAR, Carlos Alberto. *Reparação civil por danos morais*. 2. ed.. São Paulo: Revista dos Tribunais, 1994.

BITTAR, Carlos Alberto. *Direito de Autor*. 2. ed. Rio de Janeiro: Forense Universitária, 1994

GODOY, Claudio Luiz Bueno de. *Responsabilidade civil pelo risco da atividade*: uma cláusula geral no Código Civil de 2002. São Paulo: Saraiva, 2009.

4.2 Capítulos de Livros

CHINELLATO, Silmara Juny de Abreu. Tendências da responsabilidade civil no direito contemporâneo: reflexos no Código de 2002. In: DELGADO, Mário Luiz; ALVES, Jones Figueiredo. (Org.). *Novo Código Civil*: questões controvertidas. v. 5. São Paulo: Método, 2006.

4.3 Artigos

BITTAR, Carlos Alberto. Reforma do currículo da Faculdade de Direito. *Revista da Faculdade de Direito*, Universidade de São Paulo, v. 81, p. 117-146, 1986.

---

24. Em agosto de 1989, no primeiro ano em que cursei a Faculdade de Direito da *Pontifícia Universidade Católica de São Paulo (PUC-SP)*, na qual o Prof. Carlos Alberto Bittar lecionava Direito Comercial, tive a oportunidade de conhecê-lo no "*Curso de Direitos Autorais*" organizado pelo *Centro Acadêmico 22 de agosto* (Gestão "Direito e Avesso") de 28/08 a 31/08/1989, em que analisou o tema "*Direitos de Autor: noções estruturais*". Na PUC-SP, no mesmo evento, conheci a Profa. Silmara Juny de Abreu Chinellato (abordando o tema "*Os titulares e os objetos de direitos*") que, em 1997 - após o falecimento do saudoso professor - gentilmente me acolheu e concluiu minha orientação no mestrado defendido em 2000 (assim como no doutorado que defendi em 2004) na Faculdade de Direito da Universidade de São Paulo (USP), instituição que atualmente tenho a honra de integrar como professor associado do Departamento de Direito Civil após ingresso por concurso público em 2008.

BITTAR, Carlos Alberto. Autonomia científica do direito de autor. *Revista da Faculdade de Direito*, Universidade de São Paulo, v. 89, p. 87-98, 1994

BITTAR, Carlos Alberto. A reforma oficial do ensino jurídico no Brasil. *Revista da Faculdade de Direito*, Universidade de São Paulo, v. 90, p. 85-88, 1995.

CHINELLATO, Silmara Juny de Abreu. Carlos Alberto Bittar: o autor e sua obra. *Revista da Faculdade de Direito*, Universidade de São Paulo, v. 93, p. 531-533, 1998.

4.4 Decisões Judiciais

BRASIL. Superior Tribunal de Justiça – STJ. *REsp 61.721 SP 1995/0010473-3*. Relator: Ministro Sálvio de Figueiredo Teixeira. Data de Julgamento: 25/08/1997. T4 – Quarta Turma, Data de Publicação: DJ 29 set. 1997 p. 48210.

4.5 Textos Legais

BRASIL. *Constituição da República Federativa do Brasil de 1988*. Disponível em: http://www.planalto.gov.br/ccivil_03/constituicao/constituicao.htm. Acesso em: 20 mar. 2022.

BRASIL. Lei 556, de 25 de junho de 1850. *Código Comercial*. Disponível em: http://www.planalto.gov.br/ccivil_03/leis/lim/lim556.htm. Acesso em: 20 mar. 2022.

BRASIL. Lei 3.071, de 1º de janeiro de 1916. Código Civil dos Estados Unidos do Brasil. Disponível em: http://www.planalto.gov.br/ccivil_03/leis/l3071.htm. Acesso em: 20 mar. 2022.

BRASIL. Lei 5.988, de 14 de dezembro de 1973. Regula os direitos autorais e dá outras providências. Disponível em: http://www.planalto.gov.br/ccivil_03/leis/l5988.htm. Acesso em: 20 mar. 2022.

BRASIL. Lei 8.078, de 11 de setembro de 1990. *Dispõe sobre a proteção do consumidor e dá outras providências*. Disponível em: http://www.planalto.gov.br/ccivil_03/leis/l8078compilado.htm. Acesso em: 20 mar. 2022.

BRASIL. Lei 9.610, de 19 de fevereiro de 1998. *Altera, atualiza e consolida a legislação sobre direitos autorais e dá outras providências*. Disponível em: http://www.planalto.gov.br/ccivil_03/leis/l9610.htm. Acesso em: 20 mar. 2022.

BRASIL.. Lei 10.406, de 10 de janeiro de 2002. *Institui o Código Civil*. Disponível em: http://www.planalto.gov.br/ccivil_03/leis/2002/l10406compilada.htm. Acesso em: 20 mar. 2022.

BRASIL. Portaria 1.886, de 30 de dezembro de 1994. *Fixa as diretrizes curriculares e o conteúdo mínimo do curso jurídico*. Conselho Nacional de Educação. Ministério da Educação e do Desporto. Disponível em: https://www.oabrn.org.br/arquivos/LegislacaosobreEnsinoJuridico.pdf. Acesso em: 20 mar. 2022.

UNIÃO EUROPEIA. *Proposta de Regulamento do Parlamento Europeu e do Conselho que estabelece regras harmonizadas em matéria de inteligência artificial (Regulamento Inteligência Artificial) e altera determinados atos legislativos da União (COM/2021/206)*. Bruxelas: Comissão Europeia, 2021. Disponível em: https://eur-lex.europa.eu/legal-content/PT/TXT/HTML/?uri=CELEX:52021PC0206&from=EN. Acesso em: 22 abr. 2022.

ALGUMAS DAS CONTRIBUIÇÕES DE ANTÔNIO JUNQUEIRA DE AZEVEDO AO ESTUDO DA RESPONSABILIDADE CIVIL

Claudio Luiz Bueno de Godoy

Livre-Docente em Direito Civil pela Faculdade de Direito da Universidade de São Paulo (USP). Professor de Direito Civil da Faculdade de Direito da Universidade de São Paulo (USP). Desembargador do Tribunal de Justiça do Estado de São Paulo

Sumário do texto: Depois de uma breve menção biográfica e de uma referência a seus escritos, ou à sua produção geral, o intento será o de, em meio à grande contribuição que o professor Antônio Junqueira de Azevedo deu ao Direito Civil como um todo, acentuar algumas de suas ideias, particularmente, concernentes ao instituto da Responsabilidade Civil, e de que se extrai fonte relevante para o estudo e compreensão contemporâneos da matéria, assim no quanto ligado ao nexo de imputação da obrigação de indenizar, bem como à entrevisão do dano em toda a sua complexa conformação e dimensão.

Sumário: 1. Biografia – 2. A produção geral do professor – 3. Contribuições à responsabilidade civil – 4. Bibliografia.

1. BIOGRAFIA

Antônio Junqueira de Azevedo – o professor Junqueira, como o chamavam tantos de nós que com ele muito apreenderam, e ainda aprendem – nasceu no dia 23 de julho de 1939, na cidade de São Paulo. Deixou-nos cedo, aos 70 anos, em 2009, bem aquém do tempo durante o qual sua inteligência ainda muito teria a dar ao Direito Civil brasileiro. Contaria hoje 83 anos de idade, decerto pensando o direito com extrema atualidade e singular senso crítico, como sempre fez.

Sua trajetória acadêmica, depois da formação escolar no Externato Elvira Brandão e no Colégio São Luís – também este, para mim, de feliz lembrança –, se inicia na Faculdade de Direito do Largo de São Francisco, onde se graduou, em 1.962. Doutorou-se em 1.967. Sua livre-docência é de 1.974. Iniciou a docência na Faculdade em 1.968. Foi aprovado como Professor Adjunto em 1.982. Tornou-se Professor Titular em 1.986 (outra memória presente, porque então eu cursava o último ano da graduação, tendo assistido o concurso daquele que seria o paraninfo da Turma, que ele acompanhou desde o 1º Ano).

Neste mesmo ano de 1.986 assumiu a Vice-Diretoria da Faculdade de Direito – ao mesmo tempo em que, como presidente da Comissão de Ensino, fez introduzir

314 CLAUDIO LUIZ BUENO DE GODOY

no currículo a disciplina, relevantíssima, de História do Direito e do Pensamento Jurídico, que também lecionou. Na sequência eleito Diretor, cumpriu o mandato de 1.990 até 1.994. Além disso, e nutrido de grande entusiasmo, teve participação central na instalação da Faculdade de Direito da USP de Ribeirão Preto, tornando-se seu primeiro Diretor, em 2007. O Centro Acadêmico da Faculdade leva seu nome e a biblioteca da instituição recebeu boa parte dos livros legados pelo professor (foram nada menos que doze mil obras).

Foi ainda membro do Conselho Universitário da Universidade de São Paulo, ademais de integrar inúmeras entidades ligadas à área do Direito, ocupando a cadeira n. 41 da Academia Paulista de Direito.

2. A PRODUÇÃO GERAL DO PROFESSOR

Infelizmente, para o universo do Direito Civil, o professor Junqueira escreveu pouco, se considerada sua capacidade de pensar e influenciar a formação da civilística brasileira. Mas o que escreveu ficou marcado. Tanto quanto o que disse para os muitos que o ouviram, em aulas, desde a graduação – a que sempre, e a todas, comparecia pessoalmente, acompanhado apenas de um velho Código Civil nas mãos, do mesmo modo que comparecia, de novo em pessoa, para aplicar as provas (certa feita inclusive oral) –, passando pelo pós-graduação – de que fica a lembrança, no final dos anos oitenta, de disciplina ministrada com o professor Fábio Konder Comparato, sobre *Ato e Atividade*, em notável exemplo de como ocasionais diferenças, debatidas como se deve, enriquecem o conhecimento –, em palestras e conferências que proferiu por todo o País. Não é raro lembrar-me, mais de três décadas passadas, ainda de falas do professor nas aulas de graduação, sobre os mais diversos institutos e de toda a matéria, que dominava como ninguém, ministrada da parte geral ao direito sucessório; e recobertas, frequentemente, por um colorido de refinada ironia, de um contido bom humor.

Sua livre-docência, como se viu acima da década de setenta, uma vez convertida em livro, e assim publicado, firmou-se como uma referência obrigatória no estudo do negócio jurídico[1], na esteira de outras obras referenciais sobre o tema, quer na doutrina estrangeira, quer brasileira[2]. Marcou uma posição de defesa da tese de que o negócio jurídico deveria ser compreendido, nem exclusivamente pela sua *gênese*

---

1. Na edição mais atualizada: *Negócio Jurídico. Existência, validade e eficácia*. 4. ed., 7ª tir. São Paulo: Saraiva, 2010.
2. Assim, por exemplo, no direito italiano: BETTI, Emilio. *Teoria generale del negozio giuridico*. Napoli: Ed. Scientifiche Italiane, 1994; CARIOTA FERRARA, Luigi. *Il Negozio giuridico nel diritto privato italiano*. Napoli: A. Morano Editore. No direito alemão: FLUME, Werner. *El negocio jurídico*. Trad.: José Maria Miguel Gonzáles y Esther Gómez Calle. Madri: Fundación Cultural del Notariado. Na vizinha Argentina: SANTOS CIFUENTES. *Negocio Jurídico – Estructura. Vicios. Nulidades*. Buenos Aires: Astrea, 1986. No Brasil: PONTES DE MIRANDA, Francisco Cavalcanti. *Tratado de direito privado*. Rio de Janeiro: Borsoi, 1954. t. III. O próprio professor Junqueira anota, logo na apresentação da primeira edição de seu livro, que já antes em Pontes se encontrava a referência a "*três momentos*" do negócio jurídico, como em três planos ele próprio veio a examiná-lo.

(teoria voluntarista), nem pela sua *função* (teoria objetiva), mas sim pela sua *estrutura*, e tomado deste ponto de vista como declaração de vontade cercada por *circunstâncias negociais* que a fizessem ser vista socialmente como destinada à obtenção de efeitos jurídicos. Portanto, uma visão *estrutural e social* do instituto, em que o negócio jurídico, nas suas palavras, *"não é o que o agente quer, mas sim o que a sociedade vê como a declaração de vontade do agente."*[3]

O professor Junqueira seguiu desenvolvendo o estudo do tema, de resto como ele próprio já havia ressalvado na apresentação da primeira edição do *"Negócio Jurídico"*. Em 1986 (mesmo ano da segunda edição do livro), apresentou tese de titularidade na FADUSP sobre o *"Negócio jurídico e Declaração Negocial. Noções gerais e formação da declaração negocial"*[4], infelizmente – mais uma vez – não publicado (como o professor fazia questão de frisar, inclusive em dedicatória de exemplar do trabalho).

Dado o grande reconhecimento que em sua trajetória angariou, Antônio Junqueira de Azevedo foi muitíssimo procurado e elaborou diversos pareceres. Feliz a ideia de, junto ainda com artigos de doutrina produzidos, ou assim corporificadas palestras e conferências, reuni-los, todos – mesmo que alguns antes já tivessem sido publicados – em publicação nominada como de *Estudos e Pareceres de Direito Privado*, de 2004[5], e *Novos Estudos e Pareceres de Direito Privado*, de 2009[6]. Foi uma fórmula exitosa de preservar e difundir ainda mais o pensamento do professor sobre diferentes temas, inclusive mais atuais, de direito privado.

Neste contexto, do primeiro volume, ganharam especial relevo os estudos sobre a caracterização da dignidade da pessoa humana[7], em que o autor externa visão crítica à concepção insular de pessoa, procurando uma nova ética, mais realista, objetiva e materialmente densificada a defini-la, já então revelando uma preocupação de ordem holística, ligada à tendência do biocentrismo, o que ainda em outro trabalho ele explorou[8]. Há também artigos a respeito do que era na ocasião o novo Código Civil (alguns já examinavam o que inclusive era, antes, o Projeto) e, dentre eles, o que apontava as insuficiências, deficiências e desatualização do texto na questão da boa-fé

---

3. *Negócio Jurídico – Existência, Validade e Eficácia*, cit., p. 21. Depois, para uma análise mais completa desta concepção e mesmo em meio a outras então referidas e analisadas, ver o quanto tive ocasião de examinar. In: Dos fatos e do negócio jurídico. LOTUFO, Renan; NANNI, Giovanni Ettore (Coord.). *Teoria geral do direito civil*. São Paulo: Atlas, 2008. p. 384-408.
4. *Negócio jurídico e Declaração Negocial. Noções gerais e formação da declaração negocial*. Tese de titularidade apresentada na Faculdade de Direito da Universidade de São Paulo. 1986.
5. *Estudos e Pareceres de Direito Privado*. São Paulo: Saraiva, 2004.
6. *Novos Estudos e Pareceres de Direito Privado*. São Paulo: Saraiva, 2009.
7. Caracterização jurídica da dignidade da pessoa humana. In: *Estudos e Pareceres de Direito Privado*. cit. p. 3-24.
8. Crítica ao personalismo ético na Constituição da República e do Código Civil. Em favor de uma ética biocêntrica. In: Princípios do novo Código Civil brasileiro e outros temas. Homenagem a Tullio Ascarelli. São Paulo. Quartier Latin. 2008. p. 20-31. Aqui o autor salienta que as normas de proteção à vida têm seu valor ético devido à biologia. Daí o biocentrismo, superando o antropocentrismo ou o personalismo ético kantiano, valorizando o valor da vida e atendendo a outra emergência que é a solidariedade universal.

objetiva[9]. Seguindo sobre estes temas, tratou-se ainda da tutela externa do crédito e da função social do contrato, quando se examinou a situação de "atravessadores" que concorrem ao descumprimento de cláusula de exclusividade para aquisição e revenda de combustíveis[10]. E, bem a revelar a qualidade notória de argúcia, crítica e reflexão do autor sobre temas correntes, de se anotar que estes dois últimos estudos já haviam sido produzidos e publicados, respectivamente, nos anos 2000 e 1998[11].

No segundo volume da coletânea, renova-se a crítica ao personalismo ético e, assim, a um sistema de direitos humanos construído sobre este matiz iluminista, abstrato e antropocêntrico, na sua visão desconsiderando a ideia de que a vida é um valor natural, supralegal (ou supraconstitucional, nas suas palavras), inserido e ligado ao fluxo contínuo da natureza, de constante mutação[12].

É dizer, denotam-se as preocupações, do jurista, mais amplas e relacionadas ao fluxo vital contínuo na natureza e ao próprio bem e valor ontológico da vida, acima do direito posto, e assim porque ele próprio não se reduz à norma, traduzindo-se também no sistema jurídico, de 2ª ordem porquanto instrumento da sociedade funcionalizado a prevenir e dirimir conflitos, compreendido *"como um conjunto de elementos que evoluem e interagem de modo relativamente uniforme"*[13]. No seu dizer, *"a vida é um bem e um valor – o 'bem' é em si e o 'valor' é a expressão do bem"*[14], ainda que imanente aos direitos humanos, mas estes não limitados pelo direito posto, atuando o sistema jurídico de maneira corretiva ou complementar; e ele próprio sempre em constante evolução, marcado pela também constante interação de seus elementos.

3. CONTRIBUIÇÕES À RESPONSABILIDADE CIVIL

Como se vem de acentuar, as contribuições de Antônio Junqueira de Azevedo ao direito civil foram múltiplas. Ampliaram-se do negócio jurídico aos mais diversos campos e institutos do ramo. E não foi diferente no âmbito da responsabilidade civil. Nas obras já referidas, nas coletâneas de seus artigos, palestras, conferências e pareceres[15], a temática é constante. Bem por isso, e considerados os limites deste artigo, a escolha é por referir apenas algumas de suas ideias a respeito, escolhidas

---

9. Insuficiências, deficiências e desatualização do Projeto de Código Civil (atualmente, Código aprovado) na questão da boa-fé objetiva nos contratos. In: *Estudos e Pareceres de Direito Privado.* cit., p. 148-158.
10. Princípios do novo direito contratual e desregulamentação do mercado – Direito de exclusividade nas relações contratuais de fornecimento – Função social do contrato e responsabilidade aquiliana do terceiro que contribui para o inadimplemento contratual. In: Estudos e Pareceres de Direito Privado. cit. p. 137-147. Tratei também do tema. In: Função social do contrato. 4. ed. São Paulo: Saraiva, 2012. p. 154-160.
11. Revista dos Tribunais, São Paulo, v. 775, p. 11-17, maio 2000; e v. 750, p. 113-120, abr. 1998.
12. O direito, ontem e hoje. Crítica ao neopositivismo constitucional e insuficiência dos direitos humanos. In. *Novos Estudos e Pareceres de Direito Privado.* cit. p. 3-14.
13. O direito, ontem e hoje. Crítica ao neopositivismo constitucional e insuficiência dos direitos humanos. In: *Novos Estudos e Pareceres de Direito Privado.* cit., p. 11.
14. O direito, ontem e hoje. Crítica ao neopositivismo constitucional e insuficiência dos direitos humanos. In. *Novos Estudos e Pareceres de Direito Privado.* cit., p. 11. nota 11.
15. *Estudos e Pareceres de Direito Privado* e *Novos Estudos e Pareceres de Direito Privado,* ambos já citados.

porque se supõe tenham provocado e ainda provoquem maior reflexão com vistas a uma compreensão por assim dizer contemporânea do instituto.

Pois tal o que se dá, em primeiro lugar, no que diz com o nexo de imputação da obrigação de indenizar. Particularmente refere-se questão inclusive muita cara ao subscritor desde que relacionada ao trabalho de livre-docência que apresentou e defendeu, em 2007, na FADUSP (depois convertido em livro[16]), tudo muito por conta justamente dos encontros e contatos que se mantiveram e que eram de frutífera reflexão propiciada pela inteligência do professor Junqueira. Mais, ao que se agregou a previsão, antes ausente no CC/16, da cláusula geral do artigo 927, parágrafo único, do Código Civil de 2002. Ou seja, trata-se da *responsabilidade civil pelo risco da atividade*.

Procurando-se definir um conteúdo à previsão normativa mencionada, foi preciso decompor os elementos dela constitutivos e delimitar a que risco, em particular, a atividade normalmente desenvolvida pelo agente se deveria referir, de sorte a atrair sua responsabilização, independentemente de culpa. E isto mormente se se considerar que, bem compreendida a noção de "atividade" (tema de crédito do professor no curso de pós-graduação da Faculdade do Largo de São Francisco, como se mencionou no início do item antecedente, oferecido em conjunto com o professor Fábio Konder Comparato), constituída por uma sequência de atos coordenados e voltados a um escopo último, algum risco sempre acarreta.

Pois, na proposta que apresentei na obra aludida[17], de compreensão da norma citada, segundo a qual se exige um *risco especial* por ela induzido aos direitos de outrem, avaliado, senão já assim disposto pela lei, segundo critérios estatísticos, prova técnica ou máximas de experiência, foi constante a paráfrase, a referência ao que a respeito dizia o professor Junqueira[18], assim que a lei previu uma responsabilidade objetiva pelo *risco da atividade*, e não pela *atividade de risco*, a permitir elastério mais dilargado para a cláusula geral que não apenas associado a um *perigo* inerente à atividade que se desenvolve, e normalmente (o que também se procurou significar no mesmo estudo). Ou seja, algo além do risco-perigo, ele sim naturalmente ligado a uma atividade que se considere de risco.

Outro ponto relevante, objeto das reflexões do professor Junqueira no campo da responsabilidade civil, foi aquele concernente ao dano e à sua configuração. De um lado, procurou extremar com precisão os dois momentos logicamente distintos de eclosão do evento danoso, e em particular voltado à exata definição do que a seu ver era o dano moral; depois, entreviu um aspecto mais amplo que o do dano individual, com características próprias e que atingem a sociedade como um todo, a ponto de propor uma nova categoria de dano na responsabilidade civil.

---

16. *Responsabilidade civil pelo risco da atividade*. 2. ed. São Paulo: Saraiva, 2010.
17. *Responsabilidade civil pelo risco da atividade*. Passim.
18. *Responsabilidade civil pelo risco da atividade*, cit. p. 47, 108.

Conforme a ponderação de Antônio Junqueira de Azevedo, à produção do resultado danoso há antes o *dano-evento*, representado pela lesão em si a algum bem juridicamente tutelado, assim o dano imediato; e o *dano-prejuízo*, que é a consequência desta lesão, ou seja, o dano mediato[19]. Neste contexto, para o autor – e mesmo consoante o que já tive ocasião de anotar sobre este seu pensamento em outra sede[20] –, o *dano moral* seria o dano mediato (dano-prejuízo), de caráter não patrimonial ou não quantitativamente apurável em dinheiro, assim por exclusão e pela lesão quer ao que somos, quer ao que temos, assim à pessoa física, à pessoa biofísico-psíquica, à figura social da pessoa, ao patrimônio em sentido estrito (valor de afeição) ou a terceira pessoa (dano reflexo ou por ricochete)[21]. Por isso é que, na sua ótica, reforçada a constatação de que suplantada a ideia de dano moral como o preço da dor, remetendo ao exemplo corroborativo, inclusive, dos incapazes[22].

Destarte, toma-se o dano moral numa compreensão mais larga, verdadeiramente por exclusão e como um evento lesivo (dano-evento) não apenas à pessoa e a seus direitos essenciais, como ainda a seu patrimônio, do ponto de vista estritamente econômico, mas cujo resultado (dano-prejuízo) é um dano não patrimonial ou não quantitativamente apurável. Isto ainda que, também segundo o que considerei de ressalvar no trabalho acima citado, a questão passe, necessariamente, "por se distinguirem as situações de danos patrimoniais não aferíveis ou comprováveis numericamente, assim não demonstráveis pela teoria da diferença, de outras em que o próprio resultado danoso não é econômico-patrimonial, pouco importando que a ofensa (o evento) se tenha perpetrado sobre um interesse pessoal ou existencial ou ainda que a ação daí derivada possa se voltar a uma indenização pecuniária."[23]

De qualquer maneira, reforça-se não apenas a dissociação do dano moral do conceito de preço da dor, com consequências importantes afinal na verificação de sua ocorrência e de quem o pode sofrer, como, da mesma forma, compreende-se o fenômeno de modo mais amplo, não apenas, tal qual tem sido comum, enquanto resultado da lesão (dano-evento, ainda se queira, para esses casos, pela natureza essencial do bem lesado e da tutela especial que se lhe assegura, num só momento também havido o dano-prejuízo) a um direito da personalidade; e refletindo-se mesmo na própria discussão sobre a pessoa jurídica como vítima de sua eclosão[24].

---

19. Cadastros de restrição ao crédito. Conceito de dano moral. In: *Estudos e pareceres de direito privado*. cit. p. 291-292.
20. Alguns apontamentos sobre o dano moral, sua configuração e o arbitramento da indenização. In: *10 anos da vigência do Código Civil brasileiro de 2022. Estudos em homenagem ao professor Carlos Alberto Dabus Maluf*. Coord.: Christiano Cassettari. São Paulo: Saraiva, 2013. p. 376.
21. Cadastros de restrição ao crédito. In: *Estudos e pareceres de direito privado*. cit., p. 291/292.
22. Idem, ibidem.
23. Alguns apontamentos sobre o dano moral, sua configuração e o arbitramento da indenização. In: *10 anos da vigência do Código Civil brasileiro de 2022. Estudos em homenagem ao professor Carlos Alberto Dabus Maluf*. cit. p. 377.
24. Sobre o assunto, também se remete ao quanto tive ocasião de expender no artigo supra: Alguns apontamentos sobre o dano moral, sua configuração e o arbitramento da indenização. In: *10 anos da vigência do Código Civil brasileiro de 2022. Estudos em homenagem ao professor Carlos Alberto Dabus Maluf*. cit. p. 377.

ALGUMAS DAS CONTRIBUIÇÕES DE ANTÔNIO JUNQUEIRA DE AZEVEDO AO ESTUDO DA RESPONSABILIDADE CIVIL

Por fim, fruto de sua inquietude intelectual e da criatividade com que procurava soluções teóricas para exigências da vida real, bem ao sabor da constatação de que o direito, se é ciência, é uma ciência prática[25], o professor Junqueira chegou a propor uma nova categoria de dano, posto a morte prematura lhe tenha ceifado a possibilidade de ainda mais amplamente difundir, desenvolver e discutir temática. Trata-se do que ele chamou de *dano social*. Conforme a sua proposta, os danos sociais são "lesões à sociedade, no seu nível de vida, tanto por rebaixamento de seu patrimônio moral – principalmente a respeito da segurança – quanto por diminuição de sua qualidade de vida."[26] Dito de outro modo, há, na visão do autor, atos dolosos ou gravemente culposos, em especial quando afrontam obrigação de segurança – que inclusive passa a ser "descontratualizada" ou autonomizada –, tanto quanto outros que traduzem condutas exemplarmente negativas e que atingem não apenas o indivíduo, mas a sociedade como um todo, rebaixando seu patrimônio moral ou o nível de vida da população, causa de um *plus* indenizatório, que cumpre uma função punitiva e outra dissuasória[27].

Ocupou-se o autor de, a um só tempo, dar resposta a uma exigência própria da responsabilidade civil, nas suas funções preventiva e punitiva, mas sem colidir – em especial neste segundo caso – com o princípio da legalidade. E ao que, para ele, menos importante era a destinação da indenização, que não recusava se pudesse prever a fundos ou entidades coletivas, assumindo originalmente revertesse ao autor da ação como contrapartida a uma atuação em prol também da sociedade, então em benefício de quem atuaria como uma espécie de procurador privado (isso a despeito da jurisprudência da Corte Superior que a propósito se acabou erigindo depois[28]).

Seja como for, foi mais além o professor e reputou igualmente existente um *dano moral social*. Nas suas palavras: "o dano moral social corresponde ao prejuízo

---

25. AMARAL, Francisco. O Direito Civil na Pós-Modernidade. In: *Direito Civil – Atualidades*. Coord.: César Fiúza; Maria de Fátima Freire de Sá; Bruno Torquato de Oliveira Naves. Belo Horizonte Del Rey. 2003. p. 64. Para o autor, o *"Direito é uma ciência prática. É um saber para a ação e para o comportamento social."* Toma-o com base na distinção aristotélica entre saber especulativo e saber prático, aquele que *"estabelece normas para o querer e o agir do homem."* Ao menos, nesse campo, conforme a ressalva de Mario Losano (Prefácio à edição brasileira. Norberto Bobbio. Da Estrutura à Função – Novos Estudos de Teoria do Direito. Trad. Daniela Versiani. São Paulo. Manole. 2007, p. XXXVI) supera-se uma rígida distinção – kelseniana – entre direito (norma jurídica) e ciência do direito (proposição jurídica), como se fosse realidades jurídicas estanques e separadas (ser e dever-ser).
26. Por uma nova categoria de dano na responsabilidade civil: o dano social. In: *Novos Estudos e Pareceres de Direito Privado*. São Paulo: Saraiva, 2009. p. 382.
27. Idem. p. 380-382.
28. O Superior Tribunal de Justiça vem decidindo, de um lado – e inclusive com remissão a enunciado do CEJ, que "[N]os termos do Enunciado 456 da V Jornada de Direito Civil do CJF/STJ, os danos sociais, difusos, coletivos e individuais homogêneos devem ser reclamados pelos legitimados para propor ações coletivas. Assim, ainda que o autor da ação tivesse apresentado pedido de fixação de dano social, há ausência de legitimidade da parte para pleitear, em nome próprio, direito da coletividade" (STJ, Recl. n. 13.200, 2ª Seção, rel. Min. Luis Felipe Salomão, j. 08 out. 2014); e, no regime dos repetitivos, não em diferente sentido, que "[É] nula, por configurar julgamento extra petita, a decisão que condena a parte ré, de ofício, em ação individual, ao pagamento de indenização a título de danos sociais em favor de terceiro estranho à lide." (STJ, Recl. n. 12.062, 2ª Seção, rel. Min. Raul Araújo, j. 12 nov. 2014).

na esfera moral de uma coletividade, isto é, partindo da lesão – no caso, de valores coletivos, o meio ambiente, bem de uso comum do povo – , é esse dano o conjunto de prejuízos à qualidade de vida de determinada comunidade."[29]

Consoante acentuei em estudo já citado[30], fazendo referência às reflexões do professor, as quais se vêm descrevendo, tem-se uma concepção de dano atenta à ideia de que ele pode atingir qualquer forma de vida, no contínuo do processo vital, enfim no fluxo da vida, ou de qualquer elemento dele integrante, mas deste modo com consequências a toda a comunidade. Tudo, ainda, na ótica do professor, a favorecer o que o autor considerava ser uma nova ética biocêntrica[31]. Cuida-se mesmo da análise, ditada pelo ecocentrismo ou holismo, de um eixo próprio da tutela inerente à responsabilidade civil e do sujeito da pretensão que ela suscita[32].

De toda forma, torna-se – neste ponto da configuração do dano – às mais recentes preocupações do professor Antônio Junqueira de Azevedo, mencionadas ao cabo do item anterior. Uma reflexão de superação do personalismo ético ou do antropocentrismo kantiano agora no campo próprio da responsabilidade civil, com a nota – a tanto ligada – da admissão de uma obrigação geral de segurança, por isso que não exclusivamente associada à fonte contratual.

Como se vê, em suma: um legado denso e bem próprio de um jurista reflexivo e criativo, daqueles que não se limitam a repetir, a citar, mas que pensam o direito. Verdadeiramente, exemplo da boa doutrina. Feliz a lembrança e presente a memória do professor Antônio Junqueira de Azevedo.

4. BIBLIOGRAFIA

AMARAL, Francisco. O Direito Civil na Pós-Modernidade. In: FIÚZA, César; SÁ, Maria de Fátima Freire de; NAVES, Bruno Torquato de Oliveira (Coord.). *Direito Civil*: Atualidades. Belo Horizonte Del Rey. 2003. p. 61-77.

AZEVEDO, Antônio Junqueira de. *Negócio Jurídico. Existência, validade e eficácia.* 4ª ed., 7ª tir. São Paulo: Saraiva, 2010.

AZEVEDO, Antônio Junqueira de. *Negócio jurídico e Declaração Negocial. Noções gerais e formação da declaração negocial.* Tese de titularidade apresentada na Faculdade de Direito da Universidade de São Paulo. 1986.

AZEVEDO, Antônio Junqueira de. Crítica ao personalismo ético na Constituição da República e do Código Civil. Em favor de uma ética biocêntrica. In: AZEVEDO, Antônio Junqueira de; TORRES,

---

29. Responsabilidade civil ambiental. In: *Novos estudos e pareceres de direito privado*. cit., p. 416.
30. Alguns apontamentos sobre o dano moral, sua configuração e o arbitramento da indenização. In: *10 anos da vigência do Código Civil brasileiro de 2022. Estudos em homenagem ao professor Carlos Alberto Dabus Maluf.* cit. p. 382.
31. Crítica ao personalismo ético da Constituição da República e do Código Civil. In: AZEVEDO, Antônio Junqueira de; TORRES, Heleno Taveira; CARBONE, Paolo (Coord.). *Princípios do novo CC e outros temas*: Homenagem a Tullio Ascarelli. São Paulo: Quartier Latin, 2008. p. 20-31.
32. A respeito, e revelando bem um transpasse do modelo kantiano antropocêntrico, ver, também: BENJAMIN, Antônio Herman. A natureza no direito brasileiro: coisa, sujeito ou nada disso. In: *Bioética e Biodireito*. Caderno da Escola Paulista do Ministério Público. Ano I. n. 2, julho 2001. p. 149-172.

Heleno Taveira; CARBONE, Paolo (Coord.). *Princípios do novo Código Civil brasileiro e outros temas. Homenagem a Tullio Ascarelli.* São Paulo. Quartier Latin. 2008. p. 20-31.

AZEVEDO, Antônio Junqueira de. Caracterização jurídica da dignidade da pessoa humana. In: *Estudos e Pareceres de Direito Privado*. São Paulo: Saraiva, 2004. p. 3-24.

AZEVEDO, Antônio Junqueira de. Insuficiências, deficiências e desatualização do Projeto de Código Civil (atualmente, Código aprovado) na questão da boa-fé objetiva nos contratos. In: *Estudos e Pareceres de Direito Privado*. São Paulo: Saraiva, 2004. p. 148-158.

AZEVEDO, Antônio Junqueira de. Cadastros de restrição ao crédito. Conceito de dano moral. In: *Estudos e pareceres de direito privado*. São Paulo: Saraiva, 2004. p. 289-299.

AZEVEDO, Antônio Junqueira de. O direito, ontem e hoje. Crítica ao neopositivismo constitucional e insuficiência dos direitos humanos. In. *Novos Estudos e Pareceres de Direito Privado*. São Paulo: Saraiva, 2009. p. 3-14

AZEVEDO, Antônio Junqueira de. Por uma nova categoria de dano na responsabilidade civil: o dano social. In: *Novos Estudos e Pareceres de Direito Privado*. São Paulo: Saraiva, 2009. p. 377-384.

AZEVEDO, Antônio Junqueira de. Responsabilidade civil ambiental. Reestruturação societária do grupo integrado pela sociedade causadora do dano. Obrigação solidária do causador indireto do prejuízo e do controlador de sociedade anônima. Limites objetivos dos contratos de garantia e de transação. Competência internacional e conflito de leis no espaço. Prescrição na responsabilidade civil ambiental e nas ações de regresso. In: *Novos estudos e pareceres de direito privado*. São Paulo: Saraiva, 2009. p. 395-426.

BENJAMIN, Antônio Herman. A natureza no direito brasileiro: coisa, sujeito ou nada disso. In: *Bioética e Biodireito*. Caderno da Escola Paulista do Ministério Público. Ano I. n. 2, julho 2001. p. 149-172.

BETTI, Emilio. *Teoria generale del negozio giuridico*. Napoli: Ed. Scientifiche Italiane, 1994.

CARIOTA FERRARA, Luigi. *Il Negozio giuridico nel diritto privato italiano*. Napoli: A. Morano Editore, 1949.

GODOY, Claudio Luiz Bueno de. *Responsabilidade civil pelo risco da atividade*. 2. ed. São Paulo: Saraiva, 2010.

GODOY, Claudio Luiz Bueno de. *Função social do contrato*. 4. ed. São Paulo: Saraiva, 2012.

GODOY, Claudio Luiz Bueno de. Dos fatos e do negócio jurídico. LOTUFO, Renan; NANNI, Giovanni Ettore (Coord.). *Teoria geral do direito civil*. São Paulo: Atlas, 2008. p. 384-408.

GODOY, Claudio Luiz Bueno de. Alguns apontamentos sobre o dano moral, sua configuração e o arbitramento da indenização. In: *10 anos da vigência do Código Civil brasileiro de 2022. Estudos em homenagem ao professor Carlos Alberto Dabus Maluf*. Coord.: Christiano Cassettari. São Paulo: Saraiva, 2013. p. 373-388.

FLUME, Werner. *El negocio jurídico*. Trad. José Maria Miguel Gonzáles y Esther Gómez Calle. Madri: Fundación Cultural del Notariado, 1998.

LOSANO, Mario. *Prefácio à edição brasileira*. Norberto Bobbio. Da Estrutura à Função – Novos Estudos de Teoria do Direito. Trad. Daniela Versiani. São Paulo. Manole. 2007, p. XI-XLIX.

PONTES DE MIRANDA, Francisco Cavalcanti. *Tratado de direito privado*. Rio de Janeiro: Borsoi, 1954. t. III.

SANTOS CIFUENTES. *Negocio Jurídico*: Estructura. Vicios. Nulidades. Buenos Aires: Astrea, 1986.

ANOTAÇÕES

AUGUSTO TEIXEIRA DE FREITAS · ANTÔNIO COELHO RODRIGUES · AMARO CAVALCANTI · PEDRO LESSA · CLÓVIS BEVILÁQUA · EDUARDO ESPÍNOLA · ALVINO LIMA · OROZIMBO NONATO · PONTES DE MIRANDA · ARNOLDO MEDEIROS DA FONSECA · AGOSTINHO ALVIM · ALCINO DE PAULA SALAZAR · JOSÉ DE AGUIAR DIAS · ORLANDO GOMES · WASHINGTON DE BARROS MONTEIRO · MIGUEL REALE · WILSON MELO DA SILVA · SAN TIAGO DANTAS · CAIO MÁRIO DA SILVA PEREIRA · LIMONGI FRANÇA · CLÓVIS DO COUTO E SILVA · RENAN LOTUFO · RUY ROSADO · CARLOS ALBERTO BITTAR · ANTÔNIO JUNQUEIRA DE AZEVEDO

2022

COORDENADORES
CARLOS EDISON DO RÊGO MONTEIRO FILHO
MARCO FÁBIO MORSELLO
NELSON ROSENVALD

PROTAGONISTAS
DA RESPONSABILIDADE CIVIL

Dados Internacionais de Catalogação na Publicação (CIP) de acordo com ISBD

P967

Protagonistas da responsabilidade civil / Adalberto Pasqualotto ... [et al.] ; coordenado por Carlos Edison do Rêgo Monteiro Filho, Marco Fábio Morsello, Nelson Rosenvald. - Indaiatuba, SP : Editora Foco, 2022.

336 p. : 17cm x 24cm.

Inclui bibliografia e índice.

ISBN: 978-65-5515-577-8

1. Direito. 2. Direito civil. 3. Responsabilidade civil. I. Pasqualotto, Adalberto. II. Guerra, Alexandre. III. Morato, Antonio Carlos. IV. Correia, Atalá. V. Maluf, Carlos Alberto Dabus. VI. Monteiro Filho, Carlos Edison do Rêgo. VI. Godoy, Claudio Luiz Bueno de. VII. Ustárroz, Daniel. VIII. Nobre Júnior, Edilson Pereira. IX. Tomasevicius Filho, Eduardo. X. Facchini Neto, Eugênio. XI. Mendonça, Fabiano André de Souza. XII. Andrade, Fábio Siebeneichler de. XIII. Netto, Felipe Braga. XIV. Martins, Fernando Rodrigues. XV. Soares, Flaviana Rampazzo. XVI. Hironaka, Giselda Maria Fernandes Novaes. XVII. Martins, Guilherme Magalhães. XVIII. Bdine, Hamid. XIX. Carvalho, Ivan Lira de. XX. Cunha, Leandro Reinaldo da. XXI. Melo, Leonardo de Campos. XXII. Simões, Marcel Edvar. XXIII. Benacchio, Marcelo. XXIV. Milagres, Marcelo de Oliveira. XXV. Morsello, Marco Fábio. XXVI. Silveira, Marilda de Paula. XXVII. Rosenvald, Nelson. XXVIII. Duarte, Nestor. XXIX. Peteffi, Rafael. XXX. Pizzol, Ricardo Dal. XXXI. Costa Filho, Venceslau Tavares. XXXII. Título.

2022-1984

CDD 347   CDU 347

Elaborado por Vagner Rodolfo da Silva - CRB-8/9410

Índices para Catálogo Sistemático:

1. Direito civil 347

2. Direito civil 347